信息化战争导论

吴 达 刘 力 刘兴堂等 编著

科学出版社
北 京

内 容 简 介

本书是一部综合论述信息化战争的专著，在哲学和科学发展观的高度，从全新视野审视并论述信息化战争理念、理论与实践；深入研究现代信息化战争战场空间与环境；重点展现信息化武器装备的现状与未来；系统论述各种现代作战样式与形式。

本书可供部队人员、军事与军工高等院校师生使用，尤其可作为航空、航天、航海、信息及兵器等领域科学工作者和工程技术人员的重要国防与军事科技的参考书，同时可作为广大军事爱好者提高国防与军事科学知识的有益读物。

图书在版编目(CIP)数据

信息化战争导论 / 吴达等编著 . —北京：科学出版社，2019.11
ISBN 978-7-03-060240-4

Ⅰ.①信…　Ⅱ.①吴…　Ⅲ.①信息战-研究　Ⅳ.①E869

中国版本图书馆 CIP 数据核字(2018)第 293093 号

责任编辑：孙伯元 / 责任校对：郭瑞芝
责任印制：赵　博 / 封面设计：蓝正图文

科学出版社 出版
北京东黄城根北街 16 号
邮政编码：100717
http://www.sciencep.com

北京华宇信诺印刷有限公司印刷
科学出版社发行　各地新华书店经销

*

2019 年 11 月第　一　版　　开本：720×1000　B5
2026 年　1　月第六次印刷　　印张：18 1/2
字数：353 000

定价：149.00 元

(如有印装质量问题，我社负责调换)

主要作者简介

吴达，1976 年 6 月出生，湖北武汉人，空军工程大学副教授，硕士生导师；毕业于国防科技大学和西北工业大学；主要从事防空导弹总体与动力工程教学、科研工作，参与多型地空导弹模拟器研制。工作期间，获军队科学技术进步奖一等奖 1 项、三等奖 6 项，主持完成航空科学基金项目 1 项，在研项目 8 项，均为主研人；发表学术论文 20 余篇。

刘力，1973 年 3 月出生，陕西咸阳人，现就职于空军工程大学，军事学博士。2004 年 3 月空军工程大学管理科学与工程专业硕士研究生毕业，2008 年 3 月空军工程大学军事装备学专业博士研究生毕业。一直从事军事装备学和管理科学与技术专业方面的教学和科研工作。工作期间，主持航空科学基金项目 2 项，参与科研项目 8 项，在研项目 3 项，获军队科学技术进步奖 2 项；主编和参与编撰高校教材、著作 10 余部，发表学术论文 30 余篇。

刘兴堂，1942年2月出生，陕西咸阳人，1965年8月西北工业大学飞机设计与制造专业本科毕业，1968年3月西北工业大学非线性振动理论专业硕士研究生毕业；首批空军级专家，军队专业技术三级，空军工程大学教授、国家一级学科“控制科学与工程”博士生导师，全军优秀教师；长期从事飞行器导航、制导与控制及复杂系统建模与仿真领域的教学和科研工作。工作期间，获国家科学技术进步奖2项、省部级科学技术成果奖2项、军队科学技术进步奖7项；公开出版专著、译著和大型工具图书20余部，发表学术论文百篇以上。

前　言

人类历史既是一部不断进步、灿烂辉煌的文明史，又是一部绵延不绝、充满腥风血雨的战争史。战争曾无数次地使农田荒芜、工业受损、生灵涂炭、民不聊生，并给人类造成了多场惨绝人寰的浩劫。人类自古就厌恶战争、反对战争并希望消灭战争，和平与发展是人类的美好愿望。然而，战争不但没有退出历史舞台，而且一直在人类社会生活和历史变迁中扮演着极其重要的角色，堪称社会形态和时代特征的“折射镜”。

在经历了漫长的徒手战争和木石器战争时代，长期的冷兵器战争和热兵器战争时代，残酷的近代机械化战争时代之后，人类正加快进入信息化战争阶段。现代战争的基本形态是核威慑条件下的信息化战争，其突出特点是以信息为主导，通过体系对抗和一体化联合作战实现信息化条件下的高技术局部战争。现代战争从机械化战争中脱颖而出，从本质上仍保持着政治性、暴力性和集团性三大基本特征，但其战争形态、战场空间与环境、武器装备类型与效能、作战样式与形式以及制胜机理等却发生了革命性变化。这些变化需要人们深入研究、全面掌握和积极应对。

本书是一部系统、全面、综合论述现代战争的国防与军事科技专著，从世界新军事变革出发，站在哲学和科学发展观的高度，深入研究当今信息化战争理念、理论及实践；系统论述现代多维战场空间与复杂对抗环境；全面展现信息化武器装备与作战平台现状和发展趋势；研讨现代信息化战争的主要作战样式和形式。

本书以作者编撰的《信息化战争与高技术兵器》和《信息化作战与高技术战场》为基础，并参考最新相关文献撰写而成。全书共分 7 章。第 1 章为绪论；第 2 章为信息化战争理论与实践；第 3 章为现代多维战场空间与复杂对抗环境；第 4 章为信息化武器装备及其发展趋势；第 5 章为信息化作战武器平台及技术；第 6 章为现代战争的常见作战样式；第 7 章为现代战争的主要作战形式。

本书由军队“2110”工程资助项目支持，特别得到空军工程大学防空反导学院领导和机关的大力支持，在此表示感谢。本书对增强全民信息化战争认识与国防意识，加快国防与军队现代化和信息化建设，都具有重要的学术研究意义和军事应用价值。

目　　录

前言

第 1 章　绪论 …… 1

1.1　概述 …… 1

1.1.1　战争概念 …… 1

1.1.2　战争形态及其历史演进 …… 2

1.1.3　相关术语 …… 2

1.2　古代《孙子兵法》与近代《战争论》 …… 4

1.2.1　重温《孙子兵法》 …… 4

1.2.2　感悟《战争论》 …… 6

1.3　信息及其相关概念 …… 8

1.3.1　信息及军事信息 …… 8

1.3.2　信息技术和军事信息技术 …… 10

1.3.3　信息化与信息时代 …… 12

1.3.4　信息在战争中的地位和作用 …… 13

1.4　新军事变革与现代战争 …… 15

1.4.1　战争史上的重大军事变革 …… 15

1.4.2　世界新军事变革 …… 17

1.4.3　新军事变革催生现代战争 …… 18

1.4.4　新军事变革推动军事创新与转型 …… 19

1.4.5　我国的新军事变革 …… 22

1.5　信息化战争新理念 …… 24

1.5.1　信息化战争新理念的提出 …… 24

1.5.2　信息化战争新理念要点 …… 25

第 2 章　信息化战争理论与实践 …… 32

2.1　信息化战争的产生动因 …… 32

2.2　信息化战争的演变过程 …… 33

2.3　信息化战争的基本理论 …… 34

2.3.1　信息化战争的形态论 …… 34

2.3.2　信息化战争的本质论 …… 36

2.3.3　信息化战争的力量论 …… 36

2.3.4 信息化战争的时空论 …… 36
2.3.5 信息化战争的手段论 …… 37
2.3.6 信息化战争的对抗论 …… 38
2.3.7 信息化战争的制胜论 …… 38
2.3.8 信息化战争的实施论 …… 40
2.4 信息化战争的初步实践 …… 40
2.4.1 海湾战争——划时代意义上的“信息战” …… 41
2.4.2 科索沃战争——典型“信息化优势”的高技术战争 …… 44
2.4.3 美军主导反恐的阿富汗战争——有史以来的“最精确之战” …… 46
2.4.4 伊拉克战争——首场试验性“信息化战争” …… 48
2.4.5 利比亚战争——一体化联合之战的典范 …… 51
2.5 对信息化战争的初步共识及结论 …… 52
2.5.1 理念共识 …… 52
2.5.2 实践结论 …… 53
第3章 现代多维战场空间与复杂对抗环境 …… 55
3.1 战场及其相关概念 …… 55
3.1.1 战场概念 …… 55
3.1.2 战场环境 …… 55
3.1.3 战场形态的历史变革 …… 56
3.2 现代战场空间及其军事价值 …… 58
3.2.1 现代“三维六域”战场空间 …… 59
3.2.2 陆地战场及其军事价值 …… 60
3.2.3 海上战场及其军事价值 …… 61
3.2.4 空中战场及其军事价值 …… 61
3.2.5 太空战场及其军事价值 …… 62
3.2.6 网络战场及其军事价值 …… 63
3.2.7 电磁战场及其军事价值 …… 64
3.2.8 认知战场及其军事价值 …… 65
3.3 现代战场环境 …… 66
3.3.1 现代战场环境构成 …… 66
3.3.2 信息化战争战场环境特点 …… 70
3.4 现代战场环境对信息化战争的影响 …… 73
3.4.1 对信息化战争准备的影响 …… 73
3.4.2 对信息化战争作战的影响 …… 74
3.5 现代战场上的体系对抗 …… 75

3.5.1　概述 …… 75
3.5.2　军事作战体系对抗 …… 80
3.5.3　武器装备体系对抗 …… 80
3.5.4　战场信息体系对抗 …… 80
3.6　信息化条件下的联合(体系)作战战场 …… 86
3.6.1　联合作战战场的地位和作用 …… 86
3.6.2　联合作战战场的新客观环境 …… 87
3.6.3　联合作战战场建设要求及对策 …… 88
3.6.4　联合作战战场的发展与未来 …… 89
3.6.5　联合作战战场案例 …… 90
3.7　网络化无人战场 …… 92
3.7.1　无人战场上的“三大子网格” …… 93
3.7.2　军事网格对无人战场的支撑 …… 94
3.7.3　以战场网格为核心的无人作战体系 …… 96
第4章　信息化武器装备及其发展趋势 …… 98
4.1　信息化武器装备及其相关方面 …… 98
4.1.1　信息化武器装备及其主要特征 …… 98
4.1.2　信息化武器装备的分类及组成 …… 99
4.1.3　信息化武器装备发展趋势 …… 100
4.2　现代战场上的信息化武器装备 …… 102
4.2.1　信息系统 …… 103
4.2.2　信息化弹药 …… 105
4.2.3　新概念武器 …… 107
4.2.4　单兵数字化装备 …… 117
4.3　战略武器与核武器 …… 119
4.3.1　核武器的产生、发展及未来 …… 120
4.3.2　核武器分类、机理和爆炸方式 …… 125
4.3.3　核武器投送、运用与威慑 …… 128
4.3.4　国外拟研发的几种新型核武器 …… 131
第5章　信息化作战武器平台及技术 …… 133
5.1　陆战武器平台 …… 134
5.1.1　坦克/装甲车辆 …… 134
5.1.2　火炮、高炮、防空导弹 …… 136
5.1.3　各类军用直升机 …… 137
5.1.4　工程兵装备 …… 138

5.1.5 数字化士兵系统 …… 138
5.1.6 陆战武器平台现状及发展趋势 …… 139
5.2 海战武器平台 …… 142
5.2.1 概述 …… 142
5.2.2 水面舰艇 …… 143
5.2.3 潜艇/核潜艇 …… 148
5.2.4 精确制导武器系统 …… 149
5.2.5 海军舰炮 …… 150
5.2.6 海战武器平台及其技术发展趋势 …… 150
5.3 空战武器平台 …… 150
5.3.1 作战飞机 …… 151
5.3.2 空战武器平台及其技术发展趋势 …… 159
5.4 空间作战平台 …… 162
5.4.1 空间信息获取系统 …… 163
5.4.2 空间信息传输系统 …… 165
5.4.3 空间资源应用地面系统 …… 166
5.4.4 空间卫星导航定位系统 …… 167
5.4.5 空间作战武器系统 …… 167
5.4.6 潜在空间作战系统 …… 168
5.4.7 空间作战平台及其技术发展趋势 …… 170
5.5 无人武器系统及作战平台 …… 172
5.5.1 无人武器系统 …… 172
5.5.2 无人作战平台 …… 174
5.5.3 无人作战平台及其技术发展趋势 …… 186
5.6 空天防御系统及军事高技术 …… 187
5.6.1 空天防御系统概念及其构成 …… 187
5.6.2 系统结构体系 …… 188
5.6.3 系统综合集成 …… 190
5.6.4 系统技术支撑平台 …… 190
5.6.5 空天防御系统及其技术发展趋势 …… 191
5.7 世界武器装备与军事高技术发展现状与未来 …… 194
第 6 章　现代战争的常见作战样式 …… 201
6.1 电子战 …… 201
6.1.1 概念及定义 …… 201
6.1.2 主要作战样式和行动 …… 202

6.2　网络战 …… 203
6.2.1　概念及定义 …… 203
6.2.2　作战能力 …… 204
6.2.3　发展趋势 …… 206
6.3　信息作战 …… 207
6.3.1　概念及定义 …… 207
6.3.2　作战力量及作战行动 …… 208
6.4　网络中心战 …… 212
6.4.1　网络中心战作战理念 …… 212
6.4.2　网络中心战初步实践 …… 214
6.5　现代火力战 …… 215
6.5.1　概念及特征 …… 215
6.5.2　类型与样式 …… 216
6.6　现代特种战 …… 218
6.6.1　概念及定义 …… 218
6.6.2　特种作战特点、分类与任务 …… 219
6.6.3　特种作战力量及行动 …… 220
6.7　空间作战 …… 221
6.7.1　概述 …… 221
6.7.2　相关概念 …… 222
6.7.3　作战力量与任务 …… 223
6.7.4　作战类型及样式 …… 225
6.7.5　作战实践 …… 228
第7章　现代战争的主要作战形式 …… 229
7.1　联合作战 …… 229
7.1.1　联合作战概念及相关概念 …… 229
7.1.2　联合作战思想 …… 230
7.1.3　联合作战的内涵、特点及特征 …… 231
7.1.4　联合作战的形成与发展 …… 233
7.1.5　联合作战力量及战场形态 …… 235
7.1.6　联合作战样式 …… 237
7.1.7　联合作战指挥、协同、保障与后勤保障 …… 238
7.2　体系作战 …… 241
7.2.1　体系作战的概念、内涵及特点 …… 241
7.2.2　体系作战的产生和发展 …… 243

7.2.3 作战能力构成 …… 244
7.2.4 体系作战制胜机理 …… 245
7.2.5 体系作战样式 …… 245
7.2.6 体系作战指挥控制 …… 245
7.2.7 体系作战保障 …… 247
7.2.8 体系作战评估 …… 248
7.3 精确作战 …… 250
7.3.1 概述 …… 250
7.3.2 精确作战的产生及发展 …… 250
7.3.3 精确作战的特点 …… 253
7.3.4 精确作战的构成因素及手段 …… 253
7.4 空天一体信息作战 …… 258
7.4.1 体系结构 …… 259
7.4.2 主要特点 …… 259
7.4.3 作战行动 …… 259
7.5 空地一体战 …… 260
7.6 空海一体战 …… 261
7.7 基于效果作战 …… 262
7.8 无人作战 …… 264
7.8.1 无人化战争与作战概念 …… 266
7.8.2 无人作战到来的必然性 …… 266
7.8.3 无人作战体系 …… 269
7.9 空天防御作战 …… 270
7.9.1 空天防御概念及内涵 …… 271
7.9.2 空天防御作战理论 …… 274
7.9.3 现代空天防御作战的共同点和发展趋势 …… 279
参考文献 …… 280

第1章 绪　　论

本章简要阐明战争概念、战争形态及历史演进以及同战争直接相关的术语；论述信息、信息技术和信息化在战争中的重要作用；介绍两本著名的军事著作——《孙子兵法》和《战争论》；提出与现代战争密切相关的世界新军事变革、信息化战争新理论，作为进一步研究信息化战争的预备知识。

1.1 概　　述

1.1.1 战争概念

战争是国家或政治集团之间为了一定的政治、经济等目的，使用武装力量进行的大规模激烈交战的军事斗争。战争是解决国家、政治集团、阶级、民族、宗教之间矛盾冲突的最高形式。战争根源存在于阶级、民族、宗教、政治集团、国家之间的政治利益、经济利益等对抗性矛盾之中。战争起因无外乎为政权争夺、领土争端、经济冲突、民族矛盾、宗教纠纷和价值观推广等。战争目的是通过战争所要达到的预期效果，包括政治目的、经济目的和军事目的。战争类型是指按某一特征对战争进行的基本分类。按性质，可分为正义战争和非正义战争，或侵略战争和反侵略战争；按规模，可分为全面战争和局部战争，或武装冲突、大规模战争和世界大战；按使用的主要武器，可分为常规战争和核战争；按形态，可分为徒手战争、冷兵器战争、热兵器战争（含热核战争）、机械化战争和信息化战争等。

战争充满着暴力、血腥和死亡，为爱好和平的人民深恶痛绝，但战争从未退出历史舞台，始终伴随着人类历史的进程，并推动历史车轮滚滚向前。战争，特别是高技术条件下的信息化战争，值得我们深入研究。

人类最早的祖先是从古猿经过数百万年进化而来的猿人。猿人时期，即远古时代，生活环境十分恶劣、生产能力相当低下，群居是他们唯一可以选择的生活方式和社会组织形式。在这种社会里，大家共同劳动，一起对付自然灾害和野兽侵袭，并依靠集体智慧顽强地改造着生存环境，过着原始群居而没有战争的生活。后来逐渐转向氏族公社社会，开始产生按照性别、年龄的劳动分工和血缘婚姻制度等。各氏族部落之间为争夺领地、扩充势力、掠夺财物，经常相互侵伐，天下纷乱，军队和人类战争萌芽开始产生，它发生在尼罗河流域、两河流域、长江流域等地区。历史事实证明，正是战争把我国历史由原始社会推进到奴隶社会，同时呈现出群雄割据、诸侯争霸的战争场景，如“少康复国”“商汤灭夏”“武王伐纣”等。东周后期更是被称为战国时代。后来，我国经历封建社会、半殖民地半封建社会和民主主义革命时期，大大小小的战争从来没有停止。世界其他国家或地区也同样如此。据战争史学家统计，公元前 1496 年～公元 1861 年，有 93%的时间，人类是在战争烽火中度过的；1861～1945 年，国际上除发生多次中小规模战争外，还接连爆发了两次世界大战；第二次世界大战后的冷战时期，虽然未再爆发世界大战，但局部战争和重大武装冲突就有近 200 次。20 世纪 70 年代开始，人类逐渐拉开了信息时代的序幕，随之又爆发了近 10 次信息化条件下的高技术局部战争。截至目前，整个世界仍然动荡不安，虽说很难爆发世界大战，但局部战争大有随时引发的可能。

1.1.2 战争形态及其历史演进

战争形态是指以主战兵器技术属性为主要标志的战争历史阶段性的表现形式和状态，如冷兵器战争、热兵器战争、机械化战争和信息化战争等。

有史以来，人类战争层出不尽、绵延不绝，从不以人的意志为转移。随着科学技术的进步和社会发展，战争形态在不断发生着变化。总体上讲，人类曾经历了徒手战争、冷兵器战争、热兵器战争和机械化战争，目前已加速进入信息化战争阶段。由机械化战争向完全信息化战争过渡的这段战争形态统称为信息化条件下的现代战争形态，简称现代战争。从科学技术进步和社会时代发展的角度讲，现代战争是一种高技术战争，它既包含着信息时代的信息化战争理念，又涵盖着与之并存的其他高技术战争形态。信息化战争是信息时代战争的基本形态。应该说，信息化战争是我军独创并具有中国特色的现代战争新理念。钱学森先生提出，现阶段和即将到来的战争形式为核威慑下的信息化战争。因此，信息化战争将逐步取代工业时代的机械化战争，成为未来战争的基本形态。这种战争形态本质是为了夺取信息优势并增强决策优化，进而利用信息和信息技术实现战斗力最大化，发挥信息作战和联合体系作战优势，以谋求现代高技术战争的胜利。事实上，美军随后提出的网络中心战只不过是信息化战争的初级阶段(刘兴堂等，2018c)。

1.1.3 相关术语

与战争有关的部分术语列举如下(刘兴堂等，2018c)。

(1)战争观。战争观是指对战争的总体看法和根本态度，包括对战争根源、战争本质、战争性质、战争目的、战争制胜规律、战争与和平的关系等问题的看法。

(2)战争准备。战争准备是指国家或政治集团为实施或应对战争而进行的准备，包括政治、经济、军事、外交、科技、文化等方面的准备，分为平时准备、临战准备和战争过程中的准备。

(3)战争实施。战争活动的实际进行称为战争实施，通常指从战争开始至结束所进行的以作战为中心的全部活动。

(4)战争根源。战争根源是指战争产生的根本原因,存在于阶级、民族、宗教、政治集团、国家之间的政治利益、经济利益和对抗矛盾中。

(5)战争起因。战争起因就是指引发战争的直接因素,如政权争夺、领土争端、经济冲突、宗教纠纷、价值观推广等。

(6)武装力量。武装力量是国家或政治集团拥有的各武装组织的统称,通常包括军队、武装警察部队和群众武装组织等。

(7)武装冲突。武装冲突是指敌对双方武装力量之间发生的小规模、低强度交战。就国家之间的关系而言,武装冲突尚未构成战争状态。但在一定条件下,武装冲突也可能发展成战争。

(8)全面战争。全面战争是指全面动员、全力实施的战争,包括世界大战、国家间的全面战争和国家内部的全面战争。

(9)局部战争。局部战争就是在局部地区进行的目的、手段、规模等有限的战争,是相对于世界大战和全面战争而言的。

(10)世界大战。世界大战是指敌对国家、集团之间同一时期在世界多个地区进行的大规模战争,如20世纪所发生的第一次世界大战和第二次世界大战。

(11)反恐战争。反恐战争是为打击恐怖主义势力及其恐怖活动而进行的战争。

(12)机械化战争。机械化战争是指主要使用机械化武器装备及相应作战方法进行的战争。它具有机动速度快、火力毁伤强、战场范围广、战争消耗大等特点,是工业时代战争的基本形态。

(13)信息化战争。依托网络化信息系统,使用信息化武器装备及相应作战方法,在陆、海、空、天等领域进行,以体系对抗为主要形式的战争称为信息化战争。它是信息时代战争的基本形态。

(14)信息化条件下局部战争。信息化条件下局部战争是指依托信息系统,使用具有一定信息化水平的武器装备及相应作战方法进行的局部战争。它是工业时代向信息时代过渡时期战争的基本形态。作者把这种形态的战争称为现代战争或当今战争。它的发展趋势是信息化战争。

(15)常规战争。使用常规武器进行的战争称为常规战争。与它相对立的概念是核战争。

(16)侵略战争。以侵略他国领土、掠夺他国财富、奴役或控制他国人民为主要目的而进行的战争称为侵略战争。

(17)反侵略战争。为反对外来侵略、掠夺和奴役而进行的战争称为反侵略战争。

(18)战争手段。战争手段有两种释义:①为达成战争目的而使用的具体方法和措施，包括军事、政治、经济、外交等手段；②相对于和平手段而言，通过战争实现政治、经济等目的的方法和途径。

(19)战争力量。战争力量是指可直接和间接用于战争的各种力量，包括战争实力和战争潜力。

(20)战争实力。战争实力是指可直接用于战争的实有力量，是战争赖以进行并对其进程和结局具有重大影响的物质基础，包括武装力量、武器装备及战争物资等。

(21)战争潜力。战争潜力是指通过动员和开发可用于战争的潜在力量，通常指能够动员和开发的用于战争的人力、物力和财力，主要取决于国家的政治、经济、科技、文化，以及人口资源、自然条件等。

(22)战争进程。战争进程是指战争发展变化的过程，通常分为战争初期、战争中期和战争后期，也可分为若干阶段。

1.2　古代《孙子兵法》与近代《战争论》

只要谈到战争这个热门话题，人们定会想到我国古代兵学圣典《孙子兵法》和欧洲近代军事巨著《战争论》。如果说《孙子兵法》是农业时代的人类战争思维，那么《战争论》就是工业时代的人类战争指南。它们都在世界军事学术史上占有突出地位，是观察、认识和分析，甚至设计现代战争的重要基础和指导。

1.2.1　重温《孙子兵法》

《孙子兵法》为我国春秋时期大军事家孙武所著，是我国现存最早的古代军事名著、我国古代兵学的杰出代表，是我国优秀传统文化的重要组成部分。它内涵丰富、博大精深，对我国古代军事学发展影响深远，被后世奉为兵学圣典，至今依然闪耀着真理的光芒，对现代军事理论的发展具有重大借鉴意义。它也是世界上最古老的军事著作，并在世界军事学术史上占有突出地位，对世界军事思想的发展，至今仍产生着重大影响。

《孙子兵法》全书共十三篇，系统全面地论述了"始计""作战""谋攻""军形""兵势""虚实""军争""九变""行军""地形""九地""火攻""用间"等重大军事问题，揭示出一些具有普遍意义的军事规律，至今仍具有巨大的军事与科学价值，其集中表现如下。

(1)提出了以"道"为首的战争制胜条件。在对战争的制胜条件上，《孙子兵法》认为，用兵打仗关系着国家的生死存亡，是必须要认真研究、考察的，故要"经之以五事，校之以计，而索其情"，即必须从"五事"和"七计"等客观实际出发，分析、比较敌对双方的各种条件，以探求战争胜负的可能性。这里"五事"是指"道""天""地"

“将”“法”；而“七计”即“主孰有道？将孰有能？天地孰得？法令孰行？兵众孰强？士卒孰练？赏罚孰明？”七个方面情况。所有这些都客观存在于战争双方，并关系到战争胜负。这就是民众对战争的态度，是否占有天时地利，将领指挥能力，军队组织、训练程度，战斗力强弱以及纪律和赏罚等概念。应特别指出，孙武在论述“五事”“七计”时，把“令民与上同意”的“道”这个属于政治范畴的重要条件放在首位，表明他在一定程度上已在2000多年前认识到战争与政治的关系，这是难能可贵的。

(2)揭示了“知彼知己者，百战不殆”的普遍军事规律。这是前无古人的，也是《孙子兵法》军事思想的精华。

(3)反映了丰富的朴实唯物论和原始辩证法思想。《孙子兵法》之所以能够提出若干精辟的军事理论原则，是有其深刻的唯物论和辩证法思想基础的。特别是在分析、研究战争和判断战争胜负可能性时，《孙子兵法》充分地估计了战争对客观条件的依赖关系。这里采用了“天”“道”之说。“天”不是神灵，而是“阴阳”“寒暑”“时制”等自然现象，而“道”就是辩证法思想。

考究《孙子兵法》十三篇，便可发现每一篇都闪耀着中国古代军事史光芒，分别介绍如下(刘兴堂等，2018c)。

(1)始计篇。始计篇主要论述研究和谋划战争的重要性，探讨决定战争胜负的基本条件，并提出发挥将帅在战争中的指导作用等。它开宗明义地指出：“兵者，国之大事，死生之地，存亡之道，不可不察也。”并提出“攻其无备，出其不意”的军事名言。

(2)作战篇。作战篇从战争对人力、物力和财力的依赖关系出发，着重论述“兵贵胜，不贵久”的速胜思想，以及“因粮于敌”的原则和“胜敌而益强”的观点，并强调将帅责任之重大。

(3)谋攻篇。谋攻篇阐明了一个非常有价值的军事思想，即“知彼知己者，百战不殆”，成为几千年来指导战争的普遍规律。同时，还提出了运用政治、外交谋略来取胜于敌为上的军事思想。

(4)军形篇。军形篇主要论述军队作战首先要使自己立于不败之地，然后寻求敌人的可乘之机，以压制性优势打击敌人，达成“自保而全胜”的目的。《孙子兵法》认为，敌对双方军事实力的对比，是作战胜负的基础。由此出发，提出了“先为不可胜，以待敌之可胜”的作战指导思想。

(5)兵势篇。兵势篇主要论述在军事实力的基础上发挥将帅的指挥才能，造成并利用态势，出奇制胜地打击敌人。《孙子兵法》很重视“任势”。“势”指的是充分发挥将帅的指挥能力，以自己的军事实力为基础，造成一种猛不可挡、压倒敌人的有力态势。

(6)虚实篇。虚实篇突出论述“避实而击虚”“因敌而制胜”，主动、灵活地打击敌人的作战指导思想，对于战争中正确选择作战目标、作战方向，指导军队的作战行动等，具有重要价值。

(7)军争篇。军争篇论述战争中两军相争，其中心思想是力争掌握战场的主动权。《孙子兵法》认为，在作战过程中，如何先敌占领战场要地和掌握有利战机是两军相争中最重要、最困难的问题。为此，必须懂得“以迂为直，以患为利”的原则，做到“后人发，先人至”，并提出了“避其锐气，击其惰归”的军事名言。

(8)九变篇。九变篇论述在特殊情况下的灵活处置方法。《孙子兵法》认为，为达成预期作战目的，将帅要根据具体情况灵活处置，做到有所为，有所不为。尤其对于从全局来看无关紧要的目标应坚持“不击”“不攻”“不争”，以达成作战行动的主要目的。

(9)行军篇。行军篇论述行军作战的组织指挥和利用地形、地物侦察判断敌情。《孙子兵法》认为，“处军相敌”是作战指挥中的重要问题。“处军”必须善于利用地形、地物；“相敌”要求对敌情进行周密细致的观察，善于对各种征候做出正确判断。同时，提出了“令之以文，齐之以武”的治军原则，以及赏罚适时、适度的重要军事思想。

(10)地形篇。地形篇论述利用地形的重要性，提出在各种地形条件下的军事行动原则，还强调“视卒如爱子”的观点及对士卒须严格要求的治军思想。

(11)九地篇。九地篇根据战场位置、环境及其对作战的影响，把战地分为九类，并提出相应的作战原则和处置方法。

(12)火攻篇。《孙子兵法》非常重视火攻。火攻篇详细论述了火攻种类、条件、实施方法等，不仅把火攻作为辅助进攻的一种形式，更强调要与兵攻密切配合。他还特别强调慎战思想，提出，“主不可以怒而兴师，将不可以愠而致战”的安国全军之道。

(13)用间篇。用间篇特别强调使用间谍，侦察敌情的重要意义，认为这是用兵作战的要事之一，整个军队要依靠间谍提供的情报而采取行动。在此，还提出“五间俱起，莫知其道”的观点，强调使用各种间谍，以广开情报来源，使敌人陷入茫然、无从应对的境地，同时应防止被敌人欺骗。

1.2.2 感悟《战争论》

卡尔·冯·克劳塞维茨是普鲁士著名的军事理论家、西方近代军事理论的鼻祖，曾参加欧洲反法同盟对拿破仑的战争，历任骑兵军参谋长、军团参谋长、柏林军官学校校长等职，获少将军衔。他先后研究了1566～1815年所发生的130多个战例，并总结了自己所经历的几次战争经验，在此基础上写出一部体系庞大、内容丰富的军事理论著作，后因患霍乱中途病故。去世后，其妻子玛丽整理出版了《卡尔·冯·克劳塞维茨将军遗著》，共十卷。《战争论》是其中的第一、二、三卷，共70余万字，这部巨著的思想精髓主要在第一、二、七、八篇中。

提到《战争论》，克劳塞维茨有著名论断——战争是政治的继续。原话是："战争不仅是一种政治行为，而且是一种真正的政治工具，是政治交往的继续，是政治交往通过另一种手段的实现。"这句话影响深远，至今仍发人深省，它在一定程度上奠定了《战争论》在西方军事史上的地位。《战争论》的思想漂洋过海，在整个世界上都产生了深远影响。美国的巴顿、英国的蒙哥马利、德国的鲁登道夫等都是克劳塞维茨的信徒，并发展了他的思想；中国抗日战争和解放战争也撷取了他的思想精神。

《战争论》的思想魅力在于，它凝聚了世代的战争智慧，又鲜明呼应了工业时代的军事变迁。克劳塞维茨既目睹了法国革命在军事上的变革，又亲身感受了拿破仑军事创新的得失。由于既鸟瞰过去，又站在时代的风口浪尖上，《战争论》对于战争和军事的诸多关系，如战争本质的属性、战争与民众的关系、战争计划、战略要素、军队组织编制、战争研究方法论等，给予了全面而精辟的剖析。

《战争论》系统总结战争经验，论述战争各个方面，在战争的本质、战争的盖然性、战争与政治的关系、精神因素与物质因素的作用、民众战争、集中优势兵力、进攻与防御等许多方面均有精辟论述，被誉为西方近代军事理论的经典之作。

克劳塞维茨认为，无论战争有多么不同，其目的都是一样的，认识了战争目的，就认识了战争本质。因此，他给战争进行了这样的界定："战争无非是政治通过另一种手段的继续""战争是迫使敌人服从我们意志的一种暴力行为"。战争最显著的特点是使用暴力。暴力，即物质暴力，它是以把自己的意志强加于敌人作为目的，并用技术和科学的成果装备自己对付暴力。为了确有把握地达到这个目的，必须使敌人无力抵抗。因此，从概念上讲，使敌人无力抵抗是战争行为的真正目标。除了对战争本质赤裸裸地揭露外，《战争论》还精心研究了战争中一切因素，它的一些主要观点及精辟分析，仍然对今天的战争理论和战争实践研究有巨大的借鉴作用。这是由于人类发展史从未割断，世界军事发展也是在继承基础上向前迈进。《孙子兵法》问世时还没有火器，克劳塞维茨《战争论》出版时候也没有飞机，而今天，风靡世界军界的关键词是信息化、太空战、网络战和防空反导等。今后，还会在战争理论和实践上出现新的突破。从这种意义上讲，《战争论》可以说是为当代或未来撰写的一部经典著作。因此，《不列颠百科全书》和英国著名军事历史学家迈克尔·霍华德都对《战争论》做出了高度评价。《不列颠百科全书》认为，《战争论》不愧为全面研究军事学术的最佳理论著作，在某种程度上讲，克劳塞维茨的著作就是战略学的"圣经"。迈克尔·霍华德认为，克劳塞维茨的巨著《战争论》，可能在许多年里，会成为一切认真从事战争与和平研究者的基本典籍。他著述的深度和创造性把战争研究引向了一个全新的阶段，其中关于从总体上探讨战略等问题的一些观点，今后仍然是几乎所有谈及此类问题的新理论的出发点（克劳塞维茨，2005）。

1.3 信息及其相关概念

1.3.1 信息及军事信息

信息及军事信息是现代生活中常遇的热门话题，也是经济、科技、国防、文化领域最重要的术语之一。

近代信息论通常把有用的消息内容称为信息。1948 年，信息论创始人香农在论文《通信的数学理论》中指出："信息是用来消除随机不定性的东西。"同年，控制论创始人维纳又在《控制论》一书中指出："信息就是信息，既非物质，也非能量""凡是在一种情况下能减少不确定性的任何事物都叫作信息"。我国信息科学专家钟义信先生在《信息科学原理》一书里指出："信息就是主体所感知或所表述的事物运动状态和方式的形式化关系。"国际标准化组织（International Organization for Standardization，ISO）曾就信息做出了简洁释义："信息是对人有用，能够影响人们行为的数据。"近年来，有关辞书也指出，信息与物质、能量一起构成了人类社会赖以生存和发展的三大要素，是一种重要的战略资源。

本书认为，凡是事物通过各种形式发出并传递的内容均可称为信息。从学术上讲，真正意义上的信息应该是经过组织、梳理后的数据集，可以理解为同物质、能量一样，是社会发展和科技进步的一种极为重要的资源，是关于事物运动状态的描述，也是物质和能量形态的反映。近年来一些权威文献对信息的定义是：信息是指事物发出的消息、指令、数据、符号等所包含的内容。人通过获得、识别自然界和社会不同的信息来区别不同事物，得以认识和改造世界。本书认为，信息不仅是人们获取、识别、区分不同物质和能量的介质，也是人们认识与改造世界的前提条件，记录客观事实状态和运动特征的普通方法，以及通信和控制系统中的联系形式。信息极端重要又有巨大价值。就像人类不能没有空气和水一样，人类现在片刻也离不开信息，尤其是在当今的信息时代。

近年来，从信息本质洞悉，可越来越深刻地认识到"信息是物理的"。其主要表现为：信息源于物理态在时空的变化；信息传输是编码有信息物理态的传输；信息存储是把编码有信息的物理固化在称为存储器的物理系统中；信息处理则是在称为计算机的物理系统中，编码有信息的物理态按算法要求控制的变换或演化，计算机结果的提取就是对演化末态的物理测量。

信息存在着多种形式，如字母、数字、声音、音响、图形、图像、曲线、表格、序列、函数、模型等。信息具有一系列特性，人们对这些特性已有普遍共识，其基本特性包括如下几种（刘兴堂等，2018c）。

（1）可识别性。信息可被人们感知、接收和识别。

(2)传递性。信息可在信息源和信宿之间通过一定的信道传递与交互。

(3)不灭性。信息是有耗散和损伤的,使用次数越多越趋于常识,其使用价值越低,但始终消耗不尽。

(4)共享性。信息不能像物质那样交换,只能共享。

(5)时效性。信息是有有效期限的,过时则老化,其老化程度符合巴尔顿-开普勒方程 $Y=1-(a/e^x+b/e^x)$。其中,e 为自然指数的底;a 和 b 为经验常数,$a+b=1$;x 为年限;Y 为经过一定时间后仍可利用的信息的相对数。

(6)能动性。能动性亦称为服务性,是指信息可广泛服务于社会人文、经济建设、科学研究、军事领域等各个方面,有着极高的能动性。

(7)普遍性。信息普遍存在于自然界、人类社会及各个学科领域。

(8)社会性。信息源于社会,传于社会,存在于社会,并用于社会。

(9)依附性。信息总是依附于各种载体,如磁介质、电波、纸质文档、音响等。

(10)可处理性。人们可对不同形态的信息进行采集、储存、整合、加工、分类、计算、变换和分析。

(11)可度量性。信息可以利用熵概念,通过消除不确定性进行度量和评价。

(12)可扩散性。信息能够通过各种渠道向各个方向传播,信息浓度越大,扩散性越强。

(13)价值性。信息作为一种资源,在充分利用过程中体现它的使用价值,并按照产生的价值不同分为若干等级。

(14)滞后性。信息是数据经加工后获得的,而加工数据需要时间,由信息做出决策同样需要时间,从数据到决策的时间延迟称为信息的滞后性或延时性。

(15)组织性。信息严格按顺序传递和使用,并有针对性和特定性,它们都是信息组织性的表征。

另外,信息还有一些重要特性,如可扩充性、可转换性、可预测性、对人的从属性、可伪装性、可压缩性、隐蔽性、不确定性、安全性和干扰性等。

综上所述,信息是客观存在的,是通过物质载体所发出的情报、指令、消息、新闻和信号的统称。信息的产生、采集、处理和利用,贯穿着人类社会发展的各个时期。信息具有多种类型,按逻辑,分为真实信息、虚假信息和不确定信息;按载体,分为电子信息、光学信息和生物信息等;按应用领域,分为社会信息、政治信息、经济信息、军事信息、工业信息、农业信息、文化信息、市场信息、科技信息和管理信息等;按形态,分为自然信息、人工信息和知识信息等;按价值,分为有用信息、无用信息和干扰信息等;按作用,分为语法信息、语义信息和语用信息。

信息中的军事信息,是军事指挥、军事决策及执行决策所必需的资料数据,也是反映军事活动特征及其发展变化情况的各种情报、命令、消息、资料的统称。军事信息对战争形态、战场环境、武器装备和作战方式产生革命性影响,有力地推动着世界新军事变革浪潮滚滚向前，在信息化条件下的高技术战争和作战中起着主导作用，并决定着战争的进程和结局。

1.3.2 信息技术和军事信息技术

1. 信息技术

信息技术是人类开发和利用信息资源的所有技术手段与方法的总和，包括一切有关信息生成、采集、存储、处理、变换、传递、显示、识别、提取、拟制和使用的技术等，或者说是它们的综合技术。计算机技术、通信技术、网络技术、传感技术及控制技术是信息技术的核心。信息技术堪称当今六大高新技术群之首，在现代科学技术、国民经济和国防建设中占有非常重要的地位，对社会发展和科技进步，特别是军事技术的进步具有巨大影响及推动作用。

信息技术作为当代经济社会发展及军事变革最重要的推动力，深刻地改变着人类的生产关系、生活方式、社会结构、战争形态及作战模式。20 世纪 70 年代以来，以信息技术为核心的高新技术的迅猛发展和广泛应用，极大地推进了国民经济、国民生活和国防建设的信息化，使人类社会悄然跨入了信息时代。

2. 军事信息技术

军事信息技术是信息技术在军事领域中的具体应用，是现代军事技术的重要组成部分。它主要是指研究、设计、制造、操作使用及维护保障信息系统、信息化主战武器装备（系统）的技术，也是人们在军事实践活动中，运用有关科技成果所创造的，以现代信息技术为核心的各种知识、技能和物质手段的总和。在军队信息化进程中，军事信息技术起着十分重要的基础和推动作用，集中地体现在军事信息系统和信息化主战武器装备（系统）的发展上。它极大地推动了新武器系统的发展，增强了常规武器和技术装备的信息技术含量，出现了一大批智能化的杀伤性信息化武器，如精确制导武器、遥感武器、隐形战机、轰炸机和隐形舰艇等，对于增强军事威慑力量和决定战争胜负具有举足轻重的影响。

从目前世界各国特别是军事强国的军事技术发展和应用可以看出，军事信息技术在如下军事高技术领域发挥着极其重要的作用。①军用航天领域。军用航天技术的应用主要包括航天侦察监视、航天信息支援、航天作战及航天勤务保障等。它们与军事信息技术相结合，使军事侦察、通信、测绘、导航、定位、预警、监视及气象预报等能力得以空前提高。②军用新材料领域。军用新材料主要包括高温材料、功能材料和复合材料，是信息化高技术兵器和技术装备的基石，它们与军事信息技术相结合，可以极大地提高坦克、装甲车辆、飞机、导弹、舰艇、卫星、雷达、运载火箭等高技术兵器及其作战平台的作战性能和效能。③军用探测器技术领域。探测技术及设备是军队获取信息的主要手段，称为现代战争的“耳目”，军用信息技术使军用探测器的性能、种类、数量及其应用发生了质的变化。④军用生物技术领域。军用生物技术主要包括军用仿生技术、军用生物材料技术、军用生物微电子技术、军用生物能源技术、军用生物环境技术和生物武器技术等。军用生物技术与军事信息技术相结合，使军事信息的获取和处理、指挥控制自动化、武器精确制导等发生了质的变化。⑤定向能技术领域。定向能技术在军事信息技术的支持下快速发展。激光武器和高功率微波武器在速度和精度上得到大幅提升，并发挥着很高的作战效能。

军事信息技术不断发展，当前已形成信息化时代的显著特征，即数字化、网络化、自动化、智能化和一体化。

数字化就是将语言、文字、图形/图像等信息载体的信息转变为二进制计算机代码的形式。其不仅解决了传统格式信息存入计算机的问题，而且便于实现计算机联网和使用计算机对数字信号进行存储、处理与交换，同时便于通信网络的管理、维护，实现自动化和智能化。数字化技术统一信息载体的格式，为战场信息化提供了重要基础。以互联网为代表的信息网络，凭借着信息共享和信息交换功能，利用通用的网络传输协议和无线自组网支持海量信息在各级指挥机构、各军兵种部队间纵横高速流动，实现数字战场的网络化，能够有效地保持己方信息优势。典型的信息共享技术主要包括万维网、搜索引擎和电子邮件等。它们共同构成信息服务系统、信息导航系统和网络应用系统，使未来战场军用通信系统的构建及应用具有广阔的前景。

在现代战场上，情报的自动处理、数据的自动传输和武器装备的自动控制等，都必须借助计算机处理和自适应技术等自动化技术来实现与提高。情报处理自动化的核心技术是多传感器/多目标数据融合技术；自适应电台则采用信道自动探测、频率自动调整技术来改善实战环境下无线电传输过程的信道阻塞及中断通信的严重现象；数据链将侦察传感器、指挥所、各参战部队、武器平台之间进行无缝链接，实现机载、陆基、舰载战术数据间的自动交换；在主战武器上采用先进的数字化通信与指挥控制，使其具备战场的自主感知、自动跟踪、自动信息处理和自动实施攻击等能力，从而增强了武器平台的机动和精确打击能力。

如果说自动化可用来帮助人们加快信息应用的速度，那么智能化则能够提高指挥控制的质量。通常利用智能搜索技术和机器学习技术提高情报发现智能化，而采用决策支持系统、专家系统和知识库技术来提高指挥决策智能化。智能百分比控制系统、智能化故障诊断和修复技术是实现武器控制智能化的重要技术途径。

军事信息系统的一体化是以技术体制标准化、信息系统集成化、信息网络栅格化为主要特征的。

1.3.3　信息化与信息时代

1. 信息化

信息化概念是日本学者梅棹忠夫于 20 世纪 60 年代初在其著作《信息产业论》中首先提出的。此后不久，我国就提出了国家信息化新理念，指出信息化既是一个技术进程，又是一个社会进程。当以信息化界定社会进程时，信息化是指人类社会发展的高级阶段，即在社会文明和国民经济中，信息技术、信息系统和信息产业获得了高度发展，并处于支配地位。或者说，信息化是一种进程，国家在经济、军事及相关社会活动中，以信息技术和信息基础设施为主要工具与手段，开发利用信息资源，促进社会进步、经济发展和军事变革，使信息经济与产业在国民经济中的比重逐渐上升直至占据主导地位，并呈现出信息技术和信息产业对社会进步、经济发展和军事变革的决定性推动作用。

就我国而言，信息化是在由工业社会向信息社会演变中，根据我国经济和国防建设需要而提出的具有中国特色的新理念，其全名为中国(或国家)信息化，简称信息化。其定义为:在国家统一规划和组织下，在农业、工业、科学技术、国防及社会生活各个方面应用现代信息技术，深入开发、广泛利用信息资源，加速实现国家现代化进程。实际上，国家信息化是一个综合体系，主要包括信息技术应用、信息网络、信息技术和产业、信息化人才、信息化政策法规及标准规范等，它们彼此相关、相互支撑，融合为一个有机整体。

值得指出的是，国防信息化是国家信息化的重要组成部分，是实现国防现代化的重大战略举措。其实质是:利用信息技术的强大渗透力、融合力、信息力和倍增力来增强国防领域各个方面的信息化水平，加快国防现代化建设。国防信息化过程，首先是指将计算机设备与系统以及信息化设备与系统运用到军队和指挥过程及军事组织与机构的日常活动中，设计制造高精度武器和机器人技术综合体及信息武器，也就是建设信息化武器装备和信息化军队，以满足未来信息化战争的需要。

2. 信息时代

人类经历了漫长的原始社会、奴隶社会、封建社会和资本主义社会，在资本主义社会的工业化时期发明了电话、电报、广播、电视、雷达、计算机和网络等信息技术和设施。在此基础上，20 世纪 70 年代开始，人类逐渐拉开了信息时代的序幕。信息时代，就是以信息和信息技术为基础的时代，其主要标志是信息产业成为社会结构的重要组成部分及基础，信息技术渗透于社会各个领域。或者说，信息与信息技术已成为社会的支柱，信息产业的比重在社会生活中已相当高，极大地影响和制约着社会的各个层面。进一步讲，信息时代是大量新信息广泛传播的时代，信息传播环境、传播设施、人口素质、大众传媒及受民众接受情况等几乎充满着时代空间；信息时代同样是采用数字化手段对信息进行处理的时代，包括信息收集、整理、检索、交换和运用等；除此，在信息时代，信息交换的形式和本质完全取决于信息经济，而信息经济在很大程度上取决于信息与信息技术的最新发展和普及应用。

进入21世纪后，知识的产生、传播及应用明显加快，信息产品在国民经济中的比重迅速上升并逐渐占据主导地位，正在为实现各种信息的世界性沟通与交流构筑“数字地球”。“数字地球”就是把地球和人类的各种信息用地图（地理）信息串起来，整理在计算机网络中，形成一个全球信息系统。这些信息既包括地形地貌、地质构造、土地山川、气候等自然信息，又涵盖历史沿革、风土人情、文化教育、人口、交通、经济、科技、工农业生产和军事等社会人文信息等。因此，数字地球将是一个巨大的信息系统，是人们把相关地球信息组织与应用起来的最佳方式。总之，21世纪之初信息化的大潮剧烈地冲击着人类社会的各个层面，包括政治、经济、教育、工业、农业、医疗、卫生、军事等，信息时代的特征被不断呈现出来。

信息时代的鲜明特征主要表现如下。①信息已成为财富创造与实力增强的核心资源，财富创造将依赖信息的占有。因此，全球信息竞争的冲突将超过在意识形态和经济上的冲突。②信息技术的飞速发展和不断进步改变着创造财富的方式，同时改变着力量的分布，从而增加了复杂性。③网络技术极大地压缩了全球距离和时间，加快了人类的生活节奏。④智能技术和科学计算大幅度地拓展了人们的思维空间，使人们得以最大限度地摆脱传统的认知观念，改变着世界的本质，并可能对未来战争产生决定性影响，即能够在很大程度上增加国际冲突强度、透明度和战略空间，并将国际冲突推向计算机战斗等。⑤反映信息时代特征的三大核心信息技术发展规律性可以归纳为信息时代三定律，即摩尔定律、梅特卡夫定律和吉尔德定律。摩尔定律也称“芯片定律”，简称“芯律”，该定律表现为：微处理器的速度呈指数增长，而制造芯片的成本将正比增加。梅特卡夫定律又称“网络定律”，简称“网律”，该定律告诉人们“网络的价值与网络用户数量的平方成正比”或“网络的价值等于节点数目（或用户数量）的平方”，也就是说“N个节点，创造$N\times N$的效益”。吉尔德定律也称“通信定律”，简称“信律”，该定律认为，网络系统通信主干网的总带宽每4个月增加1倍，而更新网络通信的费用几乎不增加。除此之外，还有一个描述信息时代电子装置需求规律的基尔霍夫定律，该定律表明，如果足够数量的人口用电子装置相互交流，那么通过这些电子装置进行活动的需求将大幅度上升。

1.3.4　信息在战争中的地位和作用

1. 信息在古代战争中的关键作用

有史以来，信息一直对战争胜负起着关键性作用，而且越来越重要。首先，有史以来的任何战争活动都离不开信息，信息始终是战争中的一种重要物资。因此，针对信息的各种活动在战争中就没有停止过。《孙子兵法》曾精辟地阐明了信息对战争的关键作用：知彼知己者，百战不殆，不知彼而知己，一胜一负，不知彼，不知己，每战必殆。事实上，世界战争发展史表明，交战双方谁获取、利用和控制信息的能力强，谁就能在战争中掌握战场主动权，最终赢得战争。

信息在古代战争中的重要作用集中反映为以下几个方面（刘兴堂等，2018c）。

（1）信息在军事层面可首先理解为情报，对于以情报方式呈现信息的占有及可能出现的预料是区分军队优劣的分水岭，也是克敌制胜的法宝。

（2）战争的最高形式是采用信息去影响敌方的感知，击垮其意志，而不是总赖于武力，即《孙子兵法》里的“不战而屈人之兵”。

（3）就战争中的预警、监视、侦察、评估而言，信息始终是至关重要的，即《孙子兵法》中的“兵法：一曰度，二曰量，三曰数，四曰称，五曰胜”。

（4）通过欺骗、隐蔽及伪装方式对传递至敌方的信息加以控制，从而使敌方产生短时错觉和错误决策，是战争中最常用的手段之一，即《孙子兵法》里的“兵者，诡道也”。可见，在古代战争中，人们就十分重视信息在战争中的重要作用，但受当时科技水平限制，信息表现形式只是语言、手势、目视和耳闻等，其手段也十分低下，如跑步、灯光、烽火、旌旗、号角、信鸽、驿站等，信息处理也仅靠人脑的手工作业。因此，很长历史时期军队对信息的获取、传递、处理和利用很落后。

2. 信息在现代信息化战争中的主导地位

随着科学技术特别是信息技术的发展，当人类进入信息时代时，信息在战争中的重要性和作用发生了质的飞跃，直接起着主导作用，决定着战争的进程和结局。理论和实践表明，在信息化条件下，战场上的信息优势必将转化为决策优势、作战优势，进而指引战争胜利。

在现代信息化战争中，信息的主导地位表现如下（刘兴堂等，2018c）。

（1）利用情报监视与侦察探测手段来拓展对敌方进行观察和确定目标的深度、广度和精度，以扩大军事力量介入范围和准确性。

（2）在高技术局部战争中，攻防双方不断变换作战手段和作战方式，而信息在这些变换过程中总是扮演着主导角色，即运用信息准则，进行进攻与防御，以取得信息优势。

（3）信息化条件下高技术战争不仅突出信息的主导地位，而且特别强调信息化武器系统的体系化、智能化和精确化，视信息、速度、精确性及杀伤力等四要素为决定战争胜负的最关键因素。

（4）世界发达国家，特别是军事强国无不高度关注信息在现代战争中的重要性。美军首先认为“信息是战争中的核心资源”。并据此提出和多次实践基于夺取信息优势的信息战、电子战及网络中心战；俄军早就提出“军事上的优势源于信息、信息系统和信息化装备”“信息化武器优势是克敌制胜的决定性因素”“提高作战能力的最佳方式是提高武器和军事装备的信息支援能力”等；英军则认为“信息是现代战争的重要武器，谁拥有信息优势，谁就掌握了克敌制胜的法宝”。

(5)以信息为主导，以信息技术和信息系统为核心的信息战、电子战、网络战和网络中心战已成为现代战争的主要形式，对战争胜负发挥着决定性作用。这点已被近几次的高技术局部战争实践完全证实。同时可以预料，人类战争将从大规模破坏的机械化战争加速演变为核威慑条件下由信息精确控制的崭新信息化战争。

(6)信息化战争中综合实力的核心表现为知识和信息力。这是由于信息已成为军队战斗力的基本构成要素，信息优势已成为实施一切作战行动的前提和夺取全面军事优势的根本保证，信息力在战争整体力量中居于核心地位，成为信息化战争的核心作战能力，对战争进程和结局起决定性作用。

(7)信息力是战争中敌对双方对信息的获取、传输、处理、使用及控制的能力。在信息化战争中，信息获取能力决定着能否及时有效地搜索作战所必需的各种信息资源，影响和制约着战争的准备；信息传输能力决定着作战信息的时效性，并决定着战场中作战力量能否实现信息的互联、互通与共享；信息处理能力决定着战场信息的利用程度，影响和制约战场整体作战行动的协同联动；信息使用能力决定着战争能量的一体化、高效化、智能化释放程度，影响和制约着打击力、防护力、机动力和指挥力；信息控制能力决定着战争信息的稳定性、可靠性和安全性，影响和制约着战场网络的运行和功能，以及信息对抗的组织与实施等。

(8)信息力的出现和不断强化，信息对于现代战争的巨大支撑作用，集中反映在如下三个方面：①信息支持能力，即通过数字化、网络化、自动化、智能化的信息系统将战场上各作战单元、作战要素和作战系统综合集成并连接成整体；②预警侦察能力，即预警侦察实现全方位覆盖、情报获取与传递实时化、目标跟踪精确化及监视指挥与兵器打击一体化；③战场信息对抗能力，即对敌方信息系统实施电子干扰、网络攻击、反辐射摧毁和新概念武器打击，呈现出战略、战役和战术多层面的强有力对抗能力。

1.4 新军事变革与现代战争

1.4.1 战争史上的重大军事变革

军事变革，是指军事领域内发生的全局性、系统性的改变和革新，主要表现为军事技术、作战方式、军队结构、军事理论等方面的变革。

在世界军事变革发展史上，人们的认识和对重大军事变革的划分标准不尽相同，具有代表性的有：美国著名未来学家托夫勒认为的三次军事变革；以色列史学家克里沃尔德认为的四次军事变革；俄罗斯的斯里普琴科认为的六次军事变革；美国军事理论家克雷派尼维奇认为的十一次军事变革。本书认为，从人类战争形态演进角度讲，一般将世界军事变革划分为四次是较为科学而合理的，即金属兵器取代木石兵器的金属化军事变革；火药兵器取代金属兵器的火药化军事变革；机械化兵器取代火药兵器的机械化军事变革；信息化兵器取代机械化兵器的信息化军事变革。

事实上，人类战争史上曾发生过多次军事变革，但具有划时代意义的重大军事变革却为数不多。从出现战争到目前为止，人类战争史上共发生过四次具有划时代意义的军事变革。第一次是古代铜、铁等金属冶炼技术的产生出现了冷兵器，包括刀、矛、箭、戟等金属兵器，使战争形态发生了质的飞跃，由最初的徒手战争和木石器战争逐渐演进为冷兵器战争。第二次是 13 世纪火药和火器的发明，使军事领域的冷兵器发生了根本性变革，人类战争形态由冷兵器战争转变为热兵器战争。第三次是 19 世纪内燃机的制造，自动武器的发明和坦克、飞机、舰艇及其他新式武器的运用，引起了军事领域的巨大变化，人类战争从此步入机械化战争时代。后来随着热核武器的出现、火箭技术和电子设备的发展及常规武器的普遍改进，在军事领域内出现了较长时期的苏美冷战，并发生过仍为机械化战争形态的朝鲜战争和越南战争。第四次是在 20 世纪 70 年代后期，迅速发展的精确制导武器、新概念武器、信息技术和计算机技术，再加上远程核武器的巨大破坏力和强大威慑力，引发目前正在向全方位、多领域、深层次迅速发展的世界新军事变革，使人类由机械化战争向着信息化战争加速演进。

20 世纪 70 年代以来，军事信息化技术的迅猛发展是引发新军事变革的根本动因；军事信息化革命是新军事变革的本质和核心，是当代各国军队转型建设的出发点和最终归宿；军队信息化建设成为新军事变革的基本目标；新军事变革推动着军事理论创新。总之，世界新军事变革是世界军事史上一次新的历史性飞跃，涉及军事战略、军事理论、军事形态、作战思想、指挥体制、军队结构、兵器发展、国防工业等各军事领域，其广度、深度都是前所未有的。实质上是军事技术、武器装备、军事理论、组织结构、军事人才等方面的历史性整体跃升，实现战争形态和作战方式的根本性信息化转变。具体表现形式可归结为如下五个方面：①实现信息化、智能化的武器装备；②完成精干化军队体制编制；③实施信息化、自动化高效指挥控制；④构建多维作战战场空间和信息对抗环境；⑤展开基于信息系统的体系作战和一体化联合作战。

美军称这场新军事变革为“军事革命”，早就指出了它的三大核心要素。①看清战场空间。情报、搜集、监视和侦察是核心内容，关键在于地面平台、航空观测和天基观测的系统集成。②主导性战场空间知识传递。新的全球指挥控制系统网是一个大飞跃。③精确打击力量和指挥官意图。精确制导武器和全球卫星导航系统提供了美军精确的行动能力。使其建立了一支具有嵌入信息作战能力，指挥链变为指挥网，具备指挥、控制、通信、计算机、情报、监视与侦察（command，control，communication，computer，intelligence，surveillance and reconnaissance，C^4ISR）能力，主导性机动，精确作战，全球维护和聚焦式后勤的精干战斗部队。

1.4.2 世界新军事变革

所谓新军事变革，就是以信息技术为核心的高新技术给军事理论、武器装备、军队体制等军事领域带来的信息化根本变化。因此，新军事变革又称为信息化军事变革或军事技术革命（military technology revolution，MTR）。新军事变革的进程相对于人类战争史上金属化、火药化和机械化所带来的军事变革是呈指数加速的。这场世界新军事变革以信息技术的飞速发展为直接动力，以军事现代化的战略创新、军事技术跨越式进步、军队体制结构调整和武器装备的信息化转型为主要内容，其最终目标是实现军队和武器装备的信息化转型，彻底改变旧战争面貌，使战争形态由工业社会的机械化战争加速向信息时代的信息化战争演变。一个概念新颖、面貌独特，以信息主导、体系对抗、多维一体为主要特征的全新信息化作战，登上了战争舞台。

以信息和信息技术为核心的高新技术群迅猛发展，使人类由工业时代加快进入信息时代，并引发自 20 世纪 80 年代末开始的世界新军事变革（revolution in military affairs，RMA）。这场军事变革在概念上经历了短暂的军事技术革命和军事革命阶段，于 21 世纪初进入广义或真正全面的军事变革时期。其中，军事技术革命源于美国等西方国家“应以质量和技术优势来弥补苏联的数量优势”思想的提出，促进了微电子技术和计算机技术的大力发展，并依此在整个 20 世纪 80 年代开展了先进军事技术研究（包括指挥、控制与通信、情报、监视与侦察、精确制导及压制空防系统技术等的研究与开发，同时涵盖军事演习、模拟训练和新试验）。这些先进军事技术于 1991 年接受了海湾战争的考验，成为决定多国联合部队作战成功的关键因素。1993 年，一个具有影响力的华盛顿智囊团认为：“必须在此基础上超越军事技术革命范畴，拓宽视野，迎接伴随而来的军事学说和军事组织结构变化，最终导致了军事革命。”美国将这种军事革命定义为：技术创新的应用，以及军事学说和组织结构概念的显著变化所引起的战争性质的重大变化，从根本上改变了军事行动的本质与行为。构成军事革命核心的军事技术在 1991 年海湾战争、1999 年科索沃战争、美国主导反恐的阿富汗战争（本书以下简称“阿富汗战争”）和伊拉克战争中得以充分体现，其进步主要包括精确制导武器（precision guided munition，PGM）和 C^4ISR 系统。其中，精确制导武器是利用激光或全球定位系统卫星坐标来指导军方确定目标的巡航导弹、联合直接攻击弹药（joint direct attack munition，JDAM）和精确制导炮弹与炸弹等。先进的情报、监视与侦察（intelligence，surveillance and reconnaissance，ISR）能力包括所有的有人驾驶飞机、无人机（unmanned aerial vehicle，UAV）及卫星等；先进的指挥与控制技术（C^4I 系统）尽可能缩短战场上的观察-调整-决策-行动（observe-orient-decide-act，OODA）的循环时间，从而大幅度提高指挥官从这一时刻到下一时刻控制战场的潜能（如在阿富汗战场上，将 OODA 的循环时间由原来的 2～3 天缩短为 30min）。军事革命学说的变化集中表现在三个关键学说：①快速部署军队或远征军学说；②战场机动性学说；③提升联合性学说或诸军兵种联合作战能力学说。除此之外，空军的精确制导武器和远程武器投送学说也是军事革命学说的重要概念。在新军事变革过程中，美国国防部于 20 世纪 90 年代后期逐渐将军事革命转化为广义军事变革。2006 年，美国的《四年防务评估报告》已完全不再提及军事革命而正式改为军事变革概念。自此，新军事变革被视为一种持续过程理念，并已成为西方国家政策的金科玉律。如今，广义军事变革并不是终点，而是迈向更高性能的螺旋式进程（刘兴堂等，2009）。

美国所发生的新军事变革或许是引领性的，也是最广泛的。它不仅包括美军在科技、学说、组织结构等方面最早出现的军事技术革命和军事革命，而且包括广义军事革命。前者的核心是脱离冷战时期的老系统，而形成新系统。新系统包括如无人机、远程精确打击、先进的 C^4ISR 系统及更轻便、更快捷、更分散的地面部队。同时包括围绕"如何打仗"进行的转型性变革的增强反叛乱、维稳和重建任务等方面的能力，以及重视特种作战部队等。后者最重要的变革内容是致力于寻求包括国外安全措施和国内安全措施两者相结合的综合途径，并试图在防御思维与国家财政拨款之间找到一个更好的平衡点，以使往后的军事变革道路越来越宽。

1.4.3　新军事变革催生现代战争

以信息和信息技术发展及应用为核心的世界新军事变革，全面推动着军事高技术（如航天技术、数字化技术、精确制导与控制技术、超高速大容量计算技术、电子对抗技术、核武技术等）的迅猛发展，带动着军事理论（包括军事战略理论、战争理论、军事作战理论和军队建设理论）创新，促进着武器装备的信息化、智能化和无人化转型，并加快提升军队组织体制革命和信息化建设，从而催生了现代战争的崭新面貌，出现了一系列新型作战形式与样式，使工业时代的机械化战争加速演进成现代信息化高技术战争。本书把这种以信息化军队为主体，以信息和信息技术为主导，以信息化武器装备为基本高技术武器装备的战争称为现代战争。目前，现代战争已发展到以美军"网络中心战"为代表的信息化战争初级阶段。电子战、网络战、信息战、指挥控制战、网络中心战、现代火力战、特种战、太空战等是现代战争的常见作战样式。一体化联合作战、基于信息系统的体系作战、精确作战、空天一体信息战、空地一体战、空海一体战、信息火力一体战、基于效果作战以及防空反导作战和无人作战等是现代战的基本作战形式。

1.4.4 新军事变革推动军事创新与转型

1. 军事理论创新

在新军事变革大潮中，军事理论创新一直是在军事信息技术迅猛发展的影响下的，包括战略理论、战争理论、作战理论和建设理论，这些创新的军事理论将对“建设信息化军队，打赢信息化战争”发挥理论先导作用。

1)战略理论创新

战略理论包括国家安全战略理论和军事战略理论。其中，“国家安全泛化”、国家“总体安全”与“综合安全”是国家安全战略理论在新军事变革中的深化与创新，反映了对工业时代国家安全意识和观念的外延扩大，以及对国家安全空间的拓展。其主要观点是：国家安全不仅包括军事安全，还包括许多方面，如政治安全、经济安全、科技安全和文化安全等；国家安全既包括有形的陆地、海洋、空域和外层空间，也包括无形的信息空间和计算机网络空间。因此，必须把国家安全的视野，由关注国家主权、领土和防止破坏、颠覆等，扩展到关注国家“总体安全”和“综合安全”的大战略层次上来，建立适应信息时代要求的国家安全体系。在军事战略理论方面，近年来出现了“信息优势”“信息攻击”“信息防护”“信息保障”等信息化趋势，使人们深刻认识到信息在作战力量构成要素中的关键作用和主导地位日益凸显，信息对于战争的威力已不亚于核武器。

2)战争理论创新

战争理论，是指关于战争问题的系统化理性认识和知识体系，是战争规律的正确反映和战争实践的指南。新军事变革的战争理论创新主要反映在：人们已经将信息时代战争的基本形态科学、客观地定位在“信息化战争”或“高技术战争”的层面上。准确地讲，信息时代战争的基本形态应是核威慑下的信息化战争，且通常具有局部战争特征。在今后一个时期内仍然并存着多种多样的现代战争形式，如信息战、电子战、指挥控制战、网络战、网络中心战、特种战、信息火力一体战以及全新的信息化战争等。只有等到世界上多数国家进入信息社会或信息时代，一些国家建成信息化军队之后，才能出现真正意义上的信息化战争。

3)作战理论创新

作战理论创新是新军事变革中军事理论创新的核心。就此而言，已出现了一系列新作战理论，如非线式作战、非对称作战、非接触作战、全维作战、信息化作战等理论，以及基于信息系统的体系作战、网络中心作战和一体化联合作战理论等。

值得强调的是，一体化联合作战是与信息化战争相适应的基本作战形式。它依托网络化信息系统，使用信息化武器装备及相应作战方法，在陆、海、空、天和网络、电磁等空间及认知领域进行整体联动的作战，也是新军事变革中作战理论创新的最大成果。

4)军队建设理论创新

从世界军事史看，凡是成功的军事变革必然伴随着军事理论的创新与进步。在当前新军事变革条件下，很多国家特别是西方发达国家在军队建设方面提出了很广泛的军队信息化建设理论或原则，实现了军队建设理论的重大突破和高起点，如“信息主导”理论、“系统集成”理论、“全能军队”理论和“一体化军队”理论等。其核心是军队信息化理论创新，目标在于探索信息化战争的制胜之道。因此，它们既是新军事变革的重要内容，又是新军事变革的灵魂和先导。

2. 武器装备转型

武器装备信息化是新军事变革中武器装备转型的重要组成部分和发展方向，其重点是通过信息输入并采用先进信息技术不断提升武器装备系统的信息获取、传输、处理、存储、共享、管理、分发、对抗能力以及数字化、智能化、网络化和一体化水平，并利用综合电子信息系统实现指挥控制、情报侦察、预警探测、信息对抗等功能与武器装备系统的整合，以最终形成信息优势、决策优势和作战优势。

信息化武器装备是信息时代的一种武器装备形态，是指信息技术含量高，信息技术对于提高武器装备性能及其使用、操纵、指挥起主导作用，具有信息探测、传输、处理、制导、控制、对抗等功能的作战武器和保障装备。通常，信息化武器装备可分为五大类，即硬杀伤信息化武器装备、软杀伤信息化武器装备、非杀伤性信息化武器装备、信息化作战平台和军事信息系统。它主要包括信息化作战平台、精确制导信息化弹药、数字单兵系统、战场机器人及 C^4KISR 系统等。其中，精确制导信息化弹药是一大类信息化武器装备，包括制导炸弹、制导子母弹、制导地雷、巡航导弹、反辐射导弹、制导导弹、制导鱼雷、制导水雷等。信息化作战平台一般是指装有综合电子信息系统的装甲车辆、作战飞机、武装直升机、作战舰艇及太空武器等。信息化武器装备及其体系是在推进新军事变革中逐渐发展和完善的，例如，美军的 C^4KISR 系统已实现了系统集成化，武器装备互联、互通与互操作。

总之，新军事变革的武器装备转型，就是利用信息技术将传统的武器和技术装备转型为信息化主战武器系统，使其具备信息探测、传输、处理及对抗等功能，能够对敌方目标及功能设施产生直接杀伤、摧毁、破坏作用的主要武器系统和作战平台。它主要包括信息化作战平台、精确制导弹药和新概念武器等。信息化作战平台包括陆上、海上、空中、太空和无人等作战平台(如战车、自行炮、舰艇、歼击机、轰炸机、武装直升机、卫星、航天飞机、空间站、飞船、无人侦察机、无人攻击机、水下自动深潜器、智能机器人等)；精确制导弹药有制导炸弹、导弹、制导炮弹、制导火箭弹、末敏弹等；新概念武器包括定向能武器、功能武器、电磁脉冲武器、基因武器、气象武器、纳米武器等。当前和未来一段时期，信息化主战武器系统和作战平台总体发展趋势是向隐形化、智能化、一体化、模块化和无人化方向迈进。

3. 军队信息化

新军事变革的关键是军队信息化转型，即以构建信息化军队作为重要目标，实现军队结构网络化、指挥自动化、规模小型化和作战快速化与精确化。

构建信息化军队是信息时代军队发展的基本趋势。信息化军队是经过新军事变革后的一种全新军队形态，其最重要的特征为在现代战争中的灵活性。现代战争中的灵活性包括伸缩性、创新性、适应性、鲁棒性、恢复性和反应性六个方面(图 1-1)。以网络为中心是实现灵活性的关键，而鲁棒性是各个灵活性中的核心。鲁棒性原本是控制科学与工程中的术语，这里表明军队在一系列不同作战任务、不同战场态势和环境下，保持作战效能的能力。信息化军队和机械化军队有着如下本质区别：①信息化军队在战场上使用的主战兵器为信息化武器装备，其主要由 C^4KISR 系统信息化作战平台、信息化弹药和单兵数字化作战系统等构成；②信息化军队的军事力量构成追求高科技密集型、高质量效能型及高度合成型，使军队规模呈现出小型化趋势；③为了适应信息化战场要求，信息化军队采取扁平化指挥控制体制，这直接提高了部队反应速度、指挥效率和作战能力；④信息化战争是陆、海、空、天、电、网和认知等为一体的全方位战场上进行的联合作战，同时是在高效指挥信息系统下进行的作战体系间较量，因此，信息化军队是指挥、控制、通信、计算机、杀伤、情报、侦察和监视等八大作战要素高度一体化的现代战斗力和全新型军队；⑤信息化军队与机械化军队的本质区别在于，信息化军队不仅具有强有力的“硬杀伤”能力，而且具有更强大的“软杀伤”能力。“软杀伤”已作为信息化军队的

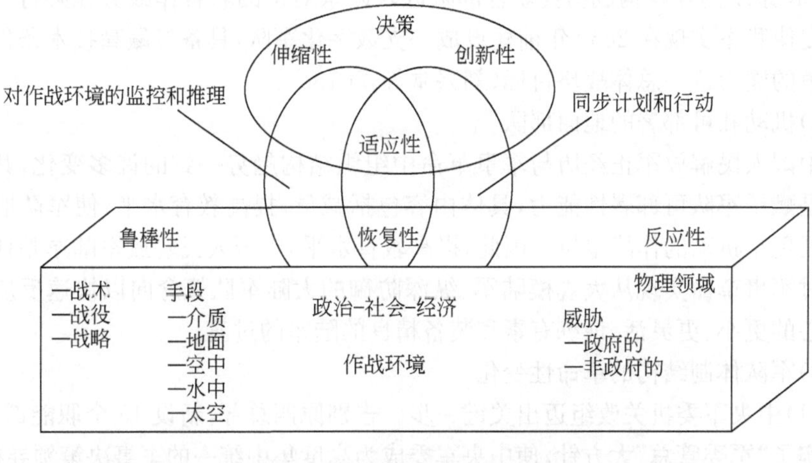

图 1-1 现代战争中的灵活性

主要作战方式和方法，具有较“硬杀伤”更强、更有效、与日俱增的战争威慑性的作战优势，不仅可加快作战进程、有利于夺取战场主动权，而且极易改变战局，获得决胜战场的效果。

1.4.5 我国的新军事变革

1. 综述

我国是世界上发现、定义和研究现代战争最早的国家之一。因此，我国一直在坚持政治建军的基础上，关注、学习和借鉴美、俄等世界军事强国的新军事变革理论和实践成果，积极开展具有中国社会主义特色的新军事变革，并准备打赢未来信息化战争。我国新军事变革的驱动和发展主要受两大因素影响：①当代安全环境变化与挑战；②高技术战争和世界新军事变革特别是美国等西方国家及俄罗斯新军事变革大潮的冲击与推动。其成果同样更多地表现在军事技术革命、军事革命和广义军事变革等方面。

2. 与军事革命相关的变化

冷战结束后，我国战略形势发生了巨大变化，同时我国通过改革开放实现了经济腾飞。新形势下，需要以更强大的国防与军事力量为改革开放和和平发展保驾护航，因此必须伴随世界新军事变革步伐改革原有的军事技术、武器装备和军队结构体制等。另外，最近几次高技术局部战争促使人们思考，如何打赢“一场高技术条件下的局部战争”取代传统的“现代条件下的人民战争”。1999 年的科索沃战争表明远程精确打击的价值；阿富汗战争和伊拉克战争表明，通过先进信息技术和 C^4KISR 系统的互联构成精英联合部队进入体系对抗的联合作战势在必行。这些实例促使我军实现在 2050 年前建设成一支数字化军队，具备打赢高技术条件下现代战争的能力这一总体战略目标(刘兴堂等，2018c)。

1)机动和可部署的地面部队

中国人民解放军正经历与军事革命中组织结构趋势一致的许多变化，其中心任务是赋予军队可部署性能力，具体内容包括减员、提高教育水平、使军队职业化及发展更小机动的作战单位。因此，提高教育水平，中国人民解放军陆军整体目标是通过军事革命实现从大规模陆军、纵深防御的大陆军队概念向以快速反应部队为中心的更小、更灵活、训练有素和装备精良的陆军的过渡。

2)军队体制结构的革命性变化

(1)中央军委机关改组迈出关键一步。告别原四总部，新设 15 个职能部门，从而落实了“军委管总”大方针，使中央军委成为高度集中统一的军事决策领导机构。

(2)成立三大机构：陆军领导机构、火箭军和战略支援部队，从而加快了向全域作战型转变，加强战略威慑核力量，建设一支强大的现代化战略的新作战力量。

(3)按照“军委管总、战区主战、军种主建”的总原则，成立五大战区。这是一个绝对忠诚、善谋打仗、指挥高效、敢打必胜的联合指挥机构。

(4)建立新联勤保障部队。新联勤保障部队的正式建立，标志着具有我军特色的现代联勤保障体制在联合作战、联合训练、联合保障的制胜之路上迈出了关键性步伐。

(5)加强特种作战部队。我军地面部队现代化整体上是重点加强特种作战部队，其主要任务是定位或摧毁敌人的 C^4I 系统，夺取或破坏机场、港口或摧毁防空设施等若干可能的任务。最近通过评估美国领导的军事干预事件，已把特种作战部队发展的工作重点放在已吸取的有关特种部队与其他军种联合作战价值的经验和教训上。我国非常强调特种作战部队，将其视为一种军事现代化的手段，并且正在进行地面部队机动化和部署能力建设，正将其发展成为执行维稳和重建任务的力量。鉴于西方强国已撤出联合国维和任务，我国已自愿填补这个空缺，而成为非洲和海地军队中的联合国维和部队的提供国。

3)联合作战

应对美军军事变革中军事革命的进一步观点是增强联合性或联合作战能力，海湾战争的联合作战拓宽了中国人民解放军领导思路。20世纪90年代中期，我军开始强调“机动联动行动”是现代战争的一种重要作战样式。于是，各专业军种都针对性地发展必要技术，以确保三军联合作战，包括使用更精确的远程武器等。

4)远程精确武器

《2006年中国的国防》白皮书强调，空军旨在加快从国土防空型向攻防兼备型过渡。其当前和未来的远程精确打击能力将以精确导弹、炮弹及无人战斗机为中心，包括装备有精确弹药的第三代、四代战斗机并购买及研制的空中加油机，开始部署某型对地攻击巡航导弹，其性能与美军 BGM-109“战斧式”巡航导弹相当，射程达上千公里。远程精确武器还包括精确弹道导弹、短程弹道导弹。我国具有洲际弹道导弹的威慑能力，开始试验和使用反舰导弹。除此之外，我国自行研制发展了类似全球定位系统(global positioning system，GPS)的北斗全球卫星导航系统。

5)C^4ISR

为精确定位和打击目标，我国正在通过无人机、卫星和更多的“信息化”特种作战部队来提高情报、监视和侦察方面的能力，已研发成功的北斗卫星导航系统可提供地形匹配和卫星导航功能，这将有助于提高弹道导弹和巡航导弹精确打击能力。

在指挥与控制方面，机载预警与控制系统飞机是我国 C^4ISR 能力的核心。我国于1999年推出了机载早期预警飞机的运-8，购买了俄制机载预警控制系统A-50预警机，并研发了基于“伊尔-76”的预警机。在战略层面上，在已使用国际海事卫星通信的基础上，考虑新一代东方红通信卫星的应用；在战术层面上，组建了实验性数字化旅，目前已得到验证，可为数字化士兵提供敌方的实时信息。

6)濒海作战和力量投送

长期以来，我国水面舰艇和潜艇的行动范围一般不超出第一岛链，主要用于保护本国海岸线安全。为应对战略形势变化，中国正在加强远离海岸线进行海战的能力。为此，我国自主生产了039型柴电动力潜艇、核动力攻击核潜艇和新型隐形护卫舰。此外，我国正在发展海军陆战队，以扩大对南海岛礁的控制权。我国已拥有航母，并正在加紧研制生产新的航母作战平台，还自行设计和建造了装有相控阵雷达的新型导弹驱逐舰，将兵力投送到太平洋，并执行了多次亚丁湾护航活动。

3. 广义军事变革

广义军事变革是实行国土安全的纵深防御。在核威慑下的高技术战争中，敌人会在很远的地方发动进攻，战略纵深不仅要着眼本国国界，更要放眼世界，重组结构并整装待发。因此，我国正在从质量和数量两个方面提升战略核设施，包括洲际弹道导弹的射程和机动性等。战略设施除部署提升后的固定发射井洲际弹道导弹外，还发展了机动洲际弹道导弹和潜射弹道导弹。这代表了中国洲际弹道导弹的巨大突破，因为机动洲际弹道导弹和潜射弹道导弹不像固定陆基洲际弹道导弹一样在第一波次攻击中易受攻击，所以我国洲际弹道导弹更具有余地。我国专家强调，导弹部队是现代有限技术战争中的一张取胜王牌，控制太空是未来战争的关键和战略制胜点，利用太空制造类似维持无障碍进入太空深层次的广义军事变革，如使用空基预警卫星，成功测试与试验反卫星武器，加大导航、通信和地球成像卫星的利用等。

1.5 信息化战争新理念

1.5.1 信息化战争新理念的提出

20世纪80年代以来，在世界新军事变革浪潮的强力推动下，以信息和信息技术为核心的军事高技术迅猛发展与广泛应用，信息化武器装备及作战平台不断涌现，战场空间与环境日益拓展和复杂，军队信息化建设日益增强，战略核力量快速更新，这些因素促成了信息化战争从机械化战争中脱颖而出，远程精确打击和部分无人化作战平台也悄然登上战争舞台。信息化战争是依托网络化信息系统，使用信息化武器装备及作战平台，以相应先进的作战样式和形式，在陆、海、空、天、电(磁)、信息及认知空间领域所进行的高技术战争。在未达到真正意义上的完全信息化战争之前，本书把当今所发生的以体系对抗为主要特征的高技术局部战争统称为现代战争。

信息化战争是我军独创并具有中国特色的现代战争新理念。钱学森先生于1995年首先提出："现阶段和即将到来的战争形式为核威慑下的信息化战争。"随后，美军才提出了"网络中心战"的作战新理念，并在近几次高技术局部战争中不断实践和发展。网络中心战已被美军作为新军事变革中现代化转型建设的基石和联合作战的核心，是信息化战争的初级阶段(刘兴堂等，2009)。

1.5.2 信息化战争新理念要点

信息化战争新理念主要包括深刻内涵、鲜明特点和初步规律等。

1. 深刻内涵

信息化战争有着深刻内涵，可以从如下六个方面来理解(刘兴堂等，2018c)。

(1)人类战争经过徒手战争、木石器战争、冷兵器战争、热(核)兵器战争和机械化战争几个重要时期后，正在加速进入信息化战争阶段。信息化战争是信息时代的产物，也是信息时代经济、文化、政治、科技和生产力及其方式的反映，具有信息时代的特征，但从战争论的角度讲，并没有改变战争的暴力特性和政治本质。

信息化战争就是依托网络化信息系统，使用信息化武器装备及相应的作战方法，在陆、海、空、天和网络、电磁等战场空间及认知领域进行的以体系对抗为主要形式的战争。它是信息时代战争的基本形态。通俗地讲，信息化战争是信息时代的军事力量在陆、海、空、天、电、网及认知一体化战场上，由信息控制火力、机动等要素组成，并在其发挥作战效能时起主导和关键性作用的军事对抗行为。其关键是通过信息化指挥与控制手段指挥控制鲁棒网络化部队，借助信息化武器装备体系，实现对战略目标的精确打击和有效毁伤，以最终赢得战争。因此，信息化战争是现代战争或信息战争的高级阶段。

本质上讲，信息化战争是人类进入信息时代的一种全新战争形态，是在核威慑条件下信息化军队通过指挥信息系统，运用信息、信息技术和信息化武器装备进行的高技术战争。它改变了信息流、物质流、能量流和认知流的传统关系，使信息成为作战力量各要素中的关键要素并起主导作用，一切作战力量及行动都将利用信息来达到最佳指挥控制，获得作战效能最大化。因此信息化战争的内涵是十分深刻而丰富的。

(2)信息化战争必将取代机械化战争成为信息时代战争的基本形态，这是人类战争发展的客观规律，不以人的意志为转移。

(3)信息化战争具有鲜明的信息时代特征。它是信息时代最基本、最重要的战争形态，是对机械化战争的继承和创新，其创新的作战样式是多种多样的，如电子战、网络战、指挥控制战、信息战、信息火力战、网络中心战等。

(4)信息化战争的战略思想较机械化战争发生了根本变化,由掠城夺地的消耗战略转入基于综合效果的战略,并实施军事目标的动态权衡和精确化指挥控制与毁伤。信息化战争是一种核威慑下的高技术战争,通过远程奔袭、精确打击等作战方式,使战争中的流血与附带破坏降到最低限度,故是人类更加文明的战争。

(5)信息化战争将广泛和大量使用信息化高技术兵种。这些兵种的最突出特点是信息技术(如传感技术、探测技术、通信技术、计算机技术、网络技术等)起主导作用,并具有智能化、网络化及一体化的优势。

(6)信息化战争是在多维战场空间和领域及复杂环境下进行的体系对抗,包括陆、海、空、天、网、电、信息空间及认知领域等,各空间和领域之间形成了网络化的互联、互通甚至互操作关系,其实质是一种集指挥、控制、通信、计算机、杀伤、情报、监视和侦察于一体的 C^4KISR 系统的对抗。

总之,信息化战争是一个概念新颖、面貌独特,以信息为主导、以多维一体对抗为主要作战特征的全新战争形态,也是信息时代战争的基本形态。

2. 鲜明特点

与以往战争相比,信息化战争有许多不同的鲜明特点和特征。

从本质上讲,有如下特点(刘兴堂等,2018c)。

(1)信息和信息技术主导。信息和信息技术主导的特点,深刻揭示了信息化战争演进的核心和主体是信息化,反映了信息和信息技术在信息化战争中的中心地位,并表明了未来战争的竞争将主要表现为信息和知识的竞争,敌我双方的较量是人才素质的较量。

(2)战场空间全维、环境复杂。信息化战争的战场空间已由原始陆地扩展到人类当今活动的所有领域,具有全维空间和异常复杂的战场环境的鲜明特点,包括陆、海、空、天、电、磁、信息和认知领域以及自然环境、人文环境和信息环境等。这就要求我们在准备打赢未来信息化战争中,高度重视在异常复杂的战场环境下发展全维空间的作战手段和作战能力。

(3)战争力量呈现体系对抗。战争力量是战争的物质基础,也是赢得战争的基本保障。信息化战争将通过网络化信息系统将各类力量有机联成统一整体,构成一体化战争力量,从而使战争双方或多方在信息化战争中的战场上充满激烈的军事体系对抗,特别是全域信息对抗。

(4)基于综合信息系统的实时指挥行动。指挥行动实时的特点是先机制敌赢得信息化战争的重要前提和保证。这种实时、优化指挥是依靠综合电子信息系统(即 C^4ISR 系统)实现的,它既构建了扁平化的高效作战指挥体制,又优化了作战指挥流程,同时变革了作战指挥方式,以适应信息化战争实时性的体系作战要求。

(5)精确化作战是信息化战争的常态。最近几次高技术局部战争表明,随着军队信息化程度的不断提升和精确制导武器的大量使用,在多层次、全天时情报、侦察和监控网络的支持下,信息化战争的作战呈现出越来越突出的精确化特点,也就是精确化作战更加普及成为信息化战争的常态。

因此,确保现代战争作战指挥速度与精度并进一步提升武器装备精确制导与控制技术已成为军队信息化建设的重要、迫切任务。具体表现在以下几个特征。

(1)高技术局部战争性质。冷战结束后,世界战略格局呈多极化发展趋势,引发战争的因素更加错综复杂。政治动荡、民族纠纷、宗教矛盾、海洋和领土权益争端、恐怖势力,甚至思想体系和意识形态等,均可能成为随时引发冲突的动因,特别是美国霸权主义推行强权政治总是给地区冲突火上浇油,是当今世界不安和动乱的主要根源,成为引发现代战争的主要因素。随着现代高技术特别是信息技术的迅猛发展和在军事领域的广泛应用,反映信息时代特征的高技术局部战争被推向世界军事斗争舞台。目前的信息化战争集中体现了现代战争的两大突出特征:①具有一般局部战争性质;②显示出以信息技术为核心的军事高技术对于现代战争进程和结局的直接巨大影响及决定性主导地位。

(2)军事新战略思想。信息化战争的战略思想和观念较传统战争发生了革命性变化。具体来讲,与机械化战争相比,信息化战争战略思想比已往更需要进行动态权衡,且涉及一系列复杂、生疏、严格限制的非军事目标。战略思想已由基于有生力量消耗战略转变为基于综合效果的精确打击战略,即由过去依靠作战人员和武器平台数量的压倒优势兵力确保战争胜利转变为如今依靠军队化和信息化武器装备产生综合精确打击效果来赢得战争。

(3)新作战样式。时代特征决定着战争基本形态和相应的作战样式。因此,信息时代特征决定了信息化战争区别于机械化战争的创新作战样式,并呈现出以下突出特征。

①空袭与反空袭已成为现代战争的全部。进入信息时代的几次高技术局部战争,特别是科索沃战争和伊拉克战争一再警示人们:空袭与反空袭作为唯一的作战样式贯穿于战争的始末,并决定着战争的进程和结局。

②精确制导武器扮演了战场上兵器主角。统计表明,海湾战争中运用的精确制导武器仅占武器总量的 9%;科索沃战争中猛增为 35%;阿富汗战争中已高达 56%;而伊拉克战争中使用的几乎全部是精确制导武器。

③电子战的软硬杀伤与信息战相结合成为现代战争的主要取胜手段,贯穿于战争的全过程。

④信息优势是现代战争取胜的关键因素和有力保证。随着局部战争频发,战争中越来越多地应用更完善的指挥信息系统,即军队指挥自动化系统。实践证明,这种系统是夺取信息优势的保证,是增强己方战场单向透明度的关键,也是取得战

争胜利的重要前提。相反，缺乏信息优势支撑，任何武器平台的先进性都将失去意义。

⑤战争是作战双方的体系对抗。现代战争一个很重要的发展趋势是交战空间空前增大，向陆、海、空、天、网、电、信息等空间及认知领域扩展。因此，作战行动更强调合成一体，并向全高度、全时空发展，从而越来越重视建立攻防兼备的立体化和空天一体信息作战体系。现代战争中的体系对抗在几次高技术局部战争，特别是在科索沃战争和伊拉克战争中反映得淋漓尽致。强大的空天一体信息作战体系已成为克敌制胜的法宝，而体系残缺、武器装备信息化低下则很难在信息化条件战场上取胜。

(4)现代战争的快捷性和短进程。时间是战争的基本要素，在一定程度上时间就是胜利。信息化战争的作战时间迅疾而短促，是区别传统战争的重要特征。信息时代是知识、技术和信息爆炸的时代，这种技术进步和社会发展的快节奏特征直接影响着现代战争的进程，十分明显地呈现为作战节奏加快、战争持续时间缩短。如果说过去的机械化战争进程通常用年来计算，那么信息化战争最多以天来计算，而作战行动时间就变得更加短暂，常以分、秒或毫秒计算。因此，有人把信息化战争称为“实时战争”。在这种战争形态下，可以说“时间就是兵力”“时间就是胜利”。信息化战争进程大大缩短的特征主要是由下列因素促成的：一是现代战争目的有限而作战效率高；二是作战单元和作战系统实现网络化、智能化和自动化，又大大提高了作战指挥控制效率；三是武器装备实现信息化、一体化及精确化，使其反应快、速度高、毁伤准。

(5)广泛应用的信息和信息技术。具有广泛应用的信息和信息技术具体体现在武器装备的信息化、信息装备的武器化、部队数字化、指挥控制自动化、作战协同同步化，以及决定战斗力的信息与信息技术。因此，数据链和网络通信的应用是信息化战争发展的重要标志之一，它们称为“信息化战争中作战能力的黏合剂和倍增器”。

(6)战争附带破坏影响最小。战争自问世以来，一直沿着一条杀伤和破坏越来越大的轨迹发展，至机械化战争时期达到了顶峰。事实上，最近几次高技术局部战争的杀伤和破坏已显著低于机械化战争。这是由于军事高技术特别是信息技术的迅猛发展，推动着人类更多文明的进步，使机械化战争中敌对双方之间“绞肉机式”残杀和“地毯式轰炸”破坏逐渐退出了现代战争舞台。可以预料，未来信息化战争杀伤和破坏将更少，甚至会把不必要的杀伤和破坏减到最低程度。

(7)战争与和平界限的模糊性。信息化战争分软杀伤作战和硬毁坏作战。软杀伤作战是以信息和信息系统为武器与目标的作战样式，所攻击的目标既可能是军事信息系统，也可能是民用信息基础设施，包括金融信息系统、电子信息系统、交通运输信息系统、国家行政管理信息系统等。硬毁坏作战是信息调控下的火力战，战争中将是信息化军队在陆、海、空、天、网、电、信息及认知等多维空间，采用信息化武器装备进行以信息和知识为主要作战力量，使附带(即与作战目标无关的)杀伤破坏减到最低限度。在信息时代里，一场现代战争往往是以软杀伤作战开始，然后实施短暂的硬毁坏作战。就此而言，信息化战争将日趋模糊战争与和平、军队与平民的界限。

(8)人机融合，高效指挥。战争中，人的智能将通过信息技术与武器性能融为一体，从而使武器装备具有智能化功能；人的指挥艺术与指挥平台效能相结合，从而呈现出实时化、扁平化和一体化的高效指挥。

(9)实时的一体保障。信息化战争反映信息时代特征的独到之处，直接决定了它保障任务的复杂性和艰巨性。因此，必须建立满足信息化作战需要的实时的一体保障和基于规模、力量的系统保障。

3. 初步规律

信息化战争区别于包括机械化战争在内的已往任何战争，有着许多内在独特的自身规律。20世纪90年代以来的最近几次高技术局部战争的实践，在诸多方面反映出信息化战争的一些初步规律，它表明了贯穿于信息化战争中各种矛盾的本质联系和发展的必然趋势。熟悉和掌握信息化战争的初步规律对于建设信息化军队，打赢未来信息化战争具有重要的现实意义和作用。这些初步规律介绍如下(刘兴堂等，2009)。

1)信息化战争是全新的战争形态

信息化战争既是对机械化战争的继承，更是对机械化战争的创新。其主要创新点可概括为：①具有超大、多维、多领域作战空间，除作战的能量空间和物理空间明显扩展外，信息空间是全新的，包括电磁空间、网络空间、认识空间，并渗透到指挥、通信、情报、侦察、监视、警戒、探测、制导、火控、协同等多个军事领域；②非对称、非线性、非接触式作战成为基本的作战模式，精确作战、“零伤亡”是战争追求的重要目标之一；③战争持续时间急剧缩短，由过去机械化战争进程的几年、十几年缩短为几日、几个月或更短时间；④大量使用信息化高技术兵器，实施远程奔袭、精确打击和有效毁伤。专家认为，战场中使用信息化武器装备的数量是衡量信息化战争的重要标志，使用的信息化武器装备总量达95%的现代战争，才算得上是信息化战争。因此，全部运用包括精确制导武器在内的信息化高技术兵器，是信息化战争发展的必然趋势。

2)信息和信息技术已提升至战争的主导地位

信息化战争中最重要的作战力量要素不再只是兵力、兵器的质量和数量等有形要素，还涌现出更具潜力和威力的信息流、结构力等无形要素。无形的信息将取代物质和能量在战争中的决定性作用，并日益成为最重要的战斗力和战斗力“倍增器”与“黏合器”。同时,信息技术的进步和应用将直接导致作战力量运用的变化,使军队行动更加快速、有效,作战节奏显著加快。

从物质能量主导发展到信息主导,是机械化战争与信息化战争的本质区别。这是由于信息化战争的作战体系已由基于物质能量发展到基于信息系统,作战体系效能已依靠信息流驱动物质流、能量流的精确聚集和高效释放。因此,信息和信息技术在信息化战争中居主导地位是必然的,是由战争形态的演进决定的。

3)信息化战争不断创新作战方式和方法

战争形态决定着作战方式和方法。信息化战争形态产生了适应它的信息作战、精确作战、网络化作战、体系作战和一体化联合作战等新作战方式。这些新作战方式将更加强调未来作战的整体性、信息性和高技术性。因此,战争中的体系对抗将尤为重要。

4)信息化战争的结局取决于整体知识能量的释放

信息与信息技术成为战争的主导,使信息化战争变成了知识型战争和“软”“硬”结合的全能战争。这一方面导致发挥高质量的知识(包括规律、规则、原理等隐性知识)成为赢得战争的第一要务;另一方面使硬杀伤与软杀伤能力有机结合成为制胜战争的优势保证。事实上,信息化战争与机械化战争的本质区别在于,信息化战争不仅具有很强的硬打击能力,而且具有更强的软杀伤能力。软杀伤就是实施电子干扰、频谱压制、信息遮断、网络攻击、计算机病毒攻击等。事实表明,软杀伤作为信息化军队的主要作战能力已成为现代战争的发展趋势,这也是信息化战争最本质的内在规律。其重要原因是软杀伤比硬杀伤威力更强,更具战场威胁性、隐蔽性和突然性的特点,它不仅可加快作战进程,有效夺取战场主动权,而且极易快速改变战局,从而赢得战争。

5)速度与精度的高度统一是信息化战争制胜的关键

信息化战争是以体系对抗为主要形式的战争,更需要依靠速度抢占先机、通过精度提高效益。因此,速度与精度的有机统一将是赢得战争的关键。事实上,与已往任何战争相比,信息化战争最大特点在于:把以光速传播的信息流与运动速度极限的机械化平台融为一体,实现军队作战速度上的“强强联合”;利用信息技术把目标探测、导航定位、指挥控制与火力毁伤有机结合,实现军队作战精度的革命性跃升,从而最大限度地提高信息化战争中的军队作战速度与精度,创造快速、精确的战争制胜机理。

6)信息化战争可实现人与信息化武器的完美结合

人是任何战争的制胜决定因素,武器装备是赢得战争的重要因素,作战能力取决于人和武器装备的完美结合,这在信息化战争中尤其重要。虽然信息化战争并没有改变人类战争胜负决定因素的规律,但人的决定性作用将更多地体现在使用信息化武器装备上。信息化战争实现了人与信息化武器装备的完美结合,主要反映在如下三个方面：一是在军事需求牵引和科技进步特别是信息技术支持下，加速研制和应用先进的信息化武器装备；二是通过作战预先设计与实验及强化高科技军事训练等手段，充分发挥信息化武器装备的作战效能；三是始终把人与武器装备的有机结合作为信息化战场和构成信息化作战能力的主体，对人的培养与武器装备的发展提出越来越高的要求，不断增强国防与军事的信息化建设。

7)信息化战争强求战略效果，力求附带破坏最小

信息化战争是基于战略效果的现代高技术战争，其作战效果是依靠信息在地球物质空间的物理域、计算机网络空间的信息域和人脑思维空间的认知域的三重空间中渗透融合，实现近实时快速指挥控制，并完成近程或中远程敏捷精确打击而达成的。也是在大量节省军事资源的同时取得军队总体作战能力大于各个单位作战能力总和的效果，其最终效果是赢得战争并维护国家安全利益。理论和实践证明，网络中心战是对机械化战争平台中心战的继承和创新，是当今基于效果作战的最有效战争形态，也是信息化战争初级阶段最主要、最基本的作战样式。

综上所述，信息化战争初露端倪，可以总结为“五个取决于”：①军队行动自由取决于制信息权；②战争制胜取决于速度与精度的有机统一；③作战能力取决于人与信息化武器装备的完美结合；④作战体系效能取决于信息和信息技术主导；⑤战争结局取决于整体知识能量的释放。

第 2 章　信息化战争理论与实践

本章主要分析信息化战争的产生动因、演变过程；论述信息化战争基本理论；研究信息化战争在近几次高技术局部战争的初步实践及共识结论。

2.1　信息化战争的产生动因

信息化战争的产生是由信息化时代的社会、科技和军事基础共同决定的(刘兴堂等,2018c)。

1. 信息化战争是信息时代的必然产物

战争是社会的产物,任何时代的战争都离不开社会母体。正如列宁同志所指出的“不理解时代,就不能理解当前的战争”。20 世纪 70 年代以后,人类从工业社会逐渐加速进入信息社会。信息化是信息社会形态的根本特征和主要标志,人们通过大力推进信息化以加速实现现代化,而信息技术是世界和平发展的最强力量,也是经济增长的关键动力。进入 21 世纪以来,信息化的浪潮为人类社会持续发展带来了勃勃生机,产生了巨大效益,同时促进了武器装备和军队的信息化转型,进一步加速了战争形态向信息化战争的演变,并在阿富汗战争、伊拉克战争和 21 世纪的利比亚战争(本书以下简称“利比亚战争”)中得到充分体现。

2. 军事高技术进步是信息化战争的根本动力

20 世纪以来,世界上逐渐掀起了新军事变革热潮。军事高技术,特别是信息技术得到了迅猛发展和长足进步,给信息化武器装备及其作战平台的发展提供了前所未有的机遇和空间,信息化武器装备已经开始主宰战场,不仅可以千百倍地提升作战效能,而且彻底改变了传统的作战方式,甚至改变了战争的总体面貌。现代战争理论与实践表明,军事高技术的发展不仅对武器装备的发明、制造与应用产生决定性的影响,而且使战争形态发生质的变化。

3. 世界军事战略调整需求直接牵引着信息化战争发展

1991 年,苏联解体标志着冷战结束,世界战略格局发生了根本性变化。社会形态信息化、世界格局多极化和国际经济全球化的发展趋势,迅速重塑了“大战远离”和“一超独霸”的世界政治、经济体系新格局,强化绝对军事优势和推进新军事变革成为以美国为首的西方军事战略调整的难得机遇和战略目标，在追求争夺 21 世纪的战略主动权及领导“世界新秩序”的霸权主义和强权政治目标牵引下，它们根据本国或集团利益、安全威胁、地缘环境和综合国力等状况，强力推进军队与武器装备信息化转型，抢占军事领域的战略制高点(如太空和网电空间等)，以适应新战争形态要求，从而极大地促进了信息化战争的发展。

4. 现代战争实践是信息化战争的催化剂

20 世纪 70 年代起，美国发动和参与过多次现代战争。在这些战争中，试验新武器装备、检验新作战理论和进行新的军队编成等手段，使美军加速走向数字化、一体化、多能化和小型化，使机械化军队向信息化军队转型，武器装备由传统的机械化武器向信息化武器转变，机械化作战能力向信息化作战能力提升。因此，这对信息化战争形态取代机械化战争形态起到了很好的催化作用，并推动现代战争向未来完全信息化战争形态发展。

2.2　信息化战争的演变过程

信息化战争的演变和一切事物的发展一样，经历了从低级到高级的螺旋上升演变过程，大体可分为数字化、网络化和智能化三个阶段(刘兴堂等，2018c)。

1. 数字化阶段

数字化是信息化的基础，也是当代主流技术之一。从 1946 年世界上第一台电子计算机问世，1959 年美国第一台野战数字化炮兵计算机产生到海湾战争结束，这段时期被认为是信息化战争发展的数字化阶段。在这一时期，信息化战争主要是以数字化技术为核心，谋求作战指挥、机动、打击、保障等的精确性。数字技术在计算机、通信系统、软件系统、传感器系统和定位系统等方面的广泛应用，使武器装备的控制能力显著增强，反应速度明显加快，精度大幅提高，将现代战争推向了精确作战的新时代。

2. 网络化阶段

网络化阶段是从 20 世纪 90 年代中期至 21 世纪 20 年代。

网络化是信息化的主干。网络的最大特点是整体互动，最大的优势是资源统配、共享和战场对抗体系一体化。因此，这一阶段主要是以网络集成为核心，谋求作战的精确性和一体化。正是在这种思想的指导下，经过海湾战争的实践，美军提出了“网络中心战”新作战理念，把信息化战争形态演变推向了网络化的新阶段。

3. 智能化阶段

这一时期在 21 世纪 20 年代之后。智能化是信息化的高级阶段。智能化时期，机器将部分代替人脑的决策和思维功能，使机器具有人的智力水平。在军事领域内，将通过武器装备和作战平台的智能化，使信息化战争的作战精度更高、一体化更强、作战效能更大。在战争中，将呈现出武器装备数字化＋作战体系网络化＋战争机器无人化的特征。此时，遂行信息化作战各种任务的士兵将由智能机器人代替，在战场上发挥更大作用。

2.3 信息化战争的基本理论

信息时代的到来，使信息化战争取代机械化战争成为历史发展的必然，也是世界新军事变革的直接结果：一个曾主导近代战争约百年的机械化作战方式悄然改变，而充满全新作战形式、在核威慑下的信息化战争形态登上了历史舞台。为了深入认识和驾驭未来信息化战争，不仅需要了解信息化战争的内涵、特征及规律，更需要研究和掌握信息化战争的理论。这是由于战争理论是关于战争问题的系统化理性认识和知识体系。科学的战争理论是战争规律的正确反映和战争实践的指南。新军事变革的创新战争理论更有特殊的指导意义，它帮助人们把信息时代战争的基本形态科学、客观地位定位到高技术战争和信息化战争的层面；同时，认为信息化战争是对机械化战争的继承和发展。今后一段时期内仍然存在着带有机械化战争残余的多种多样的战争形式，如电子战、信息战、网络战、火力战、指挥控制战、心理战、网络中心战等。网络中心战是信息化战争的初级阶段作战样式。只有世界上多数国家进入信息社会，相当多的国家建成信息化军队，才可能出现真正意义上的全新信息化战争。

信息化战争将成为 21 世纪的基本战争形态，这是由新军事变革所产生的新的战争理论所决定的。这种战争理论是对传统战争理论的创新，包括形态论、本质论、力量论、时空论、手段论、对抗论、制胜论、实施论等。这些理论同时构成了信息化战争的基本理论及其理论体系。

2.3.1 信息化战争的形态论

如前所述，战争形态是以主战兵器技术属性为主要标志的战争历史阶段性的表现形式和状态，也是战争在其历史演变不同发展阶段上的整体特征标志。它既是战争内容形式和状态的反映，又是对战争活动和行为的客观描述。人类战争史表明：生产力、生产关系和科学技术是战争形态演进的强大推动力；历次军事变革是战争形态界定的决定性因素和标志；社会文明与科学技术进步必然带来战争形态的相应改变和不断演进。

从战争形态的演进规律中不难看出以下几点问题(刘兴堂等,2009)。

(1)信息化战争是一种崭新的战争形态,是信息时代社会特征在战争领域的全面和具体体现:①时代背景新,是信息时代的产物;②作战形式新,是基于信息系统的体系作战;③主战兵器新,信息化兵器是战场的主角;④关键制权新,制信息权成为战场制权的重心;⑤对抗形式新,体系对抗特别是信息对抗与网电对抗成为战场对抗的主要形式。

(2)战争形态的历史性跨越,突出反映在战斗力新要素及新构成模式的添入:①从传统的物质和能量主导转化为信息主导,从而使作战效益倍增;②由传统的平台中心战转变为信息中心战,并注重体系效应,从根本上改变了战斗力产生模式,产生了“1+1>2”的整体作战效能;③从偏重“有形”空间到突出“无形”空间,一方面使“有形”作战空间空前拓展,另一方面开辟了网电、信息和认知新作战空间,从而使现代战场上的“无形”空间地位日益凸显;④从追求能量释放极限化到追求信息化和智能释放最大化、最优化,从而实现作战精确、可控。精确作战,给战争带来的影响既重大又深远。正如著名军事家斯里普琴科所指出的,高精度武器所带来的不仅是武器的根本改变,而且是进行全面战争战略的根本性改变。

(3)对传统战争形态的扬弃。战争形态的演进是既有继承和发展,又有交叉和联系。因此,信息化战争的出现绝不是对机械化战争的彻底否定,而是扬弃。①信息化兵器作战效能呈几何级数增加,几乎重构了人与武器的直接结合方式,造成信息化战争对人的数量需求有不断减少之势,即“武器排挤人”的现象更加突出。但是,在信息化战争中人仍然是主体,且人的智力因素在战争对抗中占据主导地位。因此,随着信息化战争的发展,人与武器永远是一个有机的统一体,人在战争胜负上也永远是决定性因素。②人民群众是推动社会历史发展的主体,也是进行革命战争的主体,军队与人民群众在战争中的相互地位不会改变。但随着战争技术含量的增加,信息化战争需要军民重新组合,既需要更强的军队作为战争的主体和中坚力量,又必须强化民众的支援保障作用特别是民间化的特殊信息作战力量。③鉴于非正规作战仍然是正规作战的难缠对手,甚至是以弱胜强、以劣胜优的利器,故在信息化战争中,还必须强调正规战与非正规战相辅相成的重要作用。战争史上,正规战与非正规战一直是相辅相成,不可相互替代的。④非接触作战是信息化战争的重要作战方式,其基本手段是远程精确打击。它一方面可以有效地减少传统火力战的盲目性,另一方面能减少附带伤亡和破坏。但它绝不是信息化战争的专利,即使信息化程度相当高的军队也不得不进行接触作战,如反恐、维和、缉毒、反走私及大规模战争结束后的后续清剿等。因此,在信息化战争中,即使强者也将会开启和扩展接触作战空间与领域,否则就很难达到战争目的。⑤软杀伤与硬杀伤的有机结合是信息化战争中敌对双方最常用的有效手段,也是指导信息化作战的普遍法则。其主要将表现在：电子杀伤与物理摧毁并举，网络攻击与攻城略地并重，歼灭战与心理战融合，实施基于效果作战等。

2.3.2 信息化战争的本质论

任何时代的战争都具有政治性、暴力性、集团性等三个基本特性，这就是战争的本质属性，只不过不同时代有着不同的内容和形式。现代战争不但没有改变和消除战争的政治性、暴力性和集团性的本质属性，而且赋予了它们新的内涵，呈现出新的特点。其主要表现为：①信息化战争政治是世界政治；②信息化战争打的是政治军事仗；③规制霸权主义成为孕育信息化战争的母体；④信息化战争是暴力对抗，并呈现出暴力新面貌；⑤信息化战争具有集团性和鲜明的军事目的，与传统战争相比，更注重战略层面，美军提出和实施的五环目标理论是其重要体现。

2.3.3 信息化战争的力量论

战争力量是指可直接和间接用于战争的各种力量，包括战争实力和战争潜力。战争实力通常包括武装力量、武器装备和战争物资等；战争潜力是指能够动员或开发的用于战争的人力、物力、财力。武装力量作为一种威胁或潜在威胁，永远是一个国家政治力量最重要的成分，是战争的基本工具。战争的核心力量是作战力量，即用于遂行作战任务的各种组织人员及武器装备等的统称。在作战力量中，具有高度组织性的军队和某种形式的民众武装是最主要的部分。

适应信息化作战需要，创建信息化作战力量，是当前世界新军事变革的重要任务，也是信息化战争发展的必然结果。

信息化作战力量，是指用于完成信息化作战任务的武装力量的统称，相比传统作战力量有着本质的变化，集中地体现在将网络技术和体系概念引入了作战力量结构的核心层面。

在信息化战争中，战争力量的总体结构及特点发生了明显变化，主要表现在：①构成因素具有突出多元性；②构成机理显著复杂；③构成功能有鲜明多能性；④力量部署从集中转向分布；⑤力量协同高精度；⑥力量建设一体化等。

信息化作战力量呈现出如下新特征：①规模趋于小型；②结构一体化；③编制模块化；④功能全面多样；⑤人与武器有机结合，制胜战争的决定因素仍然是人，而不是武器；但是，必须清醒地看到信息化武器装备在信息化战争中的极端重要性，否则将会被动挨打。

2.3.4 信息化战争的时空论

时间对于信息化战争的重要性和价值更是空前的。这可以用四个字来概括：稍纵即逝。时间要素在信息化战争中被推向了预算、统筹和运用的极限状态。主要呈现在如下几个方面：①快速、突然是信息化战争的灵魂；②行动实时是信息化战争的突出优势；③时间线程日益缩短是信息化战争的必然结果；④时间精度显著提高是信息化战争又一特点；⑤信息化战争时间节奏明显加快；⑥时序调整是信息化战争时间特性的重大变化；⑦时间结构重新组织是信息化战争的新发展。

信息化条件下的高技术战场范围之大、领域之广、形式之多、环境之复杂，均前所未有。信息化战争的一种新型空间观正在逐渐成熟，主要表现在如下几个方面：①维度的多元拓展与扩大化，已拓展与扩大为陆、海、空、天、电、网及认知于一体的多维战场；②数字地球与数字化战场得到发展和实际应用；③空间网络化与透明化已成为现实，网络化实现了战场军事力量间的互联、互通、互操作，使作战效能达到最大化；透明化是指对战场信息报知与态势洞察迫近本原的程度，在当今信息化战场上，"透明"仅是相对的，也是针对战场优势一方而言的；④空间交互渗透使其现代信息化战场无疆无界、无缝无体，又平战不分，军民交叉模糊，我中有敌，敌中有我，这使得认知战场斗争成为贯穿战争始末明争之外的一条暗线；⑤现代战争的战场具有更强的可塑化，其可塑化表现在空间维度可塑、空间广度可塑、内在结构可塑和空间要素可塑。总之，信息化战争呈现出前所未有的时空新面貌，可概括为一句话，即"时空扩展，全维作战"。

2.3.5 信息化战争的手段论

手段是指为达到某种目的而采取的方法和措施。对于战争手段通常有两种释义：①为达到战争目的而使用的具体方法和措施，包括军事手段、政治手段、经济手段、外交手段等；②通过战争实现政治、经济等目的的方法和途径。还可以从两个层面来理解战争手段。①以战争与政治的关系来看，战争是政治的继续，是政治的工具，也是实现一定政治目的的特殊手段。可见，战争手段就是战争活动本身。对于政治手段，它与经济手段、文化手段、外交手段等既是并列平行的，但又是统领。②就战争活动而言，战争有着自身特殊的存在方式和表现形式，而达到战争目的需要一定的手段作为中介。在此，军队是进行战争的主要作战力量，它与武器装备是达到战争目的的基本物质手段；火力战、信息战、心理战等作战类型和作战样式是军队在战争中运用武器装备手段"保存自己，消灭敌人"的具体方式和方法。

战争是两种或多种武装力量之间的暴力对抗活动。这种活动通常表现为战场上敌我双方的激烈攻防斗争。其斗争或打击方式无非是软杀伤和硬杀伤。"软""硬"这两种战争手段既是社会历史发展的产物，又随着社会的发展与科技的进步不断变化、提升及完善。信息化战争则将这两种战争手段发展到一个全新的阶段。

2.3.6 信息化战争的对抗论

国家或政治集团之间为达到一定的政治、经济等目的，使用武装力量进行的对抗称为军事对抗。军事对抗的最高形式是战争。战争对抗模式从古至今在不断演进，如冷兵器战争的方阵对列、短兵相接；机械化战争的阵地相触、集群对抗；信息化战争则呈现出截然不同的对抗模式，大大超出传统“平台中心”战争，在传统的物理域、信息域、认知域的交叉融合中，演绎着复杂多变、精彩纷呈的军事体系对抗。

如前所述，军事体系对抗概念是冷战结束后被提出来的，主要包括军事作战体系对抗、武器装备体系对抗和战场信息体系对抗。

军事体系对抗的出现是历史发展特别是战争史发展的必然性结果。首先，从工业时代的机械化向信息时代的信息化转变过程中，军事体系对抗战争是不可避免的，这已被理论和实践所证实。其次，未来战争中的武器装备体系对抗和战场信息体系对抗也是不可避免的。近几次高技术局部战争的实践和新军事变革的不断深化，使人们已清醒地认识到，武器装备体系对抗建设和战场信息体系对抗构建是新军事变革的核心问题。最后，未来战争将在战场上呈现出以网络为中心的信息体系对抗。事实上，就美军而言，从总体上早已由指挥控制系统、侦察情报系统、通信系统、信息化作战平台、信息化兵器与技术装备等构成了较完善的武器装备体系对抗和战场信息体系对抗，并经过伊拉克战争和利比亚战争的验证。这种军事体系对抗所带来的信息优势将贯穿于未来战争的全过程，通过诸军兵种机动、精确交战、全维防护、集中后勤来实现体系作战和联合作战的全面主宰。

2.3.7 信息化战争的制胜论

求胜利、谋打赢是一切战争和军事活动的根本目的。与传统战争相比，信息化战争有着截然不同的制胜机理和模式。这些制胜机理主要包括信息主导机理、综合制权机理、集成联动机理、精确可控机理、破击体系机理、制敌在先机理、基于效果机理、自组织协同机理、非对称作战机理、谋略制胜机理和威慑屈敌机理等（刘兴堂等，2018c）。

1. 信息主导机理

信息主导机理，是指通过信息和信息技术来主导信息化作战体系中各个作战要素和作战行动，从而主导整体作战能量释放的最大化，达到战争制胜的目的。这包括：①信息主导侦察情报系统实现一体化；②信息主导各作战单元、作战要素和作战系统实现高度融合；③信息主导实现精确作战；④信息主导实现立体化机动；⑤信息主导实现网络化和智能化指挥控制等。

2. 综合制权机理

综合制权机理，是指诸军兵种依托综合信息系统在多维战场空间共同实施作战行动过程中，作战效能的发挥取决于制陆权、制海权、制空权、制天权、制网电权等综合制权的争夺。综合制权是夺取战场主动权的前提和条件，也是整体（体系）对抗的基础。

3. 集成联动机理

集成联动机理就是以信息网络为基础，以指挥控制为核心，以信息传输为纽带，对各种作战力量进行综合集成和效能融合，从而实现多军兵种力量的整体联动，使体系作战威力及其效能最大化。

4. 精确可控机理

精确可控机理，是指依托综合信息系统，充分运用精确作战手段和方法，对敌作战体系的重要目标实施“点穴式”或“外科手术式”打击，以实现以最低代价和尽可能少的附带损伤赢得最佳的整体作战效果。

5. 破击体系机理

破击体系机理，是指在综合信息系统的支撑下，找准并打击敌作战体系的关键单元、关键要素等，以达到破击一关而整体瘫痪的目的。

6. 制敌在先机理

制敌在先机理，是指在作战过程中，依托综合信息系统力求先敌发现、先敌攻击，以最快的速度、最短的时间、最小的伤亡和附带损伤实现作战目的。

7. 基于效果机理

基于效果机理，是指在“基于效果作战”的理论指导下，筹划和实施战争，通过战略、战役和战术上全程使用军事和非军事能力在整个战场综合运用精确火力，制敌机动和信息作战，摧毁领导人战争意志和发动战争的能力，从而达到预期的战略结果和效果。

8. 自组织协同机理

自组织协同机理，是指作战体系中的各作战单元、作战要素和作战系统，依托综合信息系统，紧紧围绕上级作战意图和目标，按照协同规划，依托共享战场信息和态势，由按计划行动向按机动行动转变，实时、主动地调控自身作战行动，以适应瞬息万变的战场态势，从而实现整体作战效果。

9. 非对称作战机理

非对称作战机理，是指针对敌方弱点，扬长避短，采取非常规或非正规的作战方式与敌对抗。作战中，将己方作战力量集中打敌要害目标和薄弱环节，以较小代价换取高效作战的胜利。通常，拥有军事高技术和军事实力是实施非对称作战的条件和基础。

10. 谋略制胜机理

在信息化条件下的体系作战中，谋略制胜是指指挥员依托综合信息系统，充分发挥主观能动性和信息与信息技术优势，在智力对抗中谋势、造势，调动、控制、驾驭对方，造成有利态势，以较小代价取得胜利。

11. 威慑屈敌机理

威慑屈敌机理，就是使用对敌产生强烈震撼作用的力量、手段和方式，给敌以心理和意志的震慑，迫使对方不敢采取武力抵抗，从而达到不战而胜或小战而大胜的目的。威慑手段主要包括核威慑、太空对抗威慑、网络对抗威慑、综合造势威慑等。

总之，人类进入信息时代，先进的科学技术可以帮助人们拨开战争迷雾，站在哲学和科学发展观的战略高度，以全新的视野审视现代战争，将其视为一个复杂的社会系统工程，寻找到“求胜利，谋打赢”未来信息化战争的最佳科学机理。通常，最佳的科学制胜机理和模式很可能就是上述某些制胜机理的组合。这点已被最近几场高技术局部战争所证实。

2.3.8 信息化战争的实施论

战争实施，是指经过战争准备后的真实战争活动的实际进行。通常是从战争开始至战争结束所进行的以作战为中心的全部活动。也就是说，任何战争都将通过战场上一定的作战形式来实施。而任何作战形式都有其独特的战场表征和实施方式。信息化作战亦不例外，其战场表征和实施方式主要包括作战行动一体化、组织结构网络化和精量释放精确化，以及基于效果作战等。

2.4 信息化战争的初步实践

20 世纪 90 年代以来，先后爆发的海湾战争、科索沃战争、阿富汗战争、伊拉克战争和利比亚战争标志着信息化战争已初露端倪，在不同程度上带有多维立体复杂战场的重要色彩，反映出一体化联合作战的一般特点和规律。研究这五场信息化战争和一体化联合作战的初步实践，对于总结现代高技术战争与作战的经验和教训，实现具有中国特色的我军信息化作战和战场环境建设的总体目标与任务，打赢未来信息化战争有着十分重要的意义。近几次高技术局部战争情况及分析列举如下(刘兴堂等，2018b)

2.4.1　海湾战争——划时代意义上的“信息战”

1. 战争起因及经过

引发海湾战争的主要动因是伊拉克入侵科威特。海湾地区位于亚洲西南部，包括伊朗、科威特、沙特阿拉伯、伊拉克、巴林、阿拉伯联合酋长国、阿曼、卡塔尔八个国家。海湾地区不仅是连接欧洲、亚洲和非洲的国际交通要道，而且拥有极其丰富的石油资源，是世界上最大的石油产销地，美国和西欧的石油供应很大程度上依赖于该地区。因此，海湾地区是世界上相当重要的战略要地。伊拉克以领土争端和石油纠纷为借口，于 1990 年 8 月 2 日凌晨，出动地面部队，在空军、海军、两栖作战部队和特种作战部队的配合下，大举入侵科威特，直取科威特的首都科威特城。伊拉克入侵科威特的粗暴军事行动顿时造成了海湾危机，并引起了国际社会的强烈反响和巨大震动，更主要的是直接严重损害了美国和西方战略利益。于是，美国带头对伊拉克实施全力制裁，同时联合英、法等多国对伊拉克发动战争。为此，美国制订了自越南战争以来最大规模的海外军事集结计划——“沙漠盾牌”行动。

海湾战争是一场以美国为首的多国部队同伊拉克之间的信息化条件下的高技术局部战争，在人类战争史上具有划时代意义。实际上这场战争是至今新军事变革巨大影响的缩影，又预示着信息化战争的来临，是带有浓厚信息化战争形态的第一场信息战。从多国部队角度讲，海湾战争明显地分为战争准备和战争实施两个阶段，即“沙漠盾牌”行动和“沙漠风暴”行动。

2. 战争的特点

海湾战争的最突出的特点在于：这场高技术局部战争的核心是信息和信息系统对战争的胜负起主导作用，而不再是火力和机动兵力的物质能量起主导作用，体现在如下几个方面。

(1)信息和信息系统在战争中发挥不可替代的决定性作用。海湾战争虽然是一场局部战争，但是涉及的军事行动却是全球性的，需应用太空的侦测卫星、导航卫星、通信卫星、气象卫星，以及美国本土、欧洲和太平洋的地面通信设施。为此，以美国为首的多国部队在战前和“沙漠盾牌”行动中建立了十分完备的空中、地面和海上 C^3I 系统，包括海湾地区信息系统中心和许多不同级别与不同类型的指挥控制中心。这是首次建立的战区 C^3I 系统，从中央总部前线指挥部到各军兵种司令部机关、军事司令部机关以及大型武器系统，都有自己的 C^3I 系统或终端设备，并与全球卫星通信系统、国防部数据通信网、战场数字化地域通信系统等互联互通。同时，战场的后勤保障也通过控制、管理信息系统来计划、自治和协调，以最大限度地满足作战需求。

(2)战争中实施“斩首”原则和行动。战争中，把伊军指挥控制系统及机关设施、发电设施、电信和 C^3I 枢纽、一体化战略防空系统作为首要攻击目标，这是新军事变革中军事理论创新的重要体现，也是多国部队夺取“制信息权”、确保信息优势的主要手段之一，为最终赢得战争奠定了基础。

(3)广泛实施各种信息对抗措施，以确保信息优势。海湾战争中，以美国为首的多国部队采用了大量软杀伤性信息对抗形式和手段，包括以电子侦察、电子干扰为主的电子战信息对抗，广泛采用传单、无线电广播和高音喇叭广播等心理战信息对抗，从而使信息发挥关键作用，同时显示出信息、信息系统和信息化武器装备在高技术战争中的巨大作用。这场战争充分证实了在高技术战争条件下，只有利用信息、信息系统和信息化武器装备，拥有制信息权，才能使现代武器、物质和能量最大限度地转化为实际战斗力，发挥出超常的作战效能。

3. 作战分析与启示

海湾战争中，以美国为首的多国部队取胜的原因是多方面的，但主要原因可归结为如下四点。

(1)战略决策周密，作战指导思想正确。这里包括周密地制订和实施“沙漠盾牌”战争准备计划和及时制订和实施的“沙漠风暴”作战行动方案。

(2)实施大规模空中突击。作战中，利用软杀伤与战术配合，通过统一指挥展开精确轰炸、重点轰炸和综合轰炸，为地面进攻创造条件。

(3)发挥高技术优势，如空中精确进攻技术优势、隐身突防技术优势、先进信息技术优势等，以提高作战能力。

(4)实施纵深立体作战方式和穿插迂回作战战术。在主要突击的基础上，采用分割包围，达成地面作战的战役目的。

海湾战争中，伊拉克惨败的原因也是多方面的，但其主要失败原因可归结为如下四点。

(1)错误估计形势，战略判断失误，包括对国际社会的强烈反对和严厉制裁估计不足，从而犯了当今“失道寡助”的用兵大忌。

(2)对以美国为首的西方军事干预和战略企图估计不足，缺乏应有的对策，从而陷于被动，并付出了高昂的代价。

(3)国力对比悬殊，实力差距过大。从综合国力看，伊拉克是孤军奋战，美国等多国部队无论是经济实力还是军事力量，都占绝对优势，同时武器装备数量和质量也占绝对优势，又有信息、信息系统支撑，且有联合作战能力和高技术作战能力。因此，相比之下，伊军必败无疑。

(4)军事理论落后，作战指挥古板无力。海湾战争中，伊军的作战思想仍处于的"步兵决胜"的传统军事理论上，采用消极的防御战法，以不变应万变，因此在多国部队的强大现代空袭力和全程机动的新作战方式下，完全失去战场主动权，始终处于被动挨打的地步。

海湾战争已过去近 30 年，但是却给人们留下了很重要的战争思考和作战启示。

(1)强大的综合国力是取得战争胜利的根本保证。综合国力是战争潜力、军队实力和作战能力的基础，其强弱、优劣是决定战争胜负的最重要因素，这是现代战争和作战的一条基本规律。从这点上讲，高技术战争是打经济仗。在未来高技术战争中，没有强大的经济实力，是很难取得战争胜利的。

(2)高素质军事人才是取得战争胜利的决定因素。从海湾战争可以很明显地看出，在高技术打赢战争的背后，更重要的取胜原因是：美军善于使用高技术装备，军队素质好，并能实施正确的作战指挥和盟军联合作战能力。美军认为，高质量的部队和指挥是海湾战争取胜的主要原因之一。因此，在海湾战争之后，美军及其他军事强国都特别强调军事人才开发的计划性，广开人才渠道、重视"通才"培养、严格人才筛选和优化、重视人才知识结构优化等。

(3)科学编制体制是提高机动能力的必要前提，海湾战争中暴露出伊军三军失调是战争惨败的主要原因。因此，科学编制必须做到精干化和军兵种合成化，对于减少军队数量、适应大纵深主体作战的客观要求是最为重要的。

(4)争夺电磁优势是现代战争的客观要求。从海湾战争看，未来电子战将贯穿战争的始终，渗透战场的各个方面，争夺电磁优势是高技术作战发展的必然趋势。

(5)世界主要军事强国都高度重视军队指挥自动化的研究、研制及应用，甚至认为实现军队指挥自动化是继核武器、洲际导弹之后军事上的第三次革命。目前，美军不仅建立了全军统一的指挥自动化系统，而且为防止遭受大规模攻击和电磁威胁，还设有控制中心和机载空中预备指挥中心。

(6)创新作战方式是争夺战场主动权的必然选择。实施大规模、高强度空袭是海湾战争中多国部队争夺战场主动权的明显作战模式，同时反映了在现代高技术战争中，大国、强国对小国、弱国采用突然、高强度空袭的基本模式。在现代空袭中，卫星提供侦察通信保障，预警机负责探测监视敌人实情并指挥参战飞机，巡航导弹担负前轮突防任务，隐身战机实施突击敌方纵深，严防目标，战略轰炸机打击军事目标，破坏敌人战争潜力，电子战飞机实施电子干扰，加油机保障战机空中加油，从而形成包括侦察监视、预警指挥、突击、干扰、掩护、保障等力量的攻防对抗的高技术兵器作战系统，充分发挥了一体化联合作战效果。

2.4.2 科索沃战争——典型“信息化优势”的高技术战争

1. 战争起因及经过

科索沃战争是由国内外因素共同促成的。内在原因是由来已久的民族矛盾（主要是塞尔维亚族与阿尔巴尼亚族针锋相对，互不相让），曾不断发生暴乱，南斯拉夫联盟共和国（简称“南联盟”）曾对此分裂活动实行镇压，不但未能缓解，反而发生流血冲突，科索沃地区局势不断恶化。国际社会反复呼吁冲突双方以和平方式解决争端，但始终未达成协议。科索沃战争的直接外因是美国称霸世界和北大西洋公约组织（简称“北约”）东扩的必然结果。在这样的历史背景下，以美国为首的北约利用科索沃地区民族纠纷，打着“人权高于主权”的政治幌子，绕过联合国安理会，悍然对南联盟发动了一场触目惊心的大规模侵略战争。

1999 年 3 月 24 日，代号为“盟军”的行动拉开了科索沃战争的序幕。战争由 1999 年 3 月 24 日正式开始，1999 年 6 月 10 日结束。

这场战争的主动权始终掌握在北约联军手中，战争大体分四个阶段：第一阶段为北约发动首轮大规模、高强度空袭，夺取制空权，南联盟实施全民动员，奋力抗击，历时 4 天；第二阶段是北约重点打击南联盟防空系统和基地军事目标，南联盟坚持抗战，历时 8 天；第三阶段是北约扩大空袭规模和强度，南联盟继续顽强抵抗，历时 53 天；第四阶段是北约继续保持猛烈空袭，尽力削弱南联盟作战实力和作战潜力，结果使得南联盟难以抵抗，决定有条件接受北约合谈，历时 14 天。

2. 战争结果和特点

这场战争是一次非常明显的高技术非对称战争，双方力量对比悬殊（战前，北约的经济实力为南联盟的 700 多倍；在军事科技和武器装备上南联盟根本无法相比）。因此，战争进程基本上控制在北约联军方面。

科索沃战争是一场背景深刻、影响广泛的现代局部战争。其大规模空袭的作战方式，是一种典型的非接触式交战，在世界战争史上极为罕见。在战争中，北约在卫星的支援下，动用航母 3 艘，舰艇 40 余艘；投入上千架作战飞机（包括 F-117 战斗机、F-15 战斗机、F-16 战斗机、幻影-2000D 战斗机、美洲虎攻击机、狂风战斗机、F/A-18 战斗机、B-52 轰炸机、B-2 隐形轰炸机、EA-6B 电子战飞机、B-1B 轰炸机等），投射多型导弹和炸弹，对南联盟多个城市的军用目标和民用目标实施了远程精确打击、分隔阻断南联盟武装力量和大规模、毁灭性打击，使南联盟惨遭失败，造成 1800 多人死亡，6000 多人受伤，还有 50 多座桥梁、12 条铁路、5 条公路干线、5 个民用机场被毁，军事和经济损失达 2000 多亿美元，而北约在战争中仅损失各型战机 60 余架、无人机 30 架，被拦截巡航导弹 200 余枚，空袭耗资 130 亿美元，但创造了世界战争史上的“零伤亡”纪录。

回顾战争历程，深入分析战争形态和作战模式，不难发现这次战争呈现出如下特征。

(1)科索沃战争是一场高技术局部战争。科索沃战争有两个非常明显的特点：①具有反映信息化时代特征的局部战争性质；②在高技术条件下进行。因此，人们把这种现代战争形态简称为高技术局部战争。如果说越南战争、海湾战争是这种高技术局部战争的雏形，那么科索沃战争就是更典型的高技术局部战争。高技术局部战争的总体特征是：在有限时间和有限区域内，大量使用高技术武器装备，以最小代价实现战略目的。

(2)现代战争的新作战模式。高技术兵器在现代战争中的广泛使用，致使作战方式和方法发生了显著变化。继“外科手术式”“入侵巴拿马式”和“海湾战争式”以后，又出现了新的“科索沃战争式”。所谓“科索沃战争式”，就是依靠空天化侦察监视、电子战软硬相结合、使用巡航导弹及携带精确制导武器的隐身飞机率先精确打击敌防空指挥控制系统，利用具备精确打击能力的作战飞机与战略轰炸机进行大规模、高强度空袭，而地面作战力量仅作为威慑手段的作战方式。这种作战模式呈现出如下突出特点：①空袭反空袭已成为战争的全部，即贯穿战争的始终，并决定战争的进程与结局；②精确制导武器扮演了战争的主角；③电子战软硬杀伤相结合成为战争制胜的重要手段；④信息优势是战争制胜的有力保障；⑤战争是交战双方的体系对抗。

3. 作战分析与启示

科索沃战争以南联盟的失败和北约的大胜而告终。北约之所以取得胜利，主要原因在于以下几个方面。

(1)指挥控制统一高效。在科索沃战争中，以美国为首的北约多国部队，实施的是典型的大区域联合作战，其规模之大和区域之广前所未有。为发挥总体作战优势，统一高效指挥控制是最重要的。为此，北约采用了先进的军队指挥自动化系统 C^4ISR 系统，从而发挥了稳定、可靠、高效的作战指挥控制能力。

(2)牢牢掌握制信息权和制空权。北约利用绝对的太空优势、先进的信息优势和大规模高难度空袭优势，始终掌握着制信息权和制空权，从而呈现出战场“半透明”和“一边倒”的趋势，实现了信息与火力一体化，基本做到了“发现即摧毁”。

(3)充分发挥高技术兵器的作战效能。在战争中，北约部队使用除核武器外几乎所有的现代高技术兵器，特别是精确武器和远程机动武器平台，充分显示了一体化高技术兵器在现代战争中的关键性作用。

(4)充分发挥新型空袭的战略作用。新型空袭，是指中远程快速奔袭、大规模、高强度地实施空中精确打击。实践证明，北约的这种作战模式是迫使南联盟最终彻底丧失抵抗能力的主要手段。

(5)十分重视政治、经济与外交的密切配合。在科索沃战争中,北约高度重视政治、经济与外交的密切配合,包括政治上丑化南联盟,使其侵略合法化;经济上制裁南联盟,削弱南联盟的战争潜力;外交上孤立南联盟,使南联盟孤立无援、孤军作战。

科索沃战争不仅反映出高技术局部战争的新情况、新特点,更带给我们新的启示。

(1)科索沃战争是一场典型的非对称战争。采取“非对称战争”是美军今后联合作战的“最有效方法”,新型空袭是实现“不对称作战”优先选用的手段,我们必须从中得到启示。

(2)非接触作战手段仍然是今后一段时间内美军及其他西方军事强国的战争制胜法宝。因此,构建强大的防空、防天与反导体系,已成为当务之急。

(3)“信息优势”是信息化战争和一体化联合作战的根本优势。因此,必须将发展信息化武器装备和综合电子信息系统作为重中之重,并着力培养这方面的高级专业技术人员和军队骨干。

2.4.3 美军主导反恐的阿富汗战争——有史以来的“最精确之战”

1. 战争起因及经过

在恐怖主义“基地”组织的精心策划下,2001 年 9 月 11 日,恐怖活动使纽约世贸大厦顷刻间变成了一堆废墟,国际社会把这次事件称为“9·11 恐怖袭击事件”。这次事件导致近 3000 人死亡或失踪,令全世界震惊。“9·11 恐怖袭击事件”无疑是美国发动反恐战争的导火线。面对突如其来的沉痛打击,美国 2001 年 10 月 7 日向恐怖分子宣战,陆、海、空三军兵分四路直接扑向“基地”组织首领本·拉登的隐蔽地阿富汗,从此开始了 21 世纪的第一场反恐战争。战争经历了三个阶段,即空袭、低空攻击和特种部队作战。空袭和低空攻击中,主要作战目标是:①摧毁阿富汗战略目的;②重点打击塔利班战术目标;③集中突击塔利班和“基地”组织残部,支援地面行动。特种部队作战主要进行城市争夺战,包括:①攻打马扎里沙里夫;②抢占首都喀布尔;③血战昆都士;④逼降坎大哈。

阿富汗战争耗时 13 年之久,最终以阿富汗塔利班政权失败而告终。

除此之外,为了彻底搜剿逃往阿富汗东部山区的塔利班武装和“基地”组织残部,美军从 2012 年 12 月起展开山区搜剿。

2. 战争结果和特点

阿富汗战争是一场未经联合国授权由美国发动的反恐怖主义的战争,通过空中打击和地方作战，彻底摧毁了“基地”组织的重要网络设施，推翻了塔利班政权。2011 年，美军击毙了“基地”组织首领本·拉登。

纵观阿富汗战争，其信息化特征是十分明显的，被认为是人类战争史上首场真正的“最精确之战”，其主要特点有以下几方面。

(1)以指挥控制战为重要形式，体现了侦察、干扰和突击一体化的特点。在战争中，综合利用了作战保密、军事欺骗、心理战、电子战、硬杀伤等手段；以夺取电磁权作为初战模式，即采用电子战开辟通道，以巡航导弹为先导，陆、海、空平台进行远程精确打击，最后实施飞机临空近距突击，广泛采用信息化高技术兵器。空袭中，美军所使用的武器装备几乎全是新研制或改进后的先进武器装备，如联合防区外精导武器。先进的集束炸弹等也开始使用，从而大幅提高打击目标的精度。

(2)验证了“网络中心战”新作战理念。在战争中，首次使用了最新概念的数据链，实现了“网络中心战”，在实际战场上验证这种作战方式和方法是至今为止信息化含量最高的高技术作战模式和“最精确之战”。

(3)综合运用多种侦察手段，发挥特种作战的作用。在阿富汗战场上美国运用了大量中央情报局的军事部队与陆、海、空、天和海军陆战队的情报机构，加上无人机、侦察机、预警机及侦察卫星等，通过多种渠道和各种手段为在阿富汗的美特种部队人员提供空中和地面情报信息，充分发挥了特种作战的功能和效率。

3. 作战分析与启示

阿富汗战争是美国在“反恐怖”旗帜下发动的一场高技术局部战争，也是一场以空中精确打击为主导作战模式，实力对比悬殊的非对称战争。深入剖析这场战争的进程和特征，可以得到如下重要启示。

(1)正确的战略思想是制胜高技术局部战争的前提。反恐是一个世界性问题，从战略上讲，不可能由一个国家来完成，在反恐斗争或反恐战争中，建立世界性反恐联盟既是十分必要的，也是完全可能的。因此，美国在“9·11 恐怖袭击事件”发生时就将它定义为一场战争，从政治上、道义上和人权上将人们思想统一起来，把战争的罪名加在“基地”组织和塔利班政权头上，为发动阿富汗战争鸣锣开道，进行充分而全面的战争准备。

(2)绝对的火力优势是达到战争胜利目的的重要手段和根本途径。因此，美军部署了实力强大的军事力量，包括先进的航母、先进的战机和巡航导弹、空地导弹、高速反辐射导弹、集束炸弹和激光制导炸弹等。这些高技术兵器在战争中均发挥了各自的优势，给塔利班政权以猛烈而彻底的打击，使美军始终掌握着战场主动权。

(3)充分发挥空袭的绝对优势是当前信息化作战的主要手段。在阿富汗战争中，以美军为首的北约联军一直不断地实施着空中火力打击，开战后两个月内，美军在阿富汗投掷各种弹药 12000 多枚，其中，55%为精确制导武器。

(4)特种作战同高技术相结合是取得反恐战争胜利的主要模式。高技术空袭与现代特种战相结合的作战模式是阿富汗战争的显著特征，也是取得反恐战争胜利的主要经验。

(5)强有力的后勤保障是战争取胜的关键因素。现代高技术局部战争是打经济、打武器、打技术装备、打体系配合，强有力的后勤保障是这些实力的综合标志。美军物资、弹药充足，又有远程快速投送能力，相反阿富汗方不但武器实力很弱，而且缺乏后勤保障。在这种战争资源极端悬殊的情况下，塔利班武装必败无疑。

(6)加速建设信息化战场是信息化战争与信息化作战的根本要求。美军的信息化战场建设在此前几次局部战争中又有了很大的发展，主要表现在：①美军和北约基本实现了实时的信息控制；②作战系统网络化和信息化已成雏形；③美军数字化战场水平明显提高。

2.4.4 伊拉克战争——首场试验性“信息化战争”

1. 战争起因及经过

伊拉克战争的主要起因，一是美军在中东地区的战略利益需要；二是美国、伊拉克关系僵化。海湾战争后，美国和伊拉克长期对立，十多年来，美国一方面对伊拉克进行经济制裁和封锁，另一方面总想推翻萨达姆政权。2003 年 3 月 18 日，美国借口消除伊拉克境内存在的大规模杀伤性武器，向萨达姆发出最后通牒，要求他主动流亡，否则将面临战争，萨达姆不但不退让，反而态度十分强硬。于是，美国在未经过联合国的同意下，和英国共同发动了军事行动，并由美国总统乔治·布什在华盛顿向国会宣布对伊拉克战争开始。伊拉克战争大概可分为以下四个阶段。

(1)开始阶段，主要是实施“斩首”行动和震慑行动的大规模空中打击和地面攻势。

(2)僵持阶段，主要是美英联军重点轰炸，对巴格达实施包围，而伊军顽强抵抗，战争一度处于僵持状态。

(3)转折阶段，主要是美英联军凭借空中优势，对伊拉克进行大规模高强度轰炸，并出动十多万人地面部队攻占伊拉克主要城镇和战略要地。

(4)收尾阶段，美国宣布对伊拉克战争的主要军事行动结束，萨达姆政权倒台。美军重新调整军事部署，派遣特工人员搜寻大规模杀伤性武器并抓捕伊拉克高级官员。

2. 战争结果和特点

伊拉克战争从 2003 年 3 月 20 日开始，2011 年 12 月 31 日，美军正式撤回全部在伊拉克的部队，正式终结近9年的伊拉克战争。战争中，近9000名美军丧生，受伤人数超过5万。

这场战争与以往的几场战争相比，可谓是美军的一场试验性“信息化战争”，其突出特点总结如下。

(1)这场战争是21世纪一场典型的大规模高技术局部战争。美英联军的战争目的只有一个，就是推翻萨达姆政权，扶持亲美的新政权。这是一场在特定国际战略环境下，超级大国利用经济、军事和信息优势通过陆、海、空、天体系作战，采用“外科手术式”精确打击，强国摧毁弱国政权的高技术战争。

(2)战争的信息化程度比以往历次战争都要高。经过海湾战争、科索沃战争和阿富汗战争实践，美军已建立了相当完善的军队指挥自动化系统和信息化武器装备体系。以信息为主导，在综合电子信息系统的支撑下，美英联军的信息化火力打击过程仅用10秒左右，几乎做到了实时精确打击，也就是做到了“发现即摧毁”。

(3)实施“决定性快速作战”，使基于效果的精确作战进一步提升。在这场战争中，为达成推翻萨达姆政权的战役目标，采取“决定性快速作战”思想，依托先进的指挥控制系统，运用精确制导武器装备和信息化弹药，使其作战效能比阿富汗战争又有了大幅提升。

(4)机动战、火力战和特种战紧密结合，陆、海、空、天特种联合作战可充分发挥整体作战威力和效能。在这场战争中，美英空军始终掌握着制空权和制天权；海军一直控制着海上航道；陆军则利用空、天、海造成的有利战机快速推进；特种部队深入纵深快速抢占重要据点和设施，太空军充分发挥空间支援和保障作用，陆、海、空、天、特形成了一个有机运转整体，相互配合，取得了最佳作战效能。实践证明，一体化联合作战是信息化战争取胜的关键和主要发展方向。

总之，伊拉克战争是综合应用信息化优势，制敌机动和精准打击，实施基于效果的一体化联合作战范例，标志着信息化战争的作战方式达到了一个新的高度。

3. 作战分析与启示

伊拉克战争以美英联军大胜和萨达姆政权倒台而告终。美英联军能够制胜这场战争，其原因是多方面的，主要原因总结如下。

(1)作战的武器装备精良是赢得战争的关键因素。在伊拉克战争前，美军和英军已有多次高技术局部战争的经验，他们认为，之所以在此前的战斗中比较顺利，原因是拥有一支非常专业的军队，参战士兵个个都训练有素，装备齐全，组织有序，更重要的是，他们都能征善战。此外，在这场战争中，精确制导武器的使用达到了极致，各部队之间的信息传输和共享程度也高得惊人，有些“撒手锏”武器，如MOAB超级炸弹、GBU-28炸弹等的战斗威力相当于小型核弹，甚至可摧毁6m厚的钢筋混凝土工事，士兵配套了高清晰度的夜视工具，还有大量的无人攻击机等同样构成了美英联军的强大作战能力，成为制胜战争的关键因素。

(2)日趋完善的战争准备是对伊拉克战争取胜的前提。美英联军能以最快速度、最小代价取胜这场战争，一个很重要的原因是进行了精心的战争策划和充分准备，包括拼凑反伊联盟，以舆论战先声夺人，全面开展策反战、心理战，特别是对战争进行详细预先设计与实验，开展了多次针对性的军事演习，如"千年挑战"模拟演习、"内窥"模拟演习等。

(3)灵活、高效的战争指导思想是取胜的强有力支持。灵活、高效的战争指导思想来自于指挥理念和作战模式的创新。为此，美英联军在伊拉克战争中，一方面进行了"先发制人"的战略试验，另一方面开展了检验新武器和新作战方式的试验，把伊拉克战争当成了天然试验场。战争指导思想表现在：①指挥上的坚持性与灵活性相统一；②精确空中打击与地面快速突击相结合；③着眼打击敌作战重心，瘫痪敌作战体系；④精准情报与特种作战紧密配合；⑤"战""慑"并举，攻心为上；⑥及时调整战术，保证后方稳定等。所有这些灵活、高效的指导思想的实施，都达到了良好的作战效果。

(4)强大的空中打击仍然是克敌制胜的法宝。在战争中，美英联军始终依靠空中优势为地面部队的高速度、高强度进攻铺平道路，奠定基础。

(5)高技术后勤保障是战争制胜的重要原因。在伊拉克战争中，美英联军启用了四大后勤保障(精确保障、自我保障、直达保障、伴随保障)系统，始终保证了作战部队的供给做到精确适量、方便及时、快速高效。特别值得关注的是，美军还启动了全球战斗保障系统。该系统可以通过计算机存取重要的后勤数据，并为战略、战役和战术多个层次的军事行动与后勤人员提供急需、紧缺资源的可视化信息，参战士兵亦可以从该系统查阅各种后勤装备信息，直接向后方勤务部门申请所需物资，从而使后勤保障的效率和效果产生了质的飞跃。

伊拉克战争给人们留下了十分深刻的印象、启迪和警示。

(1)最深的印象。决定现代战争胜负的因素虽然很多，但根本的因素是交战双方的综合国力和整体战争能力的对比。美国和伊位克综合国力相差甚远，双方总体的战争能力对比悬殊。此外，伊拉克为孤军奋战，美英为多国部队，战争自然呈现"一边倒"态势，故伊拉克必败无疑。

(2)最新的启迪。军队对驾驭现代战争能力的追求是，夺取信息优势，有效控制战局，实现制胜的同时使战争代价最小化。为此，美英联军利用其绝对信息优势和强大硬杀伤手段，广泛应用特种战、空降战、心理战等，基本达到了"致盲""致聋"和"致死对方"的战争效果，以较小代价和最小附带损伤，最终推翻了萨达姆政权，达到了战争目的。

(3)伊拉克战争再次警示人们，落后就要挨打是最简单、最深刻的战争规律。

在此，“落后”不仅包括武器装备落后，而且包括战争观念、军事理论、作战方式、军队体制等方面的落后。因此，必须把军事斗争准备的基点放在打赢高技术条件下的局部战争上，在加快发展信息化武器装备的同时，加紧军队及人才建设，实现“科技强军”战略。

2.4.5　利比亚战争——一体化联合之战的典范

1. 战争起因及经过

利比亚社会矛盾日益加深引发了游行示威，并直接导致了大规模骚乱，进而迅速演变为一场政治风暴。反政府势力趁机推波助澜，进而使国内局势动荡，骚乱彻底升级为内战，造成大量平民伤亡，引起国际社会进一步的关注和谴责。在反政府武装向国外求援的情况下，联合国安理会通过第 1973 号决议，决定在利比亚设立禁飞区，并要求有关国家采取一切必要措施保护利比亚平民和平民区免受武装袭击的威胁。接着，落实此决议的巴黎峰会召开，就在会议期间，法国战机飞临利比亚上空，对利比亚政府军实施第一轮空中打击行动，从此拉开了利比亚战争的序幕。

利比亚战争原本是利比亚内部不同部落和派别之间的争斗引发的国内战争，逐渐演变成由西方国家介入的对利比亚的侵略战争。该战争由 2011 年 2 月 16 日至 2011 年 10 月 20 日，大体分为两个阶段。第一阶段是多国联军发动的“奥德赛黎明”军事行动；第二阶段为北约主导的“联合保护者”军事行动。

2. 战争结果和特点

2011 年 10 月 20 日，利比亚总统卡扎菲被西方扶持的执政当局俘获，头部和腹部中弹受伤，因伤势过重而死亡，这标志着利比亚战争的结束。

利比亚战争是 21 世纪西方国家为首的军事联盟对主权国家采取的又一次军事行动。这场战争具有典型的信息化战争特色，表现出现代高技术战争的一体、联合和精确作战的特征。

(1)特战潜入，侦察引导。在利比亚战争中，美、英、法等北约联军以空、海精确打击为主，为了提供精确火力引导，英、荷等国的特种作战力量渗入利比亚国内，确定攻击目标、实施实时侦察，为战略、战役决策提供情报支援，并给空中、海上火力打击提供引导。在特种作战和空天侦察力量的有效引导下，北约联军精确地重创了利比亚政府军的军事指挥系统、通信系统、航空雷达系统及重要地面目标。

(2)信息主导电磁攻击。美军在对利比亚空袭中引入“舒特”网络信息战武器，利用网络病毒入侵利方通信系统和雷达站，使其系统呈现“麻痹”或“假死”状态。与此同时，位于地中海的美海军间谍船截获并记录了利军大量雷达、导航雷达发射的信号数据，并有效用于多国部队的空对地导弹和舰载导弹飞行航迹的计算，为实施精确打击提供可靠的信息数据。

(3)精确打击，击破体系。在利比亚战争中，北约联军大量使用巡舰导弹，采用了三种运用模式：①以大规模海射为主，形成足够的打击强度，共潜射124枚巡航导弹；②初期集中使用，以压制敌防空力量为重点；③重点打击，完成系统瘫痪任务，主要打击目标位地空导弹阵地、预警系统和重点通信枢纽等利比亚整体防空系统的“关键关节”。

(4)空、海、天一体联合制胜。北约多国部队在不同利比亚直接接触的情况下，出动航母、导弹驱逐舰、两栖攻击舰、护卫舰、核潜艇、各型主力战机及美军B-1、B-2轰炸机和AV-8G攻击机，使用最先进的有人(无人)侦察机、预警机、运输机、电子战飞机、空中加油机，并及时调集太空资源，实施海、空、天一体打击行动，首先打击瘫痪敌方指挥控制系统和防空系统，使其无还手之力，然后又对敌军地面部队坦克、装甲和其他有生力量进行空中精确打击，彻底剥夺了利比亚政府军的反抗能力。

3. 作战分析与启示

利比亚战争是一场不对称战争，也是一场赤裸裸的侵略战争，北约联军取胜战争的主要原因同前几场局部战争十分类似。一是国力、军力对比悬殊；二是信息优势、武器装备优势明显高于对方，战场始终呈现“一边倒”态势；三是作战模式先进，对方无招架之力。

利比亚战争带给我们的思考和启示亦是很深刻的，主要有以下几方面。

(1)要随时警惕霸权主义的侵略阴谋和行动，不能给敌人以可乘之机。

(2)发展才是硬道理，只有走“科教兴国”和“科技强军”的发展道路才能使国家免受战乱。

(3)一体化联合作战优势和效果在利比亚战争中体现得淋漓尽致，是未来发展的重要方向。

2.5 对信息化战争的初步共识及结论

2.5.1 理念共识

信息化战争是人类进入信息时代或信息社会的必然产物，是反映信息时代特征的战争基本形态和作战方式。目前，对于信息化战争理念人们已基本达成共识，可概括如下(刘兴堂等，2009)。

(1)现阶段和即将到来的战争形式为核威慑下的信息化战争。信息化战争是现代战争的高级阶段，是机械化战争、高技术局部战争发展的必然趋势。

(2)信息化战争是信息时代战争的基本形态,是由信息化军队在陆、海、空、天、网、电、信息及认知等多维空间领域用信息化武器装备进行的,以信息和认知为主要作战力量,附带杀伤和破坏减到最低限度的战争。

(3)信息化战争是以信息技术及其系统为物质和技术基础,以信息为主导,以机械能为后盾,以网络为载体的全新战争形态。在达到真正意义上的完全信息化战争之前,并存着反映信息时代特征的多种战争形态和作战方式,如电子战、网络战、信息战、网络中心战及一体化联合作战、基于信息系统体系作战、精确作战等。

(4)当前信息化战争的特征,集中反映在美国所实施的网络中心战作战理念和几次高技术局部战争实践中。网络中心战的重要性和超常作战能力已被多次现代战争实践所证实。它是信息化战争的初级阶段。专家预测,21 世纪中叶网络中心战将趋于成熟。这时,世界上多数国家已进入信息时代,不仅国家构建成信息化军队,人类战争也将呈现出真正意义上的完全信息化战争形态。

(5)随着社会发展和科技进步,战争形态与作战方式在不断演进,这种演进有其深刻的内在联系,并存在着普遍规律:①战争形态不断由低水平向高水平攀升;②战争形态演进是一个长期过程,其进程呈指数级不断加速,而战争节奏日趋加快;③战争形态演进既有继承又有创新,信息化战争的创新表现出对机械化战争的根本变革,具有划时代的历史意义。

深刻认识和正确掌握上述规律对于增强国防与军队现代化建设和准备打赢未来信息化战争具有重要的意义。

2.5.2　实践结论

实践是理论的源泉和基础,也是检验真理的唯一标准。纵观 20 世纪末和 21 世纪初实际发生的 5 次信息化条件下的高技术局部战争,不难得出以下几条重要结论(刘兴堂等,2009)。

(1)创新军事理论指导是取胜高技术局部战争的基础和前提。

新军事变革不断促进着由机械化战争向信息化战争过渡的军事理论创新和发展,从海湾战争到利比亚战争,一个创新的军事理论(包括战略理论、战争理论及作战理论)正在逐步形成和日益完善,它反映了信息化条件下的高技术战争的特点和规律,涉及信息化战场和作战的各个方面。利用这些创新的军事理论指导当今战争准备和军事作战,进而夺取战争主动权,已成为所有高技术战争取胜的理论基础和重要前提。

(2)精确火力打击优势是达到战争目的的重要手段和途径。

所有战前军事精心准备和部署及作战预案,最终都将为精确火力打击服务,而精确火力打击的优势来自于精良的武器装备和训练有素的军队。审视和研究几次高技术局部战争可知:实施大规模、高强度空袭,大量使用精确制导武器,再加上有经验、作战勇敢的士兵和指挥员，是目前世界发达军事强国制胜战争的法宝。

(3)实施基于信息系统的体系作战是制胜高技术局部战争的关键。

通过这几次高技术局部战争可以明显看出，战争的信息化特征不断快速增强；战场空间朝着多维立体发展；复杂的战场环境交叉渗透，呈现出体系对抗态势；电磁战场和信息战场的地位攀升为主导地位；在战争中，战场前后无界、人机结合。总之，信息化战场对作战指挥、作战行动、武器装备运用和综合保障等均产生着前所未有的巨大影响。因此，构建信息化战场，实施基于信息化系统的体系对抗作战至关重要，迫在眉睫。

(4)C^4KISR是实施一体化联合作战的核心。

综合电子信息系统C^4KISR是集指挥、控制、通信、计算机、杀伤、情报、侦察及监视于一体的分布式综合军事作战大系统，也是用于高技术局部战争的一体化军队作战指挥自动化系统。该系统是在近几次高技术局部战中逐渐发展与完善起来的，目前已成为一体化联合作战的核心，特别是在伊拉克战争和利比亚战争中发挥了巨大的作用，可称为以美国为首的多国部队成功进行信息化战争的纽带。

(5)精确作战保障是制胜高技术局部战争的重要保证。

精确作战保障是一个综合保障体系，包括情报保障、气象保障、后勤保障和装备保障等。与传统的勤务保障相比，主要先进在信息化手段和快速、直接投送方式等方面。美军的全球战斗保障系统是作战保障的典型代表和发展方向，为制胜高技术局部战争提供了重要保证。

(6)无人化战争与作战已成为现代战争发展的重要趋势。

继上述几场信息化高技术局部战争之后，世界上又接二连三地出现叙利亚内战、也门冲突及伊拉克政府与极端主义的武装冲突等。这些战争和冲突显现出一个主要的趋势，这就是以美国为首的西方军事强国帮助盟国或盟军对弱小主权国家或极端组织进行无人轰炸和无人空中打击。

第3章　现代多维战场空间与复杂对抗环境

3.1　战场及其相关概念

3.1.1　战场概念

战争和战场是人类战争史上的一对孪生子。自从人类历史上发生了战争，战场便应运而生。

战场是敌对双方进行作战活动的空间，也是发生战争的环境条件和政治舞台，被作为军事作战行动的载体和依托。信息化条件下的现代战场通常分为陆战场、海战场、空战场、太空战场、网络战场、电磁战场和认知战场等。古今中外的军事家一致认为，对于战场空间的拓展、战场环境的构建程度和对战场态势的感知能力是决定战争胜负的重要因素，甚至是决定性因素。

从本质上讲，自古战争中就存在着两种不同类型的战场，即客观战场和虚拟战场。客观战场是实际战场，简称实战场或有形战场，是由一定区域及其相应自然环境与人文环境所构成的天然作战空间和场所，它既是进行军事部署和形成体系对抗的载体，也是一切军事行动和军事作战的依托。虚拟战场是一种人工（或人为）战场，通常作为进行战争指挥控制的基本载体和重要信息依据。在机械化战争之前，人们主要以地图、沙盘、兵棋或实物模型为载体来构建虚拟战场环境，目前已发展成为集数字地球技术、虚拟现实（virtual reality，VR）技术、系统建模与仿真（model & simulation，M&S）技术、计算机兵力生成（computer generated forces，CGF）技术和网络化技术为一体的先进数字化虚拟战场环境，它极大地增强了对客观战场的感知能力和适应能力，可帮助人们最大限度地破除战场迷雾，故同样是决胜现代战争的重要前提（刘兴堂等，2011）。

3.1.2　战场环境

战场环境是战场及其周围对作战活动有影响的各种情况和条件的统称，包括地形、气象、水文等自然条件，人口、民族、交通、建筑物、生产、社会等人文条件，国防工程构筑、作战设施建设、作战物资储备等战场建设情况，以及信息、网络和电磁状况等。战场环境是一个不断发展演变的过程。古战场环境仅限于地球表面的战场；传统战场环境仅包括自然环境（即自然条件）和人文环境（即人文条件），这就是所谓的“天时地利人和”；近代战场环境逐渐拓展为陆战场、海战场、空战场和电磁战场；现代战场环境的领域已非常广阔，在近代战场环境的基础上，增进了太空战场、网络战场、赛博空间战场和认知战场等。实际上，现代战场是指信息化战场，这种战场在信息化战争大背景下，呈现出由近向远、由平面向立体、由多维向全维、由实空间向虚空间迅速延伸和拓展之势，其战场环境的复杂性是前所未有的，既包括自然环境和人文环境，又包括复杂的信息环境，对现代战争进程和结局产生了一系列显著影响。其中现代战场环境对于军事作战的影响尤为突出，主要表现在以下四个方面：①对作战指挥控制的影响广泛而深刻，使传统指挥控制手段和模式发生革命性变化；②对作战行动的影响广泛而深刻，催生了陆、海、空、天、电、网、信息及认知多维一体联合作战，使其成为信息化战争的基本作战形式；③对作战行动保障的影响广泛而深刻，使其形成了一体化作战保障体系，大幅增强了信息化作战保障能力；④对作战武器装备的影响广泛而深刻，促进了作战武器装备的信息化，大大提升了武器装备的机动性、精确性、快速性、协同性和抗干扰能力。

3.1.3 战场形态的历史变革

战场是作战行动的空间场所和社会领域，也是交战双方对抗的舞台。在人类历史上，每当战争形态变化或变革时，都会引起战场形态的相应变化或变革，即战场空间的扩展和战场环境的更新。

徒手战争处于远古时代，虽然那时还未发生真正意义上的人类大规模战争，但敌对双方经常发生流血冲突。

随着人类掌握了打制石器和木器的技术，一方面，将石器和棍棒用于日常生活作为猎食、栖身的工具；另一方面，将石器和棍棒作为冲突中的进攻和防卫武器，以征服或防御他人。可见，那时战场选择的随意性很大，战争形态和相应的战场形态都十分原始、简陋，这就是木石器战争时代。

冷兵器时代，人类已经掌握了早期的金属冶炼技术，所以除制成生活用器和生产工具外，还利用较为先进的金属冶炼技术特别是铜、铁冶炼技术制成各种冷兵器，如人们常说的刀、枪（矛）、箭、戟等，从而使步兵战和骑兵战成为当时战争的基本形态及作战样式，单兵体能和技能加上冷兵器（有时再加上马）是这一时期战争和战场的主要特征。消灭对方的有效手段是白刃格斗和破阵，决定战场胜负的因素除将帅的计谋外，主要取决于官兵的体能、技能和数量，而且体能和数量占优势的一方往往处于战场上的主动地位。因此，交战双方总是力图在战场上集中尽可能多的兵力，设计（或破解）作战阵型，以赢得战争。应指出的是，这一时期的战场只是为双方冷兵器（或马）作战提供场所，因此战场仅局限于陆地这个一维空间，尚未形成陆海战场。另外，徒手战争和冷兵器战争及战场的演进都十分缓慢，共经历了数千年之久。

自我国发明火药后，火药技术和金属冶炼技术的结合，使火枪、火炮等武器相继问世、不断涌现，人类战争从此步入了热兵器时代。于是，滑膛枪取代了大刀、长矛，机动火炮取代了攻城炮。枪炮射程和威力的增大使战场范围扩大，步炮协同引起了战场规模在平面维域上的扩展。这时，火力的设计与使用一跃成为决定战争胜负的关键所在，成为战场活动的中心，战场观念较冷兵器时代发生了根本性变化。为了赢得战争，交战双方都竭力增大火器射程，提高火器杀伤威力，从而深刻地影响着战场范围和空间的不断拓展。随着帆船装配上火炮，采用传统陆战方法对付敌方船上兵力的战法发生了根本性变化，这时使用火炮击毁敌船成为可能，海战场开始形成。

接下来是工业时代的机械化战场。内燃机和电话的发明，创造了它们与武器的结合，加上这一时代电子通信技术运用于军事，战场形态再次发生了革命性变化。坦克、飞机、舰艇及其他新式兵器相继问世并应用于战场，为崭新的机械化战场形态奠定了基础。这时，在陆上，坦克和各种装甲车辆驰骋辽阔陆战场，成为陆战“猛虎”，闪击战成为地面作战的主要作战样式；在海上，水面舰艇、潜艇及水下鱼雷、水雷等武器成为海战“蛟龙”，护航战、反潜战及海上封锁战成为海上作战的主要作战样式；在空中，战斗机、攻击机、轰炸机、直升机和军用运输机等各种飞机纷纷用于机械化战场，战略轰炸、战术空中支援及空中格斗等成为空中作战的主要作战样式。值得特别指出的是，由于核物理研究的突破性发展并用于军事，在机械化战争的后期，战场上出现了大规模杀伤性核武器，使机械化战争时代演变成热核兵器战争时代，后来很快又转入了核威慑的冷战时期。在此时期，仍发生过几场核威慑下的机械化形态的局部战争，如朝鲜战争、越南战争、古巴导弹危机等。总之，机械化时代的战场已经是三维立体空间，飞机、舰艇、坦克及装甲车辆、核武器等大规模杀伤性武器已成为这个时代在很大程度上决定战争胜负的战场主要武器。其中，核武器自从诞生至今仅在第二次世界大战后期使用过一次，这个时代就是我们常说的前核时代。

后核时代将主要是核威慑下的信息化战争。20 世纪 70 年代后期，以信息技术为核心的高新技术群纷纷诞生，并迅速用于军事领域，导致军事高技术的出现。由此，各种高新技术武器装备不断涌现。精确制导武器的出现，淡化了传统战场空间概念，机械化时代传统意义上的炸弹、炮弹被智能化炸弹、炮弹所代替。这样一来，过去可能需要投掷成百上千枚炸弹，发射成百上千发炮弹才能摧毁的目标，如今仅需使用一枚(发)精确制导炸弹或炮弹就能达到作战目的。核武器尤其是战略核武器的出现，其巨大威力和远程投掷装置更使战场范围进一步扩展。武装直升机的出现和大量运用，使传统的陆、海、空战场趋于一体化。军用卫星和新概念武器的出现及陆续应用于战场，使已往战场范围由陆、海、空三维空间拓展至外层空间和电磁空间，同时过去战场上那种组织、指挥控制及战场支援和后勤保障等已不能满足信息时代的要求，随之而来的信息技术和网络技术及其系统和装备在现代战场上的广泛应用，为实现真正意义上的信息化战争与信息化作战奠定了高度信息化基础。在实现信息化战争与信息化作战之前，首先经过了对机械化战场的革命性改造，这就是数字化战场建设。建设数字化战场是美军首先提出并在海湾战争后开始实施的，后来迅速风靡全球，很快成为全世界军队的发展热潮。如果说传统机械化战场上布满了堑壕、碉堡和铁丝网，那么信息时代的战场上铺设的则是纵横交错的信息网络。在由传感器网、电子信息网和交战网等战场三大互联网共同构成的一体化电子信息系统——武器平台综合体系(图 3-1)下，信息化军队正在实现着基于信息系统的一体化联合作战(刘兴堂等，2011)。

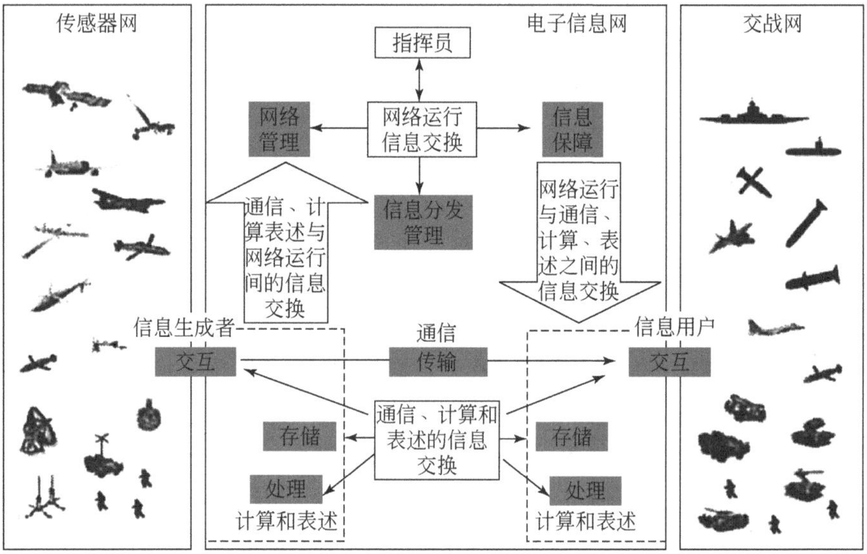

图 3-1　信息化战场上的一体化电子信息系统——武器平台综合体系

3.2　现代战场空间及其军事价值

战场是敌对双方进行作战活动的空间和场所。战场及其周围对作战活动有影响的各种情况和条件统称为战场环境。随着战争的发展，战场空间和战场环境的内涵和外延在不断变化和扩展，其范围越来越大，领域越来越广，形态和结构越来越多样、复杂。进入信息时代，信息化战争与信息化作战出现，战场空间和战场环境的变化速度、深度、广度，更是前所未有。一体化联合作战的战场是有史以来最广阔、最复杂的战场。本节主要以一体化联合作战与基于信息系统的体系作战为背景来研究多维战场空间及其军事价值，同时阐明多维战场环境与战场体系对抗，以及战场发展和未来。

3.2.1　现代“三维六域”战场空间

战场是物质的，也是不断变化的。随着战争形态的发展，战场空间的内涵与外延不断扩展和丰富。随着信息时代的到来，在以信息技术为核心的军事高技术的推动和信息化条件下高技术战争的大背景下，战场呈现出由近向远、由平面向立体、由多维向全维、由实空间向虚空间的延伸和拓展之势。截至目前，战场空间的发展变化大体经历了地表空间、垂直空间和网电空间，甚至认知空间和心理空间的演变历程。

地表空间包括陆地和海洋两个自然域，是人类战争操控最久、最熟练，也是人们最熟知的战场空间，经历了徒手战争、冷兵器战争、热兵器战争、机械化战争，在以信息技术为核心的军事高新技术推动下，通过新军事变革进入到信息化战场时代。垂直空间的开发和利用是20世纪初开始的，包括航空空间和航天空间（又称外层空间或宇宙空间）。其发展大致经历了六个阶段：①飞机出现使战场空间由地表空间跃升至垂直空间；②第一次世界大战期间空战全面登场并发挥了重要作用；③第二次世界大战中空中力量逐渐成为决定战争胜负的重要力量；④航天技术的发展使战争的战场空间由航空域拓展至航天域；⑤海湾战争以来的信息化空天作战使战争形态发生了全新变化；⑥21世纪以来的临近空间军事应用促进了空天无缝连接。网电空间包括网络空间和电磁空间，电磁空间的军事运用可以追溯到军事通信发明，最早的雷达、反雷达电子对抗技术，以及后来的无线电导航与制导，并逐渐发展成为现代战争中最活跃的战场空间；信息成为时代主题，直接产生了具有跨时代意义的网络和网络信息技术，并在军事领域形成战场网络空间。随着信息技术的发展和战争形态的变化，围绕着夺取信息优势为核心的网电作战手段自然地获得广泛应用，成为决定现代战争胜负最重要的战场空间。总之，一个新的“三维”（地表、垂直、网电）“六域”（陆、海、空、天、网、电）战场空间已出现在人类现代战争的历史舞台上。

综上所述，从空间维度上看，现代战场空间可划分为地表、垂直和网电三维战场空间，及其所包含的陆、海、空、天、网、电六个实体战场领域，简称为“三维六域”战场空间，“三维六域”战场空间共同构成了现代战场的主体。其中，地表维空间是作战力量的生成点和支撑点；垂直维空间是当前和未来较长时期的主战场和制高点；网电维空间是现代战场的“无形空间”和新的制胜点。

现有“三维六域”再加上时间维空间和认知维空间就构成“五维六域”战场空间，甚至更多维战场空间。认知空间和心理空间为感知空间，是现代战争的又一重要、特殊的作战战场空间。心理战就是在该空间内利用心理战武器，如广播、电视、报刊、传单及计算机网络等，摧毁敌方军队和民众的作战意志及破坏决策者的感知能力或认知能力。

陆地战场、海上战场、空中战场、太空战场、网络战场、电磁战场、认知战场等的军事价值论述如下(刘兴堂等,2018b)。

3.2.2 陆地战场及其军事价值

陆地战场简称陆战场,是敌对双方或多方进行陆战的活动空间,主要指一定的陆上地域及相关空域和海域。陆战场主要包括自然地理环境、人文环境、经济状态和通信、交通情况等。在众多战场中,历史上的陆战场总是基础战场,它不仅是其他战场的主要依托,而且从来都是决定保家卫国战争胜负的战场。目前,各种战场不断扩展,陆战场不再是单一的陆军战场,而成为联合作战中多维战场的重要组成部分。陆战场的地位和作用也随之发生重大变化,并呈现出以下新特点。①陆战场在历史上的主导地位有所降低。首先,随着高技术的迅猛发展和新型武器装备的大量涌现,海、空、电、网和认知战场空间的地位不断攀升,以其他战场为主角的作战行动逐渐增多,使陆战场的主导地位受到巨大冲击。其次,陆战场对于其他战场特别是空天战场、电磁战场及网络战场的依赖性显著增大,甚至可以说,陆战场作战行动离开了制信息权、制天权、制空权将难以取得胜利。因此,陆战场的主导地位有逐渐下降的趋势。②陆战场是其他战场的主要依托。原因在于陆战场是部署各军兵种作战力量的主要空间场所。从指挥机制角度讲,任何战场本身都离不开陆战场而独立存在和实施作战行动。③陆战场构成复杂,纵深广阔。

联合作战所具备的多维立体、空间广阔、大纵深的侦察探测、预警探测、远程精确打击和快速机动等能力,决定了陆战场的纵深将不断扩展和增大,既有边境或濒海战场,又有内陆战场;既有正面战场,又有敌后战场;既有内线战场,又有外线战场;既有山野战场,又有城市战场等。

对于陆地战场军事价值的初步结论总结如下。

(1)陆地域是国家主权的原始标志,是国家安全的基础领域,陆地范围限定了领海、领空的范围。

(2)陆地域是有生作战力量的生存空间。

(3)陆地域是多域作战力量的生长点与保障基地。

(4)陆地战场是军事斗争达到作战目标的决定性战场。

(5)陆地战场是相对稳固的静态可视战场。

(6)陆地力量是军事行动中的基础力量。

(7)陆地力量的本质是夺取陆地资源的绝对控制权,是控制地面战略资源的决定性力量。

(8)陆地力量是一支多元化的作战力量。

(9)陆地力量运用的关键是追求局部优势的扩大化。

(10)纵横拓展是陆地力量发展的必然趋势,横向拓展为地表维空间一体化的陆战力量,纵向拓展发展成空、天、地融合的陆战力量。

3.2.3 海上战场及其军事价值

海上战场简称海战场,是敌对双方或多方进行海战行动的空间和场所,包括一定的海域和相关空域,还包括濒海陆地、岛屿等。海战场同样是联合作战战场的重要组成部分。海战场亦不断变化和发展,朝着范围全球化、空间多维化的方向扩展,其地位、作用和特点如下。①海战场地位至关重要。在维护国家统一、捍卫国家岛屿主权和海洋权益的斗争中,海战场的地位日益提高。②海战场立体广阔。海战场通常包括海面、水下及海上岛屿,又以陆战场为依托,与空天战场融为一体。现代海战场将向高度立体化和大纵深、全方位、多层次方向发展,形成广阔无垠的战场空间。③海战场自然环境变化大。海战场的自然环境主要包括海洋地理、海洋水文和海洋气象等,其温度、湿度、密度和透明度等都会发生不确定性变化,还会产生潮汐、潮流、海浪、海流和海啸等现象,所有这些因素都将严重地影响海上作战力量和技术装备的正常发挥。

对于海战场军事价值的初步结论总结如下。

(1)海洋空间是国家利益的空间拓展。

(2)海战场是现代战争的主战场之一。

(3)海洋域空间力量的本质任务是对制海权的争夺。

(4)海洋域空间力量的主要作战内容是外海力量投送和近海区域拒止。

(5)海洋域空间力量由军事力量和民间力量构成。

(6)海洋域空间力量的发展以航海技术为基础,以信息技术为支撑。

(7)公海军事化是不可避免的。

(8)经略海洋,别无选择。

(9)谁控制了海洋,谁就控制了世界。

(10)多域联合作战是海洋域空间力量发展的必然趋势。

3.2.4 空中战场及其军事价值

空中战场简称空战场,是敌对双方或多方进行空战行动的空间场所,主要指大气层内的作战空间,包括地球表面空中约 100km 内的空间范围。空战场的地位、作用和特点如下。①空战场既是联合作战战场的重要组成部分,又是陆战场和海战场的重要屏护。②空战场对联合作战进程和结局会产生重大影响,甚至是决定性影响。③空战场范围广阔,空中平台的范围可以由超低空至数万米的高空,当前的飞行器可达到跨洲飞行,且机载武器射程达到数千公里,这就使空战场范围相当广阔。④空战场是实施联合作战力量快速、远距离投送的重要空间。⑤空战场受自然环境的影响严重，空战场的自然环境主要是指作战区域内的气候、气象变化，包括云、雾、霾、雨、雪、冰雹、大风、雷电、沙尘暴等，它们都将直接影响航空兵器和飞行平台的正常使用和战术技术的发挥。

对于空战场军事价值的初步结论总结如下。

(1)进攻是空中力量的天然属性。

(2)空中力量机动灵活，易于遂行并行作战。

(3)谁控制了天空，谁就控制了水陆。

(4)空天一体是空中力量发展的必然趋势。

(5)航空空间是经略空天的桥梁。

(6)空中力量为地表空间提供火力支援，是航天力量的基础和网电空间的平台。

(7)空中力量是现代战争的主体力量。

(8)航空空间开辟了人类战场的新纪元。

(9)空中力量集战略、战役和战术力量于一体。

(10)空中优势的夺取与保持具有相对性。

3.2.5　太空战场及其军事价值

太空战场是敌对双方或多方进行太空战(天战)的运动空间，主要指距地球表面 100km 以上的外层空间，故又称为外层空间战场。太空战场与空战场无缝衔接，亦包括相关的空域和海域。其地位、作用和特点如下。①太空战场对陆、海、空战场影响大。太空战场位于陆、海、空战场之上，具有得天独厚的作战优势。争夺制天权是取得陆、海、空战场作战主动权的制高点。拥有制天权对于夺取制陆权、制海权和制空权至关重要。相反，失去制天权，就可能在联合作战中处于被动挨打的境地。②太空战场是联合作战的主要战场。目前太空战场的军事活动已渗透到联合作战的各个方面，陆、海、空等战场的作战行动将越来越依赖于太空战场。例如，美军 95％的侦察情报，90％的军事通信，100％的导航定位等均来自太空信息系统；俄军 70％的战略情报和 80％的军事通信同样依赖于太空信息系统。可以预料，太空战场将成为制胜未来信息化联合作战的主要战场。③太空战场自由度大，直接参战人员少。由于太空战场不像陆、海、空战场那样受自然环境的制约，因此可真正做到全天候、全方位军事行动，这在作战活动自由度方面是陆、海、空战场所无法比拟的，其军用航天器和太空武器装备的自动化、智能化程度相当高，只需要很少的作战人员，因此太空战场将大大加快未来无人化战争的进程。④太空战场 C^4I 系统对抗激烈，各种保障复杂而困难。太空战场广阔无垠，太空武器装备高技术密集，战场环境复杂多变，故给作战中的人员指挥控制带来严重困难。因此，在太空战场上作战离开指挥自动化系统(C^4I 系统)将寸步难行。另外，太空战场上的各种保障(包括生活、医疗、物质、装备等)较陆、海、空战场要复杂困难得多。所以,在太空战场上,敌对双方都将围绕激烈的 C^4I 系统对抗和全力实现各种保障而展开争夺制天权的斗争。

对于太空战场军事价值的初步结论总结如下。

(1)太空战场是强国独享的利益乐土。

(2)太空战场是军事化空间。

(3)空间力量是信息化作战的中坚力量。

(4)夺取制天权是夺取与保持有形空间控制权的重要保证。

(5)空间力量的主要作战任务是进入空间、利用空间和控制空间。

(6)空间力量威慑是保持国家战略威慑的有力筹码。

(7)空间作战是一把双刃剑。

(8)空间力量的发展应遵循军民结合的融合式发展模式。

(9)空间力量的发展离不开军事高技术和高素质专业人才的支持。

(10)空间力量的发展应当攻防兼备。

3.2.6　网络战场及其军事价值

网络战场是典型的现代无形战场和虚拟战场,是敌对双方或多方实施网络化作战的空间场所。网络化作战,是指通过互联网络将全部作战力量和保障力量连接成一个整体,以实现各种作战力量和战场保障的整体连接、协调一致的联合作战行动。具体表现为在统一的网络协议下,组成强大的计算机信息网络,将分布在陆、海、空、天、电、认知广阔空间和领域内的多种探测传感装置、侦察传感装置、指挥中心、作战部队以及各种武器装备和战场综合保障等都连接起来,形成网络化的战场环境、网络化的武器装备、网络化的指挥控制和网络化的综合保障,最终构成一个庞大、有序的高效网络化作战体系,实现战场态势共享和武器系统高效、优化运用下的网络化作战行动。应强调指出,网络战场的网络是以计算机控制系统为核心的高度智能化的综合性网络。通常由信息网络、传感器网络和交战网络三大部分构成。其中,信息网络是由计算机和通信线路等组成的,用以处理、传输和交换战场信息的网络系统;传感器网络是由分布于空间、空中、陆地和海洋(包括水下)的所有侦察传感器、探测传感器、数据链及情报中心构成的网络系统,用于为参战部队实时地提供战略情报和战场态势感知;交战网络又称打击网络,是由指挥中心部队与武器平台及指挥控制系统,以及综合保障系统等连接而成的网络系统,用于支撑精确交战、主宰机动、全维防护和集中后勤,实现对作战部队及其武器装备和综合保障的有效、优化控制。显然,对于现代网络战场,进入网络即意味着进入战斗,退出网络即退出战斗。网络战场的地位和作用集中体现在如下三个方面。

(1)使作战节奏加快、持续时间缩短、附带伤亡(或破坏)变小。

(2)一体化程度增高,作战行动全维,信息主导作用大幅增强,从而使作战效能倍增。

(3)充分利用己方网络和极力破坏对方网络,将成为联合作战战场上争夺的新制高点。

谁占据信息网络制高点,获得网络战场优势,谁就能夺得信息优势,最终赢得战争。相反,谁的战场网络系统遭受破坏,失去信息优势,谁必将遭受惨败。

对于网络战场军事价值的初步结论总结如下。

(1)网络空间是信息和信息技术催生的新领域。

(2)网络空间依托电磁空间贯穿于水平空间和垂直空间。

(3)网络空间力量的军用、民用界限模糊。

(4)网络空间力量是"软实力""硬实力"和"巧实力"的有机结合。

(5)网络空间作战手段隐蔽、突然,具有非对称性。

(6)网络空间力量是信息化条件下新型战略威慑力量。

(7)网络空间力量运用坚持"积极防御"方针。

(8)网络空间安全是国家信息安全的核心。

(9)网络空间力量"优势"与"弱势"共存。

(10)网络空间力量以利用网络空间为手段,以控制网络空间为目的。

3.2.7 电磁战场及其军事价值

电磁战场简称电战场,是敌对双方或多方进行电磁活动和电磁斗争的领域,主要包括人为电磁辐射、自然电磁辐射和辐射传播三大部分。电磁战场渗透于陆、海、空、天各个领域,对这些战场均有重大影响,其地位、作用及特点主要表现如下。

(1)制电磁权是掌握现代战场主动权的先决条件。最近几次高技术局部战争的实践表明,没有制电磁权,就没有制陆权、制海权和制空权。同时,电子设备和电子技术的优势是武器装备系统战场生存力的根本保障。据美军统计,当有自卫电子干扰设备时,轰炸机战场生存率达70%～95%,否则不超过25%;带电子进攻系统出动的战术飞机战场生存率为97%,相反不超过70%;当水面舰艇装或不装电子对抗设备时被导弹击中的概率几乎相差20倍。可见,制电磁权是掌握战场主动权的先决条件。

(2)电磁战场已成为联合作战双方或多方争夺战场主动权的制高点。电子战武器装备不仅具有较高的作战效费比,而且是总体作战的倍增器;采用电子战手段干扰敌方指挥系统和通信系统,使其迅速丧失作战能力,是争夺制电磁权的重要特征,这已成为联合作战的主要方式。

(3)电磁战场范围广阔,领域众多。在联合作战中,电磁对抗已渗透于各军兵种甚至单兵、武器装备和作战保障的各个方面,其对抗手段亦多种多样,包括通信系统、雷达系统、专业系统、网络系统、认知系统及心理对抗等。此外，对抗频段十分广阔，覆盖着极低频到极高频的多个频段，使电磁战场具有作战空间的广阔性和全领域性。

(4)电磁战场与其他战场融为一体。融合范围既包括海、陆、空、天、物理战场，又包括网络、信息、认知和心理等无形战场。

(5)电磁战场形势严峻而复杂。这主要指现代电磁战场环境的极端复杂性。

电磁战场军事价值的初步结论总结如下。

(1)电磁频谱是信息化条件下国家重要战略资源。

(2)电磁空间是信息化条件下夺取信息优势的主要战场。

(3)电磁空间力量争夺的核心是对电磁频谱的使用权和控制权。

(4)电磁空间力量可在地表空间和垂直空间遂行作战任务。

(5)电磁空间力量优势使战场空间呈现单向透明。

(6)电磁空间力量攻防兼备，以攻为主。

(7)电磁空间力量的三要素是电子攻击、电子防护和电子支援。

(8)电子战是兵力的倍增器。

(9)电磁空间力量的构成处于动态发展之中。

(10)网电一体是电磁空间力量发展的必然趋势。

3.2.8　认知战场及其军事价值

基于认知操控的意识瘫痪战在现代联合作战中日益凸显，这是信息化条件下将人类社会意识、心理意识和法律意识及其相关认知域引入作战范畴，即把作战行为由物理域全面拓展到认知域，以意识、意志层面操控、打击敌人，可获得事半功倍的作战效果。意识瘫痪战直接针对认知域作战，以改变人的精神意识和战争意志为目标，综合运用各种形式的信息媒介，从认知、情绪和意志上打击、瓦解敌方，从而应运而生的认知战场。

认知战场是一种看不见战争硝烟和流血伤亡的敌对双方或多方的无形对抗空间。在信息化技术的支撑下，认知战场上的作战以软杀伤为主，通常聚焦在“三战”，即舆论战、心理战和法律战方面，与传统的作战方式和作战行动相比，认知战场无疆无界、无缝无体，又无时无刻不在，更没有前沿与纵深之分。认知战场的斗争将贯穿于陆、海、空、天、电、网战争的始终，是明争之外的一条暗线。它以全新的作战面貌、作战特点和作战效果，显示出巨大的威力和不可替代的作用，其地位、作用及特点表现如下。

(1)地位跃升、效果独特。认知战场创造了人类战争史上的独特作战新空间，其作战行动实现了对火力战的超越，具有战略性、主战性、专业性和综合性。

(2)平战一体，贯穿全程。认知战场上的对抗过程，不仅不再限于战时，而且贯穿于战争全程，甚至战后。

(3)形式多样，重在攻心。认知战场上的作战形式呈现多样化，既以“三战”软打击为主，又用火力战、兵力战等硬震慑相配合，使其具有“大心理战”的特征，重在对敌心理无孔不入。

(4)破敌行动威力巨大。认知战场的作战行动更多的是运用公理压制、心理摧毁和法律打击等方式，破敌于无形，起到“不战而屈人之兵”的巨大威力。

3.3 现代战场环境

战场环境是战争赖以展开的重要条件和基础，也是制约作战效能、决定战争过程与结局乃至战场胜负的重要因素。信息化战场的战场环境与过去相比，发生了极深刻的变化，除了包括地形、水文、气象等自然条件，人口、民族、交通、建筑物、工农业生产、社会情况等人文条件，以及国防工程构筑、作战物资储备等战场建设的情况外，还增加了特有的信息环境，包括电磁、网络和认知(心理)等方面的环境，特别是电磁环境，其巨大影响和构成复杂是前所未有的，真正体现了信息化战争战场环境的复杂、多变特点及对信息化作战所造成的巨大影响。

3.3.1 现代战场环境构成

1. 引言

如前所述，战场环境是指战场及其周围对作战活动有影响的各种情况和条件的统称。随着战争区域和作战空间的不断拓展以及社会信息化程度的不断提高，战场环境变得越来越复杂多变，信息化战争战场环境已构成一个相当广阔的体系，包括自然环境、人文环境和信息环境。特别是信息环境是从有信息化战争之后才由传统战争战场环境分离出来的。同时，独立的信息对抗体系逐渐形成，对于信息化战争的影响越来越重要，甚至可能起到决定性的作用。

2. 现代战场自然环境

自然环境是自然界多种情况和条件的统称。它既是人类生存和发展的基础，又是信息化战争必不可少的客观条件。按自然环境诸要素分布空间，它被分为陆、海、空、天(太空)各个战场自然环境。

1)陆战场自然环境

陆战场自然环境是指陆地表面各种自然地理情况和条件的统称，包括地貌、水文、气象、土壤植被等。其中，影响战争活动的地貌要素主要是坡度、高差与高程、起伏频率与切割度等；影响战争活动的水文要素主要是水宽、水深、流速、底质、岸质、水质和水体特性等；影响战争活动的气象要素主要是气温、气压、空气湿度、风、云、能见度、天气现象和特殊天气（如寒潮、热带风暴和台风、雪暴、冰雹、雷雨、沙尘暴等）；影响战争活动的土壤植被要素主要是植被群落类型、粗度、密度、高度、树种和植物特性等。

2）海战场自然环境

海战场自然环境是指海洋各种地理情况和条件的统称。它包括海洋地貌、海洋水文和海洋气象等。其中，影响战争活动的海洋地貌要素主要是海域宽度、海岸坡度、海底底质等；影响战争活动的海洋水文要素主要是海水的深度、温度、盐度、水色、透明度等海水物理性质和海流、海浪、潮汐、潮流等海水运动现象；影响战场活动的海洋气象要素主要是海雾、风和降雨等。

3）空战场自然环境

空战场自然环境是指大气层中各种情况和条件的统称，包括对人和各种航空兵器产生影响的主要因素，如云、降水、风、电、能见度等。其中，对飞行影响较大的因素是低空云和直展云；降水主要指降雨和降雪，降雨分小雨、中雨、大雨、暴雨和特大暴雨；降雪分小雪、中雪、大雪和暴雪；风按飞行器方向分为顺风、逆风、侧风和垂直气流，通常速度超过 10m/s 的风会对作战行动带来较大影响；雪、电一般都会对航空兵器活动造成不利影响甚至危害；能见度通常会对航空兵器制造不利影响，而能见度本身主要受气象因素影响，主要包括雾、霾、气溶胶、沙尘、烟尘和降雪、降雨等。

4）太空战场自然环境

太空战场自然环境对人和太空飞行器有直接影响的因素主要是地球引力、温差、真空、有害辐射和失重等。此外，还有陨石、太空垃圾、寂静和孤独等会给太空飞行器及航天员带来各种危害。

3. 现代战场人文环境

人文环境，是指人类在自然地理环境的基础上，通过政治、经济、社会、文化和军事等活动形成的人文事物与人文现象的统称，通常包括政治、经济、社会文化等。

1）政治环境

政治环境，是指人类社会的政治活动与政治现象的地域结构及分布情况，包括国家或国家集团、政党、社会团体等因素。其中，国家是有确定领土范围的政治实体，是战争力量、战争意志的集中体现，国家的社会制度是国家政治属性的集中概括；政党是政治活动的主体，将影响国家政治的各个方面。

2）经济环境

经济环境，主要是人类经济活动所形成的生产力地域体系，构成了国家生存最基本的物质基础。它包括自然资源、结构及生产布局、交通运输、通信及工农业生产等要素。其中，对战争具有深远影响和关键作用的资源主要是土地、矿产、水利和海洋等四大类型的资源，它们的分布、储量、产量等情况决定着战争的潜力和实力。

3)社会文化环境

社会文化环境，是由人类生存和生活所创造的社会物质条件和精神条件的地域组合，包括人口、民族、宗教、科技、教育、医疗卫生等要素的空间分布与地域结构特征。其中人口、人口的文化程度、科技水平、身体状况、品质素养等对战争具有战略性的影响和作用。

4. 现代战场信息环境

战场信息环境是指战场及其周围与作战有关的各种信息及信息系统情况和条件的统称，主要包括电磁环境、网络环境和心理环境。

1)电磁环境

在一定空间内所有的电磁辐射形成的环境，称为电磁环境。依据它的性质可分为自然电磁环境和人为电磁环境。

自然电磁环境，是指非人为因素产生的电磁波所形成的电磁环境。主要的自然电磁环境包括静电、雷电和地磁场的自然电磁辐射。此外，电子噪声、大地表面电场、大气中的电流电场、闪电和雷暴的电场、太阳无线电辐射和银河系无线电辐射等也都是构成自然电磁环境的重要因素。

人为电磁环境，是指人类使用各种电子设备或电气设施(包括无线电台、无线电话、微波和卫星通信、雷达、无线电遥控器、光电设备、电子对抗装备等)，所产生的电磁波辐射而构成的电磁环境。在信息化战场上，敌我双方展开激烈电子对抗或实施专门的网电空间战，加上前述自然界产生的大量电磁波，这些致使信息化战争的战场电磁环境变得异常复杂、多变(图 3-2)。

2)网络环境

网络环境，是由各种信息基础设施、网络和用户终端设备等构成的，能够为用户储存信息、交换信息、共享信息提供网络支持的环境。其通常分为局域网络环境、城域网络环境和互联网环境等。网络环境不仅对国家政治、经济、文化、科技等各个领域产生着深刻影响，而且改变着人类的生产方式、工作方式、生活方式，特别是作战方式。在信息化战争的战场上越来越多的战场信息的获取、传输、处理和利用都将依赖信息网络。一方面，这是由于只有通过信息网络的互联、互通、互操作，才能使信息、能量、物质三者有机的实时结合，最大限度地增强整体作战效能。另一方面，着眼于争夺网络控制权，敌对双方或多方将利用战场信息网络展开一系列信息侦察与反侦察、信息干扰与反干扰、信息攻击与信息防御等对抗行动，其激烈程度甚至会达到白热化。这点由科索沃战争、阿富汗战争、伊拉克战争、利比亚战争等已反映得淋漓尽致。因此，不难预料未来信息化战争战场的网络环境也将十

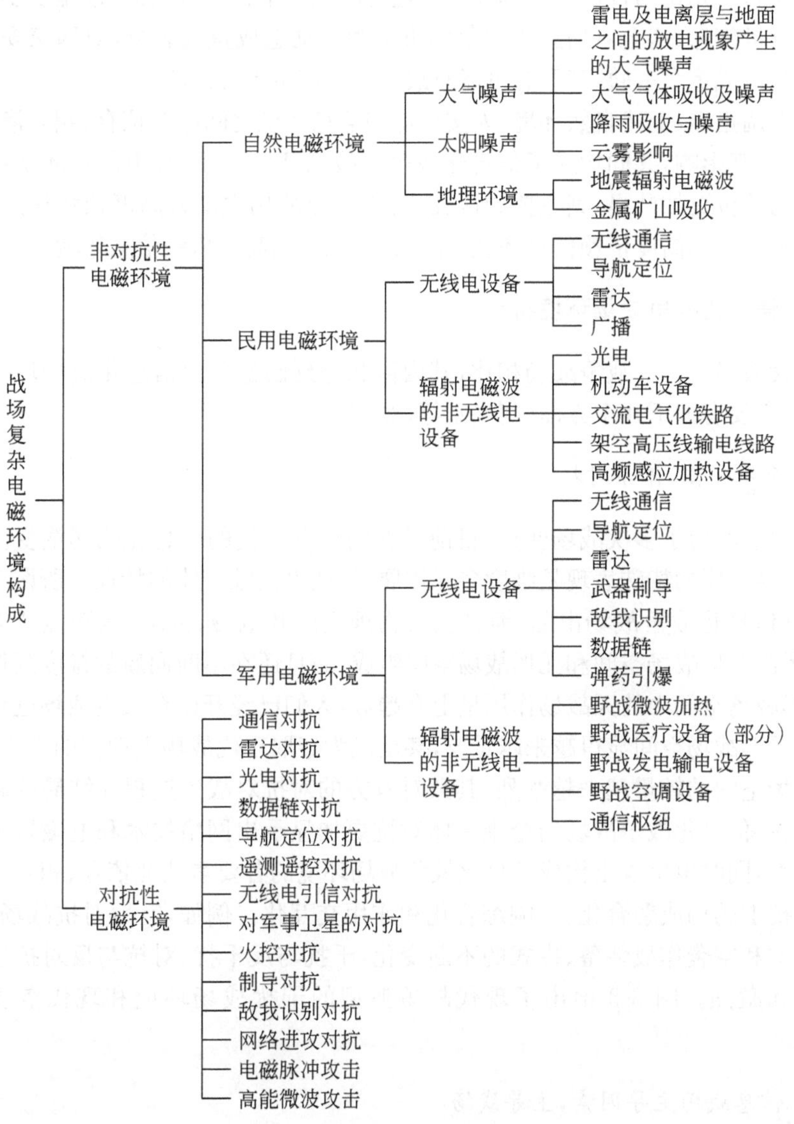

图 3-2　现代战场的复杂电磁环境

分复杂。

3)心理环境

心理环境，是在认知、情感等心理维度上表现出来的对人的心理和行为产生能动作用的意识环境。人和行为是受认知或情感支配的，特定的信息传递又将影响人的情绪、动机和推理，进而影响人的行为，所以心理环境是影响信息化战争的重要因素，在信息化战场上有着举足轻重、不容忽视的地位和作用。同时，多样化的新闻媒体和多元化的宣传主体都会使心理空间充满来自方方面面、虚虚实实、真真假假的巨量信息，这会对信息化战争的决策和行动造成重大影响，对国家安全、社会稳定等造成重大威胁，甚至有可能对战争态势产生重要影响。

应强调指出，上述自然环境、人文环境和信息环境之间相互依存、相互渗透、相互作用、相互影响，共同构成了信息化战争的战场环境体系，其中信息环境在现代战争中的地位更加凸显，其主要原因在于：①争夺战场主动权高度依赖信息环境；②作战手段运用高度依赖信息环境；③各种作战行动高度依赖信息环境。

3.3.2 信息化战争战场环境特点

现代战场与已往战争战场相比，其内涵和外延已呈现出信息化战场环境的显著特点，主要有如下几个方面(刘兴堂等，2018b)。

1. 全维一体，体系对抗

历史上经历了多次战场变迁，目前又在向信息时代的信息化战场演变。信息化战场，最重要的特殊表现是维度多元扩展，呈现出全维一体的特征。所谓全维一体，就是信息化战争战场由陆、海、空、天物理空间和电磁、网络、认知虚拟空间组成，或者由有形战场空间和无形战场空间组成，而且还在不断向新的维度延伸。在此，有形战场空间中的天战场作用呈上升趋势，人们已经开始在太空战场进行激烈争夺。无形战场空间显得越来越重要，甚至成为夺取现代战场主动权的先决条件。无形战场空间的较量越来越激烈，其敌对双方的对抗对战争进程和结局的影响也越来越大，信息化战争战场的全维一体对抗更加显示出网络技术和电磁技术的极端重要性，同时也呈现出构成信息化战争战场环境的各要素彼此依存、相互交织在体系对抗上的构成融合化、影响综合化和作用交互化。例如，空地对抗战场环境，随着防空和空袭作战装备、模式的不断变化，干扰与反干扰、对抗与反对抗也将趋于复杂和激烈。图 3-3 给出了现代战争典型的干扰战场环境和现代空袭作战模式。

2. 信息战场主导因素，主导战场

物质、能量和信息从来就是任何战争不可缺少的三大要素，但其权重在不断变化，且信息越来越重要，已在信息化战争中居主导地位。几场重要的高技术局部战争证明，制信息权是赢得战场胜利的根本所在。在信息化战争中，没有制信息权，就什么都没有，必然会在战场上处处被动挨打，失败将不可避免。

3. 社会对战场环境极为敏感，反应强烈

信息和信息技术的迅猛发展不仅给社会带来了举世瞩目的文明进步，而且使

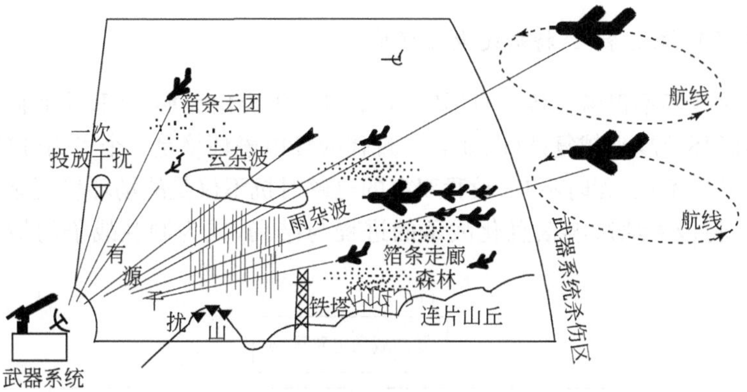

(a)典型干扰战场环境

(b)现代空袭作战模式

图 3-3　现代战争典型的干扰战场环境和现代空袭作战模式

信息化战场环境极为敏感，一旦环境因素遭战争破坏，就会立即引起国际社会反应，从而又极大地影响信息化战争的进程和结局。几场重要的高技术局部战争证明，信息化战场的极端敏感性将主要体现在如下三方面：①环保影响敏感，迫使战争指导者必须慎之以慎，使战争行动对环境破坏的影响减小至最低限度；②人文目标敏感，使得战争双方往往不得不注重将战争目标和打击重点放在政治中心、军事要害和经济枢纽上，以避免引起国际社会舆论的一致反对；③信息环境敏感，使人们认识到信息产业已是国民经济的支柱和国家安全的基石，并成为战争的主导资源。特别地，信息系统是战场体系对抗的支撑根基，要力求做到在信息化战场上攻防兼顾。

4. 战场环境复杂化,特别是电磁环境

信息化战场不仅涵盖传统有形空间,而且更加突出无形空间,从而使战场环境特别是电磁环境越来越复杂(图 3-4)。现代战场电磁环境是一个极为开放的领域,在空间上无处不在、无时不有,敌我双方的电磁对抗不仅是战场环境复杂化的根本原因,而且将极大地影响信息化战争的进程与结局,成为制胜战争的最主要因素之一。

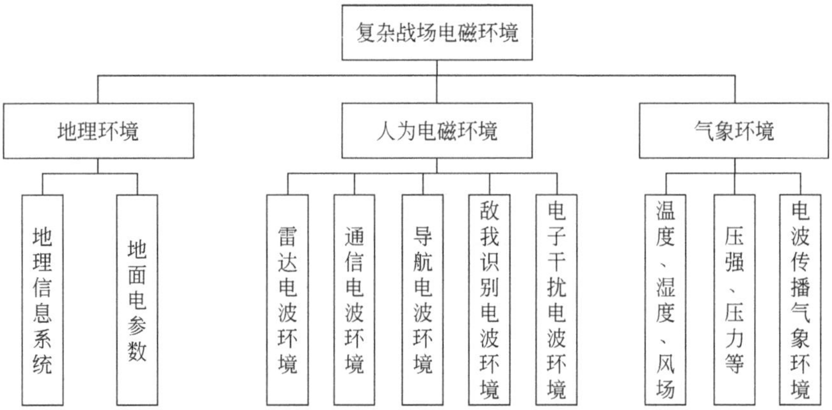

图 3-4 复杂战场电磁环境的构成

5. 战场前后方人机结合,走向无人化战场

信息化技术和产业的不断进步,有力地推动了武器装备和军队信息化的进程,特别是人工智能技术和系统的迅猛发展,将使人逐渐退出作战第一线。信息化战场逐渐呈现出前后方人机结合的趋势,即武器装备的人工智能与人的大脑智慧充分结合,将促使信息化战争走向无人化战场。几场重要的高技术局部战争已初露无人化战场与无人化作战的端倪,这是人类战争史上空前文明的信息化战场环境变革。

6. 构建逼真虚拟战场,贴近实战开展训练

虚拟战场是一种涉及网络管理、人机交互、环境渲染、行为生成、系统监控等多部分建模与仿真技术的复杂仿真系统。它通常由核心子系统、辅助支撑环境和管理与维护环境三大部分组成。核心子系统是虚拟战场的主框架,包括兵力、武器系统、合成环境和 C^4ISR 等;辅助支撑环境主要包括用于监测和控制系统运行的辅助软件和通信接口;管理与维护环境主要包括军事想定、模型维护、导演机构等。整个虚拟战场的构成如图 3-5 所示。

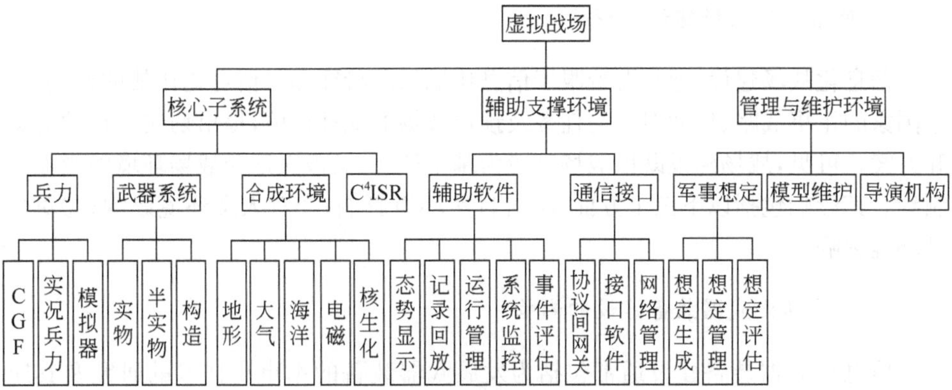

图 3-5　虚拟战场组成示意图

3.4　现代战场环境对信息化战争的影响

战场环境是战争的重要条件和客观基础。理论和实践表明，战争胜负在很大程度上取决于对战场的争夺。信息化战场环境的复杂性远超过任何传统战场，对于信息化战争的影响尤为突出。因此，了解和认识信息化战争的战场环境对信息化战争更具有重要意义。只有正确认识这些影响，才能充分利用战场环境的积极作用，尽量减少或避免消极因素，有效地改造并营建良好的信息化战场环境，准备打赢未来信息化战争。

信息化战场环境对信息化战争的影响是多方面的，包括地形、气象和水文条件对信息化战争的影响，海战场环境对信息化战争的影响，空天战场环境对信息化战争的影响，电磁环境对信息化战争的影响，交通运输对信息化战争的影响，社会政治因素对信息化战争的影响，人力资源对信息化战争的影响，以及社会经济基础对信息化战争的影响等。当然，所有这些影响因素对信息化战争的影响，还可归结为如下四个主要方面：①对信息化战争准备的影响；②对作战化指挥控制的影响；③对作战行动的影响；④对作战保障的影响。其实，后三个方面就是这些环境因素对信息化战争作战的影响。

3.4.1　对信息化战争准备的影响

战争准备，就是为实施或应对战争进行的预先安排或筹划。信息化战争准备是纷繁复杂的，包括战场建设、武器装备建设、人力资源等各个方面的建设，这些建设都将受到战场环境的影响。

1. 对信息化战场建设的影响

信息化战场建设，通常要着眼于信息化战场的特征和对信息化作战的影响，依据国家的军事战略、作战对象与任务及预定战场的地理环境，提出切实可行的对策和方案。可见，战场建设既以战场环境为基本依托，又极大地受战场环境的影响和制约。其影响包括以下三个方面：①对自然环境影响；②对人文环境影响；③对信息环境影响。

2. 对信息化武器装备建设的影响

信息化武器装备建设通常包括为发展武器装备的军事高技术的研究及其应用、武器装备本身的发展和武器装备的战场运用。可见，这些建设既依赖于高素质人才，又受制于战场各种条件。因此，在信息化武器装备建设中，必须考虑信息化战场环境各种因素的影响。主要包括以下三个方面：①对自然环境的影响；②对人文环境的影响；③对信息环境的影响。应强调指出，信息化战场对武器装备及其应用的影响尤为突出，也表现在以下三个方面：①对武器装备机动能力的影响；②对武器装备作战效能的影响；③对武器装备打击精度的影响。

3. 对人力资源的影响

人是环境的产物。因此，信息化战场必定对人力资源有着重大影响。其同样包括以下三个方面：①对自然环境的影响，其影响核心是人的综合素质；②对人文环境的影响，关键是对政治、经济和科技的影响；③对信息环境影响。因此，先进的信息网络和技术手段影响越来越大。

3.4.2　对信息化战争作战的影响

1. 对作战指挥控制的影响

信息化战场环境对作战指挥的影响主要表现在如下四个方面。①对指挥判断的影响。极为复杂的作战环境对信息化指挥判断提出了较传统指挥更高的要求，但难度加大往往造成指挥判断失误，引起误伤，导致作战被动。②对指挥主体和客体的影响。信息化战场科技含量非常高，所以对作战双方指挥主体和客体都将产生重大的影响，从而产生不利效果。③对指挥信息系统的影响。信息化战场的多维空间和复杂的电磁环境将对指挥信息系统产生严重的干扰、自扰，并给系统使用、管理等带来难度。④对控制与协同的影响。信息化战场的多维、多域、多融等一体化特点，将使得作战控制与协同的难度很大，稍有不慎就会失控、失序，指挥控制协同混乱，体系崩溃，战场瘫痪。

2. 对作战行动的影响

信息化战场环境对作战行动的影响主要表现在如下五个方面。①对陆上作战行动的影响，主要表现在兵力机动和火力打击方面。②对海上作战行动的影响，尤其受作战海域的气象、水文、地理及电磁环境的制约。③对空中作战行动的影响，其中气象条件对空中作战的影响最大。④对太空作战行动的影响，主要受真空、电磁和风暴等因素的影响最为强烈。⑤对信息作战行动的影响，气象、水文、地形及电磁波谱将不可避免地对作战效果产生直接影响。

3. 对作战保障的影响

信息化战场环境对作战保障的影响，通常表现在如下三个方面。①对保障手段的影响。为了在信息化战场上有效实施作战保障行动，形成了一体化作战保障体系手段。②对保障方式的影响。在信息化战场环境下，为了获得优良（或最佳）的保障条件，采用了立体式保障为主的方式。③对保障效果的影响。通常，战场条件越复杂、越恶劣，其保障行动难度越大，保障效果越差。但由于现代战争中的保障系统信息化能力增强而达成了良好的保障效果。

3.5　现代战场上的体系对抗

3.5.1　概述

从工业化向信息化时代转变过程中，现代战争的军事体系对抗是不可避免的，这是由现代战争的客观需求、信息化武器装备的发展及其运用以及新涌现的一体化联合作战方式所决定的。这种新型的军事体系对抗实质上是军事高技术及其装备（系统）体系的对抗，主要包括军事作战体系对抗、武器装备体系对抗和战场信息体系对抗，且战场信息体系对抗越来越激烈，成为整个军事体系对抗的核心（刘兴堂等，2018b）。

1. 现代高技术群与军事高技术

众所周知，科学技术一旦被人们知晓、掌握，就可能转变为现实的物质量，进而转变为战斗力。因此，军事高技术对于现代战争和武器装备的发展及国防与军队的建设具有巨大的影响和推动作用。

当今最先进、对社会发展和科技进步起巨大推动作用的科学技术统称为高新技术。进一步讲，高新技术是建立在现代科学技术全面发展的基础上，处于当代科学技术领域前沿，对促进经济和社会发展，增强国防实力有巨大推动作用的技术群。科技界公认，现代高新技术主要有六大领域，即信息技术群、新材料技术群、新能源技术群、生物技术群、航天技术群和海洋开发技术群。

回顾历史，人们总是将最先进的科学技术和最宝贵、最有效的资源及最精良的智慧人才等首先用于国防和军事方面，以增强综合军事实力，谋求战争胜利。以信息技术为核心的现代高新技术迅猛发展并广泛用于军事领域，给当代军事形态(包括战争、作战、武器、军工等)带来革命性变革。本书把直接应用于国防军事领域，能够使当代军事形态产生革命性变革的高新技术统称为军事高技术。

军事高技术的范围十分广泛，但主要涉及如下领域：军事信息技术、军用航空航天技术、军用生物技术、军用化学技术、军用新材料技术、军用新能源技术、军用海洋开发技术、军用指挥自动化技术以及军用仿真技术等。应该说，军事高技术既横跨整个高新技术领域，又形成了直接支撑武器装备发展、部队训练和军事作战等方面的军事基础技术和军事应用技术，如微电子技术、光电技术、计算机技术、推进(动力)技术、先进制造技术、仿真技术、侦察监视技术、精确制导控制技术、伪装与隐身技术、信息技术、指挥控制技术、新概念武器技术、无人机技术、机器人技术及计算科学技术等。

军事高技术的发展和运用水平是衡量一个国家综合实力特别是军事实力的重要标志，研究并应用军事高技术将会产生巨大的社会效益和军事效应。因此，各国领导层和军界领导人无不高度重视并竞相发展军事高技术，把发挥军事高技术的巨大作用作为增强国家综合实力和国防实力的战略方针与关键举措。

2. 军事高技术对现代战争及作战的影响

第二次世界大战后，美苏军备竞赛使原子能技术、核武器技术、导弹技术、微电子技术及航天技术等军事高技术的发展突飞猛进，并以此为导向对苏联、美国、西欧各国等国家的国防科技和军工生产产生了巨大影响。20 世纪 70 年代以来，以计算机技术、光纤通信技术和网络技术等为代表的军事高技术极大地促进了信息技术发展壮大，并推动国防科技和军事工业开始全面走向高技术化，一大批精确制导武器、军事卫星、电子战装备、军事航天器和崭新的信息装备等如雨后春笋般地涌现出来，为现代高技术战争相继登上历史舞台奠定了坚实基础。

现代战争的实践证明，军事高技术不断产生并直接用于军事，对现代高技术战争产生了不可估量的巨大影响，其主要表征如下。

(1)军事高技术的猛烈冲击，强有力地动摇了第二次世界大战以来的传统军事理论根基，使其逐渐失去对现代战争的引领和指导意义，随之而来的是对战略理论、战争理论、作战理论和军队建设理论的全面创新。军事高技术对于现代战争与作战的军事理论创新作用，实质上就是前述新军事变革对战略理论、战争理论、作战理论和军队建设理论的创新效应。

(2)军事高技术特别是信息技术应用于现代战争和军事作战,极大地推动了战争形态、战场环境、军队体制和作战样式的巨大转变和跨越。在战争形态上,由传统平台中心战转向核威慑条件下的信息化网络中心战,实现了人类战争形态的根本性转变;在战场环境上,由传统的陆、海、空三维战场转向陆、海、空、天、电、网、信息和认知多维战场,在全方位、全时空的复杂战场环境下展开了以信息对抗为核心的激烈多维战场体系对抗,实现了战场环境的革命性转变和体系对抗的跨越;在作战样式上,由消耗性战略和机电型指挥控制转向基于效果作战理论的先进指挥自动化作战和一体化联合作战,实现了军事作战的战略性转变和整体性跨越。

(3)在新军事变革的推动和军事高技术的支撑下,武器装备实现了信息化转型和体系化跨越。精确制导武器、新概念武器、各种综合多武器平台和综合电子信息系统等信息化高技术兵器不断涌现,并纷纷登上现代战争舞台。武器装备信息化不仅使武器装备本身借助信息和信息技术突破了原有的发展极限,获得超常的火力、机动力和信息力,具有空前高的作战效能,而且使当今武器装备系统呈现出前所未有的新特点,促进武器装备从机械化武器装备体系迈向新的信息化武器装备体系,并实现军事作战一体化。一体化的信息化武器装备体系彻底改变了传统武器装备体系的面貌,达成了作战效能的整体跃升,从而为现代战争提供了使战斗力最大化的有效工具和手段,同时极大地影响和改变了战争形态和作战样式,使其向着更高级方面发展。

(4)军事高技术对现代战争与作战的巨大影响还集中表现在军队体制的革命性转变上。众所周知,军队构成有四大要素——军事理论、武器装备、军队人员和体制编制。当军事理论创新和武器装备发展或成熟到一定阶段时,军队人员和体制编制便成为军队信息化转型建设的关键和主流。我们必须按照信息化战争与作战的需要,在创新的军事理论指导下,依靠军事高技术来变革军队的组织体制,实现其结构网络化、指挥自动化、规模小型化、装备智能化和作战快速化、精确化、一体化。

(5)军事高技术中军事信息技术的迅速发展和广泛应用,不仅提高了武器装备的效能和人员素质,改变了军队的内部组织关系,而且极大地促进了军队战斗力生成模式的转变,使军队战斗力产生了质变,主要表现在如下五个方面:①使军队战斗力要素的功能得到延伸和扩展;②使军队战斗力得到系统性优化和提升;③使军队战斗力系统产生了涌现性效应,即在 C^4KISR 系统的支撑下,作战效能大幅上升,战斗力呈非线性增长,出现整体作战效能 $1+1>2$ 的效果;④使战斗力生成模式由保障和发挥物理力、化学力向信息力、结构力的方向发展;⑤使知识力升华为认知力。大量的信息化人机智能系统的出现,使得当今和未来战争成为全过程的智能加技能的对抗,从而使战斗力获得大幅有效提升。

(6)军事信息技术产生的核心作战能力,形成了信息化条件下的军队核心作战能力，包括侦察预警能力、指挥控制支持能力、精确打击支持能力、信息作战能力和基础保障能力等。

3.“体系”概念与军事体系对抗

1)“体系”概念

在现实生活中，人们避免不了要与各种各样的“系统”打交道，如交通系统、电气系统、供应系统、武器系统和管理系统等。所谓系统，是指同类事物按一定关系所组成的整体。进一步讲，在人类社会和自然界中，凡具有特定功能，按照某些规律结合起来，相互关联、相互作用和相互依存的事物总体，均可称为系统。广义地讲，系统包括自然系统和人工系统、工程系统和非工程系统，并有简单系统、中小系统、大系统、复杂系统和开放复杂巨系统之分。社会系统、生物系统、战争系统和作战系统都属于开放复杂巨系统范畴。

体系概念和系统有相似之处，它们都是由若干事物互相关联、相互制约而构成的，能够完成特定功能任务的整体。但是，体系具有更丰富的内涵和更广泛的外延。体系是系统扩展、集成综合并高度融合的结果，是由多个系统(包括子系统、分系统等)组成的，且具有多样超级综合的有机整体。在军事领域内，包括美国在内的西方国家将体系称为“系统之系统”或多系统的大系统；俄罗斯把体系称为综合体；我国则习惯用体系结构或体系概念。

按照电气和电子工程师协会(Institute of Electrical and Electronics Engineers，IEEE)的定义，体系结构是指组成、结构、相互关系及指导其设计和发展的原则及指导方针。广义上讲，体系结构用于协调系统性能和功能，实现互操作性和经济性。

2)军事体系对抗

军事体系对抗概念是20世纪90年代中期提出来的，主要包括武器装备体系对抗、战场信息体系对抗和军事作战体系对抗。从工业化时代向信息化时代转变的过程中，军事体系对抗的建立和完善是不可避免的，这既是现代战争的客观需求，又是军事高技术发展的必然结果。

最近几次高技术局部战争实践一再警示人们，强有力的完整军事体系对抗是现代战争制胜的根本保证；相反，体系残缺将在现代战争战场上吃大亏，甚至会横遭毁灭性打击。因此，深入研究基于军事高技术的军事体系对抗，无疑对于现代战争与作战的设计、试验、准备和制胜是至关重要的。

军事体系对抗是一个相当庞大而复杂的军事高技术和工程系统。从技术层面讲，空天一体信息作战系统体系由多个系统构成，主要包括空天侦察预警系统、空天一体信息系统、空天指挥控制系统、空天信息传递系统和空天信息对抗系统等，如图3-6所示。此外，还包括其他各种空天军事力量、武器装备及综合保障。

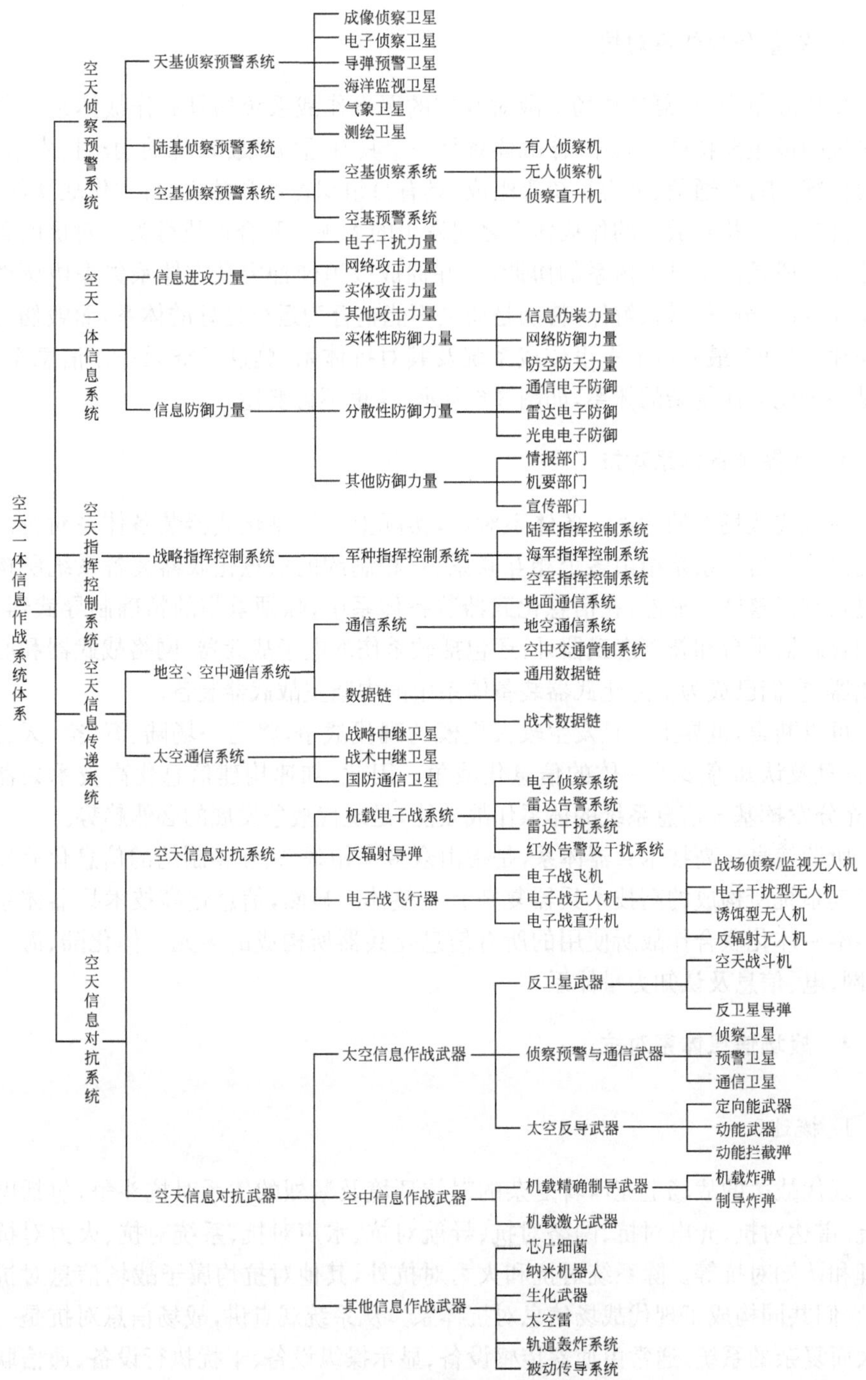

图 3-6 空天一体信息作战系统体系结构

3.5.2 军事作战体系对抗

现代战争中,在复杂战场上敌对双方的军事作战系统均具有作战体系及其体系对抗的最主要特征。其中,作战体系是一个具有适应威胁环境的动态技术系统,它由传感、指控、通信、火力系统等组成,具有自组织特性和独立、自主作战功能;体系对抗是两个相互敌对的作战体系之间发生的大规模联合作战行为。对抗的重要方法和手段是保护己方体系的协调性,并促成或迫使冲突敌方体系失去协调性与有序性,甚至分崩离析、解体,特别是使之不能整合为运行良好的体系,而毁伤为体系碎片。目前,最先进的军事作战系统及其对抗体系,莫过于空天一体信息系统。它是一个庞大而复杂的体系,如图 3-6 所示,这里不再赘述。

3.5.3 武器装备体系对抗

在现代战场上的武器装备体系对抗,实际上是信息化武器装备体系对抗。信息化武器装备体系是指由多个相互联系、互相制约的信息化武器装备系统所构成的复杂有机整体。显然,在信息化武器装备体系中,除硬杀伤的精确制导武器、各类综合武器平台和新概念武器外,还包括软杀伤的电子战武器、网络战武器和心理战武器,它们已成为信息化武器装备体系中的中坚主战武器装备。

可以断言,世界上一旦发生较大规模的现代战争,将是一场陆、海、空、天、网、电、信息及认知等多维一体的信息化战争。因此,加速构建信息化高技术兵器体系,充分发挥基于信息系统的体系作战效能,是现代战争发展的必然趋势。

所谓信息化高技术兵器体系,是指由众多互相联系、互相制约的信息化武器装备及其系统所构成的高技术兵器复杂有机整体。显然,信息化高技术兵器体系是由多维一体化联合作战所使用的所有信息化兵器所构成的多元一体化陆、海、空、天、网、电、信息及认知力量体系。

3.5.4 战场信息体系对抗

1. 概述

现代战争的战场上充斥着复杂的对抗环境及激烈的体系对抗斗争,包括电磁对抗、雷达对抗、光电对抗、网络对抗、导航对抗、水声对抗、系统对抗、火力对抗及心理和认知对抗等。除系统对抗和火力对抗外,其他对抗均属于战场信息对抗范畴,它们共同构成了现代战场信息对抗体系。从系统观点讲,战场信息对抗是一个庞大而复杂的系统,通常由侦察传感设备、显示操纵设备、干扰执行设备、通信联络设备以及数据处理中心、指挥控制中心等组成,其基本任务是干扰和破坏敌方信息化武器装备和综合电子信息系统(或称指挥信息系统),使之执行错误动作或完全处于瘫痪状态，同时有效地保护己方的信息化武器装备和综合电子信息系统不受敌方干扰和毁伤，始终处于良好的、有效的工作状态。优势的战场信息对抗系统和体系是高效作战并取得胜利的根本保证。

2. 信息对抗样式与技术

广义的信息对抗，是指敌对双方在政治、外交、军事、科技和文化等领域运用信息和信息技术所进行的有控制的、破坏性的或毁灭性的对抗。显然，它涉及军事和民事两大领域。狭义的信息对抗，是指围绕信息获取、传输、处理和利用，在网络、电磁空间采取的对抗措施及其行动的统称。其主要包括电子对抗、网络对抗和心理对抗。信息对抗还可以通俗地理解为：在侦察情报支援下，综合运用军事欺骗、作战保密、心理战、电子战和实体摧毁等手段，攻击包括人员在内的整个敌方信息系统，破坏信息流，以影响、削弱和摧毁敌指挥控制能力及武器装备作战能力，同时保护己方指挥控制能力和武器装备作战能力免遭敌方类似行动的影响。

信息对抗是在电子对抗基础上发展起来的，其基本样式有情报战、电子战、指挥控制战、计算机网络战、心理战、经济信息战和计算机战等。目前电子对抗仍然是对抗的主体。电子对抗是在雷达、声呐、通信、导航等无线电领域内实施电子及光电侦察与反侦察、干扰与反干扰、欺骗与反欺骗等方面的斗争，包括电子进攻、电子防御和电子支援三个重要部分；指挥控制战是在军事领域内尤其是复杂战场环境中实施信息对抗的最主要形式。

3. 信息对抗体系

1）概述

在军事领域，体系主要有两类：武器装备体系与作战体系，信息对抗体系既属于武器装备体系范畴，又处于作战体系领域。而且，作战体系是以信息对抗体系为中心，按一定的战略、战役目的，以一定的编配方案、组织机构和指挥关系，通过各种网络系统，将各军兵种和战役军团的各个系统连接成一个有机整体。信息对抗体系本身，是指以计算机为核心的战场感知、信息传输、综合指挥网络的控制，通过它可有效地把作战诸要素连接为一个整体，以便更好地发挥整体效能的作战体系。

信息对抗体系是现代作战体系的神经中心，它由通信网络、计算机网络等将各个作战实现节点联系在一起，控制着战场所有信息的产生、传输、存储及加工等，是整个战场作战力量形成体系的关键，在观察、判断、决策和执行等指挥控制过程中起着提高作战体系效能的重要作用。

2）系统结构

信息对抗体系的系统结构，是指信息对抗体系各构成要素之间的相互作用与相互联系的方式，按信息对抗活动，可分为直接信息对抗活动的系统结构与间接信息对抗活动的系统结构两种基本类型。①直接信息对抗活动的系统结构。这种结构又称为直接信息控制结构。在这种结构下，信息对抗的目的是造成敌方信息混乱，以达成和实现作战目标。它包括信息攻击系统和信息防御系统，主要围绕信息活动的三个环节，即信息获取、传输、处理实施全程对抗。②间接信息对抗活动的系统结构，又称为间接信息控制结构。在这种结构下，信息间接对抗主要表现为信息支援下的各种武器装备的对抗，这种对抗是陆、海、空、天四位一体的高技术对抗，其对抗形式，主要表现为导弹的精确制导、导弹预警、飞机导航及军事目标的精确定位等。

实际上，上述两种结构是两种不同作用形式的控制系统。前者是以信息直接作用于控制对象，而后者则是以物质和能量直接作用于控制对象。由于信息只有通过物质与能量的控制才能对控制对象起作用，因此从信息的角度讲，后者称为间接信息控制结构。当然，信息对抗形式结构还可以按照信息对抗的手段，分为情报对抗系统、信息欺骗反欺骗系统、电子对抗系统、网络对抗系统、反卫星/卫星防御系统、反卫星支持系统/卫星支持系统防御系统等；按信息对抗空间，分为陆战信息对抗系统、海战信息对抗系统、空战信息对抗系统、天战信息对抗系统等；按信息对抗的武器装备，分为卫星信息对抗系统、导弹信息对抗系统、坦克（装甲车辆）信息对抗系统、火炮（火箭炮）信息对抗系统、舰艇信息对抗系统等；按信息对抗的结构要素，分为信息获取系统、信息传输系统、信息情报资源应用管理与控制系统、信息战系统和信息支持系统等。①信息获取系统，主要包括空间侦察系统、空中侦察系统、地（水）面侦察系统、水下侦察系统和计算机网络侦察系统。②信息传输系统，主要包括战略信息传输系统和战术信息传输系统。在体系对抗中，信息传输系统又称通信系统，其本身又包括各种通信设备（如传输设备、交换设备、用户设备、保密设备、供电设备及维护测试设备等）、电话通信网、电报通信网、数据通信网和图像通信网及卫星通信系统、国防通信系统、国防数据网、MSE 战术信息网、联合战术信息分发系统、短波通信系统、单信道地面与机载无线电台等。③信息情报资源应用管理与控制系统，是整个信息对抗体系系统的“心脏”和“龙头”，主要包括硬件系统和软件系统两部分。其中，硬件系统主要有计算机（巨型机、小型机和微机）和外围设备（如显示器、投影仪、记录仪、中继器、网桥、路由器、网关和集线器等）；软件系统主要有系统软件、工具软件和应用软件等。④信息战系统。信息战包括电子战和网络战两种样式，信息战系统作为信息对抗体系必不可少的重要部分，自然包括电子战系统和网络战系统两大部分。前者主要包括电子战侦察系统、电子进攻系统和电子防御系统，而后者除常见的“黑客”“病毒”电子垃圾、后门等，再没有专门的物理系统。但是，网络防御系统实际上就是指己方的整个信息对抗体系或称为军事综合信息系统。⑤信息支持系统。

3)各种信息对抗体系

现代战场环境中充满着复杂、激烈的信息对抗，并表现为较完善的信息对抗体系，包括电磁对抗体系、雷达对抗体系、光电对抗体系、通信对抗体系、网络对抗体系、导航对抗体系及水声对抗体系(刘兴堂等，2011)。

(1)电磁对抗体系。电磁对抗就是电子对抗，是指利用电磁能和定向能以控制电磁频谱(从几百赫兹的极低频至 30～300GHz 的极高频)，为削弱和破坏敌方电子设备的使用效能，同时保护己方电子设备正常发挥效能而采取的措施和行为。而电磁反对抗是针对电磁对抗所采取的斗争措施和行动。电磁对抗/反对抗是电磁领域的斗争，是敌我双方争夺电磁频谱控制的斗争，即为制电磁权所展开的激烈斗争。北大西洋公约组织称为“电子战”；俄罗斯称为“无线电子斗争”；我国称为“电子对抗”。电子对抗已成为继陆、海、空战场后的第四维战场，且是最重要的一维，已广泛地渗透到空袭、防空、指挥、控制、协同、通信、情报、警戒、导航、伪装、探测、制导、火控等广阔的军事领域，使争夺制电磁权的斗争已成为现代战争的战略要素，电磁优势变成了现代战场上的“第一制高点”。没有制电磁权，就没有制空权、制陆权和制海权。

(2)雷达对抗体系。在现代高技术战场上，各类武器装备越来越依赖无线电技术及其装备特别是雷达。同时，作战装备和人员大都会遭受雷达的威胁甚至杀伤。因此，雷达对抗在现代战争中日益重要。所谓雷达对抗，实质上就是为削弱、破坏敌方雷达使用效能，保护己方雷达正常发挥效能而进行的电子对抗。其包括雷达对抗侦察、雷达干扰和雷达电子防御等。雷达对抗侦察通常是利用雷达侦察设备探测、截获和测量敌方各种雷达电磁辐射信号的特殊参数和技术参数，通过记录、分析、识别和辐射源测向定位，掌握敌方雷达类型、性能、特性、用途、部署及相关武器或平台的序列性与威胁程度等，以引导我方做出及时、正确、有效的反应。按照用途，雷达对抗侦察可以分为雷达情报侦察、雷达技术侦察、雷达威胁警告及引导干扰和杀伤性攻击武器等。雷达干扰是雷达对抗的重要手段，有多种类型，如有源和无源干扰，遮蔽性和欺骗性干扰，远距、近距和随队干扰，自卫性和支援性干扰等。雷达隐身是雷达对抗重要的现代技术，称为“雷达低可观测性”技术，分为有源隐身和无源隐身两大类。目前，雷达隐身主要是厘米波雷达，今后将拓展至毫米波、微波、红外、激光雷达甚至米波雷达，并向全方位、多功能、智能化和综合隐身方向发展。反辐射攻击是雷达对抗中的重要硬杀伤手段，是应用反辐射武器系统(反辐射导弹、防辐射无人机和防辐射炸弹等)，以敌方雷达辐射的电磁波为制导信息，截获和跟踪敌防空体系中雷达等电磁辐射信号而直接将其摧毁的战斗行动，通常称为电子硬杀伤。反辐射攻击武器又称为反雷达武器，其主要攻击对象是空中、海上和地面的敌方防空雷达和相关载体及操作人员。反雷达武器已形成一个较完善的体系，大体由反辐射导弹、反辐射无人机和防辐射炸弹三大类构成。

(3)光电对抗体系。光电对抗是为削弱、破坏敌方光电设备和光电制导武器的使用效能,保护己方光电设备和光电制导武器正常发挥效能而进行的电子对抗。通常按工作波段,可分为可见光对抗、红外对抗、紫外对抗和微波对抗等;按功能,可分为光电对抗侦察、光电干扰、光电警告和光电电子防御等;按平台,可分为车载、机载、舰载和星载等。

(4)通信对抗体系。通信对抗是电子对抗的重要分支,其实质是敌对双方在战场通信领域内争夺无线频谱控制权而展开的电波斗争。本质上讲,通信对抗是为削弱、破坏敌方通信设备的使用效能,保护己方通信设备正常发挥效能而进行的电子对抗。其包括通信对抗侦察、通信干扰和通信电子防御等,其应用范围为地地对抗、地空对抗、空地对抗,还正在向太空对抗拓展。通信对抗的主要任务是,对敌方通信信号进行侦听、截获、监视、测向、定位和识别,进而采取通信干扰手段,达到阻止、破坏和削弱敌方军事信息系统特别是通信网络的正常运行,同时又要确保己方通信畅通无阻。简而言之,通信对抗就是通过干扰压制敌方通信系统来破坏敌方包括精确制导武器在内的 C^4KISR 系统,以夺取作战战场的制信息权和制网络权。到目前为止,通信对抗技术已形成一个完整的体系,包括无线电通信侦察、测向和干扰的进攻性通信技术和无线电反侦察、抗干扰及无线电通信屏障的防御性通信对抗。通信干扰和对抗干扰是通信对抗/反对抗的核心,属于破坏敌方通信系统的软杀伤,主要采用人为辐射电磁能量的方法获取信息的行动进行扰敌和压制。对于精确制导武器,除采用上述软杀伤手段对武器系统的战术"数据链"实施压制或欺骗性干扰外,还可能利用高功率微波武器、射频武器、超宽带武器破坏其武器系统的电路和毁伤计算机所存储的信息。目前国外已出现如能量干扰和超级干扰机等技术和设备。通信对抗专用装备有短波侦察机、短波测向机、短波干扰机及超短波干扰机等。通信对抗系统装备有跳频通信对抗系统和通信对抗无人机系统等。发展多功能一体化通信对抗系统已成为普遍趋势;研制和应用通用侦察传感系统,同样是通信对抗发展的重要方向。此外,对新通信体制的对抗技术及系统的研发和应用亦至关重要。因此,针对目前的跳频通信和直扩通信,积极研发各种瞄准式和拦阻式干扰,以及两者兼容的系统和装备具有很重要的意义。与此同时,绝不可忽视发展大功率通信对抗,包括研制激光武器、高功率微波武器、射频武器、粒子束武器和等离子体武器等,用以摧毁和干扰敌通信台、通信系统等目标的电子设备。

(5)网络对抗体系。网络对抗是为削弱和破坏敌方网络系统的使用效能,保护己方网络系统正确发挥效能所采用的斗争行动,包括网络对抗侦察、网络攻击和网络防护。网络对抗是随着计算机网络和通信网络技术发展应运而生的一种新概念,实质是计算机设备和通信系统所构成的信息网络的对抗,其主要内容是基于软件技术的计算机网络攻防方法和通信对抗、硬杀伤对抗等电子战方法。随着网络中心战登上战争舞台,网络化作战便成为现代战争的焦点和热点,网络对抗空前激烈。在战场网络对抗中，战场信息化网络对抗是主体，通常由三部分构成，即探测器、信息网络和信息化武器。其中，探测器包括雷达、预警机和侦察卫星等情报、侦察和监视设备，其作用是获取信息；信息网络包括通信系统和计算机网络等，其作用是传输和处理信息；信息化武器是指能够实时接收指挥控制信息的武器，如精确制导导弹、自动火炮平台、具有数字化接口的战机和舰艇等，其作用是对敌方武器装备和人员实行软杀伤、硬杀伤。在上述三部分中，信息网络是核心，其对抗是指围绕战场信息网络展开的对抗斗争，即破网和护网。其中，破网是指通过软杀伤、硬杀伤手段来破坏网络的组成（主要包括链路及节点）和功能，以达到破坏敌方网络信息安全，进而破坏其作战行动的目的；护网是破网的对立面。信息网络对抗的主要手段包括通信对抗、计算机网络对抗和硬杀伤对抗所采用的各种手段，如通信侦察、数据加密、扩频通信、网络协议、操作系统、网络安全、安全认证、定向能、电磁脉冲、激光武器、常规炸弹等。

(6)导航对抗体系。导航对抗就是为削弱、破坏敌方导航设备的使用效能，保护己方导航设备正常发挥效能而进行的电子对抗。导航对抗作为继电子战、信息战之后出现的另一种新作战样式，是导航定位技术特别是卫星导航定位技术在目标侦察和 C^4KISR 系统中的应用。可见，导航对抗或导航战归根结底是 GPS、全球卫星导航系统（global navigation satellite system，GLONASS）和北斗卫星导航系统的对抗与反对抗的斗争。当前，对抗它们的制导技术已成为对抗卫星制导武器和指挥信息系统的关键。同时，除采用电子对抗的侦察、干扰和防卫手段外，加快发展反卫星武器、激光武器、粒子束武器和动能武器等，摧毁其导航信息源是导航对抗制胜的根本途径。

(7)水声对抗体系。水声对抗是针对水面舰艇和水中精确制导武器（鱼雷、水雷、深水炸弹等）提出来的。水声对抗又称为水下声学战，是敌对双方围绕水下领域进行的声学战争。准确地讲，水声对抗又称为声呐对抗，是为削弱、破坏敌方水声设备和水声制导武器的使用效能，保护己方水声设备和水声制导武器正常发挥效能而进行的对抗。水声对抗分为战略性和战术性两类，主要包括海洋水文条件利用、水声侦察和反侦察、水声干扰和反干扰。构成水声对抗体系的方法很多，但主要包括水声侦察、鱼雷报警和水声干扰等。水声干扰是水声对抗的核心，其利用水声对抗设备发射、转发某种声波信号，对敌探测信号进行反射、散射、吸收、削弱，破坏敌方声呐和声制导兵器对目标的探测和跟踪能力。水声侦察是依靠水声设备在水中查明敌方的水声设备、声制导武器和一切水下声辐射源信号的方位及其他技术参数，确定其水下敌目标类型、部署和数量，判断威胁程序，获取水下情报，为水声对抗提供依据。从本质上讲，水声侦察仍是一种电子对抗侦察。鱼雷报警是实施水声对抗的前提，它以水声探测设备接收到鱼雷主动探测信号或鱼雷辐射的噪声信号，通过主动识别或人工识别，对来袭鱼雷进行声光报警。干扰器、声呐诱饵(包括自航式声诱饵)、侦察声呐、声呐浮标、航空吊放声呐、远程鱼雷报警声呐及自主水航行器等是典型的水声对抗设备。特别地,专用鱼雷报警声呐是一个技术密集的复杂光电信息系统,其关键技术包括多基元拖曳矩阵设计技术,鱼雷信息特征分析、分类技术,多传感器信息融合技术,及时捕获和实时分析技术和快速反应并行处理技术等。

3.6 信息化条件下的联合(体系)作战战场

信息化条件下联合作战战场是信息化条件下联合作战的重要组成部分,是敌我双方进行作战活动的空间及环境,分为陆战场、海战场、空战场、太空战场、网络战场、电磁战场和认知战场等。在这类战场上,联合作战所涉及的领域,应是信息化条件下的"四域"即物理域、信息域、认知域和社会域。从战场形态上讲,联合作战战场可划分为有形战场与无形战场。其中,陆、海、空、天(太空)战场是有形战场,而电磁网络战场和认知战场是无形战场,总计为"六维"。总之,信息化条件下的一体化联合作战战场,是由以上"四域六维"共同构成的体系作战战场。可见,与传统战场相比,一体化联合作战战场地位和作用发生了很大变化,甚至部分产生了质的变化。在此,陆战场地位有所下降,但仍然是最后决胜的场所;海战场是联合作战的重要战场,其地位不断上升;空战场是联合作战战场的支撑,贯穿联合作战全程,也是联合作战的主战场之一;太空战场是联合作战战场新的制高点,将直接影响制信息权的争夺和控制;电磁网络战场(简称网电战场)是夺取联合作战战场综合控制权的核心战场,与认知战场一起构成了无形的主战场,深刻地影响着有形战场。从联合作战战场发展趋势来看,各战场空间及环境将得到更充分的利用和拓展,相互间的联系或衔接更紧密,趋向融合,新的战场领域地位将不断提高。最近几场高技术局部战争表明,双方在"心理"领域的斗争异常激烈,对敌攻心夺志、分化瓦解的"心理战"地位不断上升,心理战场已纳入信息化条件下联合作战体系战场的范畴,也将成为联合作战激烈对抗的新战场。

3.6.1 联合作战战场的地位和作用

人类战争史表明,战争胜负在很大程度上取决于对战场的争夺,而战场又反作用于作战的各方,信息化联合作战更是如此。信息化作战战场不仅复杂性远远超过传统战场,而且对战争与作战的影响更加突出。

信息化战场对战争与作战的反作用充分地表现在它对作战的重大影响方面,这也是信息化条件下联合作战更加突出战场地位和作用的重要原因。

近几次高技术局部战争表明,战场对作战的影响是十分突出的,主要呈现在如下四个方面:①对作战指挥的影响;②对作战行动的影响;③对作战保障的影响；④对作战武器的影响。

(1)对作战指挥的影响。信息化战场几乎严重影响到作战指挥的各方面因素和行动环节，包括决策、认知、指挥信息系统、行动控制与协同等。例如，信息化战场的复杂网电环境和多维空间将会产生强烈的干扰、破坏甚至瘫痪指挥信息系统，从而使双方战争态势发生剧烈变化；又如信息化战场是多空间、多领域、多内容的融合体，其指挥控制与协同的难度很大，因此在它们之间稍有不慎就会失控、失序、指导、指挥混乱，甚至体系崩溃，战场瘫痪。

(2)对作战行动的影响。对作战行动的影响将涉及陆上、海上、空中和太空及信息作战五个方面。对信息作战的影响来讲，电子战、网络战是它的基本形式和主要手段，作战中无论是信息获取与传递，还是信息进攻与防御都会不可避免地遭受信息化战场的气象、水文、地形及电磁频谱等战场环境的严重影响，进而改变作战效果。

(3)对作战保障的影响。联合作战通常实施的是综合一体化保障，因此信息化战场将严重影响保障行动的三个主要方面：①保障手段；②保障方式；③保障效果。如对保障效果的影响，一般讲，战场条件(环境)越复杂、越恶劣，保障行动受影响的程度就越大，保障效果就越差。信息化战场正是这种情况，因此要做到良好的保障是十分困难的。

(4)对作战武器的影响。通常，信息化战场对作战武器的影响集中在如下三个方面：①对作战武器机动能力的影响；②对作战武器打击精度的影响；③对作战武器作战效能的影响。信息化联合作战对作战力量的机动性提出了极高的要求，而所有作战力量又都是在战场支援保障系统的支撑下进行机动的，因此信息化战场条件及其作战武器的适应能力将直接影响作战武器的战场机动；无论是非制导武器还是制导武器，都会有一定的战场适用范围，超出此范围其打击精度就可能急剧下降；另外，即使在适用范围内，也会受到各种战场因素的影响，尤其是在联合作战复杂战场情况下，很易受到复杂网电环境的影响，使一般作战武器很难达到最佳精度；武器装备的作战效能受战场条件的影响很大，更不用说在联合作战这种极其复杂的战场环境条件下，影响更为显著，影响包括地理、地形、高度、气象、配套信息保障设施和数据加装等。

因此，信息化战场在信息化联合作战中占有相当重要的地位，起着举足轻重的作用。

3.6.2　联合作战战场的新客观环境

信息化条件下联合作战战场的新客观环境可以用“非常复杂”四个字来形容或描述，主要呈现在以下方面：①由陆战场、海战场、空战场、太空战场、电磁战场及认知战场与心理战场等构成了一个非常复杂的战场大系统，这种复杂大系统不断向着地表、垂直和无形等多维、广域拓展，使其复杂性越来越大；②其中的电磁战场空前复杂，且越来越重要，甚至成为联合作战战场的“第一制高点”，在信息化联合作战中，没有制网电权，就没有制空权、制海权、制陆权，自然就不能夺取战场主动权；③空天战场无缝连接、融合成一个整体，并同信息一起成为一体化联合作战新的制高点和新的主宰者；④空海战场不仅在新型联合作战概念体系中占有极其重要的地位，而且涉及武器装备与军事技术发展的众多领域，如电子战、网络攻防、远程打击、高生存力、导弹防御、反潜、拒止环境作战、新概念武器研发及运用、核威慑与防空反导等；⑤无人机、地面机器人和潜水机器人在目前联合作战战场上越来越多的应用及它们所产生的超常作战效果对未来战争与作战都将产生难以预料的影响，甚至在未来战场上极有可能出现复杂的“无人化战争”新形态和全新的无人化战场。

3.6.3 联合作战战场建设要求及对策

联合作战战场系统的基本功能是为各军兵种作战力量遂行联合作战提供空间、提供依托和提供支撑。因此，对联合作战战场建设的基本要求是：立足于同优势装备之敌进行非对称作战，形成全方位、大纵深、多维一体的整体战场；抗击敌方导弹、飞机、舰艇等高技术兵器及综合信息化武器平台实施的精确打击，力求做到隐蔽、坚固、能打、能藏、能生存；突出数字化战场建设，以保障高技术信息化武器装备使用为重点，增大战场支援保障容量，充分利用国家经济社会发展资源，提高战场系统的军民融合程度。

为了实现上述对联合作战战场建设的基本要求，需要提出切实可行的建设对策。其对策主要包括以下几个方面。

1. 建立适应战场信息化建设的组织体制

传统的组织体制已成为信息化战场建设的“瓶颈”之一，故迫切需要建立适应战场信息化建设的新组织体制。在建立中，应以信息为纽带，将高度分散于战场的资源进行整合，建立精干、高效的运行机制；坚持“军民兼用，平战结合”的发展策略；超前培养适应信息化战场建设的高素质复合型军事人才，实行军地结合，走合力育才之路。

2. 制定战场互联、互通与互操作的标准/规模

信息化战场建设关键在于实现战场上的互联、互通与互操作，特别是互操作。对此，须有统一的建设标准、统一的数据表示和规范的访问接口，以便在统一框架下实施高度的系统综合集成，建立起能够跨军兵种、跨部队建制、跨作战资源、跨应用领域的信息获取、传递、处理、分发、利用的机制，实现战场信息的高度共享和各

作战要素、作战单元和作战系统的无缝连接，使任何符合标准的信息化技术装备能够实现彼此互联、互通与互操作。

3. 建立覆盖战场全维空间的综合信息系统

综合信息系统是信息化战场的重要基础设施，是作战指挥的基本手段和依托。只有通过新型网络协议和统一的接口组成战场网络，才能保障各类情报信息、指挥信息、协同信息、保障信息等，适时、准确、高效地传输，以实现上至空中、太空，下至水下、海底的立体空间内，跨军兵种和跨作战平台的网状、多路由、可控制、多方式、端对端的信息互联、互通与互操作。

4. 配套完善对战场起支撑作用的综合保障体系

为了有效地支撑信息化战场，通过信息化网络实现信息交互共享，建立精确立体直达型保障模式是必需的。因此，建立一套完善的综合保障体系更为必要，其包括机动与固定相结合的后勤、装备等指挥平台、军事物流、野战医疗、军交运输、物资油料、装备维修等保障。整个体系将依赖于综合保障指挥信息网络系统和综合数据库，并与作战指挥信息系统高度融合来实现运行。

5. 加强战场网电频谱环境的科学管理

网电环境直接影响信息化联合作战的“六大环节”：预警探测、通信联络、指挥控制、导航定位、武器平台和制导弹药，故对网电频谱的管理越来越重要。战场网电频谱管理是一项既重要又复杂的工作，需要着重抓好以下环节：①加强网电频谱理论研究，建立相对完善的理论体系，为此，美军率先制定了《2010 年联合频谱构想》，提出了 21 世纪频谱管理指导方针，后来又出台了频谱管理计划；②调整并完善频谱管理机构；③加强频谱管理技术的开发、研究和测试及评估系统研发，以及训练系统的研制。

3.6.4　联合作战战场的发展与未来

与战争形态一样，战场空间和环境总是伴随着社会文明与科技进步不断地演进，由低级向高级发展，且始终处于一个动态衍变过程。这种动态衍变主要表现在如下三个方面。①战场在空间维度和结构上始终处于动态发展中，即由原始的单一陆战场逐渐发展成海上战场、空中战场、太空战场、网电战场，甚至认知战场。在战场环境方面由最初的自然环境和简单的人体力与技巧搏斗逐渐发展为冷兵器较量、热兵器厮杀、核武器毁灭，以及网电软、硬杀伤和信息对抗等。②战场各维空间自身延伸扩展，战场环境日趋复杂多样，在这种多维空间与复杂环境下信息化作战力量（包括信息化军队和高技术兵器及综合保障条件）不断增强。③截至目前现代战场已发展成为陆、海、空、天、电磁、信息和认知为一体的多维、全方位、全天时的体系对抗战场。其中，陆、海、空、天战场属有形战场，或称物理战场、实战场，是一体化联合作战战场的重要组成部分和关键所在；电磁、信息和认知战场属无形战场，或称虚拟战场，其既是一体化联合作战战场的重要支撑部分，又是灵魂所在，对现代战争进程和结局的影响越来越大。

战场空间与环境的未来主要是指战场作战运用的发展趋势，呈现出如下几个方面：①现代战场空间正快速向网电空间拓展，由地表维空间、垂直维空间和网电维空间构成的新的"三维六域"战场空间已正式登上人类战争史的舞台，网电空间的作战运用体现了现代战略空间向多维化发展的趋势；②心理战的出现标志着"三维六域"战场空间进一步向更高级认知空间发展的势头；③战场空间的作战运用，在战略上将追求整体化、宏观化，而在战术上将追求精确化、微观化；④在信息化条件下，未来作战将既面对实体空间，又面对虚拟空间，故战场空间作战运用必将在有形空间与无形空间交错展开；⑤在多维战场空间环境下，各个战场空间价值并不平衡，将使战场空间呈现出无序突变状态；⑥现代战场空间随着网电和空电作战力量的发展，网络化程度越来越高，这样便使得整个战场的作战行动高度一体化，从而大幅提高联合作战的整体效能。

3.6.5 联合作战战场案例

作为信息化战争实践案例之一的海湾战争，是以美国为首的多国部队与地区性军事强国伊拉克，在陆、海、空、天(太空)、电磁等战场进行的一次大规模联合作战，其联合作战战场包括以下几个方面(刘兴堂等，2018b)。

1. 陆战场

多国部队持续多天的空中打击，直接导致伊军作战体系瘫痪，基本丧失抵抗能力，所以多国部队主力实施"左勾拳"作战行动后，迅速切断了科威特境内伊军主力与后方的地面联系，迫使伊军投降，达到了战争的最终目的。整个地面作战仅用了100 小时。战争进程和结局表明，在海湾战争这样的大规模联合作战中，陆战场仍然是最后的决胜战场，若没有地面作战力量的投入，是很难达到预定作战目的的。

2. 海战场

海战场的作战行动主要围绕夺取和保持制海权，是通过两栖作战展开的，整个作战行动经过 20 余天，多国部队共击毁、击伤伊军舰艇 143 艘，掌控了海湾北部地区制海权。双方曾进行海上空袭和反空袭、登岛和反登岛作战行动、水雷和反水雷战，由于多国部队海军武器先进且电磁干扰强势，因此很快取得了海战场优势。战争结果证明，海战场地位非常重要，如战争中的多国部队实施的"沙漠盾牌"和"沙漠风暴”行动所需物资和部队补给的 95％依靠海运。另外，海战场与陆、空、天、电磁战场相互交织，海战场的作战行动需要制空权、制电磁权作保障。

3. 空战场

海湾战争的空战场作战行动，主要由以美国为首的多国部队空袭行动与伊军的防空行动(即反空袭)构成。空袭行动分战略空袭和战术空袭两个阶段，在战略空袭中，多国部队出动战机 3 万余架次，发射“战斧式”巡航导弹 240 多枚，削弱了伊军战争潜力，破坏了防空体系，夺取了制空权，战术空袭压制了伊军防空部队，牢牢掌握了制空权。空战场基本呈现出“一边倒”趋势。从空战场行动可看出，空战场已成为联合作战的主战场，海湾战争中，空中进攻就占 38 天，空袭几乎贯穿了现代战争的全过程。战争结果有力地表明，没有制空权就完全丧失掉军队行动的自由权。

4. 太空战场

伊军没有空间军事力量，所以整个太空战场只能以美军为首的多国部队来主导，形成了太空战场优势“一边倒”的情况。多国部队主要将太空战场用于作战保障，包括监控、侦察、通信和导航等。战争结果表明，太空战场对于夺取战场综合控制权、制信息权是十分关键的。太空战场已成为信息领域争夺的新的制高点，将为其他战场提供越来越强有力的侦察、监视、通信和导航等信息支援。但是，太空战场只有依赖于陆、海、空和电磁等战场才能充分发挥其作用。

5. 电磁战场

在电磁战场领域，战争双方力量悬殊，所以作战几乎同样呈现出“一边倒”的不对称态势。在战争中，主要是以美国为首的多国部队展开了一系列电子战行动，采用了强烈干扰和硬杀伤手段，使伊军防空系统基本瘫痪，瓦解了伊军指挥控制体系，这是伊军遭受惨败的主要原因之一。

从海湾战争电磁战场的作战不难发现，电磁战场渗透于陆、海、空、天各个有形战场，贯穿于联合作战全过程，对于夺取整个联合作战的胜利起着至关重要的作用。

6. 心理认知战场

体系作战随着作战体系的不断发展和完善，其样式日益丰富，特别是对人的心理认知空间实施攻击，可发挥火力打击与物质摧毁无法替代的影响及作用。因此，有针对性地开展心理认知攻击，并与其他体系作战样式相互协同，很有助于瓦解敌军士气、降低其抵抗意志并促进其缴械投降。这点在最近几场高技术局部战争体现得非常深刻。因此,心理认知战场的影响及地位和作用在不断上升,已经成为体系作战战场的重要战场,并且是与陆、海、空、天、电磁、网络空间并驾齐驱的重要战场。它的重要影响及地位和作用日趋明显、与日俱增,主要表现在如下三个方面。①心理认知战场拓展了体系作战的战场。信息化条件下体系作战由原来的陆、海、空逐渐向太空、电磁、网络等空间扩展,在信息主导下,物质和能量能够在地理空间和物理空间进行聚集和释放,从而确保发挥体系作战的整体效能。②心理认知战场成为体系作战新的制胜机理。在体系作战战场的心理认知战场中,基于"信息主导、攻心为上"的机理,敌对双方将展开激烈的对抗和争夺,创建起心理认知战场新的体系作战制胜条件。特别是武器装备较落后一方,则可充分调动人的主观能动性,通过政治思想工作的巨大激励作用,在巩固己方心理认知战场防线的同时,综合运用心理认知攻击的各种战法,以达到降低敌军士兵、削弱其作战意志和瓦解敌军作战能力的效果。③心理认知战场成为体系作战的新战场。心理认知战场作为体系作战的重要空间,已被人们普遍认可,但仍有很大拓展空间,即可进一步开辟新战场。例如,针对人们的教育程度、文化背景、宗教信仰和政治信息等不同因素,完全可以在心理认知战场展开各式各样的有效行动,以保护己方心理认知战场安全,攻击敌方的缺陷,达成更好的体系作战效果。

综上所述,心理认知战场是体系作战战场的重要组成部分和新战场,深刻地影响着体系作战效果。在信息化条件下的体系作战中,有着举足轻重的地位和作用。因此,加强心理认知战场的建设亦至关重要,其建设重点包括:①加强心理认知战场的管控,主要是建立一支能够适应体系作战要求的新型力量,同时整合军队战略、战役和战术各个层次和地方的心理认识战场相关力量,以便设计相应的心理认知战场管控方案、计划和应对措施,以确保体系作战心理认知战场管控的有效性;②研究和训练心理认知战场攻防的有效战法;③完善心理认知战场的保障。其关键在于:①突出心理认知战场理论研究;②建立和完善相关法规与制度;③研发心理认知战场的特种装备,主要用于基础训练和专业训练。

3.7 网络化无人战场

无人武器平台仅为无人化战场奠定了物质基础,或者说仅在信息化条件下的战场上,提供了一个信息终端或武器平台,而要真正形成无人战场,充分发挥各类无人武器平台的作用,拥有战场网络的支撑才是真正的关键。即要形成无人战场,必须通过战场网络系统将其基于陆、海、空、天等作战空间的无人终端和武器平台连接起来,构成由传感器网、指挥控制网、交战平台网实现的"横向贯通,纵向相连,多向融合"的无人战场网络作战系统。

当然,要形成无人战场,最主要的是离不开网格技术的强有力支撑。首先,军用网格可将战场上的指挥控制中心、各战场上的无人作战平台和各类无人作战装备的操纵平台等有效地连接集成，形成一个信息处理、交换和分发系统，综合利用各种通信资源、计算资源，实现全战场一个网。其次，军用网格将提供宽带大容量的信息传输能力。最后，军用网格运用信息融合与综合技术，对网内所有传感器网及其他信息源搜集的多目标情况，自动进行综合处理，提高系统整体探测效能；提高对敌方的无人作战平台，以及隐身目标的探测概率；提高目标航迹计算精度等。军用网格是无人战场上信息基础设施的综合集成，它提供了公共的信息传输平台，对于部署在各个战场空间的无人作战平台做到通信的无缝连接；它提供的信息处理平台集成了战场上各级计算机终端设施。在军用网格的支撑下，各无人作战部队可完成机动部署、情报侦察、预警探测、信息作战、精确打击、指挥指挥及全域防护等各种作战任务。

3.7.1　无人战场上的"三大子网格"

军事网格完全可以实现无人侦察手段多样化、作战指挥实时化、火力打击精确化、作战力量综合化等特点。这是由于它通过信息收集、处理、传递、利用等流程，使分布在各个空间的无人作战平台都能够实时地感知态势、透视战场，快速地全程决策、锁定目标，高效地协调、区分无人作战平台的攻击任务，实施精确打击，从而实现"传感器探测-指挥-精确打击"一体化作战过程。这种作战过程全凭无人战场上的"三大子网格"。三大子网格包括无人传感器网格、无人交战网格和信息网格（刘兴堂等，2018b）。

1. 无人传感器网格

无人传感器网格是由设置在卫星、无人机、无人舰艇和地面无人作战平台上的所有探测器和传感器及其由此连接起来的网络构成的。它将从这些分散在不同空间的传感器收集战场信息和各类作战态势数据，并快速生成战场感知信息，为作战决策者和无人作战平台操作提供服务。传感器网格的作用就是有效地解决战场上敌我双方或多方谁先"看得见"的首要问题，即实现战场的"单向透明"。传感网格与传统的传感器网格不同，它不仅强调传感器的联网和融合，更重要的是强调传感器之间的互操作能力，当然，它的基础是传感器联网。

2. 无人交战网格

无人交战网格由各种空基、陆基和海基无人武器平台和用于指挥控制这些无人武器平台的网络软件组成，其任务是有效利用战场感知的情报信息展开作战行动，达到预定作战效果。

无人交战网格的基础是无人化武器平台联网，更重要的是它还可以通过这种联网,最大化地发挥无人化作战力量的整体合力,也就是充分发挥作战体系 1+1>2 的综合效能,即寻找和选择最佳战机和攻击方式。有军事专家认为,无人战场上的交战网格建设,可以成功地将不同空间的无人作战平台组成整体优化的大系统,从而便于最大化地运用各类无人作战平台的技术优势,形成作战功能上的互补支援及行动上的密切协作,使作战效能极大地提高。精确打击效果正是依靠了集指挥、控制、通信、侦察、预警于一体的战场交战网格与各打击平台间的无缝连接。

3. 信息网格

信息网格由通信网络和计算机系统组成,它将传感器网格和无人交战网格紧密连接,为其提供所需要的信息传输能力和计算能力。它将通过有效提高通信网络的互操作能力,为传感器网格和无人交战网格提供最大的连通性,以保证各类信息的安全高速传输。所谓最大的连通性,就是所有的传感器网格、指挥控制网格和无人武器平台网格都能够通过信息传输系统连入信息网格之中,由此在战场上构建起整体、庞大的信息传输系统,包括陆基、海基、空基和天基信息传输系统。

3.7.2 军事网格对无人战场的支撑

网格作为第三代互联网技术,是计算机、通信和信息等技术的完美结合,被首先用于军事领域,称为军用网格或军事网格。美国的全球信息栅格(global information grid,GIG)是目前世界上最大的军事网格,也是一个分布式环境,包括多种模式的数据传输媒体,如陆上线路、无线电通信和基于天空的设施等。美军有 200 多万台计算机和数以万计的局域网为该系统服务。它将美军天基、空基、陆基、海基的所有信息系统集成一个海、陆、空、天军公用的全球网格,通过互联、互通和互操作把所有作战单元连接成一体,形成完整的作战体系,为美国国防部获得信息优势,发挥最大的作战效能。GIG 与美军网络中心战、《2020 联合构想》及 C^4KISR 系统一起,构成美军未来作战优势的新概念方案。

自然地,GIG 亦可作为打造无人战场的强大技术支撑,使分布在战场各个空间的整个无人作战平台系统各部分都紧密融合在一起。据有关分析,这种全球网格技术和公用设施,为更加适应无人战场需要将再度完善,达到如下几个目标。

(1)战场网格使无人作战平台具有“指哪打哪”的能力。

自精确制导武器出现后,实现了战场上“指哪打哪”“发现即摧毁”的能力,使精确作战已成为现代战争的主导模式。但是,精确制导武器在实战中却存在着运用灵活性不足的严重缺陷,主要表现在只适于打击固定目标,而对快速移动目标的毁伤效果较差。而战场网格不仅可同无人作战平台实时交换信息,而且在平台发射后能实时跟踪目标信息,对无人武器位置不断修正,直至命中目标。尤其在无人作战平台实施攻击前,还能将其他被攻击目标的战斗损伤信息评估回传,使指挥控制人员直观地确认打击效果。可见，战场网格将使得无人作战平台战场攻击更精确、更灵活、更便捷，从而极大地提高了无人作战平台的精确作战能力，真正做到“指哪打哪”。

(2)战场网格使无人作战平台增大了战场“透明度”。

战场网格的连接不仅使无人作战平台的操作人员对该平台所处战场位置了如指掌，而且能使远在千里、万里之外的指挥控制中心对无人作战平台实时监控，知其准确位置和当前运行情况，清楚所接受战斗指令、遂行任务的具体情况。这样便使无人作战平台的所有作战行动在战场上都变得更加“透明化”“可视化”“实时化”“精确化”。

(3)战场网格使无人作战平台的传输具有“无限带宽”。

“无限带宽”是实时传输信息的根本保证。最近的研究结果表明，利用光纤我们每秒可传送 1 万亿比特信息，即一秒可传输 6250 本百万字的书。同时，计算机技术发展使快速处理庞大信息成为可能，如巨型机的处理速度已达万亿次，个人电脑的处理速度也按每 18 个月翻一番的速度在快速提高。这样，战场网格的发展就真正解决了实现信息传输的“无限带宽”。

(4)战场网格使无人作战平台形成“集群式”整合。

无人战场上，在网格支持下可利用“集群”技术将众多分布在战场任何空间的无人作战平台“集群”化为一个整体，从而获得前所未有的作战能力。试验表明，采用网格技术的“集群式”无人作战平台的作战效能和自身抗毁性能都很高。可见，战场网格的“集群化”技术，对于充分发挥无人作战平台的作战效能并满足未来无人战场的作战需求，具有极大的创新意义和实战应用价值。

军事网格对三大网格的支撑作用充分表现在无人战场上的三个军事领域，即物理域、信息域和认知域。

(1)连接无人作战平台的物理域。

军事网格中的无人传感器网格、交战网格和信息网格，构筑成了战场网络的物理域。它以信息网格为传输纽带，传感器网格为前提，交战网格为打击手段，又构成了在不同空间的全维作战空间，而军事网格联系所有作战空间内的传感器，如卫星、无人机和无人舰艇的雷达、声呐，以及其他情报部队和侦察部队获得的信息，由传感器网格将数据融合后，迅速合成整个战场空间的态势图，为无人作战平台实施精确打击提供信息支持；无人交战网格能对分散在战场空间内的各无人作战平台上的武器，进行全方位实时控制，迅速选择并确定打击效果最佳的无人武器，从而在无人战场上实现包括各种情报信息和软、硬打击武器系统之间的高度融合。

总之，在无人战场上，通常可以通过军事网格把信息优势转变为无人作战行动优势，从而发挥无人作战平台的最大作战效能。同时，军事网格还能够精确、全面地掌握战场态势及敌我双方信息，使指挥官通过感知网格、指挥控制网格和无人交战网格的互通、互联、互操作，实现"扁平式"快捷、有效指挥，保证与无人作战平台之间的同步行动，提高整体作战效能。

(2)无人作战平台共享军事网格的信息域。

在无人战场上，所有信息交互都是在信息域内完成的，因此未来无人战争争夺信息优势的斗争将异常激烈，而要实现信息斗争优势，主要是通过三个阶段，即信息共享、认知共享和自同步。信息共享能力的关键是将无人战场上的所有信息系统通过军事网格集成各无人作战平台所共用的一体化信息网格，包括横向和纵向一体化，其最生动的体现就是战场通用态势图。然而，战场上所有的无人作战平台采集到的信息都可以在军用网格上实现信息共享，经过信息处理和数据融合等，最后生成一张通用的战场态势图。

(3)构建无人作战平台的认知域。

无人作战平台的认知域，就是各级指挥控制和操作人员对无人战场的知觉、感知、认识和理解等，主要体现在对信息的正确理解，进而做出正确决策的领域。对于信息的正确理解不仅需要实现信息的互联、互通，更重要的是互操作，而军事网格的重大突破就在于实现信息的互操作，进而实现认知共享。"全球信息网格"就是针对信息系统的互操作性和端对端一体化的考虑提出来的。实际上，战场信息网格对于互操作性的考虑在无人战场上占有很大分量，并提出了具体的技术规范，以便对从战场上获取的信息建立起准确、全面的认知。此外，战场信息网格还具备很强的适应性和可学习性，最大限度地适应各类不同环境和各类无人作战平台作战任务的变化。因此，军用网格可完整地实现无人战场所要求的信息共享、认知共享和自同步三个阶段。

总之，成熟完善的无人战场军用网格应具备多种能力：在物理域，能够把无人作战平台及其所构成的各部分都安全、可靠地网络化起来，并实现其无缝连接；在信息域，具备搜集、共享、接入和保护信息的能力，具备信息协同能力，可取得对敌方的信息优势地位；在认知域，各无人化作战平台要能产生和共享高质量的态势感知信息，共同了解和掌握战场指挥官的作战意图，具有自我同步的作战能力。

3.7.3 以战场网格为核心的无人作战体系

目前有人作战战场的基本特点是体系对抗，未来无人战场仍然离不开体系对抗。建立完善的无人作战体系，不仅是无人战场交战的需要，也是实现无人战争的必备条件和前提。无人作战体系实质是一个以战场网格为核心的作战资源高度融合的有机整体。在无人作战体系下，战场网格把分布在陆、海、空、天多维空间的无人作战平台的软、硬打击武器、传感器、通信设备和保障装备等无缝地连接成一个大系统，各部分纵向和横向互联、互通、互操作。为了更好地构建无人化作战体系，通常需满足如下基本要求。

1. 必须满足网格技术标准

战场网格专家认为，如果一个无人作战系统不能融入战场信息网格与其他的系统形成相互操作，那么它就是对整个战场信息网格的破坏，同时也无法得到信息网格内信息共享的支持。所以，无论是战场探测平台还是作战平台，都必须满足战场网格的技术标准，才能形成战场网格，也才能以战场网格为中心实现整个无人化战场体系作战。

2. 必须满足无人化一体化联合作战的需要

一体化联合作战是当今信息化条件下高技术战争的基本和主要作战模式，其作战优势无疑将成为未来无人战场的主要作战方式。因此，必须着眼于联合作战的需求，发展具有高度共用性、通用性、兼容性及嵌入式互操作能力的无人作战平台，使得各空间无人作战平台在战场网格环境下，能够有效地实施无人与战场上的无缝联合作战。

3. 实现各无人作战平台的功能互补

要想达到高效的整体作战效果，必须进行以无人战场网格为核心的传感器、火力平台、通信装备和保障物资等作战资源的超大融合，并以此角度出发发展未来的无人作战平台，实现各无人作战平台的功能互补，使整个无人战场在信息网格支撑下，充分发挥各无人作战平台的作战功能和整体效能。

4. 协调发展无人作战平台性能

协调发展是指在发展无人作战平台性能上，不偏重追求单一无人作战平台作战功能的性能，而且全面考虑各个无人作战平台的战术性能，更需要考虑在战场网格支撑下，所有无人作战平台的相互弥补、整体最优，以求达到多维空间的无人作战平台在作用距离、作战领域和作战效果等方面的最佳配合和整体作战效益。

第 4 章　信息化武器装备及其发展趋势

4.1　信息化武器装备及其相关方面

武器装备是军队的重要物质基础，是战场环境的重要因素，也是决定战争胜负的条件之一。武器装备的发展主要取决于两大因素：①军队需求牵引，也就是战争、战场、军队和作战的需求牵引；②技术进步的推动，即科学技术特别是军事科学技术进步的推动。武器装备的根本性发展总是通过重大军事变革实现的。20 世纪 70 年代后，以信息技术为核心的高技术迅猛发展，从而引发目前正在向全方位、深层次发展的世界新军事变革，其最终目标是通过军事高技术进步实现军队和武器装备的现代化转型，彻底改变原机械化战争的面貌，加速信息时代信息化战争的作战演变。因此，世界各国尤其发达军事强国都把加快信息化武器装备建设作为推进新军事变革的重要战略举措，一大批精确制导武器、新概念武器、信息武器及信息化综合武器平台不断涌现，逐渐成为信息化战场上武器装备的主角。通常，人们把这些先进技术含量很高的用于信息化条件作战的武器装备统称为信息化武器装备。

4.1.1　信息化武器装备及其主要特征

信息化武器装备是指信息技术对武器装备性能的提高及使用、操控、指挥起主导作用，具有信息探测、传输、处理、控制、共享、分发、对抗等功能的武器装备。它是信息化战争的重要物质技术基础，也是信息化战争工具和手段的主体。信息化武器装备具有与机械化武器装备不同的特征和多种分类。

包括机械化武器在内的传统武器装备主要由物质和能量两大要素构成，杀伤力和机动力是其性能的主要体现与标志。而信息化武器装备将突出物质、能量和信息三者的有机融合，从而凸显出信息时代的特征。这些特征集中体现在如下五个方面(刘兴堂等，2018a)。

1. 利用网络化技术实现武器装备的整体联动

在信息化战场上，通过计算机网络技术把电缆、光纤和无线电台、卫星、散射、中继等各种电子设备构成有形和无形的高速“信息公路”，并在陆、海、空、天等各个战场空间形成一个无缝连接且无所不在的庞大信息网络，进而将各类侦察系统、火力系统、指挥控制系统和支援保障系统等武器装备连成一个有机整体，做到武器装备、指挥中心与作战部队的战场信息互通与共享，从而实现作战手段的整体联动，大幅提高信息化武器装备的机动性、灵活性和准确性。

2. 利用综合集成技术实现武器装备功能一体化

信息化战争，是体系与体系的对抗，这就要求武器装备多种功能的协调发展，以提高整体质量与效能。因此，在信息化武器装备研制与应用中广泛利用先进的“综合集成”技术，把多个分离的系统整合成高效、低耗、协调的大系统，大幅提高武器装备的整体作战效能。

3. 精确化是信息化武器装备追求的主要目标

精确作战是信息化战争的重要作战方式，因此实现精确化成为信息化武器装备发展的主要目标。随着各种先进制导控制技术[如激光、红外、电视、毫米波、微波和动能拦截器(kinetic kill vehicle，KKV)等技术]的广泛应用，信息化武器装备的命中精度越来越高，甚至可达到直接碰撞毁伤目标的效果。

4. 隐身化是信息化武器装备发展的重要方向

为了提高信息化武器装备的战场生存性和隐蔽突防能力，必须使信息化武器装备具有对抗雷达、红外、声音及可见光探测的隐身能力。因此，随着各种先进侦察、探测手段广泛应用和精确打击能力不断提升，隐身化武器装备得到了广泛发展，各种新型隐身飞机、隐身导弹、隐身舰艇、隐身战斗车辆、隐身火炮、隐身卫星和隐身通信系统不断涌现。其中，隐身飞机是发展最多、最快的信息化作战平台。

5. 智能化是信息化武器装备发展的主要趋势

武器装备的智能化从来就是战场武器装备发展的重要目标。随着人工智能技术的长足进步，世界各国军队进一步加大了对智能化武器装备研究的力度。可以预料，在未来信息化战场上，将出现大规模的机器人部队和由机器人驾驶的飞机、坦克、装甲车辆、军舰及通过智能计算机控制的其他信息化武器装备。

4.1.2 信息化武器装备的分类及组成

简言之，信息化武器装备大体分为“软杀伤”和“硬杀伤”两类。本书把具有“软杀伤”能力的信息装备或信息武器称为“软杀伤”型信息化武器装备。它通常由三部分组成，即网络战武器、电子战武器及心理战武器。而为达成“硬”对抗作战目的所使用的各种武器装备称为“硬杀伤”型信息化武器装备。其类型很多，但主要包括动能武器、弹道导弹、巡航导弹、防空导弹、精确制导炸弹、精确制导鱼雷、精确制导水雷、反辐射武器、地震武器、新生化武器、基因武器、临近空间武器、太阳武器、激光武器、高功率微波武器、离子束武器、电磁脉冲武器、纳米武器,以及各类综合信息化武器作战平台(如飞机、舰艇、潜艇、坦克、直升机、无人机、战场机器人及导弹防御系统等)。综合电子信息系统或称指挥信息化系统,是上述信息化武器装备的统领和"撒手锏"。

4.1.3 信息化武器装备发展趋势

信息化武器装备的发展趋势或未来,可从总体、体系和技术三个层面来观察、分析和审视(刘兴堂等,2018a)。

1. 总体发展趋势

在军事高技术的推动下,当今信息化武器装备发展呈现出前所未有的新特点,这就是充分利用以信息技术为核心的高技术成果,在实现军事技术整体跃升的基础上,重点实现武器装备的信息化、智能化、一体化和无人化。现代武器装备系统更强调集成化和系统化,即强调利用信息网络技术将多种武器装备进行系统综合集成和结构优化,从而形成主战武器与支援保障装备、硬杀伤武器与软杀伤武器、进攻性武器与防御性武器合理配置的多系统构成的大系统,促使多种作战能力合理集成,形成一个有机整体,提高综合作战能力。

2. 体系发展趋势

信息化武器装备已形成相当大的体系及体系对抗结构,其发展呈现出如下主要趋势。

(1)作用范围不断扩大。作用范围是指高技术兵器体系在战场空间的作用范围。信息化作战样式,如电子战、信息战、网络战、联合作战和太空战等不断涌现,使这种体系覆盖的范围日趋扩大。

(2)规模逐渐缩减。发展经济和维护和平是信息时代社会发展的主题,因此决定着武器装备体系发展规模呈缩减趋势。

(3)武器装备种类和型号在简减。这种简减趋势主要有两个原因:①武器装备性能、功能迅速提高和拓展,不再需要很多的种类及型号;②新型武器装备的研制、发展、使用、训练和管理等经费大幅增加,有限的经费只能支撑为数不多的武器装备种类和型号。

(4)技术含量不断提高。军事高技术尤其是信息、计算机、生物和航空、航天、航海等技术迅猛发展为研发新型高技术含量的武器装备创造了可行性条件,并蕴藏着极大的发展潜力。

(5)需要经费投入越来越大。新型武器装备对高技术的依赖性不断增加,因此研发投入越来越高。

(6)信息化武器装备体系将成为施行一体化联合作战的物质基础和主体。以信息技术为主要特征和核心的军事高技术的广泛应用,推动着战争形态由机械化战争向信息化战争加快转变,网络中心战取代平台中心战成为一种崭新的面貌,一体化联合作战也成为信息化条件下多维战场上的主要和基本作战模式,指挥信息系统成为这种战争形态和作战模式中参战军队和武器装备的联系桥梁和纽带。所有这些因素将促使信息化武器装备体系成为实施一体化联合作战的物质基础和主体军事力量。

3. 技术发展趋势

由于信息化武器装备是一个高技术密集的复杂大系统,信息化武器装备体系的技术含量更高、更复杂,因此为了科学、正确地预料信息化武器装备的技术发展趋势,必须按如下武器装备分类(主要按战斗空间)来分析和研究(刘兴堂等,2009)。

(1)地面作战武器。美国《2010 陆军现代化战略》明确指出未来陆军装备优先发展的三个领域。①为提高士兵执行联合任务的能力提供更好的杀伤、防护和态势感知能力。②通过实时数据联网和与联合部队连通,实现网络化指挥控制。③提高战车杀伤力、机动性和生存力,积极推进坦克和装甲车辆的更新换代,特别是发展地面无人装备和数字化火炮。由此可以清楚地看出,地面信息化武器装备发展趋势。①先进的网络系统将是地面作战的关键,指挥信息技术成为核心。②综合作战系统将是地面作战装备的重要发展方向,因此研发未来作战系统(future combat system,FCS)、未来快速奏效系统(future rapid effect system,FRES)和空地一体化作战(integrated air-ground operation)系统等的技术成为发展重点。③一体化士兵系统将成为未来单兵作战平台,因此一体化士兵系统已成为当前乃至今后相当长时期各国陆军的技术发展热点。④无人化装备将在未来地面作战中广泛运用,因此无人机、无人车辆和机器人技术受到高度重视。⑤精确制导武器成为地面作战的主要装备,精确制导与控制技术在大力发展中。⑥新型直升机将成为未来地面作战的新型力量,因此运用信息技术、计算机技术和网络技术加紧研发和运用新型直升机已是当务之急。⑦防空反导装备成为未来地面作战不可替代的力量,不遗余力地发展各种野战防空反导武器系统及其技术已迫在眉睫。⑧发展轮式装备可大幅提高地面作战快速反应能力,因此应在今后重点发展装甲突击武器、火力压制武器和防空导弹武器的技术等。

(2)海上作战装备。随着海洋资源、海上权益争夺日益加剧,海上作战武器装备及技术已呈现出如下发展趋势。①继续领先发展综合电子信息系统及技术,目前高速通信已实现频率为 240GHz,速率为 40Gbit/s,雷达电子技术实现了舰载相控阵雷达缩小体积突破。②保持舰艇的主体地位,进行动力技术的“第二次革命”,

核动力和综合电力系统技术自然是发展的重要方向。③无人作战平台(包括无人飞行器和水下无人潜航器等)及技术是发展的新方向。④新概念作战平台(包括多体舰和地效翼艇等)及技术将不断涌现。⑤新概念电子信息装备(如生物计算机、纳米芯片和微机电系统等)及技术发展将更快。⑥信息系统与武器系统交链愈加紧密。⑦新概念武器(包括激光武器系统和电磁导轨炮)及技术发展将更加活跃。⑧海军航天装备及技术将更加受到重视。

(3)空中作战装备。其呈现出如下主要发展趋势。①综合电子信息装备及技术成为优先发展对象。②主战武器装备及技术仍是发展重点,表现为新型轰炸机技术特征愈趋明晰,现役俄、美轰炸机继续升级改进;第五代战机持续推进试验;第六代战机开始研发,其十分强调综合作战能力,同时注重支援和保障飞机更新换代等;新型机载武器向动能杀伤和网络化制导方向及高速、高毁伤和多目标自主攻击方向发展,并开展空基反弹道导弹系统研究。③信息对抗装备技术的发展成为重中之重,侦察无人机和电子战飞机及新型预警机成为发展重点。④航空支援保障装备技术将引起高度重视(包括空中加油机、军用运输机及训练装备等)。

(4)战略武器和战略威慑。其呈现出如下主要发展趋势。①为了进行核威慑下的信息化战争,战略导弹及其技术的发展将使核攻击目标趋于多元化。②信息时代战略威慑将从"核武器伞"转化到"信息伞"。③"网火"精确打击系统及技术,即多联装智能化导弹系统及技术成为一种新的威慑力量。④发展"三位一体"(即导弹、核能和信息化武器为统一体)的新型战略武器及技术。⑤发展 C^4KISR 系统及技术,使其在核战略进攻与防御中发挥更大作用。

(5)空间作战装备。其已呈现出如下主要发展趋势。①微型卫星组网及技术成为重要发展方向。②统一格式的一体化信息网络及技术成为构成一体化军事信息系统的最主要手段。③空间攻防技术将被广泛采用。④空间信息对抗将贯穿空间军事斗争全过程,因此空间信息对抗技术将成为研究热点。⑤实施运载火箭升级换代,发展重型和重复使用的运载器及其技术。

4.2 现代战场上的信息化武器装备

现代战场上的信息化武器装备可说是各式各样、琳琅满目,但归结起来,根据武器装备性质,可分为攻击类信息化武器装备、防御类信息化武器装备和支援类信息化武器装备;根据杀伤效应,可分为"硬杀伤"类信息化武器装备和"软杀伤"类信息化武器装备;根据武器装备功能,可分为信息系统、信息化弹药、新概念武器和单兵数字化装备等。

4.2.1　信息系统

信息系统在信息化战争领域内又称军事信息系统，包括指挥信息系统和信息作战系统，是由信息获取、信息传输、信息处理、信息管理和信息应用等部分组成，用于保障军队作战和日常活动(刘兴堂等，2018a)。

1. 指挥信息系统

指挥信息系统是以计算机网络为核心，由指挥控制、情报、通信、信息对抗、综合保障等分系统组成，可对作战信息进行实时地获取、传输、处理，用于保障各级指挥机构对所属部队和武器装备实施科学、高效地指挥控制的军事信息系统。

从信息化武器装备角度讲，指挥信息系统又称为综合电子信息系统。它主要由指挥控制系统、情报侦察系统、预警探测系统、通信系统和综合保障系统等组成。其中，指挥控制系统是指挥信息系统的核心，用以保障指挥员和指挥机关对作战人员和武器系统实施指挥与控制，主要包括指挥所信息系统、作战单元指挥系统、武器平台控制系统、指挥信息网和数据链。情报侦察系统用于实时收集、处理、存储、分发和传输各类情报，包括情报侦察指挥机构、情报侦察人员、情报侦察对象、各种情报侦察工具和手段，以及支持情报侦察机构对所属力量进行指挥控制的信息系统，该系统分布和应用十分广泛，主要有地面、水面(水下)、空中和太空情报侦察系统。预警探测系统是运用信息获取技术装备，为早期发现、定位、跟踪、识别来袭武器并发出相应警报的持续运行系统，主要包括陆基、海基、空基和天基预警探测系统，预警机、预警侦察和探测雷达，监视和探测卫星与飞船及天基红外系统是该系统的主要技术装备或平台。通信系统是用于保障军事信息活动、具有特定功能的系统，由传输、交换、处理和终端等通信设备及辅助设施构成，它主要包括通信枢纽、传输信道和用户终端三类。综合保障系统是为军队作战提供支援保障的各类信息系统，是信息化战争中实现“精确保障”的物质基础，该系统主要由气象水文保障信息系统、测绘保障信息系统、卫星导航定位系统、后勤保障信息系统、装备保障信息系统、防险救生/工程/防化保障信息系统和教育训练保障信息系统等构成。其最主要的是气象水文保障信息系统、测绘保障信息系统和卫星导航定位系统。气象水文保障信息系统用于为军队作战提供及时、准确的气象、水文、天文、潮汐、空间天气等信息；测绘保障信息系统是为军队作战提供准确、有效的测绘信息的信息系统，它主要由地理空间数据支援系统、测绘保障应用支援系统和战场环境仿真保障支援系统构成；卫星导航定位系统是大家所熟知的以人造地球卫星为基准的无线电导航与定位系统，目前使用的卫星导航定位系统有美国的 GPS、俄罗斯的 GLONASS、我国的北斗卫星导航系统及欧洲的“伽利略”系统。

近年来，在综合电子信息装备方面，军事强国大力研发新型通信系统。积极构建信息基础设施，着力发展态势感知系统，加速推进卫星导航系统建设，实现了多项技术突破。这主要表现在以下几点。①天基通信系统性能显著提升。最近，美军成功发射“宽带全球通信卫星”“先进极高频通信卫星”“移动用户目标系统卫星”，并首次进行地月通信测试，不但增强了“动中通”通信能力，而且使下行速率高达 622Mbit/s，是目前无线电卫星通信系统的 6 倍。②高速无线电通信技术加速发展。美军通过“100G”项目开发基于毫米波段、传输速率达 100Gbit/s 军用机载无线传输技术，为军队作战提供了高机动、远距离、超高速率的骨干通信链路，显著提升了美军战场态势和指挥控制信息的传输能力；德国新型光学数据链成功在“飓风”战斗机和相距超过 60km 地面站之间实现了 1Gbit/s 的空地数据传输，相当于通用数据链传输速率的百倍。③战术通信系统通用化水平进一步提高。美空军完成“联合监视目标攻击雷达系统”飞机上加装，显著强化了通信和战斗管理能力。④美军首个区域性“企业运行中心”启动，标志着美国国防部构建坚固、灵活信息基础设施的联合信息环境已具初始作战能力。⑤美海军启动“下一代企业网”将采用三种新技术：一是云计算；二是虚拟化；三是新型网络防御，有效支撑信息共享。⑥俄罗斯筹建三个新“沃罗涅日”雷达站，弥补导弹预警雷达系统的防御缺口，将从根本上提高导弹防御系统的战斗力。⑦美军“联合地面攻击巡航导弹防御空中感应网系统”走向成熟，它将监视与通信手段相结合，可对大片近海区域的多个安静目标进行自适应持久监视，同时，美海军研制的 MQ-4C 无人机已成功试飞，可搭载多功能有源传感器雷达、光电和红外摄像机等，能够远距离同时监控距离达 3700km 的海上和近海面地区。⑧美国研发海量数据目标存储技术，用于建设情报、监视、侦察云。⑨美国成功研制出具有自主导航定位授时能力的芯片级高精度惯导系统，在不依赖卫星导航定位技术方面取得重大突破，未来将在微型信息作战平台、导弹、精确制导武器装备上发挥重要作用。与此同时，世界各国特别是美国还加紧指挥控制新技术研发，通过开放式架构与先进集成技术，将现代化数据技术融合于 C^4ISR 系统，以扩展指挥与控制能力。

此外，就指挥控制系统而言，军事强国都加快了升级改造步伐，例如，美军对联合全球指挥控制系统（global command and control system，GCCS）进行了现代化改造，目前，美军已完成一体化防空反导作战指挥系统演示试验；俄罗斯战略导弹部队在 2016 年采用新型第五代指挥与控制系统。该系统同时使用有线、无线和卫星通道，以数字通信网络为基础，可直接与发射系统联通，使目标快速定位，并具备强烈抗干扰能力，确保对所有作战单元和子单元实施有效指挥控制。

2. 信息作战系统

信息作战系统，是以信息技术为核心，直接用于摧毁和破坏敌方电子信息装备和设施，影响敌方信心和士气，保护己方信息、信息系统和稳定人员心理的信息系统。它主要包括电子战系统、网络战系统和心理战系统。电子战系统，是以各种电子攻防武器为主要手段的信息作战系统，主要由电子侦察系统、电子进攻系统和电子防御系统构成；网络战系统，是以计算机和网络为主要平台和对象，以各种网络战武器为主要手段的信息作战系统，该系统主要包括网络侦察、网络攻击和网络防御等系统；心理战系统，是指以各种信息技术装备和设备为主要手段，能对敌我双方人员的心理、决策和行动产生特定影响的信息作战系统，该系统有许多类型，如心理进攻系统和心理防御系统、宣传材料散发系统、广播电视宣传系统、网络心理战系统、机载心理战系统、舰载心理战系统和车载心理战系统等。

4.2.2 信息化弹药

装有炸药及其他装填物，能对目标起毁伤作用或实施其他军事用途的装置与火工品称为弹药。它包括导弹、枪弹、炮弹、火箭弹、巡飞弹、手榴弹、枪榴弹、地雷、水雷、鱼雷、航空炸弹和深水炸弹等。信息化弹药，又称精确制导弹药，是指采用精确制导控制技术，具有较高命中精度或直接命中概率大于 50%的弹药。与传统弹药相比，信息化弹药能够获取和利用目标位置信息进行飞行控制、弹道修正直至命中目标。它主要包括各类导弹、制导炸弹、制导炮弹等。

信息化弹药介绍如下（刘兴堂等，2009）。

1. 导弹

导弹，是依靠自身动力装置推进，由制导控制系统导引控制飞行航迹，导向目标，以战斗并毁伤目标（最先进的空中拦截弹则采用直接碰撞技术，依靠动能杀伤目标）的武器。众所周知，它是现代战争中使用最广泛、作战效果最明显的信息化武器之一。导弹是一个非常庞大的武器家族，可以从战役战术导弹到战略导弹，从液体导弹到固体导弹，从弹道导弹到巡航导弹，乃至反坦克、反舰、防空、反卫和反弹道导弹等。根据发射点和攻击目标的不同，还可以分为防空导弹、空空导弹、空地导弹、地地导弹、潜射导弹等。导弹武器在世界各国军队列装服役，发挥着实战或战略威慑作用，特别是在最近几场高技术局部战争中，这些导弹武器的威力和影响给人们留下了众多争论和评价，大家更加关注导弹武器的发展动向。其中主要包括以下几类。

（1）防空导弹。防空导弹，是指利用精确制导控制技术，对来袭敌机和导弹实施（空中）拦截的导弹。典型的防空导弹有美国的“爱国者”系列（图 4-1）、俄罗斯的“萨姆-10”、法国的 SA-90 等。

（2）空空导弹。空空导弹是以作战飞机或武装直升机为发射平台，用于攻击空中目标的导弹。典型的空空导弹包括美国的 AIM-120D 中程空空导弹、俄罗斯 AAML 远程攻击导弹和英国的 AIM-132 近距格斗导弹等。其中，AIM-120D 中程

图 4-1 美国“爱国者”导弹发射瞬间

空空导弹具有发射后不管、复合制导、多目标攻击、全天候作战和下视下射、上视上射特点，发射距离为 100km 以上，同时具有攻击巡航导弹等小目标能力的近距攻击特性。

(3)空地导弹。空地导弹也是以作战飞机和武装直升机为发射平台，但用于攻击地面、水面目标。

(4)反舰导弹。反舰导弹，是专门用于攻击水面舰艇的导弹。按照发射平台和运载工具不同，反舰导弹分为空舰导弹、舰舰导弹、潜舰导弹和岸舰导弹等。

(5)地地导弹。地地导弹，是从陆地发射打击陆地目标的导弹。按飞行弹道，可分为地地弹道导弹和地地巡航导弹；按射程，可分为洲际、远程、中程、近程地地导弹；按作战使用方式，可分为地地战略导弹和地地战术导弹。地地战略导弹通常携带单枚或多枚核弹头，射程远、威力大、命中精度高，用于打击各种战略目标。地地战术导弹可携带常规或核弹头，尺寸小、质量轻、射程近、机动性好，可以用汽车、火车、飞机、舰船运输和陆地机动发射，用于打击战役战术目标。

(6)潜射导弹。潜射导弹是由潜艇发射的导弹。它主要分为潜射弹道导弹、潜射巡航导弹、潜射反舰导弹和潜射防空导弹等。

(7)反坦克导弹。反坦克导弹，是专门用于摧毁坦克及其装甲目标、坚固工事及其他近距离地面小型目标的最主要导弹武器。近年来发展的反坦克导弹还可以用于摧毁防空阵地、地面指挥所和防御工事等坚固目标。截至目前，反坦克导弹已发展了四代，约有 80 多个型号。

2. 制导炸弹

制导炸弹或称“灵巧炸弹”，是装有制导装置的空气动力操纵面的炸弹，主要包括激光制导炸弹、电视制导炸弹和红外制导炸弹等。制导炸弹由各种飞机(包括轰炸机、攻击机和武装直升机等)携带和投射,主要用于毁伤敌方防空系统、火炮、坦克、装甲车辆、机场、桥梁、建筑物及海上目标等。早期精确制导炸弹主要利用激光、光学、红外成像和电视成像等技术制导,现大多数采用"全球导航定位系统+惯性导航"制导,使命中精度和突防概率大幅提高。一般普通航空炸弹加装制导装置和气动舵面后就可以改装为制导炸弹。典型的制导炸弹有美国的 GBU-31"联合直接攻击弹药"(joint direct attack munition,JDAM),如图 4-2 所示。它除可由作战飞机携带实施低、中、高空水平轰炸外,还能实施俯冲和上仰轰炸,可同时攻击多个目标。

图 4-2　美国 JDAM 制导炸弹飞行照片

3. 制导炮弹

制导炮弹,是用地面火炮发射,弹丸带有制导装置的炮弹,主要用于攻击坦克、装甲车辆、反坦克弹的发射装置、观察所、掩蔽部的火力发射点等小型目标。它没有动力装置,靠火炮发射的初速度、稳定翼和控制舵面使其稳定飞行。弹丸上有小型化的导引头,能在弹道末段自动搜索、捕获目标和精确制导,以高精度地命中目标。按照所采用的制导技术,通常可分为激光制导炮弹、毫米波制导炮弹、红外成像制导炮弹和复合制导炮弹等。

(1)激光制导炮弹。激光制导炮弹,顾名思义是利用激光进行制导的炮弹。其有主动与半主动制导两种,目前使用的主要是半主动激光制导炮弹。

(2)毫米波制导炮弹。它是利用装在炮弹上的微型毫米波雷达寻的制导的,可在弹道末段自动搜索,跟踪目标,修正飞行弹道,直至命中目标。

(3)红外成像制导炮弹。它是利用红外探测器通过目标红外成像进行制导并捕获、跟踪目标,直至命中目标的制导炮弹。

(4)复合制导炮弹。复合制导炮弹是将两种不同类型的制导装置组合在一起的制导炮弹。

4.2.3　新概念武器

新概念武器,就是工作原理、毁伤机理和作战运用方式与传统武器有显著不同的概念，可大幅提高作战效能与效费比的各类新兴高技术武器。也可以认为是采用新思想、新理念、新方法、新技术、新结构、新材料、新能源和新工艺研发的，在高技术兵器体系中能发挥战斗倍增器作用的创新型武器群。它们的作战效能和效费比较传统武器高，在信息化战争中已逐渐充当了重要角色。军事专家认为，21世纪必将是新概念武器显威与称霸的时代。正在研发和应用中的新概念武器已形成一个庞大的家族，主要有定向能武器、动能武器、非致命性武器、环境武器、纳米武器、新概念枪械、新概念弹药及新概念核生化武器等(赵一兵等，2013)。

1. 定向能武器

定向能武器，是利用定向发射的电磁波束、高能激光束、高能粒子束直接攻击目标的武器统称，又称“能束武器”或“射束武器”。实质上，它是通过一定的能量转换装置，将某种电磁辐射和高速运动的微观粒子聚焦成强大的射束，以光速或接近光速的速度，沿一定方向射向目标，达成目标结构、材料及电子设备的破坏和毁伤。它主要用于干扰目标发挥功能或直接破坏及毁伤目标(包括拦截飞机、卫星和各种导弹等)。定向能武器主要包括激光武器、粒子束武器、高功率微波武器和声呐武器等。

1)激光武器

激光武器是利用激光束直接毁伤目标或使目标功能失效的定向能武器，具有远程、方向性好、能量集中、机动灵活、抗电子干扰能力强、反应时间短和命中精度高等突出优点。目前，激光武器品目繁多，可按照不同方法进行多种分类。按其功率大小，可分为低能激光武器和高能激光武器。其中，低能激光武器又称激光轻型武器或单兵激光器，是利用低能激光束杀伤单兵、破坏侦察及光学器材的一种定向能武器，主要有激光枪、激光手枪、激光致盲及眩目武器等；高能激光武器又称强激光武器或激光炮，可摧毁飞机、导弹、坦克和卫星等运动速度快、威力大的敌方目标。激光武器通常分为天基、地基、机载、舰载和车载激光武器。图4-3给出了激光武器系统结构示意图。

反激光武器则是反激光的激光武器，或者说是对付激光束的对抗武器。

激光/反激光武器有如下发展趋势。①机载激光武器被纳入战区弹道导弹助推段防御系统，快速形成携带激光武器作战机群已成为一种明显趋势。②反卫星激光武器越来越重要，其跟踪与摧毁在轨卫星的高功率激光束传输技术已成为研发重点，有效摧毁低轨卫星的高能激光武器系统是未来重要的发展方向。③战术激光武器将向着紧凑化、通用化和普及化的方向迅速发展。例如，美国正在发展高效率、高光束质量的100kW固体激光器；在研发中的一种未来激光武器系统，获得了光束控制技术的突破，包括优化流动控制、ABC流动控制技术和自适应光学系统同步等。又如，科研人员正研发一种机载激光武器吊舱，其激光武器光束可控，

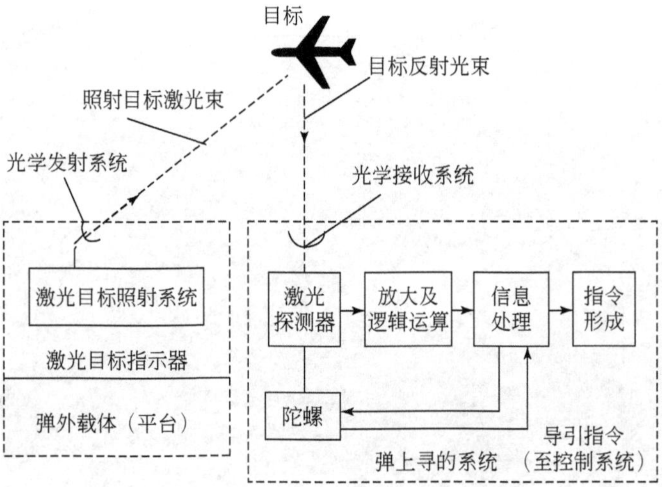

图 4-3　激光武器系统结构示意图

可用于摧毁光电制导和红外制导的防空导弹，也可以进行高精度的目标跟踪和识别任务，以防护载机平台。

总之，正在关注和研发的下一代激光武器有三类：①低功率激光武器，可用于照射、跟踪、瞄准和拒止/挫败敌传感器；②高能激光武器，可向其他飞机或地面目标实施攻击作战；③中等功率激光防御武器，可对付来袭导弹。

2)粒子束武器

粒子束武器，是利用接近光速的密集微观粒子(质子、电子、离子)束流构成的定向能毁伤目标或使目标功能失效的定向能武器，具有拦截速度快、杀伤力极高和全天候作战的显著优点。粒子束武器的杀伤机理在于：用高能强流加速器将粒子源产生的电子、质子和离子加速到接近光速，并用磁场把它们聚集成密集的束流，直接去掉电荷后射向目标，靠束流的功能或其他物理效应摧毁目标。它按照使用特点和粒子性质，可分为大气中使用的中性粒子束武器和外层空间中使用的带电粒子束武器；按照其部署方式和载体平台类型，通常被分为陆基、舰载和天基粒子束武器。其中，陆基粒子束武器主要用于拦截进入大气层的战略弹道导弹，执行保护重要战略目标作战任务；舰载粒子束武器主要用于保护舰母编队、大型舰船，使其免遭导弹来袭；天基粒子束武器又称空间粒子束武器，主要用于拦截大气层外来袭的导弹或其他太空飞行器(如正在空间轨道上运行的敌方卫星等)，也可从太空直接攻击地面目标。图 4-4 为粒子束武器的组成示意图。

近年来，美国正在大力研发陆基和舰载粒子束武器，用于拦截导弹发射井发射的弹道导弹和对付巡航导弹和其他导弹来袭，并加紧研发天基粒子束武器，用以截击洲际弹道导弹来袭。虽然目前粒子束武器还处于探索或攻关阶段，但随着深入

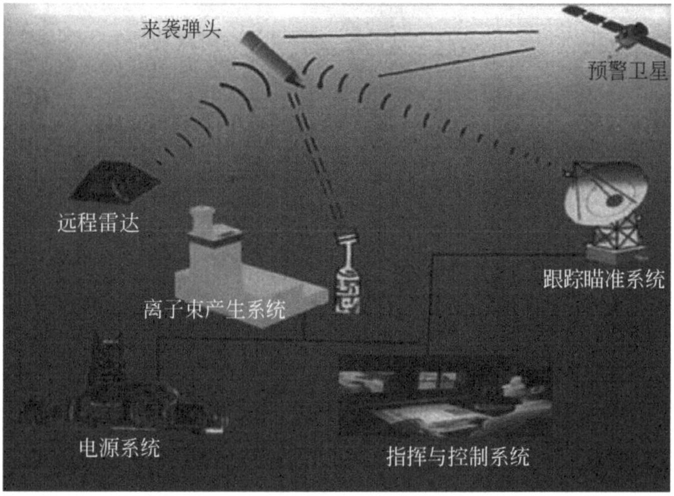

图 4-4 粒子束武器的组成示意图

研究、试验和实践，它终将会成为未来空天一体战和空海一体战的高效进攻/防御武器，作为高速拦截武器对付飞机、导弹和卫星等目标。预计到 2020 年可投入实战部署。

3)高功率微波武器

高功率微波武器(high power microwave weapon，HPMW)又称射频武器，是利用定向发射的高功率微波波束毁伤敌方电子设备或杀伤有生力量的定向能武器。高功率微波武器堪称“第二原子弹”，具有极强穿透性、可实施全天候、多种目标攻击、附带损伤很小等优点。在概念上，高功率微波武器与激光武器和粒子束武器一样，其能量都是以光速或近光速传输的。但其功能同它们又有明显区别，主要表现在高功率微波武器对目标的破坏是软杀伤，即用以干扰或烧毁敌方武器系统的电子器件、电子控制及计算机系统，并引起人体心血管紊乱等。通常，它分为微波波束武器和微波炸弹两类。其中，微波波束武器主要是利用定向辐射的高功率微波波束来杀伤点状目标，且可同时杀伤多个目标；微波炸弹又称电磁脉冲武器，主要是利用炸药爆炸压缩磁通量的方法来产生高功率电磁脉冲，杀伤面状目标，包括电子敏感元件和人体。它可以闪电般地摧毁敌方电子设备，使雷达、电话等系统陷于瘫痪并引起人体心血管紊乱。高功率微波武器既能作为进攻性武器，又可用作防御性武器，其主要作战对象为敌方军事卫星、战略弹道导弹、巡航导弹、反辐射导弹、预警机、隐身飞行器、舰艇、坦克、信息系统、地雷和战斗车辆的点火系统，以及作战人员等。

苏联最早发展了高功率微波技术和武器；美国早在海湾战争中就首次使用了采用“战斧式”巡航导弹运载的微波炸弹，用以干扰毁坏伊拉克防空系统和指挥中心的电子设备。在后来的科索沃战争、阿富汗战争和伊拉克战争中，美军又陆续使用了这类新概念武器，取得了不少战绩。

目前已有或试用的典型高功率微波武器有电磁脉冲炸弹、微波电子炸弹、高级微波炸弹、钻地炸弹、地面车辆制止、电磁导弹、主动压制系统、核电磁脉冲弹等。

高功率微波武器作为现代战争中的重要新概念武器，在未来战争中又有着极好的应用前景，决定了它的持续、快速发展，其主要趋势有两个方面：①以精确制导武器或无人作战飞机作为未来优选武器平台；②该武器及其系统继续向着小型化、高效率、高功率的方向发展。

4)声呐武器

声呐武器又称声能武器或声波武器，是一种利用强声波或次强声波(低于20Hz 的声波)，可使有生力量部分或全部丧失作战能力的武器。它作为一种新概念武器，具有隐蔽性强、传播速度快、传播距离远、穿透力强、不污染环境和不破坏设施等主要特点，因此军事专家认为这是一种非致命性新概念武器。

声呐武器按杀伤效应，可分为器官型和神经型两大类。前者能使人腹痛强烈或内脏破坏，失去战斗力甚至丧失生命；后者能强烈刺激大脑，使人神经错乱、失常甚至失去知觉。

目前，声呐武器已有多种类型，主要包括声炮、高功率声波发生器、噪声枪、超声波子弹和噪声波武器等。

2. 动能武器

动能武器，是利用具有巨大动能的非爆炸战斗部，直接碰撞并摧毁目标的武器。动能武器又称高速射弹武器或超高速动能导弹，是一种典型的利用发射超高速弹头的动能直接拦截武器，将成为反飞机、反弹道导弹和反卫星的“撒手锏”，代表着反战术弹道导弹的一个重要发展方向。它主要包括动能拦截武器和电磁发射武器(图 4-5)。

1)动能拦截武器

动能拦截武器，是一种由火箭推动、自主寻的和利用其与目标直接碰撞的巨大动能来摧毁目标的飞行器，具有命中精度高(脱靶量为零)、杀伤力强、无污染、质轻体小、机动性好、适于大气层内外作战及可在陆、海、空、天全方位部署等突出优点。它是信息化战争中反弹道导弹、反卫星和卫星自卫的理想武器，还将发展成空空、空地及反坦克多用途动能导弹。

2)电磁发射武器

电磁发射武器，是一种依靠电磁能推动的发射武器。它主要包括电热炮和电磁炮。电热炮又称电热化学炮，是一种利用电能转化为热能，使推进剂燃烧产生高温、高压气体，发射超高速弹丸的动能武器，具有弹丸初速高、威力大、射程远、射程

(a)动能拦截武器　(b)电磁发射武器

图 4-5　动能拦截武器和电磁发射武器

可控和反应快等显著特点，可用于天基反导系统、防空系统、反装甲武器或作为坦克炮及舰载炮使用，也可作为远程火力压制武器使用。电磁炮是一种利用电磁能或电磁力超高速推进弹丸的动能武器，具有射速快、精度高、射程远、动能大、抗电子干扰能力强、隐蔽性好和毁伤效果好等突出优点，主要被用于摧毁反舰导弹、战区弹道导弹、空地导弹和反辐射导弹。

通常，动能武器可按照不同方法分类，但主要是按以下方式来分类：按推进系统，可分为火炮系统、火箭系统和电磁系统动能武器；按部署方式，可分为地基、海基、空基和天基动能武器。一般来讲，动能武器主要由超高速推进系统、弹头、探测系统和制导系统等部分构成。影响和支撑动能武器战技性能和作战效能的技术颇多，但核心技术主要包括 KKV 技术、智能技术、精确制导与控制技术，以及相关的关键技术。如动力加速技术、KKV 识别技术、导引头技术、直接侧力控制技术、组合导航技术、凝视成像探测技术、多传感器技术、大推重比技术、快速响应姿/轨控和高速信息处理技术等。目前正在研发或使用的典型动能武器有动能杀伤飞行器、电磁炮、电热炮和太空雷等。

3. 非致命性武器

非致命性武器又称失能武器、低杀伤性武器、不流血武器、非杀伤性武器、软杀伤武器、温柔武器等，是指利用声、光、电、电磁和化学制剂等非致命性技术手段，使敌方人员或装备暂时或永久失能，而不致人死亡和产生不必要的物质损害及环境危害的武器。非致命性武器是工业时代战争向信息时代战争过渡的一种新概念武器。随着现代军事领域的需求（包括高技术战争、反恐、维和、反极端组织等）和军事高技术的迅猛发展，各种非致命性武器不断涌现。非致命性武器按学科可分为物、化、生和心理等非致命性武器；按作战体制可分为破坏通信指挥系统、装备车辆武器、后勤物资、作战环境、作战体能和干扰人员心理状态等非致命性武器；按作用对象可分为反人员非致命性武器和反装备非致命性武器。

1)反人员非致命性武器

反人员非致命性武器，主要是利用物理效应和化学效应实施非致命攻击，使敌方大量战斗减员，造成沉重负担。它主要包括声能武器、化学失能剂和刺激剂等。其中，声能武器是一种利用不同频率和音量的高功率声束(超声、次声和极低声波等)使人感到不适或内脏损伤而无法遂行作战任务的武器，主要有次声波、超声波和噪声波武器等；化学失能剂能够造成人员的精神障碍、躯体功能失调，从而丧失作战能力；刺激剂是以刺激眼、鼻、喉和皮肤为特征的一般非致命性的暂时失能性药剂。

2)反装备非致命性武器

反装备非致命性武器，主要是通过破坏装备本身的材料结构或外部条件，使其无法正常使用，以阻止装备实施机动的目的。它主要包括超级润滑剂、材料脆化剂、超级腐蚀剂、超级黏合胶及动力系统熄火弹等。其中，超级润滑剂，是利用含油聚合物微球、表面改性技术、无机润滑剂等原料，复配而成的摩擦系数极小的化学物质，主要用于攻击机场跑道、航母甲板、铁轨、高速公路和桥梁等目标，可有效地阻止飞机起降和列车、车辆运行；材料脆化剂，是一些能引起金属结构材料、高分子材料和光学视窗材料等迅速解体的特殊化学物质，可对敌方装备的结构造成严重损伤并使其瘫痪，可用来破坏敌方的飞机、坦克、车辆、舰艇、铁轨及桥梁等装备和设施；超级腐蚀剂，是一些对特定材料具有超强腐蚀作用的化学物质；超级黏合胶，是一些具有超强黏结性能的化学物质；动力系统熄火弹，是利用阻燃剂污染或改变燃料的性能，使发动机不能正常工作而熄火的武器。

在上述两大类非致命性武器中，目前正在研发或使用的典型武器有声波武器、激光致盲/致幻武器、眩目武器、臭味弹、防爆枪、防爆弹及其发射器、电击武器、水枪和水炮、催泪武器、机动性主动拒止系统、脉冲能量弹、化学黏稠剂、渔网弹、掷网器、泰瑟枪、高压电地雷、豆苞弹、超级润滑剂、导电纤维弹、熄火剂、强光弹、计算机病毒、感性炸弹、超强黏合剂、碳纤维弹、反坦克非致命手榴弹、金属脆化剂、水电破坏弹、新细菌弹(朱晓行等，2013)等。

4. 其他新概念武器

除定向武器、动能武器和非致命性武器外，正在研究和探索的其他新概念武器还有环境武器(如地震武器、臭氧武器、气象武器和电离层武器等)、基因武器、纳米武器、新概念生化武器、新概念枪械武器、反物质武器及熵武器等，在这些新概念武器中有部分已经在试验或得以使用，也有的正在准备中。这里仅简单地介绍一下其中的环境武器、基因武器和纳米武器。

1)环境武器

环境武器又称地球物理武器，是指通过利用或改变自然环境的状态所产生的巨大能量，以阻止、战胜或危害敌方行动的武器。通常，这类武器总是以自然灾害(如地震、火山爆发、山崩、海啸、雪崩、热风暴、流星陨落、飓风、暴雨、冰雹、电磁层紊乱、地磁变化及臭氧层变薄或穿孔等)面貌出现，威力相当巨大，对敌我双方具有双重危险，必然给人类生活和生态环境带来严峻挑战及巨大威胁。

至今，环境武器大体可分为四类：气象型、地震型、海洋型和生化型。

(1)气象型环境武器简称气象武器，是指为达到一定的军事目的，应用现代气象科学技术与相关技术，通过人工影响天气和气象制造的气象自然灾害(如冰雹、暴风、飓风和雷电等)来袭击对方的经济、文化指挥中心和战胜或危害、妨碍对方的军事行动和武器。到目前为止，气象武器已形成一个环境武器领域内最大的家族，品目十分繁多，但主要有暴雨武器、雷云武器、云雾武器、消云武器、造寒/造热武器、飓风/海啸武器、干旱武器、冰雹武器、太阳武器、温压武器和热压武器等。

(2)地震型环境武器又称地壳构造武器，简称地震武器。从杀伤机理讲，地震武器一般并不直接产生杀伤力，其巨大的破坏作用是通过核爆炸诱发敌方地震或海啸而间接实现的，且这种诱发性爆炸大多在距受攻击点几百千米甚至几千千米的海下、地下进行的，特别是运用地震武器的一方，可以在本国领土上使用地震武器来冲击或激活地球上任何一个角落的地震活跃区，使该区域产生地震，其破坏范围和破坏力大大超过普通核武器。美、俄等国的研究与试验表明，一颗万吨级核弹，在某一特定区域的地下或深海处爆炸之后，可以引发出与数千万吨级甚至亿吨级核弹毁伤力相当的地震、海啸，可瞬时使发生地震区域的海滨城市、军港和岛屿等消失，以达到军事上难以达到的战略目的。因此，地震武器是一种威力巨大的新概念武器，它将成为人类的又一“煞星”。

(3)海洋型环境武器是一种借助物理或化学方法诱发海洋、岛屿、海岸及相关环境中某些不稳定因素(如巨浪和海啸等)释放巨大能量用以海战攻击舰艇、海岸军事设施及海航飞机等军事目标的武器系统。正在研发和试验的海洋型环境武器主要有以下四类，即巨浪武器、海啸武器、海幕武器和吸氧武器等。

(4)生化环境武器是一种利用生物或化学药物等方法，对敌方土地、农作物和环境等造成生态破坏，从而间接达到战争目的的武器系统，典型的生化环境武器有化学雨武器和臭氧武器。前者主要通过碘化银、干冰、食盐和致枯剂、老化剂、高腐蚀性和剧毒性化学药剂使云层形成水滴，造成连续降雨，以致敌方人员伤亡或武器装备老化及农作物枯死；后者则是一种采用物理和化学方法，改变敌方上空大气臭氧浓度，人造臭氧空洞，通过加大紫外线对该地区的照射强度而致敌方人员皮肤灼伤或致命的新概念武器。

2)基因武器

基因武器是基因工程生物武器的简称。这是一种应用遗传工程技术,采取类似工程设计方法,按照军事需求而研发的具有杀灭、攻击和失能特殊功效的新型生物武器。也可以说,基因武器是在分子或基因水平上对敌方人员或动植物直接造成危害的,或利用生物技术,通过调控、构建和改造微生物及其毒素而形成的一种新的生物武器。确切地讲,基因武器,就是指应用遗传工程技术改造的经典生物战剂,用于分子和基因水平上造成攻击力的武器。这种新概念武器所产生的新致病生物制剂,培养出的具有显著抗药性病菌,可致种族或人群的灭亡,从而达到战争目的。基因武器称为现代和未来战争中的瘟神,甚至有的科学家曾称基因武器为“世界末日武器”。在生物武器家族中,基因武器在某种程度上杀伤力超过原生物战剂的 10 倍、几十倍甚至百倍以上。科学家认为,如果将“埃博拉”病毒、“艾滋”病毒、“057”病毒等制成基因武器,这些“生物原子弹”便足以毁灭人类。

基因武器是一种费用很低而威力巨大无比的软杀伤新生物武器,常见的典型武器有人种炸弹、基因炸弹、白痴基因武器和眼镜蛇基因武器等。

3)纳米武器

在物理学上,纳米是一个很微小的长度单位,即十亿分之一米(10^{-9} m)。一根头发的直径有 6000～7000nm,它放在乒乓球台上,就如同乒乓球放在地球上。当物质被粉碎到纳米级细小状态时,其原有的光、电、热、磁等物理特性全会发生意想不到的变化。因此,纳米材料的不寻常特性展现出一个全新的物质世界,就此产生了神奇的纳米技术。

采用纳米技术研发的体积微小的武器称为纳米武器。纳米武器的杀伤机理是利用纳米微粒导致光、电、磁、声、力学等特性呈现出新的小尺寸效应,从而获得比普通物质优异得多的所需的各种物化性能。纳米武器的研发与应用,大大改变了人们对战争力量的对比和战场环境的传统看法,使其重新认识军事领域数量与质量的关系,产生了全新的战争与战场理念。因此,军事专家认为,纳米武器将驱动未来作战革命,使未来战争成为低消耗战争,也使现代战争更加透明。

通常,纳米武器可分为两大类(或系列),即纳米信息装备系列与纳米攻防武器系列。前者是指利用纳米技术制造的各种军用信息系统装备;后者则是运用纳米技术设计与制造的微智能型攻防武器。目前,世界各国特别是美、俄等军事强国非常重视纳米武器的研发与应用。典型的纳米武器有以下几种。

(1)“麻雀”卫星。该卫星的各种部件全部采用纳米材料设计与制造,借助最先进的微电机一体化集成技术整合,它以体积与麻雀相仿而得名,仅使用一枚“飞鹰”座级小型运载火箭一次就可以发射成百上千颗纳米卫星,组成分布广、密度大的卫星网。美军曾在海湾战争中,使用这种“麻雀”卫星,发挥了重要作用。

(2)迷你飞机/微型无人机。这类纳米级的飞机和无人机可携带各种探测器,具有信息处理、导航和通信能力，通常被秘密部署到敌方信息系统和武器系统的内部或附近执行军事任务。

(3)“间谍草”或“沙粒”传感器。这一种分布式战场微型传感器探测网络，内部装有敏感的超微电子侦察仪器、照相机和感应器等，外形似小草或沙粒，很具有伪装作用，极易利用草丛执行军事任务。例如，侦测百米外的装甲车辆的声音和振动及敌方行动，并将其情报传回特种部队指挥部。

(4)“蚂蚁”士兵。这是一种通过声波控制的微型战地机器人，其外形很像蚂蚁，会爬、跳或飞行，会用排雷，也可至千里之外搜集情报，甚至可钻入敌指挥部和武器装备之中，长期潜伏下来，破坏敌方电子设备、引爆目标及施放化学制剂毁坏敌方武器装备材料，或使敌方人员神经麻木，失去战斗力。

(5)“蚊子”导弹。这是一种采用纳米技术设计与制造的形如蚊虫的微型导弹。它可受电波直接遥控，神不知鬼不觉地潜入目标内部，摧毁敌方火炮、坦克、飞机、指挥部和弹药库等。

(6)“针尖”炸弹。该炸弹的体形仅有针尖的几千分之一，包含有致命性武器炭疽的孢子。

(7)微型地雷。目前已有多种型号，极具代表性的有“树叶”地雷、“蜘蛛”地雷、“蝙蝠”地雷和“子弹”地雷，它们均以类似形体昆虫而得名，通常以伪装、隐蔽手段对敌方武器或人员进行突然袭击。

(8)“灰尘”导弹。这种纳米武器形如灰尘，很具有隐蔽性，利用特殊装置一次可以发射成百上千颗，能够被敌方人员鼻孔悄然吸入，进而钻进大脑、体内器官，致人死命。同时还可以有效地对付其他武器装备的信息系统和能源系统等。

(9)“跳蚤”伞兵。这是一种由微电机电子系统构成的机器人，具有自主能力和高机动能力，通常利用无人机布撒到目标周围，攻击敌方的电子系统。

(10)受控昆虫。这类纳米武器以昆虫作为载体并利用纳米技术控制昆虫神经，以达到侦察或作战目标。它将微型机器人电子失能系统预先植入昆虫神经系统，控制昆虫飞向敌方目标搜集情报或杀伤敌方士兵。

值得指出的是，纳米技术是纳米武器发展的基础和驱动力。因此，美、俄等军事强国着眼长远发展，正在大力推进受生物启发的微纳电子技术发展，其主要方向为：①发展硅互补金属氧化物半导体(complementary metal oxide semiconductor，CMOS)器材后的下一代微纳电子技术；②发展下一代低能耗、高性能微纳电子技术；③重点研发新型脑认知芯片；④采用新机理、新材料和新器件，使半导体技术向后 CMOS 时代发展；⑤重点研究增强芯片散热能力；⑥推动纳米能源技术发展，提高锂离子充电电池性能和增强太阳能电池光电转换效率；⑦发展新高电子迁移率材料，如氧化钼、单原子层锗和石墨烯纳米结构等；⑧利用量子机制发展纳米传感技术，提高导航与探测能力；⑨研发石墨烯图像传感器，以取代传统图像传感器；⑩研发硅纳米线传感器及仿生纳米传感器，提高探测爆炸物的能力，研制高灵敏度碳纳米管传感器，大幅提升化学监测的灵敏度。

4.2.4　单兵数字化装备

单兵数字化装备作为一种特殊的新概念武器，是士兵在信息化战场上使用的集攻击、防护、观察、通信和定位于一体的多功能军事装备。它主要由综合式多功能头盔系统、单兵武器系统、士兵敌我识别系统、单兵计算机/无线电通信系统和士兵被服系统等部分组成。此外，还包括系统接口、控制设备和软件等。

1. 综合式多功能头盔系统

综合式多功能头盔系统，是为士兵提供所需视听信息的装备，如图 4-6 所示，一般包括头盔壳、综合平板显示器、图像增强器、数字摄像机、电子耳、防生化面具、通话器和防激光护目镜等。有时，头盔上还安装有激光探测器、插入式平板天线和无线电应答发射机。通常，综合式多功能头盔系统除作为提供视听信息装备外，还负责同指挥所进行战场信息交换。典型的头盔系统，如美国海军研究实验室正在研发中的“战场增强现实系统”，它将现实世界和虚拟世界有机结合起来，在士兵所看到的现实世界的正常景象（战场态势）上加上一个菜单条，通过它可以使士兵增加许多额外的功能，这不仅大幅度提高了士兵的战场态势感知能力，而且可以在观察实际战场的同时，从显示屏接收上级指挥部的最新命令和作战计划。

图 4-6　美国陆军“陆地勇士”士兵照片

2. 单兵武器系统

单兵武器系统集观察、瞄准和射击于一体，配有计算机和射控系统，可以完成昼夜监视、跟踪和精确射击等多项任务。该系统主要由单兵武器、热成像仪、夜战用激光瞄准仪和远距离听力装置等部分构成。未来单兵使用的武器主要包括激光枪和电磁枪等新概念武器，以及电子枪和制导枪等特种枪。除步枪外，武器系统还包括随身携带的微型智能武器，如微型飞行器和微型跳雷等。其中，有一种反坦克微型机器人，若士兵将其部署在敌方坦克前进的路上，则它可“感觉”到坦克行驶越来越近，并能确定摧毁敌方坦克的最佳距离与部位。如果在半径 100m 内未出现目标，机器人便会主动出面迎敌，并用自身装备的微型导弹攻击目标。

3. 士兵敌我识别系统

士兵敌我识别系统，是一种激光识别系统，它可以通过激光波速的扫描对目标进行询问和应答，从而有效识别目标性质，减少战场上的误伤事件。单兵数字化装备有专门为单兵研制的敌我识别系统，当士兵徒步作战进行搜索或发现可疑目标时，可启动步枪上的红外激光询问器，并以保密的全向无线电信号自动做出回答，从而减少作战中的误伤事件。

4. 单兵计算机/无线电通信系统

单兵计算机/无线电通信系统能发出、存储并显示信息，主要包括计算机硬件单元、计算机软件单元、一个与单信道地面和机载无线电台兼容的部件、一个用于班内通信的士兵无线电部件、话音识别部件、视频画面捕获部件、全球导航定位部件及许多接口部件等。士兵通过该系统与信息化战场紧密地结合成一体，实现信息共享和战场可视，并可以利用网络调用其他战斗资源，相互支持，协同作战。某些军事强国目前正在研制穿戴式计算机，不仅操作、使用简便，而且穿戴起来可不被他人发现。随着单兵计算机的发展，将来计算机甚至会理解士兵的手势和心思，知晓士兵将要完成的下一项作战任务，不经要求就会把待完成任务所需信息显示在士兵眼前。这就是人们常说的“脑波操纵光标，意念支配电器”。

5. 士兵背负系统

士兵背负系统包括护身甲、背负装备、制式服装和微型空调器等。该系统具有防弹、防化学战剂、防火、防核辐射、防红外监视、防激光和抗御风雨等功能，未来的作战服还将具备隐身功能。目前的士兵背负系统可基本做到四季适用、自动变色和能辨敌友，今后功能将更加完善，甚至在系统嵌入各种微型传感器后，能够监视士兵的生理状况，如心率、体温、血压和呼吸等，甚至可以在士兵受伤后确定伤口位置、膨胀或收缩出血部周边的织物，起到止血带的作用，并将伤情实时传送给医疗救护单位，以便及时或远程救护和治疗。

4.3　战略武器与核武器

用于达成战略目标，具有强大威力的武器称为战略武器，如战略核导弹、战略轰炸机、航空母舰和战略核潜艇等。战略武器是指由统帅部直接掌握的专门用以打击敌战略目标并具有强大威慑力的武器。这种武器在战略上具有重大的双重作用：一是可以打击和摧毁敌战略目标；二是可以作为战略威慑的强大手段。

在战略武器中，人们最关注的是核武器。核武器是利用原子核裂变或聚变反应，瞬时释放出巨大能量而产生爆炸，造成大规模杀伤和破坏效果的战术/战略性武器，包括原子弹、氢弹、中子弹、三相弹和贫铀弹等。美国在第二次世界大战即将结束时首次研制出三颗原子弹，被分别用于核爆炸试验和日本广岛、长崎实战。试验和实战表明，核武器威力无比，对战争取胜起到了决定性作用，但也造成了大量无辜平民的伤亡和各种设施、建筑物及生态环境的巨大破坏。冷战时期，为了赢得核战略优势，美、苏两个超级大国都倾注了全部国力发展核武器，拼命地开展核武器数量、质量和规模的军备竞赛。20 世纪 50 年代中期，苏联就研发出了最大威力达 1 亿吨当量级的氢弹（而第二次世界大战时投向广岛、长崎的原子弹仅为 2.3 万吨级）。核武器的膨胀和进步有力地推动了运载火箭的迅速发展，促进了第一代洲际弹道导弹很快出现（射程 8000km 以上），同时还促进了远程轰炸机、战略弹道导弹和核潜艇等战略武器的发展，以及综合电子信息系统的出现。

总之，核武器与热核技术的发展不仅影响了一个时代，而且给整个军事领域带来巨大变化，包括战争形态演变和作战方式转变。迫于国际舆论的巨大压力和有核国家尤其是有核大国的自身利益，核武器的实战运用受到了极大限制，即使在一些临界状态（如古巴导弹危机和科索沃战争的关键时期），敌对双方也只得忍让克制，避免发生人类灾难。这样，核威慑便成为平时遏止战争的王牌。核威慑是以核战略武器实力为基础的一种政治军事手段，能和其他军事力量一起保证达成防止或阻止世界大战的发生或取得局部战争胜利的目标。因此，进入信息时代战争的基本形态是在核威慑下的信息化战争。

为了达到核威慑的战略目的，保持世界军事战略的动态平衡，多数发达国家相继建立了战略火箭军或拥有战略武器（包括核武器）的天军。战略火箭军或拥有战略武器的天军是一支拥有战略核武器和核威慑力量，并经常处于作战准备状态的武装部队，战备值班是他们保持作战能力和战略核威慑力量的最高形式，也是他们特殊的军事活动方式。另外，为保证这支战略核力量所需要的作战效能，战略武器指挥系统有着特殊方式和作用，它包括各级指挥机关和指挥所与配置在指挥所和发射场的自动化指挥、控制和通信系统及包括“核按钮”在内的一系列专用系统。其中,“核按钮”实质是一套极其复杂的战略核武器发射和实施打击的综合电子信息系统,通常掌握在国家领导人或最高统帅手中。如美国就由总统掌控,为防备万一,总统出访时往往随行携带,可实时地同参谋长联席会议主席互联和互通,以便及时做出战略决策。指挥系统可保证在任何条件下能将上级机关下达的使用核武器及运载工具的命令通过下级指挥机构传递给发射装置,直接进行发射准备、装定导弹核武器攻击初始数据块,并不间断地对导弹和发射装置的状态进行远距离自动监测,以防在动用战略核武器时未经授权的擅自行动。

4.3.1 核武器的产生、发展及未来

1. 核武器序幕与核战略形成

1945 年 8 月 6 日,美军向广岛市内投下一颗代号为“小男孩”的铀弹,在距地面 580 米空中爆炸,造成广岛市 20 万人死伤。整个城市化为废墟。1945 年 8 月 9 日,美军对日本实施第二次原子弹袭击。由 5 架 B-29 轰炸机组成的突击队将代号为“胖子”的钚弹投到长崎市中心。轰炸造成长崎市 10 万余人死伤,城市 60%建筑物被毁。这就是人类历史上的第一次原子弹轰炸(或袭击)事件。据广岛、长崎的幸存者回忆:原子弹爆炸后,天空异常黑暗,时值盛夏,却使人格外寒冷。至今,这场核灾难仍然让人不寒而栗。

显然,核武器的超常杀伤能力和毁灭能力,是历史上任何武器所无法比拟的。它极大地改变着传统的战争状况、战争观念、作战模式和指导原则,把当代军事理论推进一个前所未有的新阶段,它强烈地震撼着第二次世界大战以来的常规军事战略,而核战略和核威慑已成为大国军事战略理论的重要内容,从而将“大规模报复战略”“火箭核战略”和“核武器制胜论”等推向高潮。

科学研究发现,核武器的冲击波、光辐射、早期核辐射和放射性沾染可造成大量杀伤和破坏。森林和城市燃起熊熊大火、烈焰冲天,由于烟云遮盖,地表天昏地暗,温度急剧下降,江河湖泊冰封,植物无法进行光合作用,恶劣的气象和放射性沾染使农作物颗粒无收或无法食用,这就是所谓的“核冬天效应”。可以断言,50 亿~100 亿吨当量级的热核战争足以使地球现代文明彻底毁灭。

核战略是随着核武器的出现而产生的。第二次世界大战后,美、苏两国最先掌握了核武器,并建立了本国核战略。核战略超出了传统军事战略范畴,成为国家安全战略的重要组成部分。核战略,就是以威胁使用核力量手段,实现国家政治和战略目标的科学和艺术。因此,核战略又称核威慑战略,它主要包括核威慑理论和核威慑运用。核威慑将长期存在,这是由现代高技术战争和形态所决定的。美军提出了网络中心战新作战理念,它集中体现了核威慑条件下的信息化战争特征。

2. 核武器的产生与发展

1)核武器的产生

核武器是科学技术特别是物理学和化学发展到一定阶段的产物。利用原子核反应瞬间的巨大能量,造成杀伤和破坏作用的武器,称为核武器或原子武器。原子弹、氢弹和中子弹都是核武器。其中,主要利用铀-235 或钚-239 等重原子核的裂变链式反应原理制成的裂变武器,通常称为原子弹;主要利用重氢(氘)或超重氢(氚)等轻原子核的热核反应原理制成的热核武器或聚变武器,通常称为氢弹;中子弹是一种特殊的核武器,其爆炸原理与普通氢弹基本相同,但比氢弹的核辐射效应大大增强,同时释放的高速中子要比氢弹多得多,杀伤效应可想而知。此外,贫铀弹和反物质武器都属于核武器。

1941 年 12 月 6 日,罗斯福批准了美国科学研究发展局全力研制原子弹;1942 年 8 月,美国制订了研究原子弹的“曼哈顿计划”;1943 年 7 月,美国成立了原子弹研究所;1945 年 3 月,美国成立合并秘密的原子能委员会;1945 年 7 月 16 日,美国在新墨西哥州的阿拉莫戈多沙漠中进行了世界上第一颗原子弹爆炸试验;1945 年 8 月 6 日和 9 日,美国向日本广岛、长崎分别投放了命名为“小男孩”和“胖子”的原子弹,标志着人类战争揭开了热核战争的序幕。1949 年,苏联成功研制了原子弹;英国和法国分别于 1952 年和 1960 年成功爆炸了自己研制的原子弹。我国自行研制的原子弹是于 1964 年 10 月 16 日爆炸试验成功的,采用了塔爆方式的“内爆法”铀弹。此后,我国又进行了飞机空投和导弹运载等方式的核试验。

核武器的出现是 20 世纪 40 年代前后科学技术重大发展的结果。1939 年初,德国化学家奥托·哈恩和物理学家弗里茨·斯特拉斯曼发表了铀原子核裂变现象的论文。几个星期内,许多国家的科学家验证了这一发现,并进一步提出有可能创造这种裂变反应的自持条件,从而开辟了和平利用原子能为人类造福的广阔前景。然而,同历史上的许多科学技术的新发现一样,核能的开发也被首先用于军事目的,即研制和运用威力巨大的原子弹。当第二次世界大战即将结束时,美国制成了 3 颗原子弹,成为世界上第一个拥有原子弹的国家。美军将其中一颗用于核爆炸试验,而另两颗直接用于战争,造成几十万人伤亡。

2)核武器的发展

苏联 1949 年 8 月成功进行了原子弹试验。1950 年 1 月,美国总统杜鲁门下令加速研制威力更大的氢弹。1952 年 11 月,美国进行了以液态氘为热核燃料的氢弹试验,但因装置极为笨重,不能用作武器。1953 年 8 月,苏联成功进行了以固态氘化锂为热核燃料的氢弹试验。1954 年 2 月,美国也进行了类似试验,从而使氢弹进入了实用阶段。我国在 1964 年 10 月 16 日首次成功试验原子弹的基础上,于 1966 年 12 月 28 日成功进行了小当量的氢弹试验,又于 1967 年 6 月 17 日成功进行了氢弹空投试验。

至今，核武器已发展了四代。第一代核武器是采用铀或钚制造的原子弹，其制造技术已广为人知，无须进行核试验就可研制成功，但这种武器不可小视，它的扩散已成为当今世界的主要威胁；第二代核武器为热核武器，即氢弹，研制氢弹需要进行广泛的核试验，不过，经过50余年的发展，制造技术已趋于成熟，不太可能再取得新突破性进展；第三代核武器，是指效应经过“剪裁”或增强的核弹，即中子弹，研制这类核武器确实需要进行核试验，且受到全面禁止核试验条约的限制；第四代核武器，是以原子武器的原理为基础，所用的关键研究设施是惯性约束聚变装置，其发展暂不受全面禁止核试验条约的限制。在军事上，由于第四代核武器的运用不产生剩余核辐射，因此可作为“常规武器”使用。这类核武器一般包括干净的聚变弹、反物质弹、粒子束武器、激光引爆炸弹和原子核的同质异能素武器等。

3. 核武器的现状与未来

1）核武器技术将继续发展

目前，美、俄的核弹头及其运载工具已相当成熟，但核技术和关键技术仍在不断发展，如核武器的设计技术、材料技术、引爆控制技术、安全技术、加工制造技术、长期存储技术及管理技术等，发展这些技术的方法正迅速向现代化高新技术手段转化，而且效率更高、保密性更强。主要呈现在如下三个方面。

（1）通过计算机仿真试验，完善和发展核技术。例如，美国研制出每秒运算万亿次的高超级计算机，可成功用于聚变研究，为产生高能X射线、核与等离子体物理和核武器性能试验服务；法国利用美国的先进计算机仿真资源，成功研究出新型核弹头，加快了核武器的发展步伐。

（2）赋予和平利用核能以特定任务。“民为军用”是部分核大国在现今发展核技术的辅助手段。一是以核电站建设需要为名，大力收购核废料；二是以降低核能消耗和开新能源为名，加强核物理、核工程技术及设备的研究，为核武器的研制提供条件；三是利用经济、科技实力，大力发展核武器相关的科技研究，以大幅提升核技术能力。

（3）顶住国际压力，执意发展核武器技术。例如，部分国家拒在联合国《全面禁止核试验条约》上签字，不顾世人反对，悍然进行多次核试验。

2）核武器作战性能进一步提高

今后，核武器威力多数在数十万吨TNT当量级，但作战性能将进一步提高，主要体现在如下四个方面。

（1）命中精度更高，具有打击硬目标的能力。如美军由B-52G战略轰炸机携带的核弹头射程达数千公里，命中精度为几十米。

（2）突防能力增强。采用隐身技术的核弹及其运载工具（如B-1B）使雷达反射面积显著减小。同时，发展分导式多弹头使敌方难以拦截，这样便大大提高了核弹的突防能力。

(3)抗核加固技术进一步提高。抗核加固技术是防御敌方核爆炸效应所采取的各种防护措施,其技术不断成熟使核武器在核环境条件下的生存能力进一步提高,突防时敌方的拦截更加困难。据称,俄罗斯新的"白杨-M"洲际弹道导弹的抗核加固技术水平就相当高,除非被拦截直接命中,否则敌方拦截弹的核爆炸效应不能使其偏离目标。

(4)灵活反应能力得以提高。灵活反应能力主要是指从戒备状态到实际使用的反应速度以及选择和变更攻击目标的能力。美、俄战略导弹普遍配备多种弹头,供不同作战目的使用。例如,俄罗斯的 SS-21 导弹就有四种弹头(纯高爆炸药弹头、空爆纯杀伤破片弹头、高空爆炸电磁脉冲弹头及反辐射寻的弹头);美军三叉戟式潜射弹道导弹还有非核钻地弹头,用于常规摧毁敌方深层地下指挥中心、核设施、化学弹头储存库等。

3)核大国正在研制"第四代核武器"

金属氢武器是目前可以想象到的威力最大的化学爆炸物,反物质武器是其中一种,美国已将其列为国家重点研究项目。除美国在费米国立加速器实验室进行这项研制工作外,法国和瑞士合建的欧洲核研究中心,以及俄罗斯的高能物理研究所,目前都在加速进行反物质的研究和生产。但无论如何,第四代核武器尚未达到实用化程度。初步实验证明,这种武器具有能量密度高、爆炸威力大(1g 反物质的爆炸能量相当于普通炸药的上百亿倍,比原子弹、氢弹威力大得多),且附带杀伤效应较小,有"长久干净"超级炸弹之称的突出特点,因此可作常规武器运用,具有极其重大的军事应用前景。不过,设计与制造反物质武器存在着难以解决的两大问题:一是反物质的获取;二是反物质的安全储存。

4)美、俄核及战略武器发展状况及未来

美国启动新一轮核力量运用战略调整。调整方向体现在以下四个方面:一是核威慑对象分为三个层次,打击目标将更具针对性;二是坚持"打击军事目标"策略,打击手段更加灵活多元;三是研究降低核警戒水平,"接到预警即发射"将可能有限放松;四是核力量结构不变,生存能力和恢复能力将成为建设重点。新确定核武器威慑对象为目前美国面临核威胁的几个方面,即核恐怖主义、核扩散及确保与中、俄的战略稳定。核恐怖主义是当前一个最紧迫和最极端的威胁,包括基地组织核极端分子;核扩散是目前面临的另一个紧迫威胁;确保与中、俄的战略稳定也是一大挑战,是美国追求"绝对安全"的本质不变的重要方面。①美国对其弹道导弹防御系统建设进行了最新调整,并有了进展。其表现在将战略重心向亚太转移,继续推进导弹防御预警与探测系统和作战拦截等系统的装备部署和能力试验验证,以美国为主的国际合作"地区导弹防御网"已显雏形并取得实质进展。②"陆基中段防御"系统是美国"国家导弹防御"系统的重要组成部分,在地基拦截弹、预警探测系统和指控通信系统等主要部分均成功进行了演示验证，未来将通过增加部署数量、采用多手段目标识别等提高系统可靠性和防御能力。③美国正积极发展末端防御武器系统。这是防空反导的最后一道防线，至关重要。美国积极研发基于导弹和激光武器的末端防御武器系统与技术，并力图构成未来末端防御体系，其发展侧重两个方面：一是依托信息技术，构建分布式无节点网络结构，大幅提升预警探测系统和指控系统的网络化水平；二是在继承传统防空武器的同时，探索小型拦截弹、金属风暴武器、激光武器和电磁炮等多样化新概念拦截武器。④美国继续使用超级计算机进行核武器模拟试验。⑤美国继续开展下一代战略核潜艇的研发，这种核潜艇和新型“福特”级航母将同时采用新一代 AIB 压水式核子反应堆。

俄罗斯在巩固传统核威慑手段的同时，积极发展高超声速飞行器和导弹防御系统等常规战略威慑手段，构建核常兼备和攻防一体的新型战略威慑装备体系。主要表现在以下七个方面。①俄罗斯计划 2021 年前全面换装第五代战略导弹，如RS-26“边界”洲际弹道导弹。该导弹可携带高超声速单弹头或分导式多弹头，能够有效突防导弹防御系统。②在现代防空反导末端防御系统对付“低、快、小”目标时，推出了舰载型“铠甲-M”和“铠甲-ME”弹炮结合防空系统。③RITM-200 为下一代具有战略意义的多用途核破冰船建造新型核反应堆作为动力装置。该核动力装置是一种双堆核动力系统，每个反应堆热功率为 175MW。④俄罗斯国防部决定于2018～2025 年完成高超声速精确打击武器的部署，以保卫俄罗斯领土和对敌战略目标实施精确打击。⑤俄罗斯空军研究下一代战略轰炸机“远程航空兵未来航空综合体”以替代现有“图-95MC”和“图-160”。⑥“北风之神”级战略核潜艇服役。⑦俄罗斯海军展出新一代航空母舰最新概念模型，最突出特点是借鉴英国“伊丽莎白女王”级航空母舰的设计，可停放 40 多架多用途战斗机，包括“米格-29K”预警机、T-50K 预警机、A-110 预警机和“雅克-141”预警机及多型直升机(刘兴堂等，2018a)。

为了适应未来核威慑条件下的信息化战争，军事大国特别是美国、俄罗斯两国的核武器发展大体分以下两个主要方面。

(1)战略弹道导弹是当前威慑力最大的核武器，其发展趋势为：①大幅增强突防能力；②提高生存能力；③提高命中精度；④减少型号，战术核武器和潜射核武器将会加强。

例如，俄罗斯的第五代陆基洲际弹道导弹“白杨-M”目前处于世界战略核武器的顶级水平，它与其他战略核武器相比，具有精度高(CEP＜90m)、杀伤威力大(300 万 TNT 当量级)、机动性能好(反应准备时间仅 1min)、突防能力强(具有全球作战能力、可变轨、能避开敌反弹道导弹拦截)和生存能力强(服役寿命 15 年以上，可长期储存，无须维修)等突出优势。美国国防部认为，必须在 2029 年前部署新型核潜艇，为此考虑了两种发展方案：一是将“弗吉尼亚”级攻击核潜艇变形；二是研制全新的专用弹道导弹核潜艇。同时，为保持 2020 年后陆基洲际弹道导弹作战能力，美国空军已开始考虑研制一种新型洲际弹道导弹“民兵-3”核导弹。

俄罗斯在未来一段时期内，将继续以陆基弹道导弹为主体发展核力量，进一步发展新型洲际弹道导弹和导弹防御系统，目前已使用以“白杨-M”导弹为主体的陆基洲际弹道导弹总数达到并保持在 600 枚左右。在空基核力量方面强调远程航空兵是战略核力量的基础，已投巨资对“图-95”和“图-160”战略轰炸机进行改进，其改进重点为机载电子设备、火控雷达、导航系统和空中加油等，并加装新型巡航导弹 Kh-101 和 Kh-90 等。与此同时，俄罗斯还正在加紧研制具有洲际作战能力、攻击性更强的“图-202”新型隐身战略轰炸机。俄军还将未来军事建设计划的重点放在发展海基核武器上，除具备在核潜艇上发射“白杨-M”导弹能力外，还计划每年制造一艘“北风之神”级弹道导弹核潜艇，可携带多弹头的 SS-N-23 海基潜射弹道导弹。

(2)战术弹道导弹具有射程远、威力大、精度高、使用灵活及能在短时间形成密集火力等特点，它在核武器家族中有着不可替代的地位和作用，仍然备受军事大国的青睐，其发展趋势如下：①采用多种类型弹头，提高作战使用的灵活性；②追求高机动性，提高生存能力；③缩短反应时间，适应瞬息万变的战场态势；④减少型号，制造精品。

4.3.2　核武器分类、机理和爆炸方式

1. 核武器分类

核武器是利用天然铀、浓缩铀或钚等核物质作为热核燃料，在一定条件下自持地进行原子裂变或聚变反应，瞬时放出巨大能量，从而产生爆炸作用对目标实施大规模杀伤破坏的武器。

核武器可按照作战使命分为战略核武器和战术核武器，现代的战略核武器和战术核武器都常以核导弹的形式出现。核导弹是装有核弹头的导弹武器，自然包括战略核导弹和战术核导弹两类。战略核导弹主要是指中远程和洲际弹道导弹；中程核导弹、中短程核导弹、核导弹、核地雷、核鱼雷、核深弹(即核深水炸弹)和核水雷等常作为战术核武器使用。

核武器还可以按照释放能量原理或杀伤机理分为原子弹、氢弹、特殊核武器和其他核武器四大类。其中，特殊核武器主要包括加强型原子弹、中子弹和三相弹(俗称脏弹)等；其他核武器主要有分铀弹和反物质武器等。

2. 核武器机理

1)原子弹

当有足够多的核装药铀-235 或钚-239 聚集在一起，并由中子源向外辐射出中子时，核装药就会产生自持的链式裂变反应，引起核爆炸。把这种利用铀-235 或

钚-239 等原子核的链式裂变反应机理制成的核武器称为原子弹(或裂变武器)。

2)氢弹

两个氢元素的原子核(如氘和氚),当在极高温度下聚合成一个较重的原子核时会产生聚变反应,并释放出一个中子。通常,氘和氚由热核装料氘化锂产生。这个过程是:中子与氘化锂中的锂进行核反应产生氚,生成的氚又与氘化锂中的氘进行聚变反应,放出巨大能量,氘氚聚变反应生成的中子再与锂反应生成氚,在极短的时间内,这种反应如此反复循环,会引起猛烈的爆炸。值得指出的是,聚变反应所需的极高温度(几千万摄氏度高温)是由小型原子弹爆炸产生的,而原子弹爆炸又是通过一颗普通炸弹作为起爆装置实现的。可见,氢弹是利用氢核聚变反应瞬时放出巨大能量,起杀伤和破坏作用的武器。从构造上讲,氢弹实质是由三种炸弹组成的,即外面是氢弹,装的核炸药是氘和氚等;里面是原子弹,装药为铀-235 或钚-239;此外,还有一颗起爆用的普通炸弹。因此,氢弹通常又称为热核武器,其威力要比原子弹大得多。

3. 特殊核武器

以中子弹为最典型。中子弹的爆破机理与普通氢弹基本类似,但较普通氢弹的核辐射效应大大增强,同时释放出的高速中子要比普通氢弹多得多,其杀伤效应可想而知。在热核武器库中,占绝大多数的是三相弹,其爆炸过程比较复杂。图 4-7 给出了它的核反应的三个阶段。

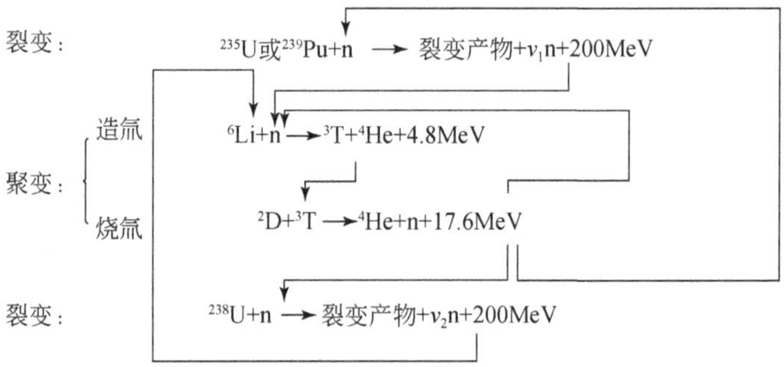

图 4-7　三相弹的核反应的三个阶段

4. 其他核武器

贫铀弹,是指以贫铀为主要原料制成的核炸弹、炮弹和枪弹。这是一种由美军研制出的微型核武器。它具有剧烈放射性和强大的穿透能力,主要用于摧毁坚固工事、机场跑道、坦克及装甲车辆等。贫铀是从金属中提炼出的核材料铀-235 并进行浓缩后剩余的铀材料,较天然铀矿有更低的含铀量,一般含有低于 0.711%的少量铀-235。其放射性辐射约为天然铀的 60%。但是贫铀具有高密度、高硬度和高韧性等物理特性，因此仍然是制造核武器的理想材料。近年来，以美国为首的不少国家利用贫铀研制和生产出各种不同用途的贫铀弹。其中，贫铀穿甲弹是较典型的贫铀弹，如美军的 M1A1 坦克上就使用了 M829A1 型 120mm 贫铀穿甲弹。它不仅可穿透 650mm 厚的装甲，而且燃烧时会形成黄色烟雾状氧化铀尘埃，可对周围地区造成严重的放射性污染，伤害人体器官尤其是肾脏。

反物质武器称为第四代核武器，它利用反物质"湮灭"放出的巨大能量达到杀伤目标的效果。反物质，就是由反粒子构成的物质。理论研究试验表明，构成世界万物的基本粒子都存在一个反粒子，这些反粒子的质量、寿命、自旋和同位旋均与相应的粒子相同，而电荷、重子数、轻子数和奇异数等量子数与相应的粒子相反。物质都具有"同性相斥，异性相吸"的共性，反物质也不例外。反物质与正物质一旦相遇，就会"迅速结合，互相湮灭"，释放出巨大能量，通常相当于普通炸药的上百亿倍。目前，反物质武器还只是一种新武器概念，但理论和实验都可以证明，这种强大的新概念武器终会展示在世人面前，不过为期甚远。其原因是至今有如下两大难题：一是反物质的获取；二是反物质的安全储存。反物质获取的实际情况是：制造 1g 反氢原子需要 6.083×10^{23} 个反电子和同数量的反质子，而要构造反物质武器，至少得有 25g 的反氢原子、反电子和反质子。截至目前，世界上才制造出了约 5 万个反氢原子，可见，反物质的产量距离研制出反物质武器的需用量相差太远；当然，反物质的获取还有一种方法，就是到宇宙中寻找。美国已经制订了以丁肇中为首席代表的到宇宙中开展寻找反物质的国际太空反物质探索计划。据称，搭载宇宙飞船和航天飞机，利用先进的粒子传感仪、阿尔法磁谱仪进行探测是完成此项计划的重要手段，探测的重点目标为月球深层物理和化学因素。

5. 核武器爆炸方式

核武器爆炸方式是指在不同介质(水、地下或空气)和不同高度(或深度)实施核爆炸的方式。核武器爆炸方式是决定核武器运用和作战效能及功能的关键因素之一。通常，核武器爆炸方式可分为大气层核武器爆炸、高空核武器爆炸和地(水)下核武器爆炸三类。

大气层核武器爆炸又可分为地(水)面核武器爆炸和空中核武器爆炸。地(水)面核武器爆炸是指核武器起爆时的位置在地(水)面或略高于地(水)面，核武器爆炸火球直接与地(水)面相接触，可在爆心附近的距离内产生破坏性冲击波和放射性污染，这种核武器爆炸方式通常用于摧毁地面或浅地下坚固工事(如导弹发射井、指挥所和导弹仓库等)、摧毁水面舰船、杀伤地下工事内人员；空中核武器爆炸，是指核武器在大气层内起爆，其爆心高度低于 30km，且离地面足够高，爆炸火球与地面不接触，而在空中形成高大的蘑菇云，以冲击波、光辐射或核辐射造成严重的破坏和杀伤，这种核爆炸方式最适合用于杀伤地面部队、破坏轻型地面工事、工矿交通枢纽、城市地面建筑及不甚坚固的技术装备等。

高空核武器爆炸，是指在大气层顶部爆心高于30km高度的核武器爆炸。这种爆炸会产生瞬时辐射，导致大气层电离层发生变化，产生严重的通信中断，不仅包括地面系统、飞机、舰船、卫星与卫星之间的联系中断，还将产生非常强的高能核电磁脉冲，可使数千米外的电子设备、指挥控制和通信系统受到强烈干扰和破坏。

地（水）下核武器爆炸，是指核武器在地（水）面以下一定深度的爆炸。通常它还可分为浅埋（喷气式）和深埋（封闭式）两种。地（水）下核武器爆炸一般以爆炸产生的冲击波和产生的放射性污染来摧毁地（水）下坚固工事和潜艇、伤害工事或潜艇内部人员、形成放射性污染阻滞地带、造成地震和海啸等。

4.3.3 核武器投送、运用与威慑

1. 核武器投送

核武器的投送主要是指战略核武器的投送或运载，其主要投送工具为远程运载火箭和战略轰炸机等。核武器的投送方式主要有两大类：一是当战略核武器为核炸弹形式时，采用战略轰炸机来投送或运载至进攻目的地；二是当战略核武器为战略弹道导弹时，其投送或运载工具为火箭推进系统，与核弹头是一个整体，称为运载火箭部分。事实上，战略弹道导弹通常由弹头系统、制导控制系统、弹体、推进系统及安全系统等部分组成。推进系统实际上就是远程运载火箭，而且一般为多级运载火箭（大都为2～3级），多级运载火箭又由火箭发动机、输送系统、推进剂储箱、增压系统、遥测系统和外弹道测量系统等部分组成。可见，若没有运载火箭或战略轰炸机的运载或投送，则战略核武器寸步难行。

1）战略轰炸机

轰炸机是航空兵实施空中突击的主要机种，用于对地面、水面目标进行轰炸。轰炸机类型很多，但主要按其作战使命、载弹量和航程可分为：战略轰炸机和战术轰炸机；重型、中型和轻型轰炸机；近程、中程和远程轰炸机。对于核武器的运载或投送，人们自然更关心的是重型和远程战略轰炸机。在核威慑条件下的信息化战争和立体化、全方位与大纵深现代作战样式下，战略轰炸机以其远程性、精确性和威胁性，与核力量、洲际导弹一起形成三位一体的战略武装力量，对于制胜现代战争是十分重要的。诚然，各种战略导弹的发展使战略轰炸机的用处受到质疑，发展也深受影响，但是后来航电技术和隐身技术的进步改变了这种看法。美军B-1B战略轰炸机的研制和服役，又一次翻开了战略轰炸机新的历史篇章，特别是在目前情况下，美国的B-52H、B-1B和B-2A战略轰炸机系列组成世界上最强大的攻击飞机力量。不仅如此，美国还在极力地探索新一代远程攻击力量。俄罗斯近年来也恢

复了战略轰炸机的值班巡逻。这些都充分说明，在将来的高技术局部战争中，战略轰炸机依然是一支重要的战略力量，尤其是在远程投送核武器方面仍将发挥重要的作用。这里以 B-1B 战略轰炸机为例，B-1B 战略轰炸机是迄今为止最复杂、最先进的战机，具有在全球执行复合作战命令（即携带常规武器和核武器进攻及防御）的强大功能。它不仅能够空射防区外先进巡航导弹，投放集束炸弹、充气减速炸弹、联合直接攻击弹药、风修正弹药布撒器和敏捷打击水雷等常规武器，而且能够通过三种不同的旋转发射架运载和投放或发射核武器。

2)战略弹道导弹

战略弹道导弹有常规导弹与核导弹之分，其区别主要在于弹头装药，前者是普通炸药，后者为核装药。在作战中，弹道导弹的弹道是很重要的，根据飞行过程中受力状态不同，该弹道分为主动段和被动段。主动段是指由导弹起飞至运载火箭发动机推力结束（通常称为关机点）时的运动过程；被动段是由关机点至核弹着点的弹头飞行过程。对于远程运载火箭，被动段又分为弹道飞行段和再入段，前者是导弹在大气层外依靠惯性运动的飞行过程；后者则是重新进入大气层的运动过程。

2. 核武器运用

核武器尤其是战略核武器是专门由战略火箭军（或天军）运用的。在保证战略核力量所需要的作战效能方面，战略火箭军的核武器指挥系统有极特殊的作用，它包括各级指挥机关和指挥所，配置在指挥所和发射场的自动化指挥、控制和通信系统及包括“核按钮”在内的一系列专用系统。其中，“核按钮”实质是一套极其复杂的战略核武器发射和实施核打击的综合电子信息系统，通常掌控在国家最高领导人或最高统帅手中。

3. 核武器威慑

“造势”是《孙子兵法》的重要思想。《孙子兵法》强调：善战者，求之于势。在现代战争中，广泛运用显形造势这一战略威慑。威慑的概念古往今来几乎呈现于所有的政治、外交、经济、军事及其日常活动中。威慑的价值在于以各种手段进行威胁造成对方心理的恐惧或知难而退，从而无须通过实际行动就可以达到预期的目的。威慑在军事领域尤其重要，其目的是通过使用武力的威胁，以便阻止敌方利用军事手段来实现目标，或者如果敌方这样做即加以惩罚，从而阻止敌方不致发动战争，即达到“不战而屈人之兵”。

核威慑是一种战略威慑，也是世界战争史中最突出的方面，更是当今政治斗争的最高阶段。核威慑是指拥有核武器（核力量）的国家为了赢得政治或战争中的主动权，阻止战争发生或防止战争升级特别是发生世界大战而对敌方使用或威胁使用核武器的一种战略。达成核威慑的两个必备条件有：一是本身具有强大的核打击力量；二是使对方相信己方有使用核武器的意志与决心。

核威慑作为一种强大的战略性政治和军事手段，归根结底，来源于核武器的巨大破坏力和人们对这种破坏力的恐惧心理。事实上，它能和其他常规军事力量一起，保证完成防止或阻止世界大战的再次发生。这是由于当核武器占有者面临自我毁灭的危险时，就连自己也不敢轻举妄动。因此，信息时代的基本战争形态应是在核威慑条件下的信息化战争。

武器的发展促进着战略理论的发展，核战略或核威慑是随第二次世界大战后核武器的出现而产生的，它包括核威慑理论和核威慑运用。

核威慑理论有三种。一是最大限度核威慑理论。该理论认为，威慑是不稳定的，各种预防性措施都有失效的可能，因此以威慑来遏制战争是靠不住的。二是最低限度核威慑理论。该理论认为，威慑是永恒的。由于核武器具有空前绝后的毁灭能力，任何国家都不愿冒险承受最低规模的战略核突击。三是有限核威慑理论。这是介于第一、二种理论之间的一种折中理论。在这三种核威慑理论的运用中，美国感兴趣的是第一种理论，并为之设想全面核战争和有限核战争，对此拟定了两种方案：一是只对军事目标实施密集的核突击；二是使用一切战略武器，对所有重要战略目标无限制地实施核突击。后者是指美国及其盟国使用战术（战区）核武器或有限的战略核武器，在美国海外战区，主要是欧洲战区进行的有控制的核战争，即战区核战争。英国奉行的是第二种核威慑理论，即最低限度核威慑理论，而法国是有限核威慑理论的积极倡导者。俄罗斯继承了苏联的观点：使用核武器的战争必将最终导致全面核大战。它可能由核突袭开始，也可能由常规战争开始，尔后升级为核战争。因此，俄罗斯的核战争原则是：实施先发制人的核突袭、精选核突击目标和战争初期制胜等。俄罗斯虽然否认有限核战争概念，但实际上也在进行有限核战争准备。当然，核战略还有“第一次打击”战略和“第二次打击”战略之分，前者指的是先敌发动大规模核袭击，一举摧毁对方，使之失去报复性核还击的能力，该核战略是美国首先提出的，苏联虽然不使用此概念，但也主张“第一次打击”战略；后者是指在遭到对方首先发动的大规模核突击后，依靠保存下来的核力量进行报复还击，并摧毁对方，这一战略是美国在 20 世纪 60 年代后提出来的。

在核战略或核威慑中，“核门槛”的概念是很重要的。它是指由使用常规武器到使用核武器的“关节点”，也是运用核威慑的最后限度。实际上，确定“核门槛”的高低还有三种尺度，即高“核门槛”、不确定“核门槛”和零位“核门槛”，它们分别对应着：①从战争开始后到使用核武器之前的持续时间；②领土丢失的程度；③事先确定的武装冲突的激烈程度。

综上所述，核战略或核威慑的可信性和效果主要取决于以下两个方面。①核力量水平。它包括拥有核武器的数量、质量、种类、控制系统现代化程度、战略防御手段和战备水平等。核力量水平越高,核威慑的作用越大。②使用核力量的意志和决心。核威慑作为一种威慑战略其宗旨是“不战而屈人之兵”。因此,它必须以核实战的准备为基础,以己方核战争能力、核战争意志和核战争决心为基础,并对自己的核力量保持自信,随时准备将核力量付诸行动,从而使对方真正为之生畏。同时还应看到核威慑的特殊性:①核威慑依赖其有最大规模杀伤力和破坏力的热核武器,其威慑效果远远超出其他常规威慑;②核威慑又受到最大限制,非到万不得已,有亡国灭种的危险时,谁也不敢轻举妄动;③由于使用核力量的风险程度高,核威慑不像常规威慑可以频繁地通过实战来威胁对方;④核武器的毁灭性能,它既遏制对方,也对己方形成“反遏制”。因此,核威慑只能是一种遏制战争的威慑战略,而难以成为进行战争的战略。从本质上讲,核武器的特性决定了它主要是一种政治性武器,核威慑的本质并不是战而胜之,而是不战而胜。因此,核威慑的本质和意义并不在于应付那些概率极低的偶发战争,而是追求一种更高的战争境界。

4.3.4　国外拟研发的几种新型核武器

以核爆炸能作为动力源的定向能武器,称为核定向能武器。这类武器利用核弹释放的巨大能量激励或驱动产生高能的激光束、粒子束、电磁脉冲和等离子体等,并使其定向发射。目前,核定向能武器主要有以下几种(刘兴堂等,2018a)。

1)核激励 X 射线激光器

核激励 X 射线激光器武器已于 20 世纪 80 年代中期完成机理试验,但至今尚未制成武器系统。预计这种核武器将来可用于摧毁来袭的大规模齐射核导弹,也可用于打击天基平台。

2)核电磁脉冲弹

核电磁脉冲弹又称 EMP(electromagnetic pulse)弹,利用在大气层以上的核爆炸产生大量定向或不定向的强电磁脉冲,来毁坏敌方的通信系统的核武器。它是美国正在研究和发展的第三代核武器,目前尚处于预研阶段。

3)其他核武器

其他核武器是除核定向能武器外的正在研制的核武器,主要包括冲击波弹、感应放射性弹、伽马射线弹、红汞核弹和三相弹等。

(1)冲击波弹。冲击波弹是一种以冲击波效应为主要杀伤和破坏因素的特殊性能氢弹,又称 RRR(reduced-residual-radioactivity)弹。据报道,美国核武器库中,已有一定数量的冲击波弹。它属战术核武器,以爆炸摧毁地面或接近地面的坚固工事目标为主,适于攻击战役、战术纵深内的重要目标,其作用相当于低当量小型原子弹,一般当量级在千吨 TNT 以下。

(2)感生放射性弹。感生放射性弹是一种增强放射性沾染的核武器。它主要利用核爆炸释放的中子照射某些添加的核素(如钴-59 等),感生大量半衰期较长的放射性同位素，以增强放射性沾染。

(3)伽马射线弹。伽马射线弹是一种非致命性核武器，主要造成放射性沾染，迫使敌军离去，其威慑力比氢弹和中子弹更高。

(4)红汞核弹。红汞核弹是一种以红汞作为中子源的小体积轻量的核武器，体积仅为棒球大小，但当量级可达万吨级 TNT。

(5)三相弹。三相弹实际就是一种氢弹。它为增大威力要经历两次裂变，也是一种典型的脏弹，会造成环境严重放射性污染。

此外，俄罗斯正在悄然地实施超燃飞行器计划。这种超燃飞行器实际上是新一代战略导弹系统，它利用信息技术，通过弹道导弹投送由超燃发动机推进的高超声速巡航导弹，不仅具有洲际弹道导弹的高超声速特点，同时具有巡航导弹轨道变幻莫测的优势，故能够突破任何反导系统，目前已进入实战状态。

4)新型“三位一体”战略武器

导弹、核能源与信息化、网络化武器的有机统一体，这就是新型“三位一体”战略武器的基本概念。这类战略武器具有如下显著特点。

(1)隐身与干扰。采用各种隐身技术(如特殊材料、外形设计、几何视角和专门涂料等)达到导弹自身隐蔽目的，利用电磁干扰手段实现电子战对抗。

(2)携带多弹头和诱饵。一方面，携带多弹头实施精确制导，使敌方武器无法全部拦截；另一方面设计施放诱饵，使敌方难辨真假，在降低敌方武器攻击效能的同时，增强已方杀伤效能。

(3)变轨飞行。变轨就是弹道导弹在飞行过程中采取变轨技术不断改变飞行方向，使敌方拦截困难。为了有效变轨，做到神机莫测，通常采用不同飞行段或连续与跳跃式变轨。

(4)末段精确制导。末段精确制导既能大幅提高战略导弹的落点精度，使敌方难以防范，又可大幅降低战略导弹的试验经费。

(5)实时图像匹配制导与控制。电子信息地图和三维数字地图的出现对于战略武器作战过程中实现实时图像匹配制导与控制提供了极好的条件，从而容易达到快速精确打击目标的目的。

(6)打击移动目标。数字图像处理技术和红外技术及精确制导技术的发展给战略武器打击移动目标创造了优良环境和技术平台，从而可通过多种高技术手段精确打击移动目标。

(7)定时爆炸。战略导弹携带定时炸弹，其弹头又能高速旋转，可穿透敌方的建筑物、机场和跑道等坚固设施，实施延时定时爆炸使敌方很难防范。

(8)携带核弹头。战略武器特别是远程战略武器既可携带常规弹头又能携带核弹头，携带核弹头的战略武器威力是可想而知的。

(9)拦截打击。对敌方战略导弹进行拦截打击是重要的战略作战方式，为了有效地拦击，需要优化拦截方法，并进行贴近实战的试验与训练。

第 5 章　信息化作战武器平台及技术

本章综述现代战场上的各类信息化作战平台，主要包括陆上、海上（下）、空中和太空信息化作战平台的现状及其发展趋势，以及研制开发与运用中的关键军事高技术。

武器平台或称作战平台，是武器系统中具有运载和投送功能并可作为武器装备依托的载体部分。而信息化作战平台，是指安装有大量电子信息设备的高度电子化、数字化和信息化的武器作战平台，通常又称为高技术武器平台或综合信息化武器作战平台，简称现代武器平台。这种平台与传统武器平台有质的区别，它同上述现代武器装备一起构成了现代战争的物质基础和主要军事力量。信息化作战平台按其作战使用，可分为陆战武器平台、海战武器平台、空战武器平台、天战武器平台及空天防御系统。

当今世界，发达国家特别是军事强国瞄准未来军事需求，尤其是信息化战争及战场不断升级的需求，积极调整武器建设发展目标与思路。美国更加重视对太空、网络战空间、海洋和南北两极等全球公域控制，其武器装备的发展与建设重点迅速向以针对强敌“反介入/区域拒止”威胁的信息化武器装备为主转变。美军一方面继续升级改进现役轰炸机，改进重点为机载武器；另一方面加速研发新型轰炸机，且可能采用无人/有人可选模式，确定携带战略核武器。最新型轰炸机 LRS-B 计划在 2025 年服役。此外，美国还将继续深入推进第六代战斗机概念，计划研制六代机项目，明确其为“下一代空中主宰”，并重点研究系统集成和先进网电磁技术等。俄罗斯在强化战略核武器威慑力量发展的同时，加快推进常规武器装备现代化。俄罗斯在加速升级改进现役轰炸机和重点提升通信指挥系统的同时，已开始研发新型战略轰炸机“远程航空兵未来航空综合体”，计划 2020 年对其实现批量生产、2025～2030 年使其具备作战能力。新型战斗机 T-50 已进入国家试验阶段，2017 年交付空军使用。与此同时俄罗斯将重点提升现役战斗机的制空和对地打击能力，正在将“米格-31”升级为“米格-31BM”截击机，验证“苏-35S”多用途战斗机空中近距格斗性能，包括高机动空战、规避空中威胁和拦截低空低速目标的能力等。此外，俄罗斯还正在推进北极破冰船的战斗化，以实现类似美国对强敌的“反介入/区域拒止”威胁的战略武器装备发展等。近年来，日本不遗余力地复活军国主义，加紧扩军备战，出台了新版防卫计划大纲，积极谋求发展综合动态防卫力量，重点加强岛屿夺控、导弹防御和网络作战能力建设，为了加快推进亚太地区的再平衡战略，美国与日本进行了频繁的陆海军事演习，从而加剧了亚太紧张局势，促进了在美国庇护下的日本军备的发展。此外，印度也积极发展远洋作战装备并强化对周边海域的控制等。总之，在上述环境下，以战略核力量、网络空间、太空、远程常规打击武器和导弹防御等为代表的战略威慑装备受到世界各国特别是军事强国的高度重视，新一代主战平台的加快探索、研发、部署和运用及基础前沿和新概念武器技术不断取得突破，是近年来武器装备及其技术发展的主要现状和趋势。

陆战武器平台、海战武器平台、空战武器平台、空间作战平台、无人武器系统及作战平台及它们的发展趋势介绍如下(刘兴堂等，2018a)

5.1 陆战武器平台

陆战武器平台又称陆上信息化作战平台，是指大量采用信息技术的各类坦克/装甲车辆、火炮、高炮、防空导弹、各类军用直升机、工程兵装备和数字化士兵系统等。

5.1.1 坦克/装甲车辆

1. 概述

装甲兵是现代陆战场上的主要突击力量，其武器装备主要包括坦克和装甲车辆。前者包括主战坦克(重型和中型)、轻型坦克、水陆坦克和步兵战车等；后者包括装甲输送车、两栖突击车、装甲侦察车和指挥车，以及其他履带或轮式装甲保障车辆等。

坦克是一种具有强大直射火力、高度越野性能和装甲防护能力的战斗车辆，主要用于遂行地面突击和两栖突击任务，分为主战坦克和特种坦克。坦克出现于第一次世界大战时期，最先是由英国研发和使用的，坦克曾开辟了陆军机械化的新时期。

装甲车辆是指具有装甲防护能力的车辆。按用途，装甲车辆分为装甲战斗车辆和装甲保障车辆。在这里，装甲是指装甲车辆上用于抵御各种武器攻击，保护车辆人员、武器和设备的防护层。装甲包括复合装甲与反应装甲。

美国和俄罗斯等世界军事强国的陆军已实现了机械化和装甲化，尽管陆军编制随着现代战争与作战的需求不断调整，但其坦克和装甲车辆的总数却始终保持着稳定不变的状态，基本维持在1100～1500辆，其编制状况如表5-1所示。

表5-1 美国和俄罗斯陆军的坦克与装甲车辆编制状况

国别	名称	主战坦克/辆	步兵战车/辆	装甲输送车/辆	其他装甲战车/辆	总数/辆
俄罗斯	坦克师	331	204	3	634	1172
	摩步师	272	186	287	568	1313
美国	装甲坦克师	348	334	336	393	1411
	机械师	290	381	248	405	1324

2. 坦克/主战坦克

坦克作为装甲兵的主要装备，分为重型(40～60t)坦克、中型(20～40t)坦克和轻型(10～20t)坦克。现代坦克以中型坦克为主，称为主战坦克，是信息化条件下地面作战的主要突击兵器。图 5-1 给出了这种坦克的示意图。主战坦克通常有履带式和轮式两种。目前，各军事大国主要装备的是第二、三代主战坦克，正在发展第四代主战坦克。

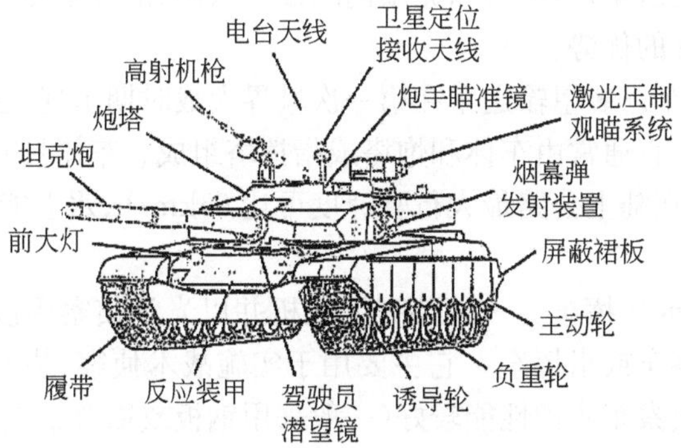

图 5-1　现代主战坦克示意图

坦克基本结构多为炮塔式结构，由车体和炮塔两大部分组成。车体一般包括驾驶舱、战斗舱和动力舱三部分。战斗舱是坦克的核心，主要包括坦克炮和火控系统，此外还装备有坦克机枪、反坦克导弹和反直升机导弹等；驾驶舱内有防护系统和信息系统，以及瞄准镜与潜望镜等；火控系统以计算机为核心，由多种传感器、火炮稳定器、瞄准测距仪和夜视仪等组成；推进系统主要以柴油机和燃气轮机为动力装置；防护系统分为主动式和被动式，同时配置有防核、防化学、防生物武器的“三防”装置和灭火、伪装、施放烟幕等特种防护装置；信息系统主要包括 C^4I 系统、GPS 和数字图形/图像显示系统等。

纵观最近的几次高技术局部战争，坦克作战与反坦克作战仍占有相当重要的位置，坦克“陆战之王”的位置并没有完全改变，它仍然是各国陆军突击力量的主装备。例如，在海湾战争中，多国部队共投入数千辆坦克和装甲车辆，作为陆军主战装备；在伊拉克战争中，美英联军也大量使用了坦克和装甲车辆。

3. 其他坦克和装甲车辆

(1)步兵战车。其又称步战车，是一种用于承载步兵以乘车行动的方式遂行地面突击和两栖突击任务的装甲战斗车辆。步战车车内装有武器系统、防护系统和信息系统等，具有较强的火力和较好的装甲防护力，又分为履带式和轮式两种。与坦克类似，通常由车体和炮塔构成。车载武器一般有火炮、反坦克导弹和并列武器等。该战车出现于20世纪60年代。目前，世界上已有30多个国家和地区的步兵装备了兵步战车。

(2)两栖突击车。两栖突击车是一种具有陆上行驶和海上航行性能的战斗车辆，可供抢滩登陆作战使用，尤其在海上航行时抗风浪能力强、水中机动性好和行驶速度快，因此它是以在海上使用为主的战斗车辆。

(3)水陆坦克。水陆坦克是一种以陆上使用为主，水陆兼备的坦克，虽然水上机动性能较两栖突击车差，但可以克服内陆江、河、湖、泊等水障，具有火力强、陆上机动性和防护力好的优势。

(4)装甲输送车。装甲输送车在第一次世界大战时期出现，在第二次世界大战后得到迅速发展。它通常由车体和炮塔或指挥塔组成。车体具有一定的防弹能力和水陆两栖能力，在陆上公路最大行驶速度可达65km/h；水上能自浮，其航行速度为5～9km/h。

(5)装甲侦察或指挥车。一种装有无人机并以光学侦察手段为主的装甲战斗车辆称为装甲侦察车或指挥车。它主要用于实施战术侦察、装备机械化部队和坦克部队。该装甲侦察车防护性能较好(一般采用钢板或铝合金装甲)、机动性能强、侦察设备先进(通常，安装有先进的侦察观瞄设备，如小型战场雷达、热像仪及小型无人侦察飞行器等)。

(6)无人地面车辆。无人地面车辆主要用于未爆弹药处理及简易爆炸装置探测、预警、侦察、安全巡逻、战场救护、扫雷和后勤保障等。在最近几场高技术局部战争中已获得广泛应用。

5.1.2 火炮、高炮、防空导弹

1. 火炮

火炮是利用火药或燃气等能量通过身管发射弹丸，口径一般在20mm以上的武器。火炮作为炮兵的基本装备之一，包括压制火炮和反坦克炮。前者通常有榴弹炮、加农炮、加榴炮、火箭炮和迫击炮；后者是各国陆军主要的反坦克武器之一。

自行火炮，是同车辆底盘构成一体，靠自身动力运动的火炮。它是陆战中的重要武器平台，主要由炮载弹道计算机与导航定位系统、自动化火控系统及地面与机载无线电系统等组成。炮上装备包括专用火控计算机、定位与定向系统、数字通信装备和自动瞄准系统等信息系统。

2. 高炮

高炮是高射炮的简称，是一种主要用于射击空中目标的火炮，必要时也可射击

地面和水面目标。由高炮及其配套装备可组成用于防空的高炮武器系统。

高射炮具有射界大、射速快、抗干扰能力强、射击准备时间短、火力反应快和机动灵活等特点。一般按口径大小,分为小口径(20～60mm)、中口径(60～100mm)和大口径(100mm以上)高炮。

3. 防空导弹

防空导弹是防空兵的主要装备。防空兵通常由高射炮兵和防空导弹部队组成,其武器装备除防空导弹外,还配备有雷达和对空电子对抗侦察、干扰器材。陆军防空兵配备的防空导弹又称地空导弹,用以从陆地上发射攻击空中目标,主要有中低空(20～60km)防空导弹、超低空(1km以下)防空导弹和低空防空导弹,用来野战防空和保障地面作战部队的战斗行动。

5.1.3 各类军用直升机

武装直升机、侦察直升机和运输直升机是陆军航空兵的基本武器平台,用于在空中遂行作战任务。它们以高度的战场机动性、易实现协同指挥和强大的火力而成为现在陆军的理想空中突击力量。

1. 武装直升机

装有机载武器系统,主要用于攻击空中、地面、水面及水下目标的直升机称为武装直升机,主要包括攻击直升机、反舰直升机和反潜直升机,分重型武装直升机和轻型武装直升机两类。重型武装直升机主要用于反坦克和近距离空中支援,还可以进行空战及战场侦察等多种作战任务。这类武装直升机虽具有武器威力强、可同时携带机枪、航炮、反坦克导弹、火箭弹和空地导弹等多种武器的突出特点,但结构复杂,质量较大。

2. 侦察直升机

侦察直升机主要用于实现战场侦察和探测。机上装有先进的航空电子综合系统,它采用集通用模块、人工智能、数据融合、高速数据总线、电子对抗、飞行控制和通信导航等技术于一体,实现直接侦察、探测并实时获取战场态势,并能综合处理、分析这些信息,把关键目标信息及时地发送到指挥中心和有关火力单位,以达成精确打击的目的。

3. 运输直升机

运输直升机既是陆军实施快速战场战术机动并投送轻武器装备及作战物资的主要手段和工具,也是陆军航空兵的主力机种之一。它具有比普通运输直升机速度快和载重量大的特点。

5.1.4 工程兵装备

工程兵是军队作战行动实施工程保障的专业兵种，通常由工兵、舟桥、建筑、伪装、给水和工程维护等专业部(分)队组成。在现代陆军作战中，工程兵是遂行工程保障任务的技术骨干力量。工程兵主要承担保障部队的隐蔽安全、指挥稳定、快速机动和阻滞敌人机动等任务，并能直接歼灭敌有生力量和破坏敌技术装备。其技术装备包括地雷爆破装备、渡河和桥梁装备、军用工程机械和伪装装备等。

1. 地雷爆破装备

地雷爆破装备主要包括地雷装备、水雷装备、布雷装备、探雷装备、扫雷装备及爆破装备。机械布雷车、火箭炮及火炮等是发展中的大面积快速布雷装备，直升机和轰炸机等也用于空中快速布雷。

2. 渡河和桥梁装备

渡河装备主要包括轻型、重型和特种舟桥装备及配套动力设备。

3. 军用工程机械

军用工程机械是工程机械和电子器材的统称，主要包括阵地机械、道路机械、架桥机械、给水机械、建筑工程机械和工程保障机械等。

4. 伪装装备

伪装装备是军事伪装所用器具和材料的总称，一般包括伪装网、伪装涂料、迷彩作业车、角反射器和各式假目标等。

5.1.5 数字化士兵系统

随着信息技术的不断进步和广泛应用，现代战场朝着数字化方向迅速发展，以美国为首的发达军事强国的士兵已实现“数字化士兵”，即战场上的士兵不仅持有枪械弹药，而且被综合集成通信与观瞄、指挥控制与火力控制于一身的独立、完整的作战平台。“数字化士兵”就是一个单兵 C^4I 装备的完整战斗系统，包括单兵和数字化武器装备，因此又称为数字化单兵系统或平台。它不仅是一个最基本的陆地火力平台，更重要的是一个集通信、侦察、导航、定位、敌我识别、引导指挥、夜视瞄准和火力控制等众多作战功能于一体的信息化武器平台。它具有强大的信息采集、处理和传输能力，并作为大战场环境下的节点，由众多节点便形成一个巨大的战场信息网络，与整个 C^4KISR 系统构成一个有机整体。

数字化士兵系统一般由七个子系统构成，包括武器子系统、通信子系统、观瞄/头盔子系统、生命子系统、防护子系统、动力子系统和计算机子系统。

5.1.6 陆战武器平台现状及发展趋势

近年来，围绕着信息化的总目标，地面武器平台在不断发展，并呈现出如下总的发展趋势。

1. 利用 GIG 研发和完善“陆战网”

美国陆军于 2004 年开始研发“陆战网”。“陆战网”为军种级通信与信息网络系统，是美军正在研发的军用互联——GIG 的陆军组成部分，“未来战斗系统”的网络系统将成为“陆战网”的子系统。“陆战网”既能保证陆军装备体系内部纵向和横向互联与互通，又能保证该体系与联合部队互联与互通，使整个陆军成为一支“以知识为基础，以网络为中心”的信息化部队，保证使用任何装备的陆军士兵可以在全球任何地方入网，迅速获取所需要的任何信息，大大提高士兵的战场态势感知能力和作战能力。2006 年美军已将作战人员信息网(warfighter information network-tactical，WIN-T)部分能力集成到“陆战网”中，使营级作战部队获得足够的通信带宽，这是“陆战网”发展的一个重要里程碑。

研发新型陆军指挥控制信息系统是陆军地面作战武器平台发展的重要方面。新型指挥控制信息系统的研发是实现陆军数字化的重要手段，对于提高陆军联合网络化作战能力具有重要的意义。因此，德国以 FAUST 战术指挥信息系统为基础研发了新型陆军指挥控制信息系统，将其配发给航空、装甲、医疗和战斗部队；英国陆军成功研制出“弓箭手”系统，将各级部队和各种装备连接起来，形成网络化作战能力；法国研发成功的 SAEC 电子支援站战术情报系统和部队装备 SITEL 战场管理系统，可满足装甲兵、工程兵及后勤保障部队的指挥和控制要求；印度国防部耗费巨资实施 C^4I 系统的研发计划。

2. 综合信息化作战系统是地面作战平台的发展方向

目前世界主要军事强国，尤其是美国、英国等国正在大力研制陆军综合信息化作战系统，这是进一步推动陆军转型和武器及平台信息化发展的重大举措。美国的“未来战斗系统”、英国的“未来快速奏效系统”、法国的“空地一体作战系统”和俄罗斯的“侦察打击一体化”武器系统等是最重要的体现。图 5-2 和图 5-3 分别给出了美军“未来战斗系统”的组成示意图和俄军“侦察打击一体化”武器系统示意图。

3. 一体化士兵系统将成为未来单兵作战平台

集作战、机动、信息防护和生存能力于一身的一体化士兵系统，将作战士兵视

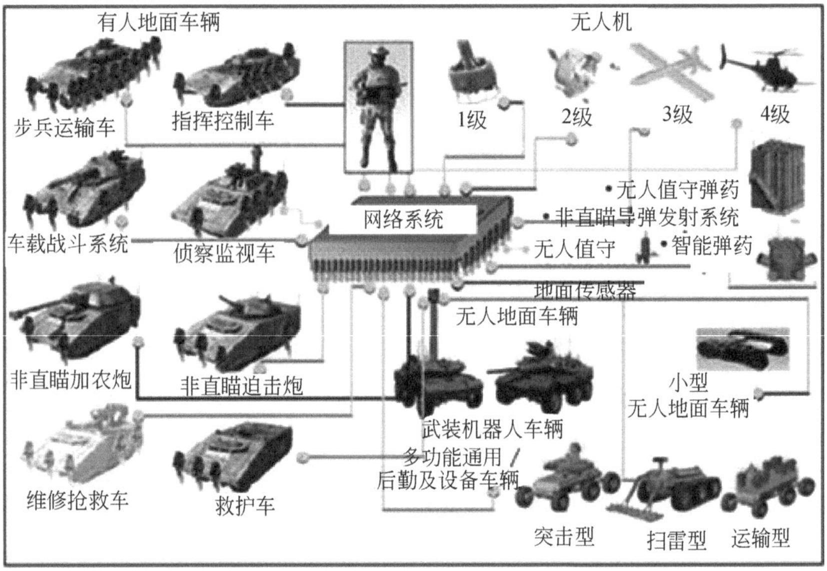

图 5-2　美军“未来战斗系统”组成示意图

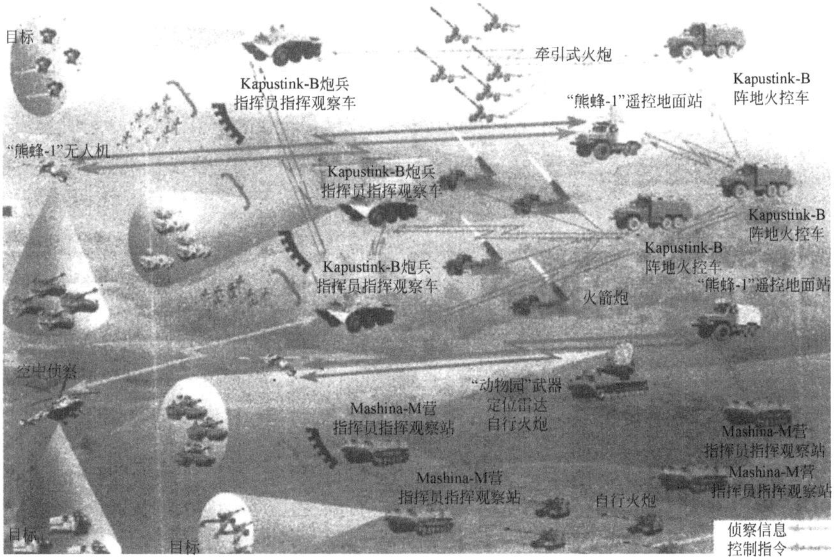

图 5-3　俄军“侦察打击一体化”武器系统示意图

为一个信息化作战平台，是当前乃至今后相当长时期内各国陆军装备发展的热点。美国、俄罗斯、英国、法国、德国、意大利、澳大利亚、加拿大、印度、荷兰、比利时、以色列、西班牙及南非等国，都加入了研发和应用一体化士兵系统的行列，竞相发展最先进的士兵系统。

应指出，美国是研发及应用一体化士兵系统最早的国家，从 20 世纪 80 年代末开始研发“陆地勇士”士兵系统，首次将以前士兵的独立装备，如防护服、通信设备、传感器、动力装置和武器等有机地融合在一个综合作战系统，连同士兵一起，构成了先进的一体化信息综合武器平台，最大限度地为士兵提供了“近实时完全可视化战场”，从而大大提高了士兵的杀伤能力、指挥控制能力、信息共享能力、生存能力、机动能力、战术感知能力和持续作战能力。图 5-4 给出了美国“陆地勇士”士兵系统装备示意图。

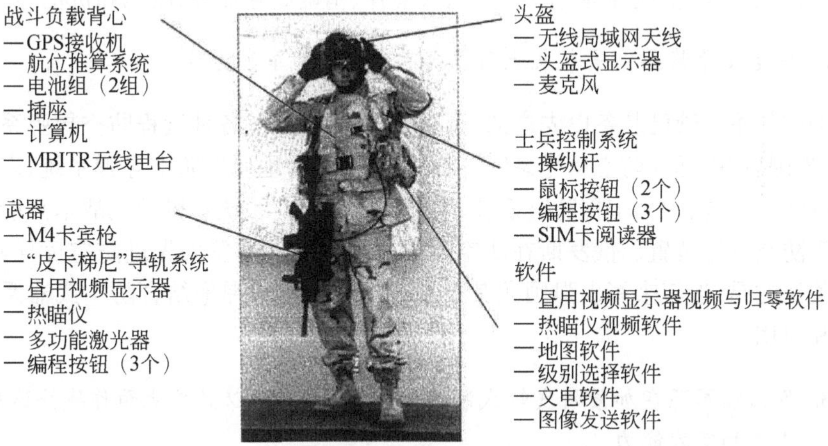

图 5-4　美国“陆地勇士”士兵系统装备示意图

4. *无人装备是重要发展方向并将广泛用于未来地面作战*

随着信息技术的进步和无人作战的军事需求，无人装备不断涌现和与日俱增。陆军无人装备主要包括无人机、机器人和无人地面车辆等，主要用于半自主式传感器及武器平台。其中，已有很多无人机参与过多次高技术局部战争。另外，在“非接触”和“零伤亡”等作战理论的牵引和军事高技术进步的推动下，无人机和无人地面车辆都迅速朝着武装攻击型发展。此外，近年来还催生了一种无人遥控武器站。目前，世界各国研发的遥控武器站已约有 20 种。

5. *精确制导武器将成为地面作战的主战装备*

打击精确化是陆军在未来信息化战争中的立足点。因此，世界各国特别是军事强国的陆军把大力发展和应用精确制导武器作为重要或主要发展方向。多管火箭炮系统、制导火箭弹、新型陆军战术导弹、“网火”系统、中程制导弹药、精确制导炮弹和精确制导迫击炮弹等都在研发之列。

6. 新型军用直升机将成为未来的新型地面作战力量

对新型军用直升机及其机载武器的研制是应对未来地面作战的重要手段。法国和德国联合研发成功了“虎”式专用武器直升机；英国和意大利联合研发了 EH-101 战术通用直升机；日本研发出 OH-1 侦察直升机；美国研发出 V-22 倾转旋翼机和 ARH 武装侦察直升机等。这些新型军用直升机已有不少装备部队，终将成为各国军用直升机的主战机种。与上述新型军用直升机相匹配的机载武器有信息化的反坦克导弹、空地导弹、空空导弹、火箭弹、精确制导炸弹、航炮和机枪等。

7. 防空反导装备仍是未来地面作战不可替代的军事力量

美国陆军尽管已装备以先进的“毒刺”导弹为基础的各种近程防空导弹系统和各型“爱国者”中远程防空反导系统，但还在不遗余力地研发防空导弹系统、末段高空区域防御系统、中程增程防空系统、增强型区域防空系统及机动式战术高能激光武器等防空反导装置。俄罗斯在防空反导方面也在大力发展先进防空反导武器。值得关注的是，近年来军事强国尤其重视便携式和近程弹炮结合防空武器系统的研发和应用。

8. 各国陆军还在加紧研发轮式装备和新概念武器，以提高地面作战快速反应能力和实战能力

近年来出现许多新型轮式装备，如美国的“斯特赖克”装甲车、“海马斯”高机动性火箭炮，以色列的“斯派德”防空导弹系统，俄罗斯的“铠甲-S1”弹炮合一防空系统，南非的 Gb-52 榴弹炮等。陆军新概念武器主要包括电磁炮、电热化学炮和战术高能激光武器等。其代表型号有美国的电热化学炮多功能炮与弹药系统以及美国与以色列联合研发的机动式战术高能激光武器 MTHEL 和其改进型。

5.2 海战武器平台

5.2.1 概述

现代海上作战主要由海军兵力承担。海军是由水面舰艇部队、潜艇部队、海军航空兵、海军岸防兵和海军陆战队等兵种和各专业兵组成，主要在海洋遂行作战任务的军种。海军可以独立进行海战，也可与其他军兵种联合作战。为了利用海洋、开发海洋和维护海洋权益，保卫海疆，建立一支强大的现代化海军是所有邻海国家生存和发展的必然选择，且海军的发展与壮大直接关系到这些国家的政治、经济、文化和国防建设，更与争取国家独立、维护主权和领土完整密切相关。因此，海湾

战争后，一场以信息和信息技术为先导的新军事变革在世界范围内迅猛展开，海上作战装备的信息化势不可挡。本节将从海军的发展和海上作战出发，研究和讨论海上作战的综合信息化武器平台问题。

海战武器平台，主要是指大量采用信息技术的各类水面舰艇和潜艇等海上(水下)作战平台。它们主要包括航空母舰、巡洋舰、驱逐舰、护卫舰、导弹快艇、登陆舰、潜艇和水下无人航行器等。平台嵌入的信息系统和装备主要包括情报采集与处理系统、作战支持系统、舰载武器及其控制系统、舰载通信系统、舰载作战指挥控制系统和电子战系统等。

5.2.2　水面舰艇

1. 航空母舰

航空母舰简称航母，是以舰载机为主要武器并作为其海上活动基地的大型水面战斗舰艇。按动力，其分为常规动力航空母舰和核动力航空母舰；按排水量，其分为大型航空母舰(6 万 t 以上)、中型航空母舰(3 万～6 万 t)和小型航空母舰(3 万 t 以下)；按战斗使命，其分为攻击航空母舰和反潜航空母舰。通常，一般大型航空母舰配有数千名兵力、几十架乃至数百架各型舰载作战飞机，包括直升机、战斗机、攻击机、预警机、电子战飞机、反潜机、加油机和救护机等。这些舰载飞机能够远离大陆在海上活动的航空母舰舰面上起降及补给，因此航空母舰被誉为“海上浮动机场”。

航空母舰主要用于攻击敌舰船、袭击军事基地、港口设施和陆上目标，夺取作战海区的制空权和制海权，支援登陆和抗登陆作战。航空母舰的海上活动常以航空母舰编队出现。航空母舰编队，简称航母编队，是指以航空母舰为核心，警戒和有支援舰艇参加所组成的舰艇编队。通常由航空母舰和巡洋舰、驱逐舰、潜艇和支援舰等编成。

航空母舰的出现是海军史上的一个里程碑，海战因它而改变了模式，改变了规模，改变了战略战术等。航空母舰的发展大体经历了三个主要阶段，即 1910～1922 年的探索试验阶段、1923～1955 年的转型阶段和 1955 年至今的现代化、信息化阶段。

美军舰母始终处于世界领先地位，在应用核技术、电子技术及精确制导技术的牵引下，美军设计与制造出世界上最先进的航空母舰。这些航空母舰的突出特点是大型化、核动力化，装备先进防御武器、现代舰载机和先进电子信息设备，且具有完善的指挥信息系统。图 5-5 为正在航行“尼米兹”级航空母舰。

航空母舰与其他编队舰艇是海上最典型、最重要的综合信息化武器平台，是现代海军军事力量的最主要组成部分，也是一个国家军事实力的重要标志。同时，航

图 5-5 正在航行的“尼米兹”级航空母舰

空母舰还是一个高技术密集的复杂大系统，在航空母舰的发展中人们曾遇到各种高、大、顶、尖的关键技术，其中最主要的有总体设计技术、舰载机技术(包括弹射起飞和辅助降落等)、自身防御技术、推进技术、核技术、综合电子信息技术及大系统集成技术等。

控制海洋，乃大国崛起的必经之路。纵观历史，葡萄牙、西班牙、荷兰、英国、法国和美国等国，在世界上获取优势力量都是以对海洋的控制为基础的。我国必须打开自己的海上通道，而航空母舰则在这一历史过程中扮演着至关重要的角色。极具威慑力的航空母舰可把军事力量投射到全球任何一个角落，对我国改革开放和解决海洋争端真正起到保驾护航的作用。

值得指出的是，航空母舰编队是充分发挥航空母舰海上作战效能和威力的重要体系组织形式，它以航空母舰为核心，集舰载机、水面舰艇和潜艇于一体，遂行对海、对岸和对空的一体化作战，是一支综合作战能力强、威慑作用大的机动作战部队。为此，我军还将在上述基础上，按照航空母舰的配置标准，构建具有我军特色的中国航空母舰编队。

2. 航母舰载机

航母舰载机简称舰载飞机或舰载机。它是以航空母舰为活动基地，主要靠机翼产生气动升力的舰载飞机，也是航空母舰编队的主要作战武器平台和最重要的组成部分。目前，航母舰载机已发展成一个很大的家族，包括舰载攻击机、舰载歼击机(战斗机)、舰载歼击攻击机、舰载歼击轰炸机、舰载反潜巡逻机、舰载电子战飞机、舰载预警飞机、舰载垂直/短距起降飞机、舰载空中加油机、舰载勤务机、舰载直升机和舰载无人机等。这些舰载机具有速度快、机动能力强、突击威力大和可执行多种作战任务等特点，能够在航空母舰这样的“活动机场”投送下，深入地球每个角落，执行各种作战任务，如防空、反舰、袭岸、反潜、电子战、预警侦察及空中指挥等。

因此，舰载机是航空母舰作战编队攻防体系的核心。

20 世纪 70 年代以来，世界军事强国先后研发了多种先进的舰载战斗机。它们采用了先进的航空电子技术，具有超视距精确攻击能力，能在复杂战场环境下执行作战任务，同时，还研究和应用了预警机、电子战飞机、反潜巡逻机、无人机和武装直升机等各类舰载机，形成了功能完备的舰载机联队。

在当前和未来战争的需求牵引和军事高技术特别是信息技术进步的推动下，舰载机还在不断发展，其发展趋势是提高性能、缩小规模和简化机型。

3. 其他水面战斗舰艇及武器装备

1)巡洋舰

巡洋舰是一种装有导弹、鱼雷、舰炮和直升机等武器系统，具有多种作战能力，能在远洋机动作战的大型水面战斗舰艇。其通常满载排水量为 0.7 万～2.5 万 t，分为常规动力巡洋舰和核动力巡洋舰。其主要用于掩护航空母舰编队或其他舰艇编队，保卫己方海上交通线并破坏敌方海上交通线，攻击敌方舰艇、基地、港口和岸上目标，支援登陆和抗登陆作战，以及担负海上编队指挥舰等。

巡洋舰是资格老、强有力的多用途水面舰艇，以具有海洋(远洋)巡航作战能力而得名，是现代海军的主力战舰之一。在现役舰艇中，它装备的舰炮和导弹武器最多，并备有精密的探测计算设备和先进的指挥控制通信系统，具有较高航速(一般为 30～35kn)、较大的续航能力和较好的耐波性，能够较长时间在恶劣气候条件下进行海上机动作战。

现代巡洋舰装备有攻防兼备的武器系统。如新型大口径舰炮(203～305mm)、舰舰导弹、舰空导弹、反潜武器、反潜直升机、新型雷达、声呐，以及舰艇指挥控制自动化系统等，具有反潜防空和快速反应能力。

应指出，巡洋舰常以几艘编队进行活动，或加入航空母舰编队担负掩护任务，或作为舰队的旗舰。如美军巡航舰的首要任务是为庞大的航空母舰编队提供有效的海上和空中保护。

2)驱逐舰

驱逐舰是一种装有导弹、舰炮、鱼雷、深水炸弹和直升机等武器系统，具有多种作战能力，能在中、远海机动作战的中型水面战斗舰艇。它分为防空型驱逐舰、反潜型驱逐舰和多用途型驱逐舰等。通常，其满载时排水量为 4000～9500t，主要用于攻击敌水面舰船和潜艇，担负己方舰艇编队的防空和反潜，以及护航、侦察、巡逻、警戒、封锁、搜索、救援、支援登陆和抗登陆作战等任务。

应该说，驱逐舰是现代海军中用途最广、数量最多和突击力量较强的战斗舰艇，被誉为“海上多面手”和“海上军火库”。

驱逐舰是伴随着鱼雷艇的出现而发展起来的一个舰种。它装备有对空、对海和对潜等多种攻击性武器，以多功能性、多作战能力、灵活性和高动机性而备受各国海军重视，迅速向导弹化、电子化和指挥自动化的方向发展。驱逐舰的排水量从最初的 400t，很快提升到 9000t 以上，航速可达 40kn。

3)护卫舰

护卫舰又称护航舰，是一种装有导弹、舰炮、鱼雷、深水炸弹和直升机等武器系统，能近、中海机动作战的中小型水面战斗舰艇。它分为防空型、对海型、反潜型和多用途型护卫舰等。通常，它满载时排水量为 600～5000t。它主要用于舰船编队护航，担负反潜、防空，以及巡逻、警戒、侦察、支援登陆和抗登陆作战等任务。

护卫舰作为传统的海军舰种，是世界各国建造数量最多、分布最广和参战机会最频繁的水面战斗舰艇，其吨位和火力仅次于驱逐舰。按排水量大小可分为大、中、小型护卫舰。

中型护卫舰以导弹护卫舰最为典型，它能够进行远洋机动作战，其满载时排水量一般为 2000～4000t，个别可达 4900t，航速为 30～35n mile/h，续航力为 4000～7500n mile[①]，主要装备武器为导弹、鱼雷和火炮等，通常可携带 1～2 架反潜直升机。

小型护卫舰多是第三世界国家发展的护卫舰，用于在 200n mile 经济区内护渔、护航及巡逻警戒，排水量在 1000t 级左右(还有几十至几百吨级)，武器以导弹为主。

4)导弹艇/导弹护卫艇

导弹艇是一种以舰舰导弹为主要武器的小型高速水面战斗舰艇，分为滑行型、半滑行型、排水型、水翼型、地效翼型、双体型和气垫型等多种类型导弹艇，主要用于近岸海区对敌大、中型水面舰船实施导弹攻击，也可担负巡逻、警戒、反潜和布雷等作战任务。它具有体积小、速度高、灵活机动和攻击威力大等特点，其攻击距离、准确性和突击性均优于鱼雷武器，战斗力相当强。

导弹护卫艇是以舰舰导弹和舰炮为主要武器的小型水面战斗舰艇，分为排水型、圆舭型、深 V 型、水翼型、双体型和气垫型导弹护卫艇等，兼有导弹艇和护卫艇的性能，主要用于近岸海区巡逻、警戒、护航和护渔等。

5)专门舰艇

专门舰艇是指为完成特殊和专门战斗任务所发展的水面战斗舰艇。如鱼雷艇、水雷战舰艇及猎潜艇等。水雷战舰艇不但包括扫雷舰艇、猎雷舰艇和破雷舰艇，还包括布雷舰艇及反水雷舰艇等。

---

① 1n mile＝1852m。

(1)鱼雷艇。鱼雷艇是以鱼雷为主要武器的主型高速水面战斗舰艇,分为滑行型鱼雷艇、半滑行型鱼雷艇、水翼型鱼雷艇和翼滑型鱼雷艇等,主要用于近岸海区与其他兵办协同,以编队对敌大、中型舰艇实施鱼雷攻击。

(2)水雷战舰艇。这是一种专门用于布雷和反水雷的水面战斗舰艇,包括布雷舰艇和反水雷舰艇。

(3)猎潜艇。猎潜舰是以反潜武器为主要装备的小型水面战斗舰艇,主要用于在近岸海区与其他兵力协同,以编队搜索和攻击敌潜艇,还可以用于巡逻、警戒、护航和布雷等。

(4)扫雷舰艇。扫雷舰艇是装有多种扫雷具,用模拟舰艇声、磁等物理场或机械切割锚雷雷索等手段排除水雷的反水雷舰艇,分为舰队(远程)扫雷舰、基地(沿岸)扫雷舰和扫雷艇等,主要用于扫除港湾、海峡、航道等水域的水雷,为舰艇编队航行开辟雷区航道,或在登陆作战中进行敌前扫雷等。这里,舰艇编队是指两艘以上舰艇或两个以上舰艇战术群组成的兵力编组。按舰种,舰艇编队分为航空母舰编队、驱逐舰编队、导弹艇编队和勤务船编队等。

(5)猎雷舰艇。装有精密导航定位系统、猎雷声呐和遥控灭雷具的小型水面战斗舰艇称为猎雷舰艇,主要用于搜索、探测、识别并摧毁水雷的反水雷舰艇,分为远海猎雷舰和近海猎雷艇,具有良好的低磁、低噪声和抗冲击性能,不需要预先探明引信类型和性能就可直接摧毁水雷。

(6)布雷舰艇。布雷舰艇是装有布雷设备,专门用于在基地、港湾、航道、近海海域和江河湖泊水域布设水雷的水雷舰艇,分为舰队(远程)布雷舰、基地(沿岸)布雷舰和布雷艇等。

(7)反水雷舰艇。反水雷舰艇是一种装有扫雷和猎雷设备,能排除水雷或直接依靠船体物理场引爆水雷的水雷战舰艇,主要用于在航道水域为舰艇编队清除水雷障碍,开辟海上通道,包括扫雷舰艇、猎雷舰艇和破雷舰等。

6)登陆作战舰艇

登陆作战舰艇是输送陆地步兵及其武器装备、物资到敌方岸滩实施直接登陆的登陆作战舰艇,包括坦克登陆舰、步兵登陆舰,以及人员登陆艇、车辆登陆艇和坦克登陆艇等。

7)勤务舰船

勤务舰船又称辅助舰船或军辅船,是海军中用于海上作战保障、技术保障和后勤保障的舰船,包括侦察监视船、海洋调查船、海洋测量船、训练舰、防险救生船、工程船、航行补给船、修理船、维修供应船、海军运输船、试验船、医院船和基地勤务船等。

5.2.3 潜艇/核潜艇

潜艇是潜水艇的简称，是能潜入水下活动和作战的战斗舰艇。按作战任务，它分为战略导弹潜艇和攻击潜艇；按动力，它分为常规动力潜艇和核动力潜艇。

战略导弹潜艇又称弹道导弹潜艇。它以核能为推进动力，潜地弹道导弹为主要武器，用于对敌方陆上军事、政治、经济中心等战略目标实施核突击，是国家战略力量和核打击力量的重要组成部分。

此外，弹道导弹核潜艇还是实施核反击及进行战略威慑的重要力量。它与战略轰炸机、陆基弹道导弹构成“三位一体”的大国核战略打击力量，是大国战略兵力和核打击兵力的重要支柱。目前，世界上只有美国、俄罗斯、英国、法国、中国拥有战略导弹核潜艇，美国、俄罗斯各有数十艘，英国、法国、中国各有数艘。图 5-6 为美国海军“俄亥俄”级弹道导弹核潜艇。

图 5-6　美国海军“俄亥俄”级弹道导弹核潜艇

现代弹道导弹核潜艇的水上排水量为 7600～21500t，水下排水量为 8250～26500t；动力装置为 1～2 座核反应堆，2 台蒸汽轮机和电动机(其功率为 11700～58976kW)，还装有应急柴油机、通气管和蓄电池等；水下航速为 20～30kn，下潜深度为 300～500m；自给力 60～90 昼夜，一般装备有 12～24 枚潜地弹道导弹，每枚携带 10 万～47.5 万 t 当量级核弹头 1～10 个，射程为 3000～12000km，还装备有 4～6 具鱼雷发射管，可用于自卫或攻击。与其他战略核力量相比，其有如下主要特点：①隐蔽性好；②机动性好；③突击威力大；④攻击命中精度高和射程远。

攻击潜艇以鱼雷、反舰导弹和巡航导弹为主要武器，用于攻击敌水面舰船和潜艇，以及陆上重要目标，还可进行布雷、侦察、运输和救护等。

核动力潜艇简称核潜艇，可以是战略核潜艇，也可以是攻击核潜艇。

潜艇是海军的主战舰种，具有隐蔽性高、突击能力强、续航能力大、自给能力强、攻击性强和杀伤力巨大的优势，备受各国海军青睐。目前，世界上能够自行研制核潜艇的主要国家有美国、俄罗斯、英国、法国和中国等；能自行研制常规动力潜艇的有美国、俄罗斯、英国、法国、中国、德国、日本、印度、荷兰、韩国和朝鲜等。

通常潜艇包括两大部分，即武器平台和作战系统。核潜艇的配置一般有战略核导弹、反潜导弹、反舰导弹、鱼雷、水雷和防空导弹等武器，以及自主式飞机、小潜艇和运送舰等。作战平台既是作战系统的运载体，又是为作战系统提供运行动力及环境的保障体；作战系统是除上述作战平台外的其余专用系统和设备，用于执行警戒、跟踪、目标识别、数据处理、威胁估计、武器控制和参战人员管理等。它以指挥系统（或火控系统）为核心，包括侦察探测传感器系统、导航系统、通信系统、战术数据链、各类杀伤武器系统及其发射装置和水声、电子对抗器材，以及操作与使用系统、设备和武器的相关人员。可见，作战系统是配置在一艘潜艇作战平台上具有对敌作战能力的有机综合战斗体。作战系统和武器平台共同构成一艘能履行既定作战使命的作战潜艇。以指控系统为核心的潜艇作战系统在经历三代发展后，已进入了以分布式指控系统为核心的第四代潜艇作战系统。该系统集情报处理、作战指挥和火力控制于一体，并具备同时控制多种武器平台和对抗多批目标的能力，如图 5-7 所示。

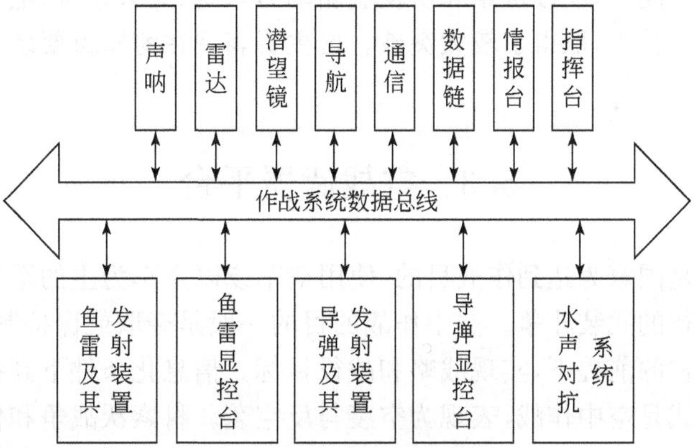

图 5-7　第四代潜艇作战系统结构

5.2.4　精确制导武器系统

海军使用的精确制导武器系统主要包括海军导弹、鱼雷、反鱼雷武器、制导反潜深弹、制导水雷和海军舰炮制导炮弹，以及部分海军新概念武器等。其中，海军导弹或称海基导弹是使用得最多的。它装备在海军水面舰艇、潜艇、作战飞机、岸基固定和机动平台上。在现代海战中，这些导弹已成为海上作战的主要手段，是摧毁目标的主要武器。海基导弹包括弹道导弹、巡航导弹、舰舰导弹、防空导弹、舰空导弹等。除海军导弹外，鱼雷是现代海战中进行水下攻击的主要武器。当然，制导水雷也在海军的精确制导武器之列。考虑到鱼雷武器对舰艇的威胁，一些国家发展了拦截鱼雷的武器，其中较典型的是反鱼雷鱼雷。此外，还有水雷与鱼雷相结合的水鱼雷及反水雷武器等。

5.2.5 海军舰炮

舰炮是指装备在舰艇上用于对水面、空中和岸上目标射击的海军炮。舰炮按口径，可分为大口径（130mm 以上）、中口径（76～130mm）和小口径（76mm 以下）舰炮；按自动化程度，可分为全自动、半自动和手动舰炮。反导舰炮主要用于舰艇对反舰导弹等空中目标的末端防御，利用快速发射大量弹丸形成弹幕摧毁来袭目标。

舰炮使用的炮弹主要有穿甲弹、半穿甲弹、杀伤弹、空炸榴弹、爆破弹、预制破片弹、末端制导炮弹及火箭增程弹等。

5.2.6 海战武器平台及其技术发展趋势

世界各国特别是军事强国在大力推进航空母舰、潜艇、驱逐舰和两栖舰等主要海军装备发展的同时，积极探索和研发舰船动力系统、无人系统、电子装备系统和武器系统等领域技术，取得了较大突破。这主要表现在海军重要装备平台取得的重大突破上。

5.3 空战武器平台

空中作战是国家为达到作战目的，使用空军或以空军为主的军事力量在空中或通过空中进行的武装斗争。空中作战的目的一般是夺取或保持制空权，或在夺取或保持制空权的前提下，实现战略和战役目标。信息化条件下高技术局部战争的主要作战形式是空中作战，表现为空袭与反空袭。科索沃战争和伊拉克战争就是最典型的案例，在这些现代战争中，空袭与反空袭贯穿着战争全过程，并直接影响和决定着战争的进程及结局。

空中信息化主战武器平台（或装备）主要包括空天作战武器装备、地面防空与防天装备和空降作战武器装备。空天作战武器装备包含作战飞机、临近空间作战装备和空天作战飞行器，其中，作战飞机包括战斗机、攻击机和轰炸机等；地面防空与防天武器装备主要包括地空导弹武器系统和高炮武器系统；空降作战武器装备主要包括空投装备、武器/运输直升机、战斗车/突击车、单兵武器装备和空降作战信息系统等。

5.3.1　作战飞机

目前，飞机已形成了一个庞大的家族，可从不同角度进行多种分类。飞机按用途，可分为民用飞机和军用飞机两大类。民用飞机泛指一切非军用的飞机，包括旅客机、货机、客货两用机、公务机、农业机、体育运动机、救护机、游览机和实验研究机等；军用飞机是列入军队编制，直接用于作战、训练和保障的各种飞机的总称，包括作战飞机和保障飞机。作战飞机是装有机载武器或特种设备，直接用于作战或作战保障的军用飞机，包括歼击机、截击机、强击机、歼击轰炸机、轰炸机、侦察机、预警机、空中指挥机、反潜机、电子战飞机、军用运输机、空中加油机、舰载机、教练机、水上飞机、无人机及特种用途飞机等。此外，飞机还可按发动机类型，分为螺旋桨飞机和喷气式飞机；按飞行速度，可分为低速飞机、亚音速飞机、跨音速飞机、超声速飞机和高超声速飞机；按航程，可分为短、中、远程飞机；按负载或客座数，可分为小、中、大型飞机。

目前，作为信息化作战武器平台的军用飞机，可装备各种各样的机载武器，如航炮、空空导弹、空地导弹、空舰导弹、航空炸弹、制导航弹、航空火箭弹及核弹等。这些机载武器连同机动性、生存性和突防能力等是军用飞机战斗力的重要标志。此外，为了完成不同作战任务，人们对军用飞机提出了多项战术技术要求，常以指标形式出现，包括最大飞行速度、最小飞行速度、升限、航程、起飞和着陆滑距距离、载重（或载弹）量、机动性、机敏性、生存力、适航性、维修性、保障性、使用寿命、气象条件和战斗力等。

1. 战斗机

战斗机包括歼击机和截击机，是世界各国空军的主战机种。它们以空空导弹、航空火箭弹制导炸弹和航炮为基本武器，具有空战能力强、火力强、速度快和机动性能好等特点，用于拦截攻击和歼灭敌方飞机和飞航式空袭兵器，也可以配备空地导弹等执行对地攻击任务，以及攻击敌方水面目标。

战斗机主要随着各个时期的空袭兵器特征的不同而变化，至今超声速战斗机已发展了四代，一直作为世界各国特别是军事强国空军的优势机种。现代战斗机，多装备有 20mm 以上的航空机炮，还携带多枚雷达制导的中距离拦截导弹、红外制导的近距离格斗导弹和精确制导炸弹，以及其他攻击地面目标的武器，如防区外发射的空地巡航导弹等。二次燃料设备（喷气装置）和先进航空电子系统的配置使多数现代战斗机通常以空中优势战机面貌出现，空中优势战机还将具备 2*Ma* 以上的速度，推重比大于 1，允许在爬升中加速，可爬升至 18290m(60000ft)的高度并具有全天候、全天时、超视距攻击多目标等作战性能。图 5-8 给出了典型空中优势战机的组成结构。

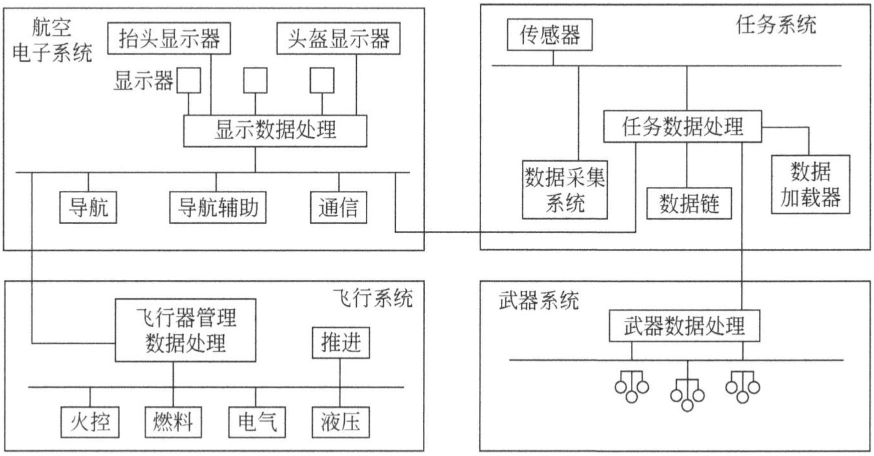

图 5-8　典型空中优势战机的组成结构

现代战斗机主要是指第三、四代战斗机和正在研制的第五代战斗机。其中，第三代战斗机出现在 20 世纪 80 年代初，其技术特征是：保留了第二代战斗机高空高速的优势，更加强调机动性和低空性能；普遍采用涡扇发动机；采用大量新技术，如边条翼、翼身融合体、放宽静稳定度、电传操纵、主动控制技术、玻璃驾驶舱、脉冲多普勒雷达、合成孔径雷达、红外成像技术等。第四代战斗机具有以下显著特点：超声速巡航能力、过失速机动能力、隐身能力、火/飞/推综合控制，具有对付多目标能力，以及良好的维护性和短距起降能力等。典型的第四代战斗机有：美国的 F-22、F-35。

无人战斗机是一种新型战斗机，目前正处于研制和试验阶段。它特别强调高智能化，以适应瞬息万变的复杂空战环境。

图 5-9 为美国的 F-22 战斗机与 F-35 战斗机，图 5-10 为俄罗斯的 T-50 战斗机。

(a)美国的F-22战斗机

(b)美国的F-35战斗机

图 5-9　美国 F-22 战斗机与 F-35 战斗机

图 5-10　俄罗斯的 T-50 战斗机

应指出,我国近年来自行研制的第三代战斗机已形成作战能力,其综合性能优于同代其他战斗机,在世界战斗机行列中已占有重要地位。

2. 强击机

强击机又称攻击机或地面攻击机,是以空地导弹、航空炸弹、航空火箭弹和航炮为基本武器,有时还配备有反坦克集束炸弹和精确制导炸弹,具有低空攻击能力的作战飞机。

发展和运用的强击机完全是为了改善陆战场和海战场上的战术态势,主要用于从低空、超低空突击地面、水面目标,支援陆军和海军作战的飞机。因此,它具有良好的低空操纵性、稳定性、机动性、生存性和搜索地面目标的能力,以及强大火力配备的突出特点。此外,强击机还具有强有力的装甲防护、一定的敏捷性和非凡的低空滞留性能。

现代强击机还装备有几乎与战斗机相似的先进航空电子系统,以形成完善的对地攻击平台。

3. 歼击轰炸机

歼击轰炸机又称战斗轰炸机,是以空空导弹、空地导弹、航空炸弹、航炮和航空火箭弹为基本武器,兼有空战和轰炸能力的作战飞机。它具有超声速飞行能力、低空突防性好、机动性高、续航时间长、航程远(一般可达 3000km)和对地攻击火力强的显著优势。机载武器主要除上述基本武器外,还有制导炸弹、空舰导弹甚至核弹。歼击轰炸机同时配有先进的综合航电系统及设备,如火控雷达、激光测距装置、微光夜视仪和抗电子干扰设备等。

4. 轰炸机

以空地导弹、航空炸弹、航空鱼雷为基本武器,具有轰炸能力的作战飞机称为轰炸机。轰炸机是空军实施空中突击的主要机种,用于对地面、水面目标进行轰炸。轰炸机有多种类型,主要按照作战使命、载弹量大小和航程等进行分类,分别分为战略轰炸机和战术轰炸机;重型、中型和轻型轰炸机;近程、中程和远程轰炸机等。轰炸机上的机载武器,除上述空地导弹、航空炸弹和航空鱼雷外,还有其他各种炸弹、航弹、巡航导弹、航空机炮,甚至核弹。机上备有先进的火控系统、完善的航电设备和空中加油系统,可保证具有全天候轰炸能力和很高的命中精度,以及远程飞行和低空突防能力。

值得指出的是,在轰炸机中,战略轰炸机具有高空巡航、远距离飞行甚至洲际飞行、强载弹能力和载核弹能力。轰炸机用于渗透到敌方领土的大纵深后方实施战略打击,以达到削弱敌方防御力量和实现战略威慑的目的。它常采用高空高速飞行、携带大量炸弹,可实现"地毯式轰炸",也可以选择低空高速飞行,并以隐身技术进行突防,避开敌方雷达搜索,实施低空轰炸,还可装备巡航导弹、联合直接攻击武器和核武器等实现防区外攻击与轰炸等。

目前,美国的 B-52H、B-1B 和 B-2 轰炸机系列是世界上最强大的战略轰炸攻击力量。俄罗斯不仅在苏联的基础上继续研发新一代战略轰炸机和战术轰炸机,而且已恢复了战略轰炸机的值班巡逻。这说明在当前和未来战争中,战略轰炸机和战术轰炸机依然是一支不可替代的重要军事力量。

5. 侦察机/战场监视机

装有航空侦察设备,专门用于遂行空中侦察作战任务的作战飞机称为侦察机。它是现代战争中的主要侦察工具和手段之一,按其遂行作战任务范围,可分为战略侦察机和战术侦察机。前者航程远、飞得高、速度大,能深入敌后对敌重要军事目标实施大面积的战略侦察;后者具有很好的低空高速飞行性能,用于获取战役战术情报(包括战场毁伤状况等)。侦察机的突出特点是:机上装有各种先进的侦察设备,如航空相机、雷达、电视、红外侦察设备及实时情报处理与传输装置;机上还装备有自卫武器和电子干扰系统,可保障高度的生存性;它具有多种侦察方法,如目视侦察、成像侦察和电子侦察等,成像侦察是主要侦察方法,包括可见光照相、红外照相、红外成像、雷达成像、微波成像和电视成像等。

为了实时地掌握战场上的有关敌军和友军的部署、规模与军事行动等方面的情报,美国等军事强国还研制和应用了战场监视机(battlefield surveillance)。战场监视机除主要用于监视和掌握战争态势情报外,也可作为机载指挥中心,用以指挥空中打击或地面打击等作战任务。其主要特点为飞行高度高、航程远、平台稳定及通常以商用客机作为构建基础。图 5-11 给出了战场监视机与典型战场监视平台结构。

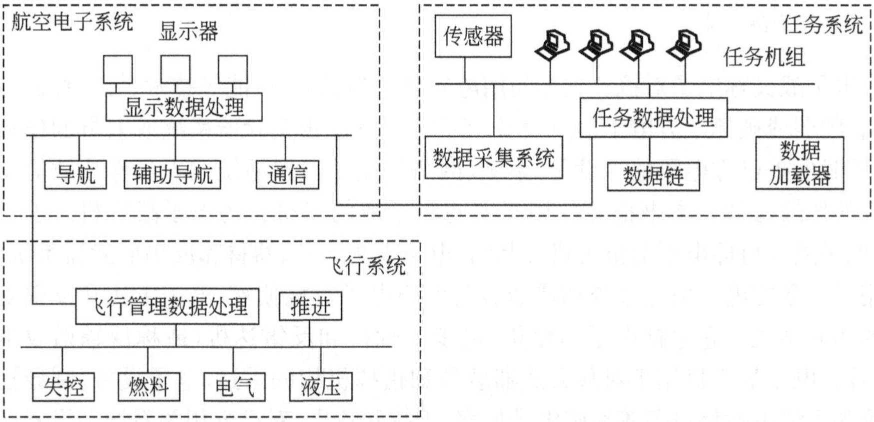

图5-11　战场监视机和典型战场监视平台结构

6. 空中预警机/海上巡逻机/空中指挥机

空中预警机又称机载预警机或预警指挥机，是装有机载预警雷达和电子侦察设备，专门用于搜索、监视空中地面或海上目标，并可指挥引导己方飞机遂行作战任务的作战飞机。空中预警机自第二次世界大战末期问世至今已有70多年历史，由早先仅能探测海上目标发展到目前具有海上/空中预警、指挥和控制综合功能的武器平台，它在近几次高技术局部战争所呈现的作战效能，为世人瞩目。它的主要性能特点有：扇形巡航区域覆盖着敌机或其他来袭兵器可能实施攻击的地域；可在360°全范围扫描，具有俯视与仰视能力的雷达，能确保对低高度和高高度来袭目标的探测；雷达通常集成有询问器，以保证主动地敌我识别；可以作为宽中指挥所，控制战区内所有空中机动、情报编辑，并为当地部队与远程指挥部提供准确实时战斗态势显示等。

海上巡逻机是以执行海上巡逻为主要任务的军用飞机。海上巡逻是指在一定海区内进行巡查警戒的活动，实施监视与侦察的防空巡逻、防潜巡逻、防水面舰艇巡逻及防水雷巡逻等是它的主要任务。此外，还担负对水面部队作战、对潜艇作战、搜寻与救援（空投救生器材）、经济区防护及反恐怖、反走私、反偷渡等任务。

海上巡逻机具有如下主要特点：飞行速度快、机动性能强、飞行航程远和有高空探测能力。这主要表现在：能够快速抵达所关注的巡逻区域，实施对海面和水下目标的探测、跟踪，甚至攻击。

空中指挥机是一种装有先进通信设备和指挥控制设备等，专门用于在空中担负指挥任务的作战飞机。指挥信息系统和数据链系统的应用对于这类军用飞机是极端重要的。

7. 电子战飞机

电子战又称电子对抗。它是使用电磁能、定向能和声能等技术手段,控制电磁频谱,削弱或破坏敌方电子信息设备、系统、网络及相关武器系统或人员的作战效能,同时保护己方电子信息设备、系统、网络及相关武器系统或人员作战效能正常发挥的作战行动。本书把专门用于实施电子战的飞机称为电子战飞机。进一步讲,电子战飞机即电子对抗飞机,即装有电子干扰装备、器材和反辐射武器系统,专门用于对敌方电子信息系统和武器装备实施电子对抗侦察、电子干扰和反辐射攻击的作战飞机。它包括电子侦察机、电子干扰机和反雷达机(或称反辐射攻击飞机)等。电子战飞机用于对敌方武器装备和指挥机构的雷达、电子设备、制导控制系统和无线电通信设备等实施电子侦察、干扰和攻击,对己方相关系统和设备实施保护、防御和支援。

电子侦察机装备有宽带电子侦察系统,通过对敌方电磁信号的侦收、识别、定位分析和记录,来获取军事情报;电子干扰机装备有大功率杂波干扰机和无源干扰投放器等电子干扰设备,主要对敌方防空体系内的对空情报雷达、导弹制导雷达、炮瞄雷达和无线电通信设备实施电子干扰;反雷达机装备有告警引导接收系统、反辐射导弹和其他武器装备等,主要用于袭击地面防空系统的制导雷达和炮瞄雷达,也可以攻击对空情报雷达和其他地面电子设备。

自第二次世界大战期间出现以来,经过几十年的发展和变革,电子战飞机最广泛地应用于现代战争,发挥了重大作用。

8. 空中加油机

装有空中加油设备,专门用于给飞行中的飞机或直升机补给燃油的军用飞机称为空中加油机。

几乎所有型号的军用飞机都期望延长飞行航程与滞空时间,对于远程飞行任务或远程运输飞行及执行空中巡逻、负担空中优势地位的军用飞机更是如此,即使歼击机和歼击轰炸机为了适应现代空袭与反空袭战争的需要也必须扩大航程。因此,空中加油机在现代战争中就显得十分关键和必要。

空中加油机的主要特点是远距离、可携带大量油料负载,并能以平稳的加油方式飞行。大多数空中加油机采用受油探测管与喇叭罩加油方式,即空中加油机在距离受油机不远的空中展开并拖有一根或多根供油软管,每根伸出软管的端头又有一个加油锥套,当受油机飞到加油机附近时,伸出其加油插头并将其对准加油锥套上的锥口,当插牢后,方可受油。也有许多加油机装有空中加油导管,伸缩管装在供油箱上,当需要加油的飞机飞抵加油机附近时,加油管操作员便将导管插头插入飞机的受油管嘴进行供油。

9. 军用运输机

全球性地区冲突、维和行动及地区性军需补充和军事调动等，都需要快速将部队或军用物资、器材和装备等投送到远方，军用运输机将会自然地承担起运送军事人员、武器装备和其他军需物资的重任。军用运输机就是专门用于空中输送人员、武器、弹药、装备和物资的军用飞机。它通常可分为战略运输机和战术运输机。前者起飞质量在150t以上，用于全球范围投运部队和重型军事装备；后者起飞质量一般不到100t，用于战役战术范围内执行空运、空降和空投任务。

军用运输机的鲜明特点是具有很大的载货结构空间、较大的载重量和续航能力，能实施空运、空投和空降，可保障地面部队从空中实施快速机动转移，并且具有精确的导航能力，能在昼夜间和各种复杂气象条件下飞行等。

10. 军用教练机

专门用于训练军队飞行人员的军用飞机称为军用教练机，分为飞行教练机和专业教练机。

对于军用飞机特别是战斗机、攻击机和直升机，飞行和战斗训练是必不可少的，尽管地面飞行模拟器是一种重要的训练手段，但在真实飞行条件下利用实际飞机进行训练是最为真实而有效的。因此，几乎在出现飞机的同时就产生了教练机。

教练机一般设置有前后两个座舱或在1个座舱里并排设置有两个座椅，且有两套相互联动的中央操作机构和飞行仪表，分别供教员和飞行学员使用。教练机按其功能和训练技术分为初级、中级、高级教练机三种。高级教练机的训练内容和科目通常包括起飞着陆、高低速飞行、复杂飞行科目、武器运用、靶试目标及电子战等高级训练。应该指出的是，无论多么先进的战机都有与之相应的教练机。还有一种特殊的训练机，这就是空中变稳飞机，在它上面可以通过改变模态在空中模拟出几乎任一架飞机的飞行状态，以供新机试验研究和飞行训练。

11. 武装直升机/搜索救生直升机

1)武装直升机

依靠发动机驱动旋翼产生升力、纵向拉力、横向拉力及操纵力，能够垂直起降的重于空气的航空器称为直升机。直升机可大体分为两大类，即民用直升机和军用直升机。军用直升机是列入军队编制，主要用于遂行作战、训练和保障等任务的各型直升机的统称，包括武装直升机、运输直升机和勤务直升机。

武装直升机又称攻击直升机或强击直升机，是装有机载武器系统，主要用于攻击空中、地面、水面及水下目标的直升机。它可为运输直升机护航，也可同敌直升机进行空战，包括攻击直升机、反舰直升机和反潜直升机。

武装直升机具有机动灵活、反应迅速，适于低空、超低空抵近攻击，能在运动和悬停状态下作战等显著特点。武装直升机一般携带机枪、航炮、精确制导炸弹和导弹等多种机载武器，已成为陆军航空兵、空军航空兵和海军航空兵实施直接火力支援的新型机种。对于多用途武装直升机来说，除用于遂行空中攻击任务外，还可以用来运输、机降和救护等，反坦克作战是它的主要军事用途之一，因此，武装直升机被誉为“坦克杀手”。专家们预料，在未来信息作战、火力打击、战场机动和支援保障等环节都将离不开军用直升机特别是武装直升机的参与。

武装直升机广泛应用于现代高技术局部战争，战绩卓著，已受到世界各国的高度重视。

2)搜索救生直升机

搜索救生直升机简称搜救直升机，是装有实施搜索、救援和救生的专用设备，用于搜救宇宙飞船、遇难飞机、遇难舰船及机组人员和旅客，以及出事(遇险、火灾、水灾和地震等)地区人员的直升机。通常机上装有光电搜索设备、热成像搜索装置、组合救生装具、应急着水装置和专用综合驾驶导航系统等。

12. 无人机

无人机是无人驾驶飞机的简称，是由遥控设备或自备程序控制装置操纵的不载人的飞机。其实质上是一种由动力驱动、机上无人驾驶、可重复使用的遥控飞行器和会飞行的机器人。

无人机原本是工业机械时代的产物，最初多用作靶机，至今靶机仍占无人机市场的70%左右。1915年，德国成功采用伺服控制装置和指令制导的滑翔炸弹被认为是无人机的先驱；1921年，英国研制成功第1架实用无人靶机；后来信息技术和人工智能技术的发展使无人机产生了新的生机，各国尝试在靶机的基础上安装探测装置甚至配备武器，使其具有战场侦察、监视、目标探测、电子战能力和战术作战能力，这才逐渐发展成真正意义上的作战无人机，并参加了多次战争。仅在伊拉克战争的战场上美军就使用了十多种作战无人机，它们主要是“猎犬”“先锋”“指针”“龙眼”“全球鹰”“捕食者”和“影子200”等。除美国外，俄罗斯、英国、法国和德国等国军队也都在20世纪80年代后先后研制和装备了作战无人机。

“全球鹰”无人机是美军目前重点发展的无人机，也是当前世界上最先进的长航时远程侦察无人机，其侦察覆盖面积每天可达137320km^2，最大飞行高度为20km以上，航程为5600km，续航时间超过36h，可同时携带光电/红外传感设备和合成孔径雷达，具有对活动目标指示的能力，最大任务有效载荷近1t，采用全球定位系统和惯性导航复合制导，并通过卫星数据链进行实时视频信号传输，能近实时地提供高分辨率地面图像(包括地面停放的各种飞机、导弹和车辆等)，是一种真正的全天候无人侦察机,如图5-12所示。

图5-12 美国“全球鹰”无人机

在新军事变革需求的牵引下,国外按功能把作战无人机分为战略无人机、战术无人机和无人战斗机。同时,还涌现出无人作战支援机、长航时无人机、无人驾驶飞艇、微型无人机、无人攻击机和高超声速无人轰炸机等。美军还研制出一种用来执行侦察、攻击和电子战任务的多用途无人战斗机及特长航时太阳能无人机。此外,无人机还迅速地朝着陆上、水面、太空领域发展。

目前,无人机不仅数量庞大,而且品目骤增。可以预料,它们将成为未来陆战、海战、空战、天战的“撒手锏”,并终将成为战场的主角,极大地改变现代战争的面貌。

5.3.2 空战武器平台及其技术发展趋势

近年来,世界军事强国继续主导新型和新一代空军武器装备的概念探索和试验试飞,持续对现役空军武器装备大力升级改进。总体上,当今范围内的作战飞机、支援保障飞机、无人机和机载武器等及其技术均取得了重大进展。

1. 大力推进作战飞机发展

(1)新型轰炸机技术特征趋于明晰,发展明确。美国空军确定新型战略轰炸机(LRS-B)搭载战略核武器,采用无人/有人可选模式,计划2025年左右服役;俄罗斯新型战略轰炸机“远程航空兵未来航空综合体”(PAK-DA)为无尾飞翼式布局的亚声速隐身飞机,预计2025年具备初始作战能力。美国和俄罗斯下一代轰炸机设计性能对比如表5-2所示。

表 5-2　美国和俄罗斯下一代轰炸机设计性能对比

性能指标	美国 LRS-B	俄罗斯 PAK-DA
最大起飞重量	—	124t
有效载荷	10～14t	24t
巡航时速	$Ma=0.9$	$Ma=0.8$
最大航程	—	12500～16500km
有人/无人选择	有人为主	—
作战半径	3700km 以上	—
隐身能力	全向高隐身	拟采用外形、电磁频谱和等离子体等隐身
任务能力	核打击和常规打击,情报侦察、监视、电子战和通信中继	核/常打击,兼备侦察和电子对抗能力
拟装备数量	80～100 架	数十架

(2)美国空军继续升级改进现役轰炸机。其重点是机载武器,其中,B-1B 轰炸机已携带远程反舰导弹,将具备打击 370km 范围海面移动目标能力;B-2 轰炸机将提高投送重型钻地炸弹 B-61 核弹等能力,同时具备外挂 12 枚并内载 8 枚联合直接攻击弹药能力。俄罗斯重点是通信指挥系统,目前已在多型轰炸机上换装新型通信指挥系统,换装后的通信指挥系统使用普通无线电频道和多重密码技术进行信息传输,无须通过卫星中继,具有较强抗干扰能力。

(3)深入推进第六代战斗机概念探索。美国明确第六代战斗机为“下一代空中主宰”,重点研究有人/无人、体系作战、平台和任务系统集成、先进网络化技术、可信赖导航、主/被动防御、电子攻击、区域拒止、先进传感器和网电技术等。目前已披露美国海军的第六代战斗机将实现全向光频隐身,以满足“反介入/区域拒止”环境下的作战要求。

俄罗斯空军着手研制第六代战斗机——一种新型战斗/截击机,该机很可能采用无人驾驶作为第六代无人作战飞机。

(4)继续推进研制第五代战斗机试验试飞,并探索作战使用的新方法。美国的 F-35A 战斗机首发 AIM-120 中距空空导弹;俄罗斯完成第五代战斗机 T-50 战斗机第一阶段的测试,并开始研发轻型第五代战斗机作为 T-50 战斗机的补充。

(5)继续提升现役战斗机的综合作战能力。美国空军通过试验可扩展敏捷波束雷达,提高 F-22 战斗机的态势感知能力;换装 F-16 和 F-15 战斗机有源相控阵雷达,大幅提高自主瞄准、态势感知、探测跟踪和精确交战等能力;俄罗斯空军大力提高“米格-31”和“米格-31B”大范围快速空中拦截和地空导弹的协同作战能力,通过近距空中格斗试验验证“苏-35”多用途战斗机的高机动空战、规避空中威胁和拦截低空低速目标的能力,从而提升现役战斗机的制空能力和对地打击能力。

2. 重视发展预警机和侦察机

预警机一直是世界各军事强国发展的空军重点装备之一，目前达10余种，300多架。近年来，各国特别是美国和俄罗斯两国仍不断研发、改进或引进预警机，以提升其作战能力。

侦察机不仅是空军的重要机种之一，而且对于陆军、海军和火箭军都非常重要。近年来，世界各军事强国尤其是美国和俄罗斯都很重视发展侦察和监视力量，特别加强了对新型侦察巡逻机的研制和列装，并对现役侦察机进行升级改造。同时启动新式无人侦察机的研制。

3. 聚焦发展电子战飞机

电子战飞机对于信息化条件下的现代战争至关重要，在某种程度上决定着战争的进程，因此世界军事强国很重视电子战飞机的发展，不仅大力提升无人机平台电子战能力，而且对电子战飞机本身进行试飞升级。

4. 重视支援和保障飞机更新换代

(1)世界主要国家大力推进空中加油机的研制与采办：①美国空军大力推进KC-46A新一代空中加油机的研制进程，包括试验机组装、飞行试验、设计审查和训练系统研发等。该机可遂行全天候加油任务，载油量为96.1t，具有硬、软管加油能力，空中加油速率为4542L/min。②俄罗斯研发新型加油机“伊尔-478”，该机在“伊尔-78”的基础上，已研制出试验样机，配装有DS90新发动机，其性能比现役“伊尔-78”有所提升。目前，“伊尔-78”加油机最大飞行速度为830km/h，最大航程为10000km，可携燃油为118t。③欧盟研制的A330MRTT可用于多型战斗机空中加油，性能先进、运行成本低且能高空巡航，在竞标中击败俄制“伊尔-78”空中加油机。美国空军已接收6架A330MRTT。

(2)法国推出新型大型军用运输机A400M；美国空军接收服役的C-5M战略军用运输机；日本研发的新型C-2军用远程运输机，航程可达6500km；俄罗斯的新型军用运输机“伊尔-476”开始量产。

5. 新型机载武器快速发展

近年来，机载武器有了长足进步和快速发展，其研发重点与发展方向表现为以下两个方面。

(1)新型空空武器向动能杀伤和网络化制导方向发展，并大幅增大“近距空空导弹”射程。例如，美军“库达”空空导弹，最大射程为50km，机动性能极好，可全向攻击，采用动能方式直接碰撞杀伤目标，搭载在F-22和F-35战机上；又如，美国陆军、空军首次利用“联合对陆攻击巡航导弹防御空中联网探测器”导引先进中距空空导弹拦截反舰巡航导弹获得成功。再如，美军将大幅增加 AIM-9X 近距空空导弹射程，比现有导弹增加约 60%。

(2)新型空地武器向高速高毁伤和多目标自主攻击方向发展。例如，美军新研发的 X-51A“乘波者”试验飞行器通过采用吸气式超燃冲压发动机实现了 5*Ma* 以上的持续高超声速飞行；俄罗斯正在研发“布拉莫斯-2”高超声速巡航导弹，该导弹飞机速度可达 5～7*Ma*，预计 2020 年前进行飞行试验。

6. 火力打击与侦察类无人机发展齐头并进

(1)俄罗斯在 T-50 战斗机和“鳐鱼”战斗机基础上研发大型无人作战飞机，重约 20t；英国、法国主导欧盟无人作战飞机的发展；英国的“雷声”无人机完成首飞；法国的“神经元”无人作战飞机成功首飞；英国、法国决定在此基础上联合研究新的无人作战飞机。

(2)法国成功完成“欧洲鹰”无人侦察机首飞，该机持续飞行时间超过 6h。

7. 机载探测系统取得重大进展

(1)机载射频探测系统。①有源相控阵雷达广泛用于战斗机，如“雷声先进作战雷达”用于 F-16C/D 战斗机升级；“规模可变敏捷波束雷达”用于 F-16 升级，增强远距离空空探测、高分辨率合成孔径雷达成像及自动目标识别等。②多型雷达发展取得进展。用于无人机的 1-Master 雷达完成试飞；以色列交付浮空器监视雷达，该雷达可在高海况和高密度环境下，探测小型潜望镜、大型海上舰船目标。该浮空器还装备有光电/红外传感器，以增强目标识别能力。③继续探索射频探测新技术。“下一代干扰机”吊舱和“防空反导雷达”采用氮化镓技术成为未来雷达、通信和电子战系统的新型半导体技术，将取代老式砷化镓技术。

(2)机载光电探测系统。①分布式孔径系统传感器组件用于 F-35；②新型多光谱传感器用于无人机；③“狙击手”先进瞄准吊舱成为美军 6 种型号战斗机和轰炸机平台(包括 B-52 轰炸机、F-15 战斗机、F-16 战斗机、F/A-18 战斗机、A-10 攻击机和 B-1 轰炸机)的唯一一种作战使用的瞄准吊舱；④美国研发新的有史以来最复杂的二维激光相控阵技术，可集成 64×64 个纳米无线芯片。

5.4　空间作战平台

空间作战平台，是指平时或战时用于实施和保障空间作战任务的武器系统及其配套的军事技术装备和器材的统称。它主要包括飞艇、自由浮动气球、无人机和高超声速飞行器，以及具有通信中继、侦察监视、导弹预警、导航定位和环境探测等功能的天基平台等。空间作战平台从信息、资源利用、导航定位和作战角度可分为以下几类。

5.4.1　空间信息获取系统

空间信息获取系统是指利用光电设备或无线电接收机等侦察、监视设备，从地球轨道上空对地面、海洋及空中既定目标实施侦察、监视或跟踪，以搜集目标情报信息的星载系统。这种星载系统主要是卫星系统。卫星就是人们常说的人造卫星，是数量和门类最多的航天器，约占航天器的 90%以上。卫星通常按任务和用途可分为侦察卫星、气象卫星、导弹预警卫星、导航卫星、海洋监视卫星、测地卫星、地球资源卫星、反卫星卫星及多用途卫星等。空间信息获取系统主要包括侦察卫星、导弹预警卫星、海洋监视卫星、测地卫星、地球资源卫星和气象卫星等。

1. 侦察卫星

侦察卫星俗称间谍卫星，是一种用于收集和截获军事情报的卫星。卫星上装有光电遥感器、雷达或无线电接收机等侦察设备。侦察卫星包括成像侦察卫星、电子侦察卫星、通信侦察卫星、海洋监视卫星、导弹预警卫星、核爆探测卫星和空间目标监视卫星等，可以广泛用于侦察敌方雷达、军用电台及发射设施的位置、性能、参数和工作规律；探视敌方多个军事基地部署和军事工业重地；窃听敌方军用通信，干扰和破坏敌方军事部署、活动及作战企图；截获敌方战略武器和新型武器研制试验情况等。

卫星侦察面积大、范围广、速度快、效果好、不受国界和地理条件限制、能获取其他侦察手段难以得到的情报，因此得到了各国军方的极端重视，已成为现代军事指挥决策系统和战略武器作战要素中不可缺少的重要组成部分。

2. 导弹预警卫星

导弹预警卫星又称卫星导弹预警探测系统，是指利用卫星上的红外探测器，监视、发现和跟踪特定目标发射的战略弹道导弹，并发出警报的星载系统。这类卫星通常部署于地球静止轨道或周期约为 12h 的大椭圆轨道，一般由多颗卫星组网工作。该系统通常与天基探测器网和地面预警雷达网等进行组网，从而构成陆、海、空、天一体化预警探测平台。主要用于监视导弹试验和卫星发射情况，并能对核爆炸进行评估等，故称为反导系统的“眼睛”。

典型的导弹预警卫星(系统)有美国的“国防支援计划”卫星和新型天基红外系统。天基红外系统是一个包括多个空间星座(高低轨卫星)和地面设施的综合系统，能对战术弹道导弹的攻击实施有效预警和跟踪，可在敌方导弹发射后 10～20s 内将警报信息传送给己方地面部队。因此，可满足 21 世纪美军对战略和战术弹道导弹预警的需求。

3. 海洋监视卫星

海洋监视卫星又称为卫星海洋监视系统，是指可实时或近实时地侦收、窃听舰载雷达信号和无线电通信信号，用于探测、监视海上舰船和潜航活动的星载侦察系统。海洋监视卫星除主要用于对舰船和潜艇活动进行监视和跟踪定位外，还能对海况和海战态势在完全黑夜和云雾等全天候条件下的监视与评估，也可为本国舰船的安全航行，提供海流速度、海浪高度、海水温度、海面风速、海平面高度及浅海危险物等海面状况和海洋特性等重要数据，称为“海上谍影”。通常，海洋监视卫星可分为电子侦察型和雷达型两类。前者又称为被动型卫星海洋监视系统，而后者称为主动型卫星海洋监视系统。

4. 测地卫星

测地卫星又称卫星测绘制图系统或卫星测地与测绘系统，用来测定地球形状、地球重力、地磁场分布和地球表面诸点的精确地理坐标与相对位置。它是大地测量系统的主要组成部分，具有广泛的军事应用价值，可对地球资源进行勘察，了解和掌握各国战略资源的储备状况等。测地卫星可有多种分类：按是否载有专门有源测地系统，分为主动式测地卫星和被动式测地卫星；按测地任务和方法不同，分为几何学卫星测地系统和动力学卫星测地系统。

5. 地球资源卫星

地球资源卫星，即卫星地球资源勘测系统，是指用于勘测和研究地球资源的民用卫星，但具有极高的军用价值。该卫星可携带多光谱遥感设备，用以获取地面目标辐射和反辐射的多谱段电磁信息，并将其发送给地面接收站，地面接收站根据已掌握的各类物质波谱特性，对这些信息进行处理和判读，从而得到各类资源的特性、分布和状态等资料。地球资源卫星通常可分为陆地资源卫星和海洋资源卫星两大类。地球资源卫星一般采用太阳同步兼回归轨道和三轴稳定控制，以及分光成像和合成孔径雷达成像等多种工作方式。

6. 气象卫星

气象卫星即卫星气象监测与预报系统，是指从空间获取军事气象情况为陆、海、空三军作战提供全球范围的战略地区，以及任何战场上空的实时气象资料的星载系统，通常由观测专用系统和保障系统组成。观测专用系统是气象卫星的有效载荷；保障系统则用于支持卫星正常工作。

气象卫星通常装有各种扫描辐射仪、可见光和红外电视摄影机、温度和湿度探测器，以及自动图像传输设备和计算机系统等。这些设备所搜集的各种气象数据经计算机系统处理后转换成感光图像或电信号记录在磁带上，然后发回地面，供地面气象人员综合分析并准确预报天气使用。目前，美国、俄罗斯、欧盟、中国和日本都拥有自己的气象卫星。美国和俄罗斯还专门发射了军用气象卫星。

同侦察卫星一样，气象卫星也有多种类型。按轨道不同，气象卫星可分为极地轨道和同步轨道气象卫星两类；按用途不同，气象卫星可分为民用、军用和军民合用三类。

综上所述，在空间作战武器平台中，广泛地应用了侦察卫星、导弹预警卫星、测地卫星、海洋监视卫星、气象卫星和地球资源卫星等，共同构成了庞大的空间信息获取系统，对敌地面、海洋、空中目标实施侦察、监视或跟踪。

5.4.2 空间信息传输系统

空间信息传输系统，是指主要包括通信卫星系统和跟踪与数据中继卫星系统。其主要任务是完成战略、战术和战场信息的传输和分发，以满足信息化作战对指挥控制、协同作战、火力打击和情报通信保障的需要。

1. 通信卫星

通信卫星实际上是部署在太空的无线电通信中继站，是卫星通信系统的空间部分，分为海事通信卫星、电视广播卫星、数字音频广播卫星、移动通信卫星和跟踪与数据中继卫星等。通信卫星可以传输声音、电话、电报、传真、数据、数字和图像等，利用反射或转发无线电信号，实现卫星地面站之间或地面站与航天器之间的通信。实验表明，1 颗静止通信卫星可覆盖约 40％的地球表面，可使被覆盖地区的任何地面、海上、空中的地面站都能同时相互通信；在赤道上空等间隔分布的 3 颗静止通信卫星可实现地球南北极地区之间(除南北极外)的全球通信。卫星通信以通信距离远、容量大、质量高、可靠、灵活、机动等优势，已成为现代通信特别是远程战略通信的重要手段，广泛用于国际通信、国内通信、区域通信、海事通信和广播电视及航天器的跟踪和数据中继，尤其是卫星通信的多址灵活性和可移动性等特点，在军事指挥控制上具有极其重要的意义。目前，美国和俄罗斯等国 90％以上的远距离军事通信都由卫星通信系统来承担。

目前，通信卫星(系统)的种类很多，按运行轨道，可分为地球静止轨道、大椭圆轨道和中低轨道卫星通信系统；按服务范围，可分为国际、国内和区域卫星通信系统；按业务，可分为固定业务和移动业务卫星通信系统；从军事角度，又可分为战略通信和战术通信两大类卫星通信系统等。

当前，世界上典型的卫星通信系统有：美国的国防卫星通信系统，该系统是一种全球性战略卫星通信系统，承担着 75％以上的战区通信任务，曾多次用于高技术局部战争实践;俄罗斯的“闪电”卫星通信系统,目前的“闪电-3”卫星通信系统属于第三代,主要为军队提供战略通信服务。此外,还有美国“军事星”系统,全称为“军事战略、战术与中继系统”,采用极高频波段,是当今世界上最先进的卫星通信系统。

2. 中继卫星系统

中继卫星系统全称跟踪与数据中继卫星系统,又称卫星中继系统,是一种可跟踪包括航天飞机在内的地球轨道飞行器并将数据传回地面站的空间中继站。它是全球天基综合信息网的重要组成部分,也是实现全球侦察和监视并为战略预警提供实时信息传送的重要手段。它主要用于实时中继传输各类低轨航天器用户的信息,并实现低轨航天器测控覆盖范围扩展,同时对于载人航天和深空探测等都具有十分重要的作用。目前,新一代跟踪与数据中继卫星系统和数据传输速率越来越高,正向着 Ka 频段和光学频段发展。

5.4.3 空间资源应用地面系统

空间资源应用地面系统,是指在地面所建立的各种信息接收、处理与分发的指挥控制系统。它通过卫星运行控制网络与地面应用系统相连接将空间信息及其信息产品快速提供给用户。

1. 卫星侦察地面应用系统

通常,卫星侦察地面应用系统由卫星地面站、卫星应用管理中心和卫星数据应用等各分系统组成。其中,卫星地面站主要包括接收天线、遥控天线、终端设备、计算机和电源系统等,其主要功能和任务是对卫星进行精确跟踪和监视;接收卫星发送的遥感和遥测数据;处理接收数据,并将其传送到管理中心;进行卫星业务控制、发送遥控指令及检查执行情况;完成管理中心赋予的其他任务等。卫星应用管理中心主要由计算机子系统、通信子系统和电源子系统组成,是侦察卫星的指挥中枢,完成卫星控制和各种既定任务;卫星数据应用系统主要任务是将卫星数据转换成信息成果(如图像、照片和地图等)送至用户。

2. 卫星通信地面应用系统

该系统习惯称为卫星通信地球站、地面站或终端部分。卫星通信地球站有六大部分,即天线分系统、发射分系统、接收分系统、终端分系统、通信监控分系统和电源分系统。为了方便工作,国际通信卫星组织对卫星通信地球站做出了六大划分标准,即 A、B、C、D、E、F 型地球站。

3. 卫星气象监视与预报地面系统

该系统用于测量、控制气象卫星，并接收和处理气象信息。通常，由数据接收与测控站、数据处理中心、数据搜集系统和数据利用站等组成。数据接收与测控站主要任务是接收气象卫星遥感器测得的信息，经通信设备送往数据处理中心，并将来自卫星控制中心的遥控指令发送至气象卫星；数据处理中心主要是对数据接收与测控站送到的信息进行记录和处理，并提取有用信息，制成各种天气图，把各种观测数据变成气象数据并分发给用户，此外，该中心还将对气象卫星系统进行监视和指挥调度；数据搜集系统对来自各方面气象卫星的数据进行采样、编码和放大，并转发给数据接收站，再经处理中心加工后分发给用户；数据利用站负责接收气象卫星实时发送的各种云图，提供给有关地区使用。

5.4.4　空间卫星导航定位系统

空间卫星导航定位系统，是指利用导航定位卫星为地面、海洋、空中和空间用户提供导航定位服务的星载系统。该星载系统实质上是由数颗运行在不同轨道平面的导航定位卫星构成的导航卫星网（即导航定位星座），这是一种全天候、全天时和高精度的天基无线电导航定位与时间传递系统，具有全球和近地空间的主体覆盖能力。

卫星导航定位系统目前主要有两种类型：①多普勒测速导航卫星，它供用户测量导航信号的多普勒频移，由此求出距离变化率，从而实现导航定位；②时间测距导航卫星，它供用户测量导航信号的传播时间，以求出距离，从而实现导航定位。

5.4.5　空间作战武器系统

空间作战武器系统简称太空武器系统或航天兵器。在概念上，其有狭义和广义之分，狭义上，是指部署在天基平台上直接用于杀伤敌方太空、空中、海洋和陆地作战目标的武器系统；广义上，是指部署在太空、陆地、海洋和空中，用于攻击和摧毁敌方太空飞行目标以及从太空攻击陆地、海洋和空中重要目标的武器系统。此外，从功能上讲，空间作战武器系统可分为硬杀伤和软杀伤两类。

1. 硬杀伤武器系统

空间作战硬杀伤武器系统，是指利用各种武器系统直接摧毁航天器本身的天基武器系统。按杀伤手段不同，其可分为核能空间武器与非核能空间武器两类。核能空间武器，是指利用核装置爆炸产生的热辐射、核辐射与电磁脉冲等效应破坏目标结构或使目标失效的武器，主要包括核电磁脉冲弹、增强 χ 射线弹和 γ 射线弹等。通常，它们作为反卫星武器运用。非核能空间武器可分为动能与定向能两种。

动能武器中有天基动能拦截弹、太空电磁轨道炮和“智能卵石”等；定向能武器包括高能激光武器、高能纳米束武器、核泵浦 χ 激光器、定向电磁脉冲弹、定向等离子体武器和微波武器等。定向能武器对卫星、导弹等目标既能进行软杀伤，又可造成硬杀伤。

2. 软杀伤武器系统

空间作战软杀伤武器系统，是指破坏敌天基武器的光电仪器，使其失效，或采用其他一些非摧毁性手段，使敌天基武器系统丧失作战效能的武器装备系统。通常，用于软杀伤的空间作战武器系统有低功率定向能武器、电子战武器和网络战武器等三类。其中，低功率定向能武器是上述定向能武器中的一种，它通过发射低功率的微波束、激光束和离子束，破坏卫星脆弱的传感器及光学系统等，干扰和压制敌天基武器系统的工作能力。电子战武器和网络战武器分别是对敌方天基平台实施电子干扰的欺骗和对敌方天基武器的信息系统实施网络侦察与破坏的各类武器装备。

5.4.6 潜在空间作战系统

占据太空制高点是获得现代战场优势、控制权和主动权的先决条件。因此，美国和苏联早就倾注几乎全部国力资源，将目光投向载人飞船、空间站、航天飞机和空天飞机。这显然是由于这些航天器可作为未来空间作战的潜在武器平台。

1. 载人飞船

载人飞船是由运载火箭发射进入宇宙空间，驾驶、乘坐并进行航天活动后返回地面的无翼载人航天器。对于载人航天器，除载人飞船外，还包括空间站、航天飞机及空天飞机。

载人飞船的主要任务（或功能）是从事各种空间试验和研究活动，为开发太空资源创造条件，这无疑是一个理想的太空武器平台。

我国继“神舟”一号和四号无人飞船试飞成功后，于 2003 年首次成功发射 “神舟”五号载人飞船，标志着我国已跨入世界载人航天大国的行列。接着又实现了多人飞天、飞船对接、人员出舱、绕月和设备月球软着陆等（图 5-13）。

2. 空间站

空间站又称航天站、太空站或轨道站。它具备一定的太空试验条件或生产条件，可供航天员生活和工作，能长期在轨道运行并无须返回地面。

苏联率先完成了空间站的设计、制造与升空，并实现了与宇宙飞船和航天飞机等航天器的对接。图 5-14 是苏联的“和平”号空间站组成及对接示意图。

(a)中国宇宙飞船　　(b)月球软着陆车

图 5-13　中国宇宙飞船和月球软着陆车

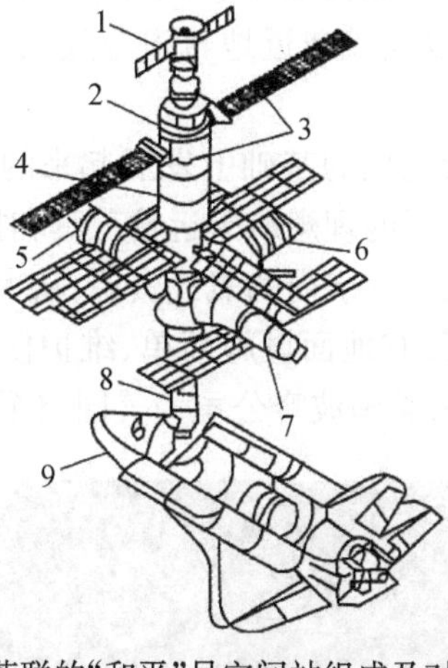

图 5-14　苏联的“和平”号空间站组成及对接示意图

1—“联盟”TM 飞船；2—天文物理舱；3—太阳电池帆板；4—核心舱；5—光谱舱；6—自然舱；7—服务舱；8—晶体舱；9—“暴风雪”号航天飞机

在技术上，空间站具有比载人飞船更复杂的一些特殊问题，虽然组成同载人飞船类似，但其规模要大得多，寿命要长得多(一般为几年，甚至为永久的)，空间站上的生活设施也更加周全和舒适，尤其具有其他航天器所不具备的自主补给消耗品和更换、检修的能力。当然，还会将在空间站上加工、制备和生产的产品及实验品等运回地面。此外，一个很重要的功能是空间站能够与其他航天器交会对接。

与载人飞船相比，空间站的结构更为复杂。如主要增添了站内外活动系统、对接系统和停泊系统，以及保障宇航员在站内长期生活和工作的设施等。

空间站结构复杂，又长期停留在宇宙空间，且耗资巨大，要求越来越高，20 世纪 90 年代后，出现了多数国家共同设计与建造国际空间站的需求和方案。应该说，国际空间站是当代规模最大的航天工程。目前的方案包括六个实验舱：1个美国实验舱、1个欧洲太空局附加实验舱、1个日本实验舱和3个俄罗斯研究舱。从此角度看，国际空间站可称为太空“联合国”，也称为“航天母舰”。

3. 航天/空天飞机

航天飞机是一种垂直发射进入宇宙空间，既可靠机翼滑翔水平着陆，又可部分重复使用的航天器，也是一种兼具航空和航天特性的飞行器。它主要用于天地往返运输、释放航天器、在轨服务和用作空间实验室、空间武器平台等。航天飞机在使用中载人或不载人，都可以从空间轨道上返回，具有在指定机场着陆的能力，可以多次重复使用。航天飞机可以将各种有效载荷（如各种卫星）直接送入近地轨道。近地轨道上运行的航天飞机称为轨道器。它具有航天器所具备的各种分系统，能够完成包括人造地球卫星、货运飞船、载人飞船甚至小型空间站等在内的航天器的许多功能，同时还可以完成向近地轨道施放卫星，在轨道上捕捉、维修和回收卫星等。

空天飞机是在上述航天飞机的基础上发展起来的高级天地间往返运输系统，也是向太空基地提供后勤支援的理想航天运输工具和执行多种军事任务的航空—航天飞机。它可以充分利用大气层内的氧气资源，从大型机场水平起降，多次重复使用。它比较灵活机动，并具有地面设施简单、维护使用方便、复飞间隔时间短及价格低廉等优势。图5-15为美国波音公司为美国空军研制的空天飞机X-37B。

图5-15　美国空军军用空天飞机X-37B

5.4.7　空间作战平台及其技术发展趋势

近年来，世界各国特别是航天大国在军用航天装备（系统）与关键技术等领域取得了稳步进展，且在重大系统和前沿技术方面进展显著，这将对航天装备的战略威慑和作战运用等产生深刻影响。美国、俄罗斯、欧盟及加拿大等国在一些技术上的发展令人瞩目。

1. 世界军事强国进行航天领域重大调整与改革，强化军事航天活动

美国发布《国家航天运输政策》，明确与太空相关的国家安全条款，并注重航天核心保障能力的建设与发展；俄罗斯发布2030年国家航天政策，对航天机构进行重大改革，明确载人航天、运输火箭及发射场和空间科学运用航天器为发展重点。

2. 不断强化利用空间能力

(1)强化军用卫星系统的空间利用能力。这主要表现在高分辨率(1m甚至亚米级)光学/雷达成像卫星在世界范围内的广泛发展与应用，不仅包括美国、俄罗斯、欧盟等国，还包括韩国及阿联酋，形成了对各国军事部署的严峻挑战。

(2)低轨预警卫星成为对导弹防御系统提供的目标跟踪支持，可有效扩大导弹防御系统的拦截和防御区域。

(3)美国、日本、俄罗斯、印度的全球区域导航卫星系统形成，并呈发展、竞争与合作态势。

(4)国际合作成为军用航天系统发展的重要途径。

3. 空间态势感知技术迅速发展，空间对抗技术受持续关注

(1)空间态势感知重要性凸显。美军将空间态势感知提升到非常重要的地位，突出它在整个空间对抗中的优势，并将原属于防御性的空间对抗的威胁、告警与评估能力划归为空间态势感知能力，同时强调美军与盟军的态势感知数据共享。

(2)细化提升空间系统抗毁能力措施。美军发布《抗毁与分解式空间体系架构》的白皮书，详细分析其必要性、作用、风险及实施方案。抗毁是美国空间安全战略新思想的体现，也是多途径提升空间对抗能力的体现。

(3)空间对抗使能技术深受持续关注。空间对抗使能技术是发展进攻性空间对抗武器的支持技术，例如，利用该技术美国国防部预先研究计划局开展了新一轮“凤凰”的研究，NASA开展了小行星捕获任务，日本推出了“隼鸟”2号探测器空间撞击器技术的研发等。

4. 德国研发“航天班机”技术与再入滑翔高超声速技术

(1)德国宣布启动重复使用运载器“航天班机”的技术验证项目。“航天班机”是一种可全球飞行的亚轨道空天飞机，载客50～100人。其为两级结构设计，第一级是重复使用的助推器；第二级为滑翔飞行器；采用传统的火箭助推与无动力临近空间高超声滑翔。

(2)关于德国助推滑翔技术在21世纪初制订了高超声速与再入技术发展战略，由“锐边飞行试验”(SHEFEX)进行技术验证。其两条技术路线为:①发展围绕重复使用运载器的技术路线;②发展高超声速作战平台的技术路线。最终的战略应用有三个方面:①一次性使用高超声速远程打击武器;②重复使用的亚轨道和空间飞行器;③开展微重力技术试验。可见，这项研究对于载人航天的发展将会产生深远的影响。目前，该技术研究正在逐步推进。

5. 各类卫星发展齐头并进

(1)侦察卫星与监视卫星。目前各国侦察卫星与监视卫星发展各有特点:①美国、日本继续部署成像侦察卫星，以提高侦察能力。②俄罗斯相继部署多颗新型光学和雷达成像“角色”和“秃鹰”侦察卫星，有助于改进和增强其侦察能力。③德国、法国等国研发新一代成像侦察卫星“军用雷达成像卫星系统”和“新一代高分辨率光学成像卫星系统”。

(2)预警卫星。①美国新一代导弹预警卫星系统取得重大进展;②澳大利亚参与美国导弹预警卫星数据的处理。

(3)通信卫星。①美国推进部署新一代军事通信卫星，继续部署“宽带全球卫星通信”卫星、“先进极高频”卫星和“移动用户目标系统”卫星等;②俄罗斯相继部署新型“彩虹-1M”地球静止轨道卫星和“泉水”低地低轨道卫星;③欧盟研发泛欧战略卫星通信系统。

(4)导航卫星。①美国更新GPS星座，成功部署4颗GPS-2F卫星;GPS-3样星通过平台测试并成功预先发射;②欧盟继续验证“伽利略”系统能力;③日本进一步推动“准天顶”卫星系统建设，可将GPS定位精度由10m提高到2m。

(5)环境探测卫星。①美国新“陆地卫星”系列卫星成功发射，以保证陆地观测数据的连续性;新型极轨气象卫星已完成平台建造。②俄罗斯部署新型“资源”系列卫星，包括多颗“资源-PI”卫星。该卫星载荷主要是全色/多光谱相机、超光谱成像仪和宽幅多光谱成像仪，其中，超光谱成像仪光谱分辨率为5～10nm，空间分辨率为25～30m，幅宽为30km;而宽幅多光谱成像仪的空间分辨率为12～23.8m，幅宽达97km。

5.5　无人武器系统及作战平台

5.5.1　无人武器系统

无人武器系统是无人战争的物质基础。从第一次世界大战美军研制的螺旋桨驱动导弹“凯特林飞虫”到第二次世界大战中德军研制并使用的V-1导弹和V-2导弹,从 20 世纪 40 年代德军用于引爆地雷的遥控破车到 20 世纪 80 年代出现的半自主机器人,从 20 世纪 50 年代出现的巡航导弹到 20 世纪 80 年代末涌现的自主式潜水机器人等,每一种无人武器系统的产生都是为适应当时战争的需求,而新的智能武器的出现更不断地影响着战争形态和作战样式。进入 20 世纪 90 年代后,随着一些关键军事技术如信息融合、数字链路通信、复合制导与控制、分布式仿真、多媒体显示和虚拟现实等技术的突破,自主式机器人、自主式无人潜水器和无人作战飞机的发展势头日趋强劲,并不断成熟和完善。这些无人武器系统的空前发展,并渗透到现代战场空间的各个领域,极大地促使着人类从昔日的实际战场转向预先设计和试验过的虚拟战场,这一切为未来的“无人战争”奠定了必要的物质基础。美国发表的《21 世纪战略技术》指出,20 世纪地面作战的核心武器是坦克,21 世纪则可能是军用机器人。同样,空中和海上力量的核心也将是无人武器系统。无人武器系统正显示出越来越突出的优势,且最终无疑将成为战场上的主要力量。这是由于无人武器系统与传统有人武器系统相比有着突出的优势。①人的优势是思维能力,无人武器系统的优势也体现在它的智能上,尤其是拥有可编程技术的自主式无人武器系统。②无人武器系统具有全方位、全天候完成任务的能力,特别是当处在有毒、有害和有危险的恶劣环境下,无人武器系统仍能正常执行和完成任务。此外,无人武器系统的耐受力也大大超过有人武器系统,不会像有人武器系统那样因人的体力和精力的疲乏而影响其战斗性能。③无人武器系统的结构更简单、重量更轻、尺寸更小及机动性和隐身性更强。④成本低廉,设计、生产和使用维护费用大大减少。⑤“无性”是无人武器系统更独特的优势。它尤其不具备人类恐惧等“七情六欲”的本能,可在毒气弥漫和炮火连天的残酷环境下生存和执行任务,一旦被敌方擒获,它也可自毁,绝不会有背叛行为等。

无人武器系统的未来前景广阔,发展潜力大。美国空军科学顾问委员会认为,不久的将来,无人作战飞机将有可能成为 21 世纪空中作战的主导力量。未来的无人作战飞机可执行最危险任务,如压制敌防空力量等,其他主要任务还包括猎杀战术弹道导弹和拦截巡航导弹,近距离攻击高价值的固定目标,以及在复杂气候条件下进行高空侦察等。美国国防科学委员会的报告曾提出过两个设想:一是制造一种自主式机器人——远距离水下布雷器;二是用无人潜水器模拟潜艇的运动及特征,作为潜艇诱饵。实际上近年来研制的遥控潜水器已能完成搜索、回收、救险、布雷和排雷等多项军事任务,称为军用无人潜水器。世界各军事强国,如美国研制的攻击型无人潜水器可空投入海,通过自主导航携带战术武器,实施隐蔽性爆炸破坏。美国陆军从 20 世纪末着手研制的大规模陆战无人武器系统“猛禽”(Raptor),是一种综合武器装备体系,具有革新美国陆军地面作战方式的意义和价值。此外,还有俄罗斯在 T-72 坦克基础上研制的机器人坦克。

5.5.2 无人作战平台

无人作战平台，是指遂行作战的无人机、无人潜水器及各类军用机器人等。在未来战争中，它们必将与各类精确打击武器、核生化武器并存，从而使战场环境变得更加复杂，威胁性更大。

众所周知，现代战争和未来战争都十分强调制信息权和一体化精确打击，为适应这一新的军事需求，以无人机、军用机器人和无人潜水器为主体的无人作战平台正在蓬勃发展。美国是无人作战平台研发的领跑者；英国紧随其后，重点关注无人机的研发；法国是欧洲地面军用机器人研制的主要国家；德国、加拿大、日本、意大利、以色列等国都将无人作战平台作为战略任务，加快研制步伐，注重实战应用，从而使陆地、海上、空中和太空的无人作战平台齐头并进，迅猛发展。

1. 陆地无人作战平台

军事战略家普遍认为，无人作战系统将扮演战场上的重要角色，这种观念的变化实际来之不易。这是由于许多军界领导在实际高技术战争上真正认识到无人运载器在信息化战场上承载着高端技术的精确制导武器、远程袭击武器、核武器、生化弹药、超声速导弹、灵巧导弹、激光及其他技术杀伤装备等，现代武器的使用给减少人员伤亡、迅速增强单兵的机智与勇敢及对人的致命性等带来了极大的好处。这不仅使人们开始接受地面机器人遥控车辆的观点，而且让无人作战平台脱离人的指令及遥控，独立作战渐渐变为一种发展趋势。

在陆地无人作战平台中，陆地军用机器人是一个主要大家族。它主要用于以下领域：①直接遂行地面和各种战斗任务，用以替代一线作战士兵，从而减少人员伤亡；②用于侦察和观察机器人；③工程保障机器人等。

目前，研制出的功能各异的机器人，虽然在形体上并不完全像人，但在内部器官组成上具有很多仿人的属性，它们拥有七大系统：操作系统、感测系统、信息传输系统、动力系统、移动装置、指挥控制系统及军事专用系统。

可以预料，军用机器人在未来战争中具有巨大的应用潜力，其超常的作战能力(效能)预示着它将是不可忽视的一支最新崛起的军事力量。因此，仅美国就研制了100余种军用机器人，俄罗斯也有30余种军用机器人。美军对军用机器人的研制和运用水平相当高，如装备部队的专用于防化、侦察和训练的智能机器人，身高1.8m，不仅会行走和蹲伏，而且会呼吸与排汗，凭体内的传感器便可感知0.001g的化学毒剂，并能自动分析毒剂性质，向部队提供防护建议及洗消措施等，堪称“防化尖兵”。

军用机器人还正在迅速发展，主要有如下几个方面。①发展更高级的智能机器人。在第三代机器人的基础上，采用第五代计算机突破模式识别关。②提高机器人的快速反应能力。采用先进的化学传感器、触觉传感器和听觉传感器等,使机器人能够做到“想、看、听、摸、说、写”,并能感觉周围发生的敌情和危险,及时地采取有效防范措施。③使机器人更加灵活,包括提高机器人肢体的柔软性和关节的灵活性等。④使机器人配件生产标准化和软件模块化。目前,形形色色、种类繁多的军用机器人作为陆地无人作战平台的主体正在应运而生,并必将驰骋于未来无人战场,主要的军用机器人有以下几类。

(1)“耳聪目明”的侦察机器人。其专用于观察监视和搜集情报,如“监视与侦察地面设备”的机器人——战场监视用遥控机器人。

(2)“冲锋陷阵”的突击机器人。其专用于战场火力突击和反装甲、反步兵的火力伏击等,如美国的“伏击手”机器人(图 5-16)。

图 5-16　美军的“伏击手”机器人

(3)“一尘不染”的防化机器人。其用于遂行施放烟幕,对核、生、化袭击沾染区的侦察并能取回样品等任务。

(4)“敢越雷池”的扫雷机器人。其专用于战场上排雷和在雷场中开辟通路的危险任务。

(5)“赴汤蹈火”的排爆机器人。其用于反恐和防爆及爆炸物处理等作战任务。

(6)“任劳任怨”的保障机器人。其用于作战保障,包括道路疏通和物资保障等。

(7)“功能各异”的小型机器人。其用于战场侦察、预警、反恐、防化等多种军事任务。

(8)“各具特色”的仿生机器人。其担当步兵任务。

(9)“五花八门”的地雷机器人。其包括智能地雷和广域地雷等,实质是一种自毁式机器人。

(10)“使命特殊”的维和机器人。其代替士兵担任危险的侦察和扫雷任务的新一代机器人，用以执行反恐任务。

2. 海上无人武器平台

海洋作为当今和未来战争的主战场，自然成为大力发展无人武器平台的重要领域。可以预料，军用海上(潜水)无人武器平台必将成为21世纪海上战场的一支不可替代的重要军事力量。克服水雷障碍和实施潜水作战是海上无人武器平台的主要军事任务和目标。水雷战与反水雷战、潜艇战与反潜艇战及网络中心战已成为未来海战的主要作战样式，无人潜水器和猎雷机器人将越来越受到重视。

(1)“水下神兵”的潜水机器人。目前，潜水机器人已发展至第三代，且进入了实用阶段，可出色地完成海上搜寻、测位、救援及打捞等多种任务。

(2)“游弋深海”的自主式机器人。自主式机器人，就是包括两组计算机回路控制系统，一组装于潜水机器人，另一组装在母船上，两者可通过直接对话实施控制任务。这类机器人有一整套完善的传感器，包括触觉传感器、受力传感器、位置传感器和视觉传感器等。目前，已出现具有高度自给能力的远距离遥控自主式潜水机器人。它不仅可以按照人的意志完成越来越复杂的水下作业任务，而且有非凡的智能，能够完成各类复杂作战任务，全方位地占领海底战场，对海面战场实施有效封锁和自效攻击。这种智能化的自主式潜水机器人采用了先进计算机、传感器和人工智能技术，潜水后可通过自身携带的传感器感受周围环境，测定自身位置，并借助GPS导引作战行动，根据预先设计程序完成被赋予的作战任务。机器人内部装有高速计算(3000万～1亿次/s)、雷达、电视摄像机、声呐、磁场探测器、数字识别系统和编码器等。它平时担任巡逻、警戒任务；战时执行深海等的战斗任务。

(3)“海底神探”智能机器人。这是一类超小型智能深海机器人，外形像乌龟，装备有摄像机、电视图像增强器和高精度传声导航系统，以及专门设计的三维空间解算系统，可以精确测定海底物体的位置，拍摄其清晰图像，还可以穿越敌方海域，甚至潜入北极冰层底下拍摄海图、搜集情报并存入存储器。这种机器人内部还装有分级式实时控制系统，可将控制指令迅速地传递给潜水器的发动机传动装置和转换器等，能随时分析对比海底现场图像与预输入的信号，若出现偏差，则进行实时修正，以保证机器人循着准确的预定航道前进。先进的智能深海机器人还借助专家系统进一步提高独立思维能力，加强各个机器人之间的信息交互和信息共享。多个智能深海机器人可联网工作，最终像一支舰队的旗舰一样，率领一支潜水机器人部队，去完成各种战略任务或战役战术任务。它还可携带核武器，利用航位推测法和声呐导航系统航行数百里侦察敌港口及海岸设施，必要时用核爆炸将其摧毁。它也能在计算机控制下，搜索敌方潜艇、航母和大型舰船，并可以用自身撞击敌舰船。

(4)“马拉松能手”的超远程深海机器人。这种机器人既可执行远航运输任务，也能进行深水侦察;既可被部署在战略制控点上监听敌方通信,还可根据需要实施海上布雷,发射鱼雷或导弹等,按程序对目标实施攻击或防御。此外,其还能在战争中,确认本身所在战场环境和对抗态势,并根据需要采取主动行动。

(5)“引航尖兵”的猎雷机器人。水雷是海上行动的巨大障碍。为有效对付敌方水雷,在军用机器人中广泛应用了各种猎雷机器人。这种机器人可深入敌方水雷区探测水雷、绘制雷达图或海底地图,也可为己方水雷区提供巡逻保护。目前,遥控潜水机器人与炸药相结合组成的猎雷系统已成为欧美许多国家猎雷舰艇的主要装备。

(6)“封航设障”的布雷机器人。这是一种远距离续航自主式机器人深潜器,能在载人深潜器无法进行的海域进行侦察任务,并布设大量水雷,还可以发射鱼雷或导弹,实施攻击和防御。此外,它还能模拟潜艇的运动及特征,作为潜艇诱饵,这种诱饵可在潜艇上部署,用于突破敌方的反潜防线,迫使敌舰船进入误区,或诱敌耗尽攻击力量和传感器工作饱和。

(7)“反制猎雷”的水雷机器人。反制猎雷技术在20世纪70年代后就得以迅速发展,它分为主动抗猎技术和被动抗猎技术。智能变形机器人水雷就是被动抗猎技术的成功应用。这种机器人水雷呈不规则形状,布放在海底时,可根据海底地貌改变自身形状,使自己紧贴底面,既不产生声阴影,又似一块不规则岩石,使声呐难以识别,从而达到抗猎目的。

目前,主动抗猎水雷有以下两个发展趋势:①打击猎雷舰为目标的主动抗猎水雷,其实质是一种简化的自导水雷;②“定向攻击火箭上浮水雷”,可在数十秒内击毁由水雷捕捉到的猎雷艇。此外,还有抗灭水雷,既可起到常规沉底雷的作用,还可以打捞灭雷具。为了对付猎雷,目前世界各国加紧研制智能变形机器人水雷和自掩埋水雷等。

(8)“浅水扫雷”的破障机器人。美军正在研制适应浅水作战的潜水机器人,如“近期水雷侦察系统”“远期水雷侦察系统”和自杀性机器人“水下自主行走装置”,即机器蟹。它可起到提高扫雷破障的良好效果。因此,美国海军陆战队已将这些潜水扫雷机器人作为抢滩登陆作战的开路先锋。

(9)“自寻的”的智能雷机器人。根据未来海战任务“雷场密布”的发展趋势,有的国家开始研制“自寻的”智能雷机器人。这是一种具有机动攻击能力的空投式智能水雷,其抗扫性和精确性大幅提高,作战效能高出非智能水雷的400倍之多。

(10)“输出能源”的海底机器人。美国海军正在研制一种水下人造仿真“鳗鱼”,它通过在水中不停地猛烈摆动而产生蓄电池电能,且自身能够在水下自如穿行,专门用来为收听水下各种“交通”信息的传感器提供能量(至少供1年的能量)。这样,便解决了为海底沉入装置提供能源的问题。

(11)“水下多面手”的潜水机器人。这是一种水下智能化装置,可用来执行侦察与搜索、监视与跟踪、警戒与诱骗、探雷与灭雷及中继通信等多种军事任务。这些机器人可依附在潜艇和水面舰艇上，并能从艇上布放和回收，还可以由飞机和岸上设备布放，其尺寸小、噪声低和隐蔽性很好，一般情况下可做到隐身，很难被搜索到。

(12)“浮出水面”的无人舰艇。这是一种无人驾驶的海面无人船和配合使用的无人驾驶潜艇。其中，无人驾驶潜艇体积仅为香烟盒大，内装有雷达、武器和防窃听装置等，可以大量部署在无人船上或在空中投放。当然，还可根据需要在海面船上部署无人机，如具有隐身性能的舰载战斗无人机。

3. 空中无人武器平台

空中无人武器平台，主要是指无人驾驶飞机，简称无人机。无人机自问世就同战争结下了不解之缘。可以说，战争需求产生了军用无人机。在战争中，军用无人机被用来执行多种军事任务，如侦察、监视、电子对抗、情报搜集、诱骗、骚扰、反辐射和攻击等。

无人机是一种由动力驱动、机上无人驾驶、可重复使用的航空器，实质是一种遥控飞行器和会飞行的机器人。2002 版美国《国防部词典》对无人机做出了简洁而明确的定义：“无人机是指不搭载操作人员的一种动力空中飞行器，采用空气动力为飞行器提供所需的升力，能够自动飞行或进行远程引导；既能一次性使用也能进行回收；能够携带致命性或非致命性有效载荷。弹道或半弹道飞行器、巡航导弹和炮弹不能看作是无人飞行器。”特别是，虽然导弹与无人机均属于无人驾驶飞行器，但两者却有本质区别：①无人机可以回收，而导弹不能回收，只可一次性使用；②无人机依靠携带武器进行杀伤，而导弹则依靠自身形成杀伤能力；③无人机可在武器发射前控制、更改战斗任务，而导弹一旦发射便无法更改。完整意义上的无人机称为无人机系统(unmanned vehicle system，UVS)，因此美国国防部于 2005 年将无人机改名为无人机系统。从此之后，无人机仅指无人机系统中的飞行组件，或称无人机平台，而无人机系统不仅包括无人机平台、机载传感器系统、机载武器、通信系统、指挥控制、任务、综合保障、可靠性、生存性和作战使用等，还扩大了飞行器类型和飞行方式等，所以飞艇和扑翼飞行，目前一般被囊括在无人机系统范围内。

军用无人机有多种分类，但主要是侦察监视、电子对抗、攻击和多用途四大类。更详细的分类如图 5-17 所示。目前，世界各国如美国、俄罗斯、英国、法国、德国、加拿大、意大利、瑞士、以色列、澳大利亚、日本、印度及南非等国的军队都已装备了大量的各类无人机。

历史上，无人机首先是作为空中监视和侦察使用，后来逐渐扩展至作战领域。目前，无人机不仅数量庞大，而且品类繁多。可以预料，无人机将成为 21 世纪陆战、海战、空战、天战的“撒手锏”，并将成为空中战场的主角，极大地改变现代战争

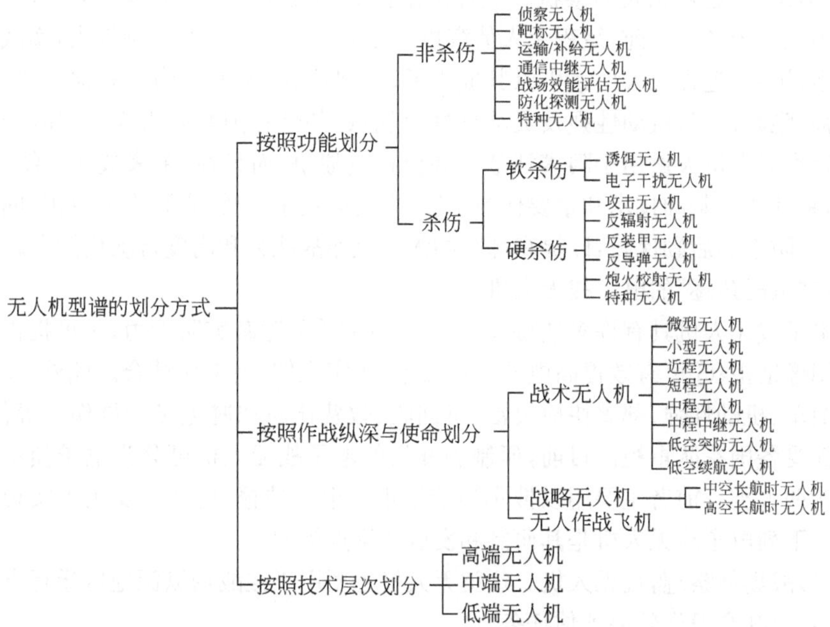

图 5-17　无人机的划分型谱

的面貌，促使无人化战争和无人作战的出现。无人机本身也将强有力地朝着侦打一体化、综合集成化、高效智能化、灵巧微型化、滞空长时化、结构隐形化、使用协同化、作战网络化和装备体系化的方向发展。

4. 几种典型的军用无人机

1)“空中间谍”的无人侦察机

无人侦察机从 20 世纪 50 年代迅速发展起来，可归结为以下四种类型：长航时无人侦察机、中程无人侦察机、短程无人侦察机和近程无人侦察机。

(1)长航时无人侦察机。长航时无人侦察机，是指具有长时间飞行，并能昼夜持续进行空中侦察、探测和执行其他军事任务的无人机。这类无人机多数飞行高度在 18km 以上，续航时间不小于 24h，有的续航时间可能更长。随着无人机动力系统的改善，未来长航时无人侦察机的续航能力更强。可以说，长航时无人侦察机有“大气层人造卫星”之称，是未来无人战争中侦察卫星的重要补充和增强手段。

(2)中程无人侦察机。中程无人侦察机，通常是指活动半径在 700～1000km 范围，飞行速度多为高亚速或超音速的无人侦察机。这类无人侦察机又可以分为高空无人侦察机和中低空无人侦察机两种。前者升限已达 30km，飞行速度为 3*Ma*。

(3)短程/近程无人侦察机。短程是指作战半径在150～350km范围，而近程通常为几十千米。目前，短程无人侦察机在无人侦察机中占的比例最大，实战使用也最多，短程/近程无人侦察机以其成本低、效费比高、无人员伤亡和被俘风险、生存力强、隐蔽性好、机动性强及灵活性好等优点，备受各国军队重视，例如，美军不仅将这类无人机大量用于阿富汗战争和伊拉克战争，而且在"未来战斗系统"的设计中，将其作为基础技术和重要作战手段，广泛应用于侦察、直瞄火力打击、间瞄火力打击、防空和后勤保障，以提高部队的无人机作战能力和高度自动化能力。

2)"电磁角逐"的电子战无人机

电子战无人机具有许多独特优势：①具有完善的隐蔽突防能力；②可提供高清晰的图像情报；③可有效提高电子干扰效果；④实现软、硬杀伤结合。此外，还具有结构简单、机动性强、部署快捷灵活、可回收、效费比高和避免飞行员伤亡等优点，因此深受各国军队重视。目前，研制和开发的电子战无人机可分为电子侦察和电子干扰两大类。前者主要用以搜集通信情报和电子情报，后者主要用于实现电子干扰。下列电子战无人机是其研制和发展的重点类型。

(1)战场侦察/监视无人机。这类无人机主要用于在战场纵深地区遂行电子情报侦察、监视和毁伤效果评估任务。

(2)有源/无源电子干扰无人机。这是一种专门执行电磁干扰任务的电子战无人机。机上装有有源或无源电磁干扰发射机、电子侦察仪和信息化处理设备，能够自动地侦察和实施杂波干扰和欺骗干扰。

(3)电子干扰无人机。其主要用于实施近距离电子干扰或欺骗任务，以掩护攻击机群实施安全突防。

(4)诱饵型无人机。这是一种无源欺骗性干扰型无人机，其作用是在战区前沿利用有源雷达转发器或无源箔条、角反射体等模拟攻击型飞机，以诱骗敌方电子设备开机和发射导弹，从而为己方获取电子信息搜集情报，确认雷达辐射源的配置情况和位置，发现潜在的雷达威胁；或专门用于切断敌方跟踪目标的诱饵，掩护主要目标安全或直接掩护飞机袭击敌方目标；模拟大型机群或舰艇编队进行佯攻，以迷惑敌方，使其防空雷达无法判明敌情；或通过抛撒大量无源干扰箔条干扰和压制敌防空系统。因此，这种无人机是今后无人机发展的首要方向之一。

(5)反辐射/干扰型无人机。该类无人机作为一种重要的电子战硬杀伤武器装备，主要在信息战场上对敌防空电子系统实施先期攻击，起压制敌方防空系统，掩护己方攻击机群实施空中打击的作用。其作为"先发制人"的硬杀伤手段，是今后无人机系统的重点发展方向之一。反辐射无人机与反辐射导弹类似，但相对成本更低、机动性更强，特别是可长时间在目标上空巡逻搜索，待机实施攻击。目前，世界许多国家都在研制和开发反辐射无人机。

3)“空中斗士”的无人攻击机

美军“零伤亡”作战理念，直接产生了飞邻敌方防空密集火力区上空的有人驾驶飞机的作战方式将可能全部退出的作战思想。实际上，“无人驾驶战斗机”不但可能有助于减少飞行员伤亡，而且可能为攻击某些重要目标提供更廉价和更有效的途径。研制和开发的这种新型无人攻击机的飞行速度为5Ma，可使用微型高精确制导炸弹或导弹，能在几分钟之内摧毁各种移动目标，更不用说那些重要的固定目标。因此，美国空军计划在未来10～30年内，用无人战斗机和无人隐形攻击机取代现有的有人驾驶战斗机来执行危险性更大的作战任务。目前，美军已研制出并投入现役的无人攻击机。此外，美国空军大学在《空军2025》研究报告中提出了一个大胆、超前的观点，美国空军应尽早发展高超音速、隐身、用于对地攻击的“2025攻击星”无人机的设想。其主要理由有：①由于受社会文化、地缘政治和经济力量的推动，无人攻击机将应运而生；②无人攻击机已成为美国“三位一体”航空打击力量的“力量倍增器”，这里，三位一体是指航空打击力量是由航母载机，陆基攻击机和远程轰炸机组成；③至2025年实现“2025攻击星”无人机的技术条件已经成熟。

4)“空中多面手”的多用途无人机

多用途无人机主要有以下三种类型：①机上同时装载多种任务设备，可以执行多种任务的无人机；②机体采用可互换性任务设备舱段/短舱或集装箱式安装法，以利于实现一机多用功能；③以系列机形式实现一机多用。

5)“随手可及”的微型无人机

微型无人机是指尺寸只有手掌大小的遥控飞行器。微型化是无人机发展的一个重要方向。例如，美军研制出一种长度和翼展都不超过15cm的微型无人机，专用于在特殊条件下的侦察或附在某些物体上搜集视听信息，它将作为单兵携带的一种战场侦察装备，其潜在作用包括执行空中监视、生物战剂探测、目标识别、通信中继和侦测大型建筑物内的情况等。又如，在阿富汗战争中，英国研制了一种“黄蜂”迷你轰炸机，重量仅272g，似一架玩具飞机，但机上却安装有微型相机和高能炸药，可悄然地飞临敌方阵地，通过遥控将敌人炸得粉身碎骨，为此阿富汗山区塔利班残部吃尽了苦头。

随着纳米技术的发展和应用，人们正在探索研制更微小的无人机，其机身长6～20cm，重10～100g，可以是固定翼，也可以是旋翼机，可直接飞入敏感建筑物或办公室内搜集情报，机载相机仅有5g。当然，将来还可能开发出犹如小鸟般的微小无人机。因此，应该说技术上已基本无障碍。

6)“空地一体”的两用机器人

人们早就设想将地面无人驾驶车辆与无人驾驶飞行器有机地结合在一起，实现各自功能。日本于20世纪末首当其冲地实现了这一设想，研制出一种新型机器人。这种两用机器人可用来执行侦察及监视任务，目前已达到实用阶段。

7)“垂直起降”的多能无人机

20 世纪 60 年代，美国海军在反潜无人直升机计划中首次试验了无人直升机，试验虽然失败了，美军却把目光再次投向小型垂直起降无人机。

实验证明，美国海军无人直升机能够在所有舰船上(从巡逻艇至航母)使用，并具有超视距侦察能力。

8)“能量无限”的太阳能无人机

美国航空航天局研制的一种太阳能无人机“探索者”，于 1993 年首次试飞成功，于 1995 年创造了飞行高度 21600m 的新纪录。改型后的“探索者＋”飞行高度可达 24800m。

9)“功能拓展”的新一代无人机

无人机自 1986 年在贝卡谷空战后，大出风头，备受世界各国青睐，尤其是海湾战争又一次显露身手引人注目。阿富汗战争后其对各国军方更有了极大的吸引力，它对于联合作战能力和主宰战场空间能力等具有重要作用，在信息化战争中已处于突出地位。目前，无人侦察机正趋于成熟，无人电子战和无人反潜战飞机处于大量研制与开发之中，无人作战飞机已取得技术上的重大突破，进入实用阶段。预计到 2020 年前后，机载监视与侦察任务将主要由空间资源和长航时无人侦察机共同完成；无人作战飞机将可能部分取代有人战斗攻击机和轰炸机；微型无人机有可能在军事指挥中心、作战指挥室和机密办公室“随意飞进飞出”，窃听、窥视、破坏重要军事信息和军事装备及影响军事行动。由此可见，随着各类无人机的迅速发展和广泛应用，必将对未来战争产生重大影响，无人作战将有可能成为未来战争的一种重要样式。

5. 美军几种典型的无人机

1)“全球鹰”无人机

“全球鹰”RQ-4A 是美国空军乃至全世界最先进的无人机。这是一种巨大的无人机，其最大航程为 28945km，自主飞行时间长达 41h，可完成洲际飞行，机上装有 GPS 和惯性导航系统，可自动完成从起飞到着陆的整个过程。该无人机可同时携带光电红外传感器系统和合成孔径雷达，它能与联合部署智能支持系统和星球指挥控制系统连接，将图像直接、实时地传输给指挥官使用，如批示目标、预警、快速攻击与再攻击和战斗评估。另外，该无人机还可以适应海、陆、空不同通信系统，既可进行宽带卫星通信，又可进行视距数据传输通信。

2)“捕食者”无人机

“捕食者”RQ-1 无人机是一种中空、长航时无人机，于 1994 年试飞成功。目前，发展至两个型号：RQ-1A 和 RQ-1B。前者主要用于侦察和监视；后者加装对地攻击导弹，用于打击地面目标，它们都为伊拉克战争做出过贡献。此外，它们还曾服务于波黑战争和科索沃战争。对于 RQ-1B 无人机，美国空军更加看中，对其进行大量开发和应用。例如，其可挂载多种对地攻击武器；可挂载空空导弹进行空中格斗。“捕食者”MQ-9A 如图 5-18 所示。

图 5-18　美国的海军型“捕食者”MQ-9A 无人机

X-45 系列无人作战飞机是美国国防高级研究计划局（Defense Advanced Research Projects Agency，DARPA）和美国空军联合提出的无人战斗机概念验证计划，旨在验证无人战斗机高效和廉价的防空压制和对地攻击的可行性。其有三种型号。图 5-19 为美国 X-47B 无人作战飞机舰上试飞场景。

图 5-19　美国 X-47B 无人作战飞机舰上试飞场景

3）军用微型无人机

20 世纪 90 年代初，美国提出研制微型无人机，1997 年启动 4 年计划。预想美国排、连或旅级部队单兵能够使用这种微型无人机进行侦察与监视、战果评估、瞄准、安置传感器、通信中断或者探测核、生、化物质等。三大原型微型无人机是“龙眼”“黑寡妇”和“微星”无人机；后来发展的还有“科里布里”“黄蜂”和“西卡德”无人机。

6. 世界无人机发展趋势

纵观世界无人机发展趋势，新一代无人机将着力于如下几个方面(魏瑞轩等，2009)。

(1)从低空、短航时向高空、长航时发展。如太阳能动力的无人机飞行高度可达 30km 以上，续航时间长达 1 年以上。

(2)从单一侦察设备向传感器综合化方向发展。如美军“捕食者”无人机已装有观察仪、变焦彩色摄像机、激光测距仪、第三代红外传感器及合成孔径雷达等。

(3)机载设备由固定装备向模块化方向发展。

(4)向隐形无人机方向发展。

(5)从空中侦察向空中格斗方向发展。攻击无人机既是无人战场上的重要作战力量，也是无人机发展的一个重要方向，无人作战飞机将成为未来空中作战的新武器。目前，直接用于作战的无人机主要有两类，即以反辐射无人机为主的无人攻击机和可携带投放武器并可重复使用的无人战斗机。

(6)机体向微型化发展。目前，微型化的无人机已有一定的验证机，例如，美国国防部就在执行高级研究计划局有关空中飞行计划中的 12 种袖珍无人机研制计划。

(7)功能向适应联合作战需要的方向发展。在未来战场上，必须实施无人作战平台的联合作战，方可夺取战争的主动权。美军从 2003 年就启动了“联合无人作战飞机系统的研究和开发。

7. 太空无人武器平台

无论是当今信息化战场，还是未来无人战场，太空行动和制天权对于其他空间的行动和控制都是具有决定性意义的。可以预见，在未来无人战场上，战场制权竞争的焦点将是围绕控制太空“高地”展开的。太空制权直接决定着其他空间(陆、海、空)的制权。因此，世界军事强国都将发展极为有效的军用空间站和天基武器系统作为战略发展目标，为未来无人战争提前进行技术和力量准备。目前，所有围绕地球的飞行系统，至少有 3/4 是具有军事用途的，且其中绝大多数是无人的。在未来无人战争中，卫星、天基机器人，既对于战役和战术行动必不可少，又是越来越依赖的战略力量。

1)“一览众山”的侦察卫星

1960 年美国成功发射了世界上第一颗侦察卫星，随后苏联也把一颗侦察卫星送上太空，标志着人类拉开了将空间无人侦察技术用于军事目的的序幕。20 世纪 60 年代末，美国开始研制预警卫星，称其为“综合导弹预警系统”；1975 年又研制成功“预报”地球同步轨道预警卫星；1976 年首次实现了卫星侦察图像的实时传输，开始担负支持战场作战的使命；20 世纪 80 年代航天侦察真正走向战场，可为精确制导武器提供目标瞄准和战术损伤评估数据，导弹预警监视卫星系统可为“爱国者”导弹提供实施拦截的详细、准确数据。可见，太空卫星侦察技术的广泛应用为无人战场态势感知、目标探测、情报传输、指挥控制、精确打击、战损评估等提供了最为有效的技术支撑；此外，太空卫星的情报侦察系统还能与作战及武器系统相连，构成战场侦察与打击一体的作战力量编成。随着太空卫星情报侦察平台性能的提高和类型的不断增多，侦察覆盖范围也不断扩大，这不仅有利于对战场实施全时空侦察探测，而且利于提高战场侦察效率。可以说，一颗侦察卫星的覆盖范围要比高空无人侦察机高出几个数量级。在无人战场上，由不同侦察设备组成立体化侦察网络，分布在地面、空中、太空、水面、水下的不间断侦察、监视能力，其“合成”侦察能力，最大限度地排除了地球上的侦察“死角”。

2)“耐得寂寞”的空间机器人

苏联是世界上第一个有能力在地球外星体上使用地面机器人车辆的国家，可在地球上遥控“鲁卡得”登月车运行，并在车上用立体摄像机对覆盖着火山灰的月球表面进行观测。1976 年美国也把两个“海盗号”机器人登月舱送上火星；1981 年美国开始在航天飞机上安装遥控和机械系统；1982 年苏联进行拦截卫星试验，证明人类具有了击毁目标卫星的能力。美国“月球探测者”号不载人登月舱是世界上第一个真正的空间机器人。空间机器人的出现大大扩展了人类在太空的活动能力。按照无人战场的构成特点不难预测，未来空间站既可以作为太空武器平台和特种天基机器人部队基地，也可用来对抗敌方卫星、空间站和空间战略防御网与任何地面目标。

3)“地空穿行”的动载机器人

为了抢占未来无人战场“制高点”，军事强国已加快在太空部署军事力量的步伐，这包括在空间采用机器人完成空间站的某些任务，以及修复系统故障等。这些机器人实际上是一种遥控飞行器，用于增大航天飞机的作用范围，它被航天飞机首先运载到太空，然后再被发射到 2254km 以外，在很高轨道上完成回收卫星任务。最终这些卫星由航天飞机上的人员负责进行维护或送回地球修复，待修复后再由轨道机动运输器把它们重新安置在原来位置上。美国建造了另一类无人轨道运载器，即惯性高空平台助推器，可以把卫星从宇宙飞船所运行的轨道上进一步推送到地球同步轨道上。

4)“力大无穷”的太空机械手

在太空公共空间里，发达国家不遗余力地发展空间力量，抢占空间“制高点”。因此，美国空军研制了一种遥控机器人，这是一个视觉和臂力都很强的操作系统，既可在地球同步轨道空间上维护卫星，还可在月球上工作。美国还计划在空间站上安装几种类似宇宙飞船上的机器人手臂，为空间站构建和站上工作提供帮助。

5.5.3　无人作战平台及其技术发展趋势

无人武器系统与无人作战平台代表着无人装备与技术发展的主体和主流方向，对于现代战争及其作战产生着革命性重大影响。从总体上看主要体现在如下几个方面(魏瑞轩等，2009)。

1. 无人机

近年来，在发展无人装备与技术方面无人机仍是全球的重点和热点，甚至掀起了无人机军备竞赛，目前研发或采购无人机的国家超过 75 个。美国空军对未来无人机发展展望指出，空军今后将更加依赖无人机，并提出未来无人机应具备的能力。

1)无人作战飞机

美国海军研发的 X-47B 舰载无人作战飞机成功进行舰上起降试验，被认为是无人作战飞机的里程碑事件，成为已往海军航空兵与未来海军航空兵之间的分水岭。

俄罗斯研发大型无人攻击机，可对陆上和海上静止及移动目标发动袭击，以改变以前忽视无人机的局面。

2)高空长航时无人机

美国海军“人鱼海神”MQ-4C 广域海上监视无人机首飞，是美国海军海上巡逻能力现代化的一个重要里程碑。

3)微型无人机

微型无人机系统成为欧美国家新的发展重点，这是一种如昆虫大小的监视无人机，或者纳米无人机。目前，美国空军研发的多种仿生微型无人机取得了重要进展，在美国无人系统展上亮相。另外，美国空军正在研制的纳米无人机平台主要有三种类型，即固定翼、旋翼及扑翼式，这些微型无人机未来可窃电飞行，并用失能性化学武器进行精确打击。

2. 无人飞艇

现代材料、动力和电子技术的突破，推动了无人飞艇研制的再度崛起，目前其研制取得了一些重大成果，但还有部分技术难题有待突破。

3. 无人车

无人车总体呈现出活跃发展态势，其中，超视距控制技术、班组支援型和武装型无人车均取得突破性进展。

4. 军用机器人

军用机器人当前发展热度空前，推动了整个军用仿生机器人领域的全面、快速发展。同时，机器人智能化和感知能力显著提高。

(1)机器人士兵作战新概念和地面无人系统作战装备成为多国发展热点。

(2)深化机器人智能与感知技术的研究，提升地面无人系统自主作战能力。

5. 无人水面艇

英国和以色列等国不断推进无人水面艇的研发和装备工作，在长航时、高航速和操纵性等方面对无人水面艇进行的升级和研发取得了显著成效。

6. 无人潜航器

近年来，无人潜航器一直保持着快速发展势头，朝着续航力更持久、尺寸更大、有效载荷能力更强且能自主回收及图像处理和声呐探测更强的方向发展。

5.6　空天防御系统及军事高技术

5.6.1　空天防御系统概念及其构成

空天防御系统至今尚未严格定义。通常，它是在理解空天防御和空天防御作战的基础上，给予一种概念性界定。

空天防御，是指在国家最高空天防御指挥机构统一指挥下，综合运用陆基、海基、空基、天(太空)基和网电空间各种作战力量，对航空航天空间和网络电磁空间的各类目标及其武器系统实施的先制、抗(反)击和防护作战行动。空天防御作战是典型的一体化联合作战。空天防御(作战)，在任务上是防空、反导与防天和网电空间防御的统一；在战略上是积极防御与有效进攻的统一；在力量上是各军种、兵种和军地相关作战要素的统一；在作战上是战略、战役、战术各层次的统一；在指挥上是联合指挥与分散控制的统一；在体系上是信息化条件下高技术战争 C^4KISR 各子系统的统一。由此可知，空天防御系统是一个由实施空天防御作战的武器系统和作战人员构成的，用以抗击敌方空天威胁、保障国家空天安全的一体化复杂巨系统。

长期以来，空天防御系统伴随着空天威胁变化、国家空天安全需求特别是空袭方式和手段的发展与进步而不断完善，逐步形成了以防空子系统、反导子系统、防天子系统和网电防御子系统等为主体的复杂巨系统。图 5-20 给出了该系统的基本组成。

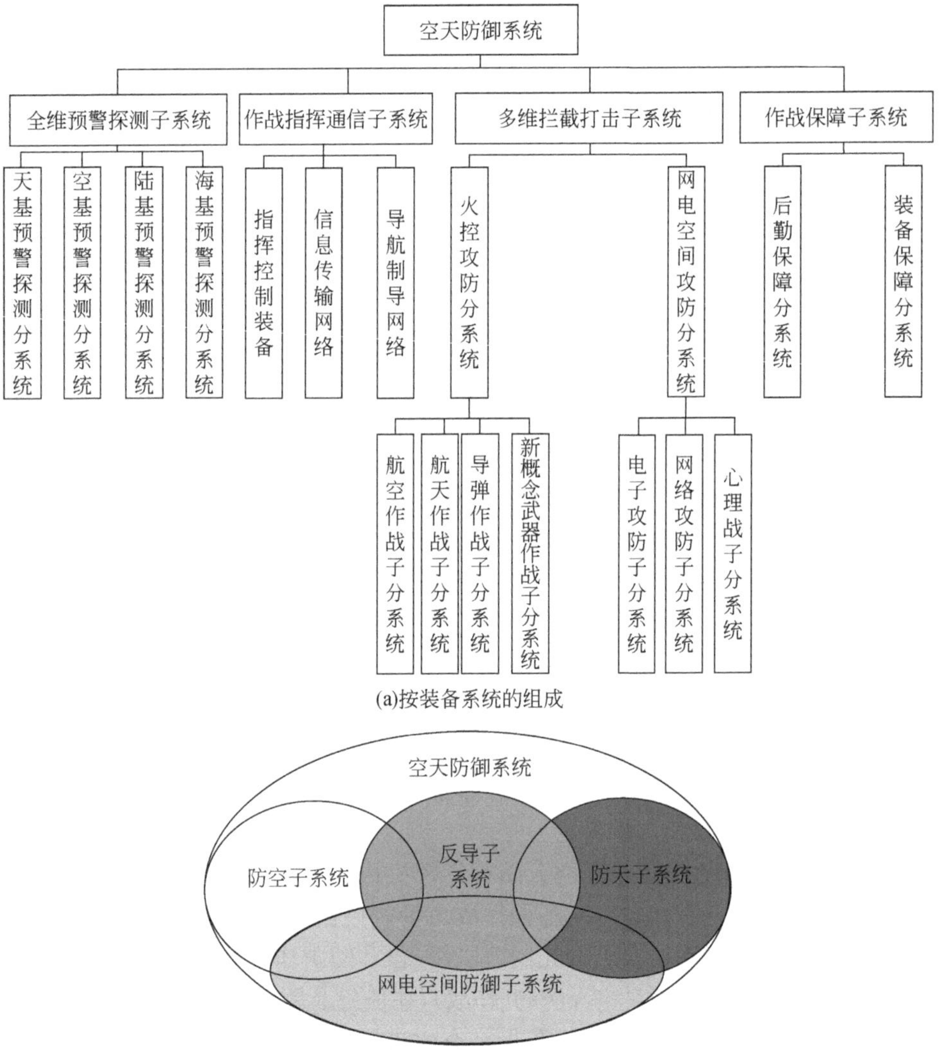

(a)按装备系统的组成

(b)按作战子系统的组成

图 5-20　空天防御系统组成示意图

5.6.2　系统结构体系

空天防御作战体系是各种空天防御组织、作战力量和战场设施组成的有机整体，是国家安全和国防体系的重要组成部分。

现代空天防御作战体系是在传统防空作战体系基础上衍变和发展而成的。传统防空作战体系一般由情报预警系统、指挥控制系统、防空武器系统、勤务保障系统和人民防空系统组成。信息时代，随着空天作战理论、信息技术、网络技术和航空航天技术的进步，空天武器装备的发展，使空天防御体系要素、结构和功能发生了深刻变化，向着防空、反导与防天三位一体、进攻防御一体、多军兵种联合和火力、信息力协同的方向发展。

根据当前实际，面对未来空天一体作战和国家空天安全需要，目前的一体化空天防御作战体系应包括空天防御作战及建设理论、综合信息系统、远程预警系统、天基支援系统、多维攻防火力系统和联合指挥控制网络等六大部分。它在纵向上应包括国家空天防御系统、战略方向空天防御系统、战区战役防空反导系统三个层次；在横向上应由上述六大系统组成。纵向上的三个层次，是指国家空天防御的三类力量，即首都及要地战略空天防御力量、主要战略方向空天防御力量和战区防空反导力量。

(1)空天防御作战及建设理论。空天防御作战及建设理论包括空天防御作战思想、作战任务、作战行动和发展进程。建设方面包括空天预警能力建设，对天信息反击和措施、截击空袭导弹、飞行武器研判等。

(2)综合信息系统。综合信息系统由在战场上分布广泛的信息基础设施构成，包括以计算机为核心的各级信息处理中心、信息传输手段、信息显示设备和各种软件系统。该系统是连接各分系统的纽带，也是实现情报、指控、火力和保障等作战要素一体化的“黏合剂”和效能“倍增器”，这就是常说的美军 C^4ISR 系统或更完善的 C^4KISR 系统。

(3)远程预警系统。远程预警系统是空天防御作战体系的信息源头，主要由天基、空基、地基、海基预警探测网等子系统构成，用于及时发现、跟踪和监视来袭的空天目标，掌握空天情报，并通过综合信息系统将各类空天信息近实时地传输给指挥控制系统和拦截打击系统。

(4)天基支援系统。天基支援系统是空天防御作战体系的高端“助力器”，主要由各类侦察卫星、导弹、预警卫星、通信卫星、气象卫星、宇宙飞船、空间站、航天飞机和空天飞机等天基平台构成；用于空天作战天基侦察、导弹预警、通信网络、导航制导和气象保障等；未来可拓展至包括天基火力平台和电子对抗平台。

(5)多维攻防火力系统。这就是常讲的拦截打击系统和攻防交战系统，也是空天防御作战体系中的执行分系统，用以实现空天武器平台与敌方空天袭击的体系对抗，进行先机打击和全面反击。多维攻防火力系统主要包括飞机、地(舰)空导弹、高炮、弹道导弹、巡航导弹、新概念防空武器及武器平台等。

(6)联合指挥控制系统。联合指挥控制系统既是整个空天防御作战体系的中枢和核心，也是生成空天防御作战能力和空天联合防御成功的关键部分。它由各级指挥机构、辅助决策、通信枢纽和相应的 C^4ISR 指挥自动化系统构成，通过上述综合信息系统将所有空天防御作战要素无缝地连接成一个有机整体。

5.6.3 系统综合集成

空天防御系统综合集成是空天防御系统全寿命周期的构建过程，主要由一个基础和两个层次构成。一个基础即以网电空天防御作战力量为基础，两个层次就是由低到高依次为要素集成和维度集成。空天防御系统综合集成示意图如图 5-21 所示。

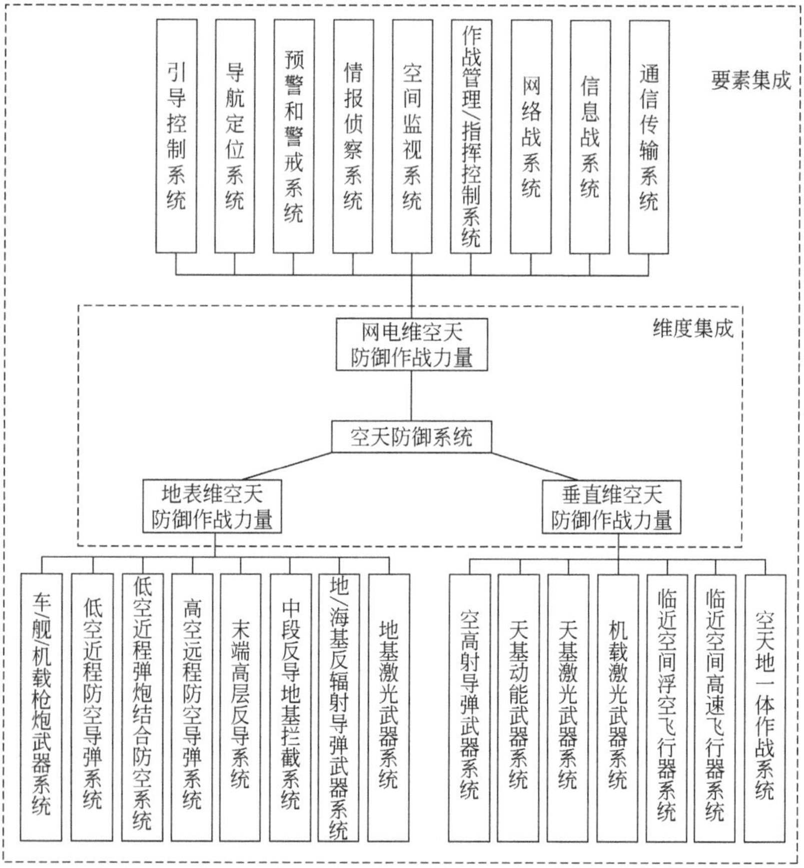

图 5-21　空天防御系统综合集成示意图

5.6.4 系统技术支撑平台

空天防御系统不仅有坚实的理论支撑体系，而且具备系统、庞大和完善的技术支撑体系，如图 5-22 所示。

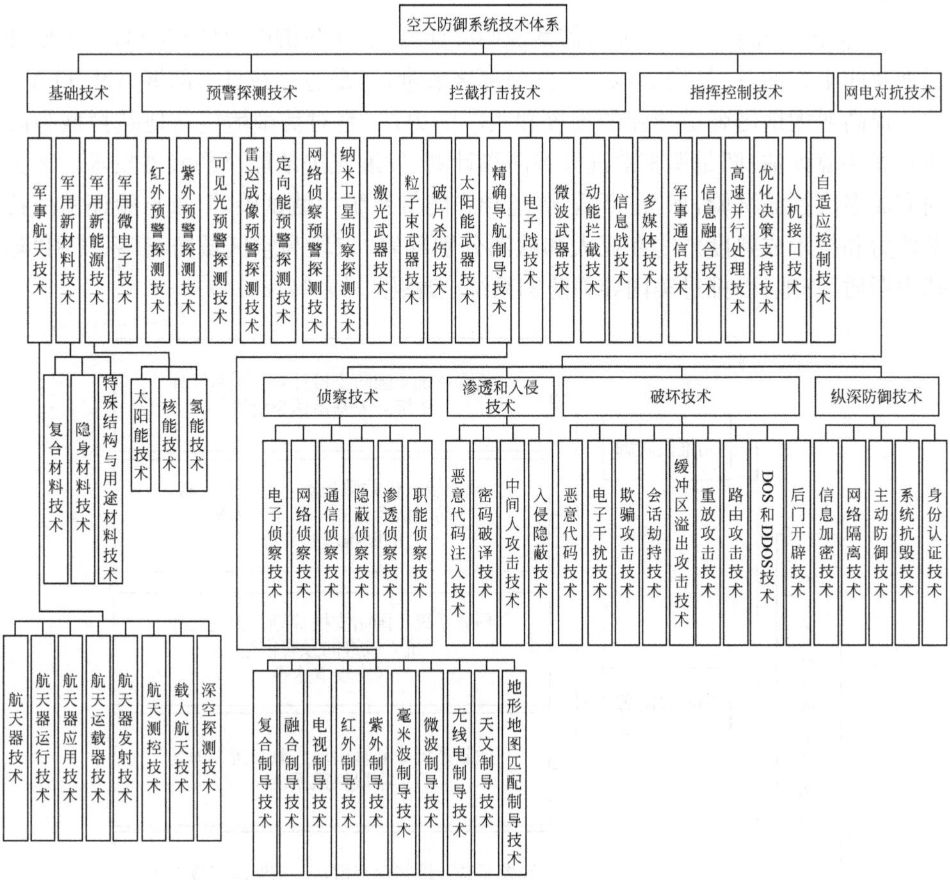

图 5-22　空天防御系统的技术支撑体系

5.6.5　空天防御系统及其技术发展趋势

防空反导是空天防御的最重要手段与技术。因此，当今空天防御系统中的弹道导弹防御系统建设仍是世界各国防空反导发展的重点，实战能力不断提升；以新型防空导弹系统开发、系统综合集成和网络化作战技术为支撑的防空反导一体化建设取得了新进展，防御近程弹道导弹巡航导弹和无人飞行器等目标能力得到进一步提升；防空反导激光武器发展迅速。

1. 弹道导弹防御系统建设持续推进，实战技术能力显著提升

以美国、俄罗斯为代表的世界军事强国继续加强导弹防御系统建设，在系统构建、装备研发、试验验证和新技术探索等方面均取得重要进展，使实战技术能力不

断提高。

(1)美国公布新一轮导弹防御系统调整计划,加强防御能力(图 5-23)。①该计划涉及四个方面:一是增加地基拦截弹部署数量;二是通过在日本部署 AN/TPY-2 雷达提高亚太地区弹道导弹的预警和跟踪能力;三是对美国境内新地基拦截弹阵地开展环境评估;四是调整欧洲导弹防御计划,发展先进动能杀伤武器技术。②美国完成多次拦截试验,如“宙斯盾”弹道导弹防御系统拦截试验等,重点验证实战技术能力和技术成熟度。③在亚太和欧洲分别部署“末段高空区域防御”系统和“陆基宙斯盾”阵地,以推进美国导弹防御系统全球化(刘力等,2014)。

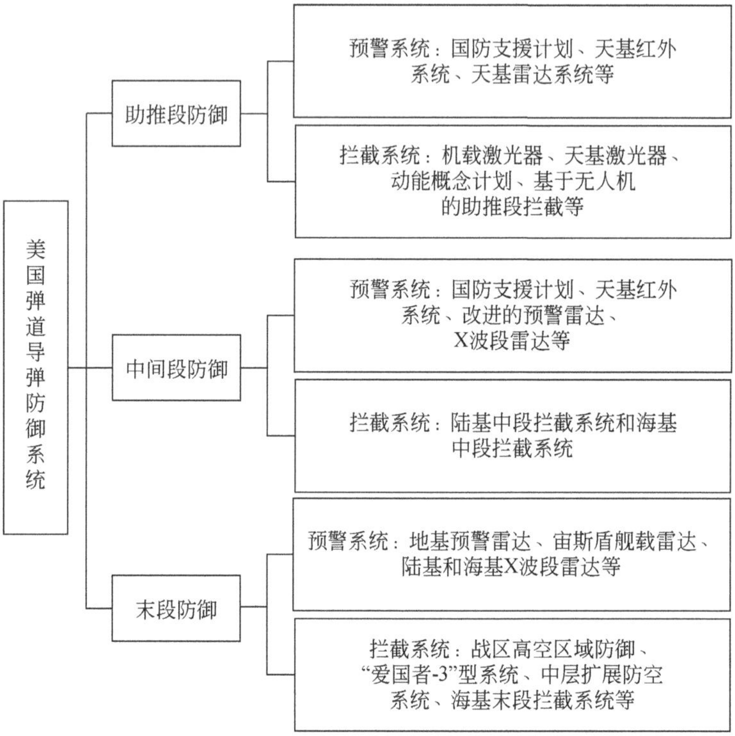

图 5-23　美国弹道导弹防御系统组成

(2)俄罗斯协调发展战术与战略弹道导弹防御系统,继续研制并部署新一代防空及导武器装备,成功进行改进型 A-135 系统低层拦截弹拦截试验,并继续建造“沃罗涅日-DM”雷达,部署预警系统,以加快弹道导弹防御系统建设,2020 年前后基本形成较全面的空天防御系统。

(3)以色列并行发展反火箭弹系统和导弹防御系统,构建多层拦截防御体系。①升级“铁穹”系统,提高反火箭弹能力;②发展“箭-3”拦截弹,打造多层导弹防御能力。

2. 新型防空导弹系统的研发和部署取得新进展

随着巡航导弹、战术弹道导弹、反舰导弹及无人机等先进精确制导武器成为来袭目标，防空反导面临的威胁日趋严峻与复杂，迫使多国积极发展和改进防空导弹系统，以增强对付多种类威胁的能力（孙连山等，2005）。

(1)俄罗斯新一代防空导弹系统研发与部署取得新进展。目前，俄罗斯正在进行防空反导系统的更新换代，继续部署 S-400 中远程防空导弹系统，开展 S-500 新一代远程防空反导系统研发。

(2)美国海军成功进行“标准-6”导弹超视距拦截验证试验。

(3)美国成功利用防空导弹“加速改进拦截弹”进行反 C-RAM 试验，并成功进行“微型碰撞杀伤”导弹制导飞行，验证了导弹目标识别、制导、导航和控制系统。

(4)通过开发系统综合集成技术，提升防空反导一体化作战能力。

(5)积极发展防空反导激光武器。①美国陆军积极研发用于反无人机、火箭弹及迫击炮的激光武器，已成功进行集成试验和演示试验，用于末端防御试验。②美国空军研发机载激光武器，其技术成熟度已达 4 级以上；DARPA 启动机载激光武器研发计划，该激光武器将安装在无人机或飞机上，用于摧毁防空导弹及光电/红外制导导弹。③德国进行多种功率激光武器拦截试验。激光武器功率可达 30kW，杀伤仅需 4s。

(6)美国研发“通用杀伤器”技术，用于地基中段防御系统的“地基拦截弹”和海基中段防御系统的“标准-3”导弹。另外，美国“标准-6”导弹首次超视距拦截成功，该导弹用于海基末段防御系统，拦截成功实现了防空反导作战能力的新跃升。

3. 多类防空武器系统发展全面推进

1)国土防空武器系统

国土防空武器系统是防空/反导武器体系的主要组成部分，美国、以色列、欧盟、日本等国着力继续提升现役第四代武器装备水平，俄罗斯正促进第四代武器装备尽快列装，而韩国、印度等国正从第三代向第四代转型。特别值得关注的是，美国、欧盟、俄罗斯在大力发展新型导弹拦截手段的同时加强了对激光武器等新概念武器的研发与运用。

2)野战防空武器系统

野战防空武器系统是防空/反导武器体系的重要组成部分，其末端防御能力的发展备受重视。近年来，美国特别重视发展前述基于导弹的“反火箭弹、炮弹和迫击炮弹”系统。为此，着力研发了“微型碰撞杀伤”拦截导弹和 AI3 拦截导弹。以色列继续加快构建多层防空系统，并为此先后升级“铁穹”防空系统的目标探测系统和拦截导弹。俄罗斯等国十分重视弹炮结合防空系统和陆基近程防空系统建设。

德国、土耳其和波兰等国纷纷推出新型小口径 35mm 高炮。所有这些都是野战防空武器系统发展的具体表现。

3)海上防空武器系统

海上防空武器系统是防空/反导武器体系中的发展中成员,且越来越重要。发展状况总体如下。美国海军“标准-3”导弹研发取得新进展,成功进行一系列拦截试验,“标准-31B”导弹装备“宙斯盾”防御系统,已有海基和陆基两种部署方式;美国海军“标准-6”导弹海上成功拦截超视距目标,已批量生产并形成作战能力;英国“海上拦截者”防空导弹系统采用主动导引头、软垂直发射和紧凑安装等先进技术,具备优秀防空能力。

5.7 世界武器装备与军事高技术发展现状与未来

随着信息时代的到来,新的军事变革浪潮滚滚向前,武器装备与军事高技术迅猛发展,新型作战武器平台性能日益提升,信息系统建设持续增强,攻防兼备的战略威慑体系构建进一步加快,新一代战略武器和防空反导系统积极研发,国防基础和前沿技术与设施不断取得新突破,世界军事强国谋求利用核力量战略调整和所谓的新概念“颠覆性技术”,力图始终保持军事技术优势和信息化战争战场主动权。这就是当今世界武器装备和军事高技术发展的现状。其主要集中于如下方面(刘兴堂等,2018a)。

1. 导弹攻防对抗更趋激烈,加快构建攻防兼备的战略威慑体系

(1)推进新一代战略弹道导弹发展。例如,俄罗斯试射 RS-26“边界”洲际弹道导弹,计划 2021 年全面换装;美国全面升级改造“民兵-3”洲际弹道导弹,和“三叉戟Ⅱ-2D5”潜射弹道导弹,并研发多种新型洲际导弹。

(2)丰富远程精确打击手段。①积极研发高超声速巡航导弹;②加快新型巡航导弹(如远程反舰导弹)技术的演示验证。

(3)注重战略反导系统与战区反导系统平衡发展,以加强地基中段导弹防御建设,提高本土防御远程弹道导弹能力。

2. 将快速进入空间和空间态势感知能力作为航天装备和技术发展重点

(1)探索新型空间系统体系结构。例如,美国通过结构分离、功能分解、有效载荷搭载、多轨道部署和多作战域部署等方式,将空间能力分散到多平台或多系统中去,以形成新型空间系统体系结构。

(2)优先发展空间态势感知能力。例如,美国将空间态势感知提升为独立空间任务,并赋予其最高优先发展权。为此,美军研发出新地基“空间篱笆”监视系统和

用于空间监视的小卫星系统。

(3)加快提升进入空间能力成为发展热点。例如,美国研发出用于验证运载火箭垂直起飞和垂直降落技术的“蚱蜢”火箭。

3. 加快推进攻防兼备的新型网络空间信息系统

(1)积极发展网络侦察与攻击技术。

(2)构建云计算环境下的网络架构。例如,美国正在建设的“联合信息系统”就是一种云计算环境下的互操作网络架构,未来“全球信息栅格”也将融入其中。建成后,其可使作战人员在任何地点得到云服务,并能够实时掌握网络空间态势。

(3)发展超高速无线传输技术,重点是大容量信息传输和抗干扰通信所需的毫米波、太赫激光等超高速无线传输技术。

4. 加快新一代主战装备和无人攻击平台的研发及服役

新一代主战平台主要包括以下几个方面:①新一代战略轰炸机;②新一代旋翼机;③新一代潜艇;④新一代航空母舰和其他舰艇;⑤加快第五代战斗机的试验和第六代战斗机的研发;⑥无人攻击机的研制取得突破。

5. 基础、前沿与新概念武器技术取得重大进展或突破

在军事应用上孕育着重大变革作用且具有广阔前景的武器技术主要包括如下几个方面。

1)增材制造技术领导装备制造和保障模式的变革

增材制造技术,俗称 3D 打印技术,发展迅猛、效益巨大,被视为推动未来军事变革的“颠覆性技术”。其重大作用有:①改变装备保障模式;②缩短武器装备周期,大幅降低成本和费用。该技术目前已发展到 4D 打印技术的研发阶段。4D 打印技术就是在 3D 打印技术的基础上加上时间维,特指材料能够随时间变形并且组装,即 3D 打印出的物体(或装备)能随时间自动变化和调整成预设的模式。

2)脑科学研究取得重大进展,展现出广阔的军事应用前景

目前脑科学研究主要集中在“脑控”“仿脑”及“控脑”三个方面,对揭开大脑奥秘、提高智力水平、发展人工智机和研制新型装备均有重要作用,并将带来社会、经济和军事领域的重大变革。其中,美国和英国研发的新型脑机接口技术备受关注,已用于控制飞船模拟器,展现出未来实现大脑操控武器装备的广阔技术前景。

3)固体战术激光武器技术快速发展

固体战术激光武器技术快速发展表现在:①战术光纤激光器实战化进程加快;②薄片激光器达到武器级水平。例如,美国空军正在研发的三类激光武器包括:低

功率激光器可用于照射、跟踪、瞄准和拒止/挫败敌方的传感器；中等功率激光防御系统可对付来袭导弹；高功率激光器可向其他飞机或地面目标实施进攻作战。

4)材料技术取得新突破

(1)纳米技术与复合材料技术相结合带来新型的复合材料领域，如石墨烯和金属超强复合材料、定向纳米纤维增强复合材料、陶瓷复合材料及热塑性复合材料等。

(2)高性能结构材料持续发展，如俄罗斯研发的有“超级合金”之称的AIRWARE新型铝锂合金、美国研发出的航空航天结构材料第三代铝锂合金、德国利用等离子体烧结制备的五级钛合金。

(3)特种功能材料出现新发展，如荷兰研发了自愈热障涂层，大幅度提高了发动机效率和延长了发动机寿命；法国研发了飞机高科技纳米涂层材料；美国研发了多用途超滑排水排油涂层材料；美国研发了航空氟硅氧烷密封材料。

(4)电子信息功能材料引领材料新潮流，如奥地利研制出石墨烯快速电流转换器；英国研发了光学性能可调的超材料；美国和西班牙联合研制出了智能玻璃。

(5)新型材料检测和维护技术成为材料发展助力。美国研发新型冷喷3D打印零件修复技术及超声波检测复杂零件新方法。

5)防空反导雷达及自适应雷达对抗技术

作为新概念与新技术的防空反导雷达是美国海军研发的下一代舰载双波段雷达，由X波和S波段雷达级“雷达套件控制器”组成，采用了一系列新关键技术，如数字波束成形技术、发射/接收模块技术、天线阵体系架构技术、热管理技术和射频半导体技术等，成为美国海军第一部用综合防空反导的雷达。自适应雷达对抗技术，是指可识别敌方未知雷达系统的信号特征，利用实时组成的对抗措施进行电子干扰，并可进行效果评估的一种电子战技术。换句话说，其是面对新型、未知和不确定的雷达信号，使电子战系统具有实时、有效的自适应对抗能力的技术。该技术是由美国DARPA研发的，代表了未来电子战的发展方向，可大幅提高战场态势感知能力，有效增强空中及海上作战平台的即时响应能力。

6)微波光学相控阵技术

自20世纪60年代微波相控阵技术问世以来，人们就试图将相控制概念延伸至光波频段，从而产生了一种新型光束指向控制技术。它具有结构简单、分辨率强、精度好、抗干扰、安全保密、能实现电控可编程多光束控制和动态实时控制等诸多优势。美国在此方面的研究取得了重要成果，表明了微波光学相控阵技术在军事上可用于激光成像雷达、激光制导、导弹拦截、激光通信和激光定向能等。

7)自主式扫雷机器人

自主式扫雷机器人为可吸附于舰船底部的小型水雷或小型水下爆破弹，是对舰船的一种新威胁。为此，美国海军研发出一种称为悬停无人潜航器的自主式扫雷机器人。它可以利用三维网络图像导引接近航舰船体进行二次扫描,以辨识小型水雷或爆炸物。

8)"水螅"无人水下母艇

"水螅"无人水下母艇是一种能够搭载无人潜航器和无人飞行器的无人水下母艇。整个系统包括五个重要领域,即模块化附舱、无人飞行器负载、无人潜航器负载、系统综合集成和高效保障系统等。"水螅"无人水下母艇很有创意,类似于无人机母舰与潜艇的综合体,一次行动可维持数周甚至一个月,对于提升海军对敌隐蔽打击能力很有用,将对现有海军作战样式产生影响。

9)高超声速技术发展

高超声速技术是研发高超声速武器和快速进入宇宙空间最关键的核心技术。高超声速武器是指马赫数大于 5,以超燃冲压发动机及其组合发动机为动力,可在大气层内实现高超声速远程飞行的新概念武器。

10)等离子体振子技术

等离子体振子是金属表面自由电子有规律地进行集体共振运动时形成的电子密度波,又称等离子体激元或等离子体波。它具有低维度、高强度与亚波高等三大特征。对于等离子体振子的研究核心内容是如何基于表面等离子体振子的光学结构在纳米尺度上实现对光的多种性质的调控和利用。国外已展开大量理论和实际应用的研究,并形成等离子体光子学。虽然有关表面等离子体理论已发展了百余年,但从 20 世纪末才重新引起人们关注得以迅速发展。研究结果表明,采用纳米级黄金可将光聚集到红外探测器上,其信号能量比最初能量高 4 倍;通过等离子体振子成功研制出的长波红外量子阱红外光电探测器的电磁场比原来增强了 5 倍。等离子体振子的独特物理特性使其在军民领域都具有非常广阔的应用前景。在军事领域其可进一步增强光电探测器性能,预计能够使电子阱红外光电探测器和量子点红外探测器等的信号增强 20 倍甚至更高。等离子体振子技术还可实现隐身、提高作战人员和武器装备的战场生存能力。

11)微米纳米技术

微米纳米技术简称微纳技术,包括多个方面,主要是微纳米电子技术、纳米能源技术、纳米材料技术、纳米传感器技术和微机电系统技术等。

(1)微纳米电子技术。微纳米电子技术是下一代半导体技术,在量子机制和生物机理启发基础上,开辟了低能耗、高性能的微纳米电子技术的新方向,主要将细胞形态半导体电路设计集中在生物电子传感器、执行器与能量源及分子级精确增材制造等三个领域进行重点研究。这主要表现在:新型类脑认知芯片,已成为微纳米电子技术的研究重点;类脑高速图像处理器与视频处理速度比现有图像处理系统快 1000 倍,而能耗仅是其万分之一,将大幅提高大数据处理能力;类脑新型计算系统将加快认知芯片应用,用于研制神经系统由硬件实现的四轮机器人。国外微纳米电子技术发展的另一个主要方面是推动 CMOS 器件向碳纳米管和量子隧道晶体管发展，这主要表现在：比利时验证高应变沟道材料为纳米 CMOS 器件铺平道路；美国实现碳纳米管处理器原型支撑微纳米电子技术的后续发展；美国研制出量子隧穿晶体管，实现了新概念 CMOS 器件增强芯片散热能力。目前，超规模集成电路中的晶体管已达数亿至数十亿规模，散热问题成为迫切需要解决的难题，嵌入式微流体冷却技术成为一个重要途径。

(2)纳米能源技术。美国发展纳米固态电解质，大幅提高锂离子电池能量密度。一种锂硫代磷酸盐固态电解质的离子传导能力是其自然块状传导能力的 1000 倍。若进一步采用纳米化学处理方法，将锂硫代磷酸加工成纳米量级的粒子，与原来结构相比它具有极强的离子传导能力且易实现规模化生产。美国通过硅纳米阳极与碳纳米管网状结构相结合，改善锂离子电子性能，可使锂电池容量提升 4 倍，并使其寿命得到有效延长。美国研制柔性轻薄纳米太阳能电池适合太空等低温环境应用。美国研发出基于纳米线的石墨烯新型太阳能电池，具有成本低、透光性好、重量轻、机械强度强和化学鲁棒性强等优势，尤其可在 175℃以下使用，适于宇宙航行应用。美国验证新型碳纳米晶体，可提高太阳能电池光电转换效率，其最大转换效率达 42%，若采用抛物面反射镜聚光，则其效率可达 70%。法国研制出高效纳米管电池，可实现渗透能发电，电功率比当前技术高 1000 倍。美国研究发现，阴极采用氧化钒纳米带涂覆石墨烯涂层，可显著提升锂离子的电池性能。新型阴极完整充放电时间仅需 20s，经过 1000 次充放电循环后，电池容量仍可达初始容量的 90%；澳大利亚研制出石墨烯超级电容，能量密度较先前提高 12 倍。

(3)纳米材料技术。纳米材料具有小尺寸、表面和量子尺寸等效应，表现出奇异的物化性能，故有很重要的军事意义，尤其是纳米材料技术是纳米电子技术的基础。新型高电子迁移率材料成为目前国外纳米材料的技术研究热点，已涌现出氧化钼、单原子锗和石墨烯等多种发展与应用前景广阔的材料，将有力推动未来数字集成电路技术的进一步发展。澳大利亚研制出氧化钼二维纳米材料，既能支持电子高速运动，又能使电流迅速截止，可用于研制更小、传输速度更快的电子器件。美国研制出单原子层锗，其电子迁移率是石墨的 10 倍，是传统锗的 5 倍，可用于制造更薄、电子迁移率更快的新一代晶体管和取代 CMOS 技术。美国研制出基于 DNA 的石墨烯纳米制备工艺，目前，该工艺已形成 100 多种复杂纳米结构，展现出这种新方法对研发石墨烯电子电路的极大潜能。德国研制出铂镍纳米材料，可作为催化剂，使燃料电池中铂的用量减少 90%。日本研发出新型碳纳米管复合材料，该材料不仅可通过大电流，而且重量轻、耐高温，可作为未来高性能半导体芯片的导线。

(4)纳米传感器技术。美国陆军利用量子机制发展纳米传感技术，提高导航与探测能力。发展的纳米传感技术包括陀螺仪、磁力测定、重力梯度测定、下一代小型传感器及原子电子技术等。利用量子机制就是利用量子纠缠现象，将不同量子系统联系起来，通过彼此干涉传递相关环境信息。用此机制所研制的纳米传感器性能较传统技术高出几个数量级。美国海军研制出石墨纳米线传感器，用以提高探测爆炸物能力。初期研发的纳米传感器能够对微量化学品检测的敏感度达十亿分之一，进一步发展后有望达万亿分之一。瑞士和美国联合研制的高灵敏度碳纳米管传感器，大幅度提高了化学监测的灵敏度。具体来说，它可使拉曼光谱仪的灵敏度提高约 10 万倍，而成本仅具备单分子侦测能的便携式传感器的低成本。美国研发的仿生纳米传感器，用于爆炸物检测，这是一种类似蝴蝶的光敏传感器用以监测空气中的化学物质浓度，可提高已往无法获取的细节信息。美国研制出皮下植入式碳纳米管传感器，有助于提高在战场恶劣环境下的医疗监控水平。

(5)微机电系统技术。微机电系统，具有传统传感器无法比拟的优势，不仅能大幅度降低系统重量、体积、功耗和成本等，还可以完成许多传统电路无法实现的任务。因此，微机电系统越来越广泛地应用于航空、航天、航海和军事领域。它作为换能器可将振动能转化为电能，作为振荡器它比石英晶体振荡器性能更高，还可以应用于飞机姿态控制、航向控制和微型泵浦等。美国已推出基于微机电系统的飞机姿态与航向指示系统、高性能 MEMS 振荡器、压电式 MEMS 能量采集器和芯片级真空微泵浦等；法国研制出一种全新的 MEMS 精确计量技术，用于多种能量采集器。

12)超导技术

近年来，世界各国大力推进超导技术的发展，在超导材料和超导技术应用的多个领域取得了重要进展。

(1)超导材料。美国研制出新型氮族元素多层高温超导材料，可大面积持续传输强电流，对于未来发现可在室温下操作的超导体、电子设备和高压设备乃至医学、运输和能源等的发展均很重要。美国研制出将二硫化碳转变为超导体的新方法，这种方法可帮助电子顺畅移动，使二硫化碳变成无阻力的超导体；日本成功研制出下一代超薄高温超导电缆，其厚度仅为目前的 1/10，极大地促进了超导线圈的小型化，并使核磁共振和磁共振成像装置小型化和低成本。

(2)超导技术应用。欧盟研发的新型海上超导体风力发电涡轮机，单机容量达 10000kW；仅涡轮机制造环节的生产成本可降低 30%；日本开发出阻抗更小的高效超导输电电缆，在相同条件下，新型电缆承载电流是传统超导输电电缆的 3 倍，是普通铜缆的 20～30 倍。

13)纳米激光器

当激光器尺寸缩小到纳米量级，其性能便可突破三维光学衍射极限的限制，即可称为纳米激光器。近年来，美国已研制出多种纳米激光器。例如，美国哈佛大学开发出一种使用硫化镉制成的纳米激光器；美国得克萨斯州立大学研制出纳米级半导体激光器；美国西北大学研制出一种病毒大小的微型激光发生装置等。纳米激光器的应用前景十分广阔，可使电子元器件的体积更小、性能更高且运行速度更快，如可加快下一代计算机的运行速度、显著拓宽网络宽带及为传感和探测技术提供光源等，还可用于量子光学、生物传感器和医疗等多个领域，更不用说制造新概念激光武器了。

第6章 现代战争的常见作战样式

本章将深入论述现代战争的常见作战样式，主要包括作战概念、作战特点、作战行动、作战手段、作战实例及战争未来发展趋势等。

在机械化战争后出现了全新的信息化战争。现阶段的信息化战争反映着信息时代的社会特征，是现代战争的基本形态。

不同战争形态决定了特定的作战方式，并呈现出显著的作战行动特征，同时反映出所处时代的特征。当前，信息化战争正处于初级阶段，还没有达到真正意义上的完全信息化战争。因此，信息化战争所呈现的战争形态仅是一种核威慑条件下的高技术局部战争。

信息化作战，自然是上述不完全信息化战争的产物，也是当今高技术局部战争战场的主要对抗形式，其相应理念应该是：高度依赖信息、信息系统和信息化武器装备的敌对双方，以信息为主导，在陆、海、空、天、电磁、网络和认知等多维战场上展开的；以夺取和建立信息优势为核心，进而转化为决策优势和作战优势的体系化军事行动对抗。其主要作战方式是一体化、网络化和精确化作战。在作战中并存着由工业时代机械化战争和信息时代信息化战争共同决定的作战样式和形式，如电子战、网络战、信息战、网络中心战、现代火力战、现代特种战、空间战及联合作战、体系作战、精确作战、空天一体信息作战、空地一体战、空海一体战、基于效果作战等。

6.1 电 子 战

6.1.1 概念及定义

电子战是伴随着无线电技术的出现而产生的，是一种通过无线电技术争夺电磁空间优势的作战行动和样式。

一般讲，电子战的发展及应用可分为六个主要阶段，即初创期、第二次世界大战期、冷战前期、越南战争期、冷战后期和现代期。第二次世界大战、越南战争和海湾战争（即冷战后期）是电子战史上的三个重要里程碑。目前，电子战已成为现代高技术战争的战略要素，电子战与网络战一起作为当前信息战的主要作战样式，争夺制电磁权和电磁空间优势的斗争随之变成了现代战场的“第一制高点”，电子战在现代战争与作战中越来越发挥主角作用。

在电子战的发展问题上，还有一种普遍的认识就是将其分为传统电子战时期和新型电子战时期。传统电子战或称旧电子战，是指使用电磁能来确定、利用和削弱或阻止敌方使用电磁频谱，以及保护己方使用电磁频谱的军事行动。它主要包括电子对抗措施、电子支援措施和电子反对抗措施。这些对抗措施的核心是对敌方电子设备施行软杀伤，并保护己方的电子设备不被伤害。经过多次机械化战争特别是近几次信息化高技术局部战争，电子战作为现代战争的重要部分，其内涵发生了重大变化，外延也在不断扩展，从而出现了新电子战。新电子战又称电子对抗，是使用电磁能、定向能和声能等技术手段，控制电磁频谱，削弱和破坏敌方电子信息设备、系统、网络及相关武器系统或人员的作战效能，同时保护己方电子信息设备、系统、网络及相关武器系统或人员作战效能正常发挥的作战行动。它包括电子对抗侦察、电子进攻和电子防御。它分为雷达对抗、通信对抗、光电对抗、无线电导航对抗、水声对抗及反辐射攻击等，是信息作战的主要形式。

6.1.2 主要作战样式和行动

电子战行为和样式有关术语列举如下(郭剑，2007)。

1. 电子对抗侦察

电子对抗侦察是使用电子对抗侦察装备，截获敌方辐射的电磁信号和水声信号，以获取敌方电子信息系统的技术特征参数、位置、类型、用途及相关武器和平台等情报的侦察。其目的是为电子进攻或电子防御作战决策和作战行动提供情报保障。按内容，它分为雷达对抗侦察、通信对抗侦察、光电对抗侦察和水声对抗侦察；按任务，它分为电子对抗情报侦察和电子对抗支援侦察。其中，电子对抗情报侦察是对特定区域的敌方电子设备进行长期监视或定期核查的电子对抗侦察，目的是全面获取敌方电子设备和系统的战术技术参数，掌握其活动规律和发展动态，并为电子对抗支援侦察预先提供基础情报；电子对抗支援侦察是在作战准备和作战过程中为电子进攻和电子防御等作战行动提供情报保障的电子对抗侦察，用来实时截获和识别敌方电子设备的电磁辐射信号，判明其属性和威胁程度。电子对抗支援侦察作为电子战中的间接作战手段，一般使用星载、机载、舰载、车载或地面的电子侦察设备所获得的有关信息，在战场指挥人员的直接控制下，对敌方有意或无意的电子辐射进行搜索、侦听、截获、识别和定位，为电子战提供电子情报支援，以找到敌方采取的直接威胁己方的行动。

2. 电子进攻

电子进攻又称电子攻击。它是指使用电子干扰装备、电磁脉冲武器、定向能武器和反辐射武器等，攻击敌方电子信息设备、系统、网络及相关武器系统或人员的行动，包括电子干扰和电子摧毁等。其中，电子干扰有两种主要内涵。一是利用电磁能对敌方电子信息设备或系统进行干扰的行动，其目的是使敌方电子信息设备或系统的使用效能降低甚至失效。按性质，电子干扰分为压制性电子干扰和欺骗性电子干扰；按方法，电子干扰分为有源电子干扰和无源电子干扰。有源电子干扰是指通过发射或转发电磁信号对敌方电子设备和系统进行压制或欺骗的电子干扰，这种干扰方式广泛用于对雷达、无线电通信、制导、导航和光电等电子设备及系统的干扰；而无源电子干扰则是指使用本身不发射电磁波的器材反射或吸收敌方发射的电磁波而形成的电子干扰，故其又分为反射型无源电子干扰和吸收型无源电子干扰。二是泛指所有影响、破坏电子信息设备和系统正常工作的电磁辐射，分为自然干扰和人为干扰。进一步讲，压制性电子干扰简称压制性干扰，是使敌方电子设备接收到的有用信号模糊不清或完全被淹没（遮盖）的电子干扰。它分为有源压制性电子干扰和无源压制性电子干扰两类。欺骗性电子干扰简称欺骗性干扰，又称电子欺骗，是使敌方电子设备接收虚假信号，以致敌产生错误判断和采取错误行动的电子干扰。它又分为有源欺骗性电子干扰和无源欺骗性电子干扰两类。

3. 电子防御

电子防御又称电子防护，是为保护己方电子信息设备系统、网络及相关武器系统或人员作战效能正常发挥而采取的措施及行动的统称，包括反电子侦察、反电子干扰、反目标隐身、抗电子摧毁和组织战场电磁兼容等。其中，反电子侦察是指为防止敌方截获并利用己方的电磁辐射信号而进行的电子防御行动。雷达反侦察、电子伪装和电磁发射控制等是反电子侦察的主要手段。反电子干扰简称反干扰，又称抗干扰，是为降低或消除敌方电子干扰对己方电子信息设备和系统使用效能的影响而采取的措施及行动的统称。雷达反干扰、反干扰技术和建立干扰报告军用文书等都是反干扰的重要措施和行动。抗电子摧毁简称抗摧毁，是为降低和消除敌方电子摧毁的破坏效果而采取的措施及行动的统称。防反辐射攻击、采用隐身技术和电磁脉冲防护等是抗摧毁的重要措施与行动。

6.2 网　络　战

6.2.1 概念及定义

网络战是通过军用或民用网络，截取、利用、篡改并破坏敌方的信息，以及利用假冒信息、病毒或其他手段破坏敌方信息系统正常工作，保护己方信息和信息系统正常工作的作战行动，包括网络侦察、网络攻击和网络防御。其中，网络侦察是指利用网络工具和协议，以及其他方法，收集、判断目标系统网络结构、信息流等的特征和状况，直接从敌方网络获取情报的技术及装备。其主要任务有：①为确定网络攻击的策略、目标和方法提供信息和依据；②直接从敌方网络获取具有军事价值的信息。网络攻击是指利用网络通信协议自身存在的或因配置不当而产生的安全漏洞及用户操作系统内存在的缺陷或者程序语言本身存在的安全隐患等，通过使用网络命令或某些超前意识软件，非法进入本地或远程用户主机系统，获得、修改和删除用户系统信息，添加无用信息或有害信息等。网络防御是指对网络侦察和网络攻击的对抗，即常说的网络安全，或者说，是为保护己方信息网络系统正常运行，确保信息数据安全、有效而实施的网络作战行动。

总之，网络战是以夺取“制网络权”为宗旨的一种新作战样式。它通过信息网络实时地将地理上分布的陆基、海基、空基、天基和网电域的武器联系在一起（即武器/火力网络化），实现武器-目标的最优匹配，进行集中指挥控制，实施一体化管理，同步分配作战力量，以快速、精确作战，从而使联合战斗力达到最优化，获取整体作战效能最大化。

6.2.2 作战能力

构成网络战的作战能力是实施网络战的基础。网络战的作战能力由网络侦察能力、网络进攻能力和网络防御能力等三部分构成（刘兴堂等，2018d）。

1. 网络侦察能力

网络侦察能力是指利用战场专用网络或互联网络，在网上获取敌方有关情报信息的能力，主要包括网络扫描和探测能力、网络侦听能力及网络窃密能力等。其中，网络扫描和探测能力是指对敌方网络系统进行扫描性探测和分析的能力，主要任务是收集目标网络系统和拓扑结构、网络协议、主机各 IP 地址和操作系统等信息，特别是寻求敌方网络系统中安全漏洞和弱点等；网络侦听能力是指拦截并分析敌方网络之间通信的数据流的能力，主要包括获取用户口令、作战电文和路由控制等有价值情报的能力；网络窃密能力是指对敌网络中存储、传输和辐射的秘密信息进行窃取的能力，主要包括进入敌目标主机窃取有关重要情报的能力，从密文信息中推断出原来的明文信息的能力，以及截获敌方网络内各种电子设备所辐射的电磁信号能力等。

2. 网络进攻能力

网络进攻能力是指利用网络设备和病毒等手段，破坏敌方网络系统功能或正常运行，夺取制网络权的作战能力。通常，其主要包括边界突破能力、网络控制能力、阻塞攻击能力、指令攻击能力、欺骗攻击能力、病毒破坏能力和电磁破坏能力等。

(1)边界突破能力。边界突破能力是指运用各种技术手段突破防御方的网络逻辑隔离边界和物理隔离边界,沟通攻击主机与目标主机,建立通信链,形成信息传递的能力。其中,突破逻辑隔离边界包括防火墙穿透、虚拟专用网(virtual private network,VPN)接入、口令攻击和密码破译等;突破物理隔离边界包括搭线接入、无线注入、无线冒充和介质交换等。实现边界突破,是对目标网络实施攻击的先决和必要条件。

(2)网络控制能力。网络控制能力是指向目标网络嵌入或驻留特定"木马"程序,通过通信方式遥控目标主机或按预先设置自动实施特定的操作,并以此为跳板攻击其他主机的能力。在作战运用上,应在"木马"植入目标网络后长期隐蔽,避免过早暴露而被敌清除。

(3)阻塞攻击能力。阻塞攻击能力是指利用已方控制资源,向敌方网络发起大量申请访问或无效信息,致使目标网络、目标或目标服务器不能正常工作的能力,如分布式阻塞攻击等。

(4)指令攻击能力。指令攻击能力是指利用目标主机或服务系统存在的漏洞或预留的"后门",采用向目标系统发送秘密指令的方式,以伪造特权用户向目标系统发送操作系统关机、应用系统时钟校正、服务进程调度和数据库维护等高权限指令等,致使目标系统异常或失效的能力。

(5)欺骗攻击能力。欺骗攻击能力是指通过伪装或假冒用户的方式,欺骗认证系统、防火墙和过滤系统等,获取特定服务和信息,或发送假冒信息、篡改传输或存储内容,扰乱并打击敌方国民情绪的能力。

(6)病毒破坏能力。病毒破坏能力是指将网络病毒注入敌方信息网络,破坏系统的硬件、软件和信息资源,或者综合采用多种技术手段,阻断敌方网络传输信道、瘫痪网络服务器并崩溃网络客户终端,造成其单机乃至整个网络运行紊乱甚至瘫痪的能力。

(7)电磁破坏能力。电磁破坏能力是指采取电磁干扰手段,针对网络环境和网络设备进行电磁干扰,损坏敌磁记录装置中的数据,冲击敌方正在使用的电源和带电设备,使其无法正常工作的能力。

3. 网络防御能力

网络防御能力是指防止对方利用先进的软件和硬件技术对己方网络的入侵和破坏,保护己方信息系统安全的能力,一般包括反病毒攻击能力、反"黑客"攻击能力、网络恢复能力、防电磁泄漏能力和网络使用管理能力等。

(1)反病毒攻击能力。反病毒攻击能力主要包括访问控制和查杀病毒。其中,访问控制是指保护网络系统资源不被非法访问和任意访问,包括断开核心网络系统与外界的连接,实施物理隔离,使用国产的或来源可靠的信息设备、电子元器件和软件系统等;查杀病毒是指检测和清除网络系统中的各种病毒。

(2)反“黑客”攻击能力。反“黑客”攻击能力的主要技术手段包括防火墙、入侵监测、信息加密和信息认证等。防火墙是指应用安全系统或设备来保护内部网络免受来自外部网络非授权的访问;入侵监测是指主动保护己方网络系统或主机免遭敌方或“黑客”的攻击;信息加密是指通过信息的变换或编码,将机密的敏感信息变换成“黑客”难以读懂的乱码型信息,从而保护己方信息免遭敌方或非法用户的侦收、窃取和冒充;信息认证与信息加密相呼应,是为了识别真实信源、验证信息的完整性,以防止敌方或“黑客”冒充网络合法用户对己方网络系统实施攻击。

(3)网络恢复能力。网络恢复能力是指在网络遭攻击受到损害后,能够对信息安全事件做出应急响应,尽快恢复网络功能的能力,主要包括完整恢复、部分恢复、系统重启和系统替换等。完整恢复是指使系统完全恢复到破坏前的状态;部分恢复是指优先恢复系统的主要部分和关键功能;系统重启是指重新启动整个网络;系统替换是指重新安装软件系统或使用备份系统和备份软件。

(4)防电磁泄漏能力。防电磁泄漏能力主要是指采取硬件屏蔽和抑制设备电磁辐射等技术措施,以及研制新型保密设备和革新装备战技性能等方法,抑制、屏蔽终端设备和传输信道的信息泄露及电磁辐射,以提高网络系统的防护能力。

(5)网络使用管理能力。网络使用管理能力是指通过严格的网络使用管理,确保网络使用的高效性和有序性,主要包括制定完善的规章制度,明确各级使用权限和责任,军用网络不允许连接互联网和民用网,确保操作人员与管理人员政治上绝对可靠,杜绝敌人从内部获取己方情报信息并实施网络攻击等。

值得指出的是,更广泛意义上的网络防御还包括反实体摧毁行动,即对抗敌方摧毁己方网络系统和设备而采用的综合战术行动,主要包括抗常规火力摧毁、抗核生化武器摧毁、抗精确制导武器摧毁和抗新概念武器摧毁等。

6.2.3 发展趋势

从技术和作战运用上讲,网络战主要包括网络进攻和网络防御两大方面,其发展也同样聚焦在以下三大方面上。

(1)网络进攻向电子战方向发展。网络战与电子战的优势和劣势正好可以形成互补,因此产生了一种将网络战同电子战相互融合的新思想,从而促使网络战向电子战方向发展。美军的“舒特”技术和“舒特”系统集中体现了这种发展趋势带来的影响。“舒特”技术是典型的网络战与电子战融合研发的高性能网电攻击技术;“舒特”系统是基于“舒特”技术所研制出的一种新型电子战与网络攻击系统,该系统可使操作人员侵入敌方网络,监控或以系统管理员身份接管敌方传感器。

(2)网络防御向自适应技术方向发展。GIG 的扩展及应用,对军用计算机网络提出了新挑战,使人们努力寻求监控军用计算机网络免受攻击的新技术,以便更好地保护己方军用网络。因此，美军研发了网络监控新技术和网络监控升级程序，其核心支撑技术是自适应技术，即随着战场环境和态势的变化，不断自动地组网重构，以避免原网络遭受攻击。这种网络监控程序已投入使用。

(3)网络防护向软硬结合方向发展。软硬结合的网络防护是取得战场网络信息优势的重要新途径。因此，美国空军制定了一项"公用密钥基础"政策，它不仅是一个程序，而且体现了硬件、软件政策和过程的结合，用于对抗敌方正在增多的网络渗透和恶意邮件的发送，可保障用户更安全地发送和接收电子邮件。

6.3　信息作战

6.3.1　概念及定义

信息作战简称信息战。其最早于 1985 年由美国人提出。1987 年我国学者沈伟光在国内首先使用了这一术语，并在 1990 年出版的《信息战》一书中给出概念性解释。他认为，信息战广义上是指军事集团抢占信息空间和争夺信息资源的战争；狭义上是指战争中交战双方在信息领域的对抗。

美军对于信息战不仅有如上认识，而且已进行严格定义：在军事信息环境中，在确保己方部队可自由地采集、处理信息，并根据所获信息，在各种重要条件下实施的胜敌一筹的、不间断的军事行动。其实，美国各军种对于信息作战是有着不同解释的。例如，美国空军对于信息作战行动仅限于信息的利用，并未包括信息攻击和防御。而美国陆军对于信息战则给出了广泛的定义："在军事信息环境中，为发挥增强和保护己方部队收集、处理信息的能力，对信息采取行动以夺取整个军事作战行动中的优势的连续的军事行动。信息作战行动包括全球信息环境之间的相互作用以及对敌方信息的决策能力的利用与阻断"。同时，美国陆军部的新版信息作战条令规定：信息作战是利用电子战、计算机网络战、心理战、军事欺骗和作战保密的能力，以及相关的专业支援和其他能力，来影响或防护信息和信息系统，以影响指挥决策的作战行动。可见，该条令体现了美国陆军信息作战的新内涵，包括信息作战的核心能力和支援能力各要素，进攻性与防御性信息作战的主要行动及其相互关系，以及陆军部队与联合部队信息作战的相互关联等。权威的美军参谋长联席会议认为："所有的信息作战能力都可以用于进攻和防御作战"，同时强调："心理战是一种信息作战核心能力。心理战对支援联合部队指挥官实现信息作战目标具有重要作用。"可见，信息作战空间已经超越信息领域，拓展到物理、信息基础设施和感知等三个领域的信息内容和信息处理。通常，信息作战并不单独实施，而是在军种作战和多军兵种联合作战中进行。

我军对于信息作战的正确解释是，信息作战亦称信息战，综合运用电子战、网络战、心理战等形式打击或抗击敌方的行动。目的是在网络电磁空间干扰、破坏敌方的信息和信息系统，影响、削弱敌方信息获取、传输、处理、利用和决策能力，保证己方信息系统稳定运行、信息安全和正确决策。主要包括信息作战侦察、信息进攻和信息防御。其中，信息作战侦察就是为获取信息作战情报而进行的侦察，主要包括电子对抗侦察和网络战侦察。信息作战情报的内容范围广泛，主要包括：敌方信息系统和设备的组成、配置、用途、关键节点和主要战技性能及防护措施；敌方信息作战的企图、部署及信息进攻的主要手段和可能行动，以及对己方信息防御的影响。信息进攻又称信息攻击，是使用信息作战装备，干扰、破坏敌方信息和信息系统的行动。其主要包括电子进攻和网络攻击，目的在于影响、削弱敌方信息获取、传递、处理、利用和决策的能力。信息防御又称信息防护，是为保证己方信息系统的稳定运行、信息安全和正确决策而采取的措施及其行动的统称，主要包括电子防御和网络防护。

总之，对于信息战目前普遍的认识是：信息战通常贯穿现代战争全过程，既可独立遂行作战任务，又能协同其他军兵种联合作战；既适用于战时，又适用于平时；信息作战具有鲜明的层次，即分为战略信息作战、战役信息作战和战术信息作战；在信息作战实践中，已形成较完整的信息作战理论体系，成为实施信息战行动和战法的指南。在我军军事理论体系中，对信息作战学的创新是十分突出的。它将信息、信息技术与信息作战理论研究紧密结合，把电子对抗、网络对抗和心理对抗行动融为一体，使其成为研究信息作战规律和指导信息作战实践的军事学科。

6.3.2 作战力量及作战行动

1. 作战力量

信息作战力量，是指在统一企图和指挥下，参加信息作战武器力量的统称，包括进行信息战的人员、武器装备、物资器材等诸多因素。其分类和主要作战武器装备如下：按军兵种结构，分为陆军、海军、空军、火箭军、武警及地方信息作战力量；按规模和层次，分为战略、战役和战术信息作战力量；按毁伤形式，分为信息作战软杀伤与硬杀伤力量；按业务类型，分为专业和非专业信息作战力量。

上述军种信息作战力量主要包括信息侦察、信息预警、信息攻击和信息防御等，并由电子战、网络战、心理战、特种战等兵种组编；战略信息作战力量主要由战略信息作战侦察、卫星对抗、新概念电子武器攻击和战略网络攻击，以及特种信息攻击（广播电视干扰、石墨纤维炸弹干扰和破坏电力系统）等力量构成。新概念电子武器攻击力量主要是由高功率微波武器、高能激光武器、等离子体武器、动能武器和电磁脉冲武器构成；战役信息作战力量主要由战役信息作战侦察力量、战役进攻信息作战力量和战役防护信息作战力量构成。战役信息作战侦察力量主要包括电子对抗侦察飞机、电子对抗侦察船和地面电子对抗、网络战侦察部队等。战役进攻信息作战力量主要由空中信息攻击力量(电子侦察干扰飞机和无人机)、海上信息攻击力量(电子侦察干扰船和角反射艇)、地面大功率信息攻击力量(短波干扰可达第二岛链,可对付敌方航空母舰的部分通信)、反辐射攻击力量、高级电磁脉冲力量、预警机干扰力量、数据链通信干扰力量、网络战力量和战役心理战力量等构成。战役防护信息作战力量主要包括担负重要目标防护任务的地对空干扰力量、GPS干扰力量、精确制导武器防护力量、电子伪装力量,以及担负信息防御的各种力量等。战术信息作战力量主要包括功率相对较小和机动性较强的通信对抗、雷达对抗、光电对抗、无线电引信干扰力量及执行野战防空任务的地对空雷达对抗、光电对抗和电子伪装力量等。信息进攻力量通常包括四种类型的力量:①电子进攻力量,主要是通信干扰、雷达干扰、光电干扰、导航干扰和水声干扰等力量;②网络进攻力量,主要是专业与非专业攻击和特种进攻等力量;③心理战攻击力量,主要是国家、社会和军队的攻击力量;四是实体摧毁力量,主要是火力突击、兵力突击和新概念武器突击等力量。软杀伤信息作战力量也主要包括四种类型:①情报战力量;②电子干扰力量,如雷达、通信、光电和水声干扰;③网络攻击力量,如病毒攻击和黑客渗透等;④心理战攻击力量,如通过电视、广播、印刷品和虚拟现实技术等方法进行心理攻击。硬杀伤信息作战力量主要包括三种类型:①精确和规范火力打击力量;②反辐射攻击力量;③特殊信息战武器[新概念电子武器、激光武器、高能微波武器、粒子束武器和电磁脉冲武器等(刘兴堂等,2018d)]。

2. 作战行动

信息作战行动主要包括四种,即信息作战侦察、信息作战进攻、信息作战防御和信息作战保障。

1)信息作战侦察

信息作战侦察,是指围绕指挥决策和信息作战需要,运用信息作战侦察设备及其他方式,对敌情、己情和战场信息环境等情况进行的侦察行动。信息作战侦察是伴随信息化条件下作战出现的作战行动,既是信息作战不可缺少的组成部分,也是实施作战指挥的必要条件,对于夺取信息作战乃至整个战争胜利都具有重要意义。

为了有效地进行信息作战侦察,通常是运用多种信息侦察手段和侦察方法,如采用整体组网,立体侦测;平战结合,连续侦测;多法并举,综合侦测等战法。

目前,信息作战的侦察行动主要包括电子侦察、网络侦察和心理侦察等行动。其中,电子侦察和网络侦察同前所述,这里仅讲述心理侦察行动。

心理侦察,主要是及时准确地对心理战对象信息的收集,包括敌方国情、军情和敌军心理战状况与装备器材情况等;预测心理战策略产生效果;侦察心理战后实际效果;获得敌方对己方实施心理战的战法、手段和时机等方面的情报资料。心理侦察常采用阅读法、观察法和询问法来实现。

2)信息作战进攻

信息作战进攻，是指运用信息作战攻击战略及其他方式，对敌展开的信息作战行动。信息作战进攻行动是联合作战行动的重要组成部分，也是夺取并保持战场制信息权，进而转化为夺取并保持战场主动权的重要保障。信息作战进攻有多种手段和方法，但主要包括电子进攻(包括电子干扰和电子欺骗)、网络进攻、心理进攻和实体摧毁等综合措施和手段，对敌方信息系统实施主动攻势作战，以削弱、破坏敌方信息系统使用效能，从而影响和破坏敌人的决策过程及与决策过程紧密相关的信息活动。

(1)电子进攻主要包括定向设障、电子遮断、隐形造势和节点破坏等。其中，定向设障是通过在可能被敌侦察的方向上设置干扰屏障，掩护己方目标、人员的安全及其战斗行动；电子遮断是以电子进攻行动，切断敌方与外界的无线电通信联络，并致盲其雷达的侦察，以达到电子封锁的电子战方法；隐形造势和是利用电子伪装和电子佯动等电子欺骗方法，隐蔽己方战役企图、部署和行动，迷惑和调动敌人，造成敌方情报失实，判断和决策失误；节点破坏是集中电子进攻兵力和兵器，对敌电子系统的要害部位(一个或多个节点)，实施电子干扰和火力摧毁，达到瘫痪其系统的目的。为了有效地进行信息作战进攻，通常采取“破墙击要”“毁网断流”“夺点控网”和“断源瘫网”等战法。“破墙击要”就是首先破坏敌指挥控制系统的防火墙，然后运用多种手段对其核心系统实施高强度软、硬攻击，以致瘫痪敌指挥控制系统；“毁网断流”是通过破坏敌网络的完整性和一体性，以达到破坏敌多种入网的作战力量和作战行动之间有效协调的目的；“夺点控网”是通过夺占敌方网络的重要站点，控制敌方部分网络，对敌方网络实施高强度攻击，以造成敌方网络全局或局部混乱；“断源瘫网”是通过攻击支撑敌网络运行的通信、电力和战略、战役纵深的网络及其基础设施，以达到瘫痪敌网络的目的。

(2)网络进攻，是利用网络设备和病毒手段，破坏敌方网络系统功能或正常运行，夺取制网络权的作战，通常包括边界突破、网络控制、阻塞攻击、指令攻击、欺骗攻击、病毒破坏和电磁破坏等。

(3)心理进攻。心理进攻，是针对敌心理和认知领域，运用电子心理战和网络心理战等手段，以及各种宣传方式和传播媒介，散布对敌不利的信息，以动摇敌方部队官兵军心，从心理上摧毁军人意志，使其丧失战斗力，达到“不战而屈人之兵”的目的。其通常包括心理宣传诱导、心理威慑、心理感化和心理欺骗等行动。其中，心理宣传诱导行动主要是指运用电台、电视、印刷品和互联网等传媒工具和手段，在精神上对敌方施加影响，用情感刺激和心理诱导等方法影响其情绪和行为；心理威慑行动是通过战场心战喊话、无线广播、心理战飞机、空飘和海飘等各种方式和渠道进行心理威慑与恐吓，放大敌方对不利战局的忧虑、对死亡和伤痛的恐惧、对艰苦环境的厌恶和对亲人故乡的思念等，有效地造成敌方思想上的混乱和决策上的失误，使其降低或丧失战斗力；心理感化行动是针对目标对象心理弱点，利用传统友谊、血缘亲情、文化渊源和共同利益，对目标对象施加情感刺激，使拉近与其心理距离，引发其沮丧失望情绪，促使其产生厌战、弃战和反战的心理效果；心理欺骗行动，是指利用敌军特别是指挥员的心理弱点和思维误区，欺骗、迷惑敌军，造成其判断、决策和行动的失误。心理作战攻击的手段和机理在于：通过晓之以理、慑之以威、动之以情、骗之以假、离之以间，对目标对象的认知、情感和意志等要素施加影响。其主要战法为攻心宣传、意志瓦解、情感影响、心智诱导和离间策反等。

(4)摧毁信息设施。摧毁信息设施，是使用软打击和硬摧毁手段，破坏敌信息系统或降低其作战效能的正常发挥。这是一种从根本上削弱或破坏敌获取传输、处理和利用信息的手段，通常包括反辐射摧毁和定向能摧毁。其采用集中精锐力量实施高强度软、硬攻击，瘫痪敌信息作战系统，达到破坏结构、釜底抽薪及夺取信息优势的目的和效果。反辐射摧毁主要是指使用反辐射导弹或反辐射无人机等，摧毁敌方电磁辐射源。这种摧毁通常是在己方实施空中打击前，对敌防空系统的预警雷达、引导雷达、目标搜索与指示雷达、地空导弹制导与火炮控制雷达和舰载雷达等，实施压制摧毁，在敌方防空体系中打开缺口，以保证己方空中兵力对预定目标实施突击。定向能摧毁是采用正在研发的新概念武器，包括激光武器、微波武器和粒束武器毁伤目标，如攻击太空卫星平台、弹道导弹、战术导弹及飞机等目标。

3)信息作战防御

信息作战防御，是指保护己方信息和信息系统的各种措施与活动，是信息作战的重要组成部分。其主要体现在信息化条件下的电子防御、网络防御和心理防护三个方面。其中，电子防御包括防电子侦察行动和反电子干扰行动。从技术和战术上讲，防电子侦察行动是抗敌侦察或截获己方电子设备位置与技术参数等信息而综合采取的行动样式，主要包括反通信侦察、反雷达侦察、反光电侦察、反导航侦察和反水声侦察等行动。反通信侦察，是抗敌侦察或截获己方无线电信号综合采取的技术和战术行动，包括跳频通信行动、扩频通信行动、猝发通信行动、检错纠码通信行动、数据交错通信行动、自适应通信行动和信息加密通信行动等，以及实施无线电佯动、无线电通信伪装、控制电台发信时间与频率及功率与方向等；反雷达侦察，是防止敌方截获并利用己方雷达信号而综合采取的战术行动，主要有采用新工作频段和雷达工作体制、采用低旁瓣或超低旁瓣天线、使用结构较复杂的雷达信号，以及伪装方法、欺骗方法和实施电磁屏蔽等；反光电侦察，是反电子侦察行动向光波段的延伸，主要包括伪装示假、有源干扰和施放烟幕等；反导航侦察，是防止己方导航信号被敌方侦获而采用的战术行动，主要包括采用信号保密措施、低截获概率体制导航设备、设置隐蔽频率、严格控制电磁辐射范围及必要时实施无线电静默等；反水声侦察，是防止敌方截获己方水声信号而采取的综合战术行动，主要包括降低辐射源强度和实施噪声隐身等。反电子干扰行动，是对抗敌干扰己方电子设备而采取的综合战术行动，主要包括通信反干扰、雷达反干扰、光电反干扰、导航反干扰和水声反干扰等行动样式。通信反干扰主要包括：①采用强抗干扰通信方法，如数字保密通信、微波接力通信和激光通信等；②采用新的通信体制和技术，如跳频技术和纠错编码技术等；③采用自适应天线、信道和功率等。雷达反干扰主要包括抗干扰电路和新的抗干扰技术等。光电反干扰主要包括多光谱反干扰、成像探测反干扰、复合制导抗干扰及抗干扰电路等。导航反干扰主要采用综合导航和组合导航方式。水声反干扰主要是声呐和鱼雷所采取的反对抗措施。网络防护行动主要包括反网络入侵、反病毒攻击和反网络阻瘫等战术行动。心理防护行动主要包括心理训练、心理监控和反敌心理战等。主要目的是激发官兵斗志，稳定官兵思想，消除敌蛊宣传及严酷战场对己方军心和士气产生的不良影响。反实体摧毁行动，主要包括抗常规火力摧毁、抗核生化武器摧毁、抗精确制导武器摧毁和抗新概念武器摧毁。

4)信息作战保障

信息作战保障，是指为确保信息作战力量安全和遂行作战任务，由信息作战指挥机关统一计划组织的各项保障性行动和措施，通常包括作战保障、后勤保障和装备(技术)保障，是信息作战的重要组成部分。信息作战保障包括侦察情报保障、目标保障、机要保障、通信保障、工程保障、气象水文保障、测绘导航保障、时统保障、伪装保障、交通保障、战场管制、电磁频谱管理、阵地警戒与防卫、对核生化及其他特殊杀伤武器的防护等。

6.4　网络中心战

6.4.1　网络中心战作战理念

从本质上讲，网络中心战新作战理念可概括为：在显著意图和作用于所有力量的范围下，局部力量单元实现全面意图，而且在任务命令下的自同步。这个过程由介入力量的鲁棒性网络能力来激活。也就是说，网络中心战是通过军队各部门(单元)的网络化实现的。

通俗地讲，网络中心战是指利用计算机、通信和网络技术(统称为计算机网络控制)，将分布在整个战场上的所有情报系统、侦察系统、监视系统、指挥控制系统和武器系统连成一个“无缝隙”的信息网络体系，完成“情报搜索-处理-传输-目标打击”的全过程，以提高对战场态势的感知和共享程度，加快指挥决策优化，增强协同作战能力，使信息优势变成作战优势，最大限度地发挥部队整体作战效能。

网络中心战的实质是利用计算机网络控制，实现所有作战力量(包括处于各地的部队和各类武器装备）信息共享，通过一体化指挥、控制、通信、计算机、情报、监视和侦察实时掌握战场态势，加速优化决策，以最小代价和最低风险实施精确打击和有效毁伤，来赢得战争。

从科学发展观讲，网络中心战新作战理念是对机械化战争平台中心战的继承与创新，其显著特征是面向信息，即信息在原有武器平台的基础上越来越发挥出主导性作用，作为对未来战争胜负起关键甚至决定性作用的因素。

重视和强调信息与信息系统在现代战争中的地位与作用，并在组织和进行战斗中优化管理和有效地运用信息和信息系统，是网络中心战的军事学术理念基础。图 6-1 给出了网络中心战的主要内涵及结构模式。

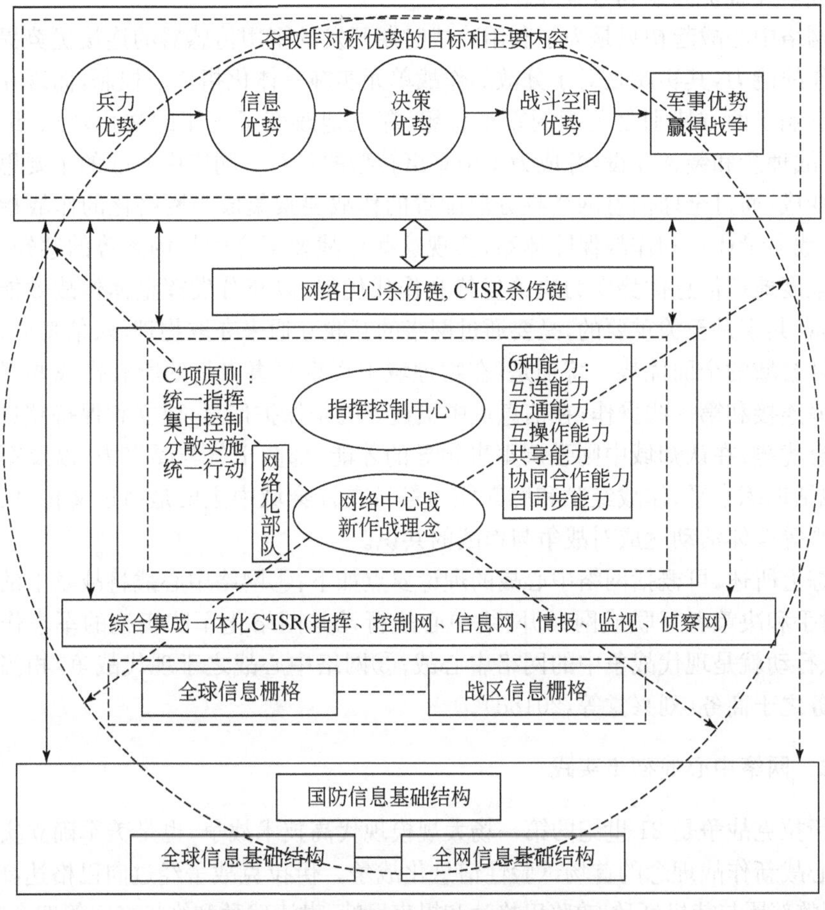

图 6-1　网络中心战的主要内涵及结构模式

网络中心战理念框架包括四种基本能力，即对战争态势理解的能力、在伙伴结盟环境中工作的能力、把握恰当的反应手段的能力和及时谋划反应手段的能力。

此外，该理念框架还突出地表明了，基于信息技术的网络中心战同指挥控制及战争工具的密切关系。

图 6-1 描述了网络中心战的深刻内涵在于：由互联成网的部队所构成的信息化（或网络化）部队，在军事行动中能够充分、有效地利用并发挥系统网络的自我同步，在夺取信息优势、决策优势和作战优势的前提下，使地理上分散部署的战斗部队与各种军队要素构成一个有机综合体，依靠信息使在地球物质空间的物理域、电脑网络空间的信息域和人脑思维空间的认知域的三重空间里渗透融通的潜力，实现近乎实时的快速指挥控制，并实现近程、中程、远程敏捷精确打击；在大量节省军事资源的同时，取得军队总体作战能力大于各个个体单位作战能力总和的效果，为赢得战争并维护国家利益服务。

网络中心战起初只是为了利用冷战时期开发的军用传感器的连接优势提高部队的作战能力，其实质是对于分散的作战单元实施一体化指挥与控制，而现在却极大地影响了西方特别是美国的军事思想，深刻地改变了美军的文化观念、组织结构、作战理念和装备建设，并成为美国军事转型的基石。网络中心战的主要思想目前已变成：通过全球信息网络将分散配置的作战要素集成为网络化的作战指挥体系、作战力量体系和作战保障体系，实现这些作战要素之间战场态势的感知共享，最大限度地把信息优势变为决策优势和作战优势，以充分发挥整体作战效能。这里，信息共享是至关重要的，是要通过网络的互联互通来夺取物理域、信息域、认知域和社会域的全面优势。特别是，在物理域中实现军事力量的所有作战要素的安全无缝连接和第一线操作；在信息域中更重要的是保护信息，建立和保持超过敌方的信息优势；在认知域中则强调军事领导的才能、部队士气与凝聚力，以及军事素质（包括训练水平、作战经验和感知能力等）；在社会域中主要是通过文化、信仰和价值观等群体活动达成对战争与作战的共识。

综上所述，可概括网络中心战的理论要点如下：①网络中心战将战场上的传感器、射手和决策者互联成网；②网络中心战行动是网络化军队实施的军事作战行动，该行动就是现代战争中的网络中心战；③网络中心战之于现代战争，相当于电子商务之于商务（刘兴堂等，2018d）。

6.4.2 网络中心战初步实践

伊拉克战争是 21 世纪的第一场大规模现代高技术战争，也是美军确立实施网络中心战新作战理念的首场试验性信息化战争。伊拉克战争经过向巴格达高速推进、调整部署与待机歼敌、攻陷巴格达和提克里特、肃清残敌和维护稳定等四个阶段。伊拉克战争的结局是美英联军以较小代价达到了推翻萨达姆政权的战略目的。

在伊拉克战争期间，美军 SIPRNET 网在信息管理和支持全球作战行动方面发挥了极其重要的作用。当时，能够访问 SIPRNET 网的联盟伙伴已有英国、澳大利亚等国军队,美国通过 SIPRNET 网来执行其所有的作战计划。事实上,尽管在联盟广域网和 SIPRNET 网之间是互联的,但由于国家安全的需要,国家网络和联盟网络是分开使用的,由此带来的困难造成了很多联盟军官不够满意,而美军因为能够在 SIPRNET 网上自由地浏览信息,很自然是以最高效的方式获得信息,从而使网络的互操作能力在美军舰船之间发挥得更有效。例如,当前的美国第五舰队指挥员在介绍他的航空母舰战斗群使用 SIPRNET 网经验时,将其描述为"知识环球网络"的升级版,包含了军事行动的"地面实况"。又如,一位在美国海军中央司令部总部为伊拉克自由行动从事计划制订工作的澳大利亚联络官所指出,"我所开展的任何工作都是由孤立系统来完成,然后上传到 SIPRNET 网络上,而其他工作所需要的信息由美国军官来下载,并且只传送给他,由海军中央司令部总部持有这种信息,直到计划执行完成"。

伊拉克战争给予人们新的启迪,军队对于驾驭现代高技术战争能力的追求,是以网络中心战新作战理念和军事能力夺取战场信息优势,并将信息优势转化为精确作战优势,对战局的快速有效控制和对战争代价的最小化为目标的。这意味着,通过网络中心战完全可以综合适度地掌握战争的主动权和控制权,从而达到基于战略效果的作战目的。事实上,在这场战争中,美英联军借助先进优势的 C^4ISR 系统的高效运行,利用基于网络中心技术的传感网、交战网和信息网将陆、海、空、天、电、网构成一个有机运转的整体,使联合作战的效能在伊拉克战场上得到充分发挥,从而赢得战争胜利。同时也反映了当今非对称战争中,具有单向透明网络中心战能力或优势的一方终将取胜无疑(刘兴堂等,2018d)。

6.5　现代火力战

6.5.1　概念及特征

1. 概念

现代火力战,是指在系统化条件下的高技术战争中所实施的各类火力作战的统称。进一步讲,现代火力战是高度融合的各军兵种打击力量,依托战斗信息网络在多维域空间对敌作战体系实施的快速、高效、精确、聚能性火力打击行动,是信息化条件下的高技术战争中具有全新作战特征的火力作战样式。

2. 特征

在信息化条件下的高技术战争中,现代火力战作为以火力毁伤综合效能直接实现军事目的的一种重要作战形式,呈现出如下新的特征。①在信息化条件下,发现即摧毁。也就是说,只要目标一经发现就意味着即将被摧毁,已成为现代火力战的一个基本特征,精确制导武器的作战效能就完全反映了这一基本特征。②在信息化条件下,敌对双方在非接触情况下进行的火力搏杀,同样是现代火力战的又一基本特征,现代空袭是该基本特征的最典型体现。③在信息化条件下,现代火力战的作战持续时间高度压缩,作战进程显著加快,时空关系严重“倒装”,从而表现出作战时间在增值,而作战空间在贬值的现象,这也是信息化战争的一个基本规律。④在信息化条件下,现代火力战是在信息主导下,以战场信息网络系统为支撑,运用各军兵种联合打击力量,围绕敌方的作战“重心”,使用远程精确制导武器而实施的超视距“点穴”式打击,充分体现了信息化与高技术的完美结合。⑤在信息化条件下,“只有没有被发现的目标,没有摧毁不了的目标”,是对现代火力战的作用与功能的高度概括。⑥在信息化条件下,能够直接实现战争目的是现代火力战发展的必然趋势,这表明现代火力战仍然是最具威慑力和震撼力的作战形式之一。

6.5.2　类型与样式

现代火力战是同时使用各种高技术火力打击武器,在陆上、海上、水下、空中乃至太空中进行的多维立体火力对抗活动,已经形成各种类型作战样式。

1. 基本类型

现代火力战基本类型,是对现代火力战的基本分类。按火力空间,现代火力战可分为地面火力战、海上火力战、水下火力战、空中火力战和太空火力战。

2. 主要样式

现代火力战主要样式是对上述现代火力战基本类型的具体区分。随着信息化条件下现代战争对现代火力战的广泛运用,火力战的样式也在不断变化和更新,从而呈现出许多独特、新颖的火力战作战样式。其主要样式可归结如下(刘兴堂等,2018d)。

(1)火力袭击战。火力袭击战,是指综合运用各种现代火力,趁敌方不备之机实施急速火力突击,通过运用火力突击达到釜底抽薪和断敌中枢之功效。因此,火力袭击战的主要对象通常是敌方的野战阵地、高技术综合作战平台、指挥中心、战略工程,以及纵深内的重要军事、政治和经济目标等。

(2)火力强击战。火力强击战是指以火力对有预防或准备之敌实施集中、急速和猛烈的强行火力打击,具有高度毁伤的火力作战。炮火强击、航空火力强击及舰船火力强击等都是传统火力强击战的主要手段;在信息化条件下的高技术战争中,实施导弹和精确制导炸弹等精确打击是火力强击战的新手段,并成为一种独立的现代火力战样式。

(3)火力封锁战。火力封锁是以火力对某一地区或目标实施的封锁，目的是限制敌方的行动或切断其对外相互之间的联系，包括地面、空中和海上火力封锁。火力封锁战，是指地面、海上、水中、空中的各种打击兵器，为达到某些军事、政治和经济目的，以火力打击为主要打击手段，严密控制和封闭某一区域或目标，限制敌方行动，断绝其补给和外援所组织的作战行动。现代科学技术特别是信息技术、精确制导技术、计算机控制技术与网络技术在战争中的应用，火力反应的自动化、作用距离的远程化、打击的精确化及运用的综合化等，给火力封锁战的发展及应用提供了良好的机遇和条件，使得火力封锁战不仅可以达到军事目的，甚至可以直接达到政治和经济目的。因此，火力封锁战已经成为信息化条件下的高技术战争中不可缺少的现代火力战的作战样式之一。

(4)火力反击战。火力反击战是防御中使用火力对发起攻击之敌实施突击。通常，火力反击战是指集中各种火力打击兵器，抓住有利战机，对实施火力突击的敌方以火力进行还击的行动。随着高技术兵器的不断涌现、射程的增加和威力的增强，独立地进行火力反击战已成为可能。在现代火力战中，火力反击战作为一种重要的作战样式，具有削弱敌方军事实力和战争潜力的重大军事价值。

(5)闪电战。我国古代军事家孙武就曾提出:“兵贵胜，不贵久”“兵久而国利者，未之有也。”意思是用兵之道在于“速决”。后来，许多著名的军事家进行了继承和发展，并赋予了新的内涵。例如，第二次世界大战初期，德国用“机械化闪击战”，以惊人的速度闪击波兰，侵占丹麦、挪威等国，并以迅雷不及掩耳之势兵临莫斯科城下。而在反攻阶段，盟国军队同样以“机械化闪击战”横扫了整个欧洲。实践证明，闪击战要求运用最好的战争准备，进行突然袭击，以大量快速部队和新式武器闪电般地实施极其强大的首次突击，从而摧毁敌方的抵抗能力。闪电战分为兵力闪击战和火力闪击战。在信息化条件下的高技术战争中，由于战场趋于透明或半透明，兵力闪击战相对难度较大，而火力打击速度明显加快，并可实施超视距和非接触的远程精确打击。因此，火力闪击战已成为现代火力战的又一重要作战样式，广泛用于现代高技术局部战争。

(6)失能火力战。20 世纪 80 年代以来，随着军事高技术的涌现并迅速互用于军事，在常规武器迅速发展的同时，具有新杀伤机理的新概念武器悄然出现，促成了失能火力战应运而生。前面已经讲过，新概念武器是相对于传统武器而言的，是工作原理、毁伤机理和作战运用方式与传统武器有显著不同的各类高技术武器的统称。它可以大幅提高作战效能和效费比，也可以理解为采用新思想、新理念、新技术、新材料、新结构和新工艺研发的，在高技术武器体系中能够发挥战斗力倍增器作用的创新性武器装备群。这类武器已在信息化条件下的高技术战争中发挥了超常的作战效能，并给战争形态和作战样式带来革命性变化。新概念武器的种类和品目很多，但迄今主要有定向能武器、动能武器、非致命性武器、环境武器、生物武器、基因武器、新机械武器、新概念弹药和纳米武器等。这些新杀伤机理武器,虽然不能有效地毁伤人员或装备,但却能使其人或设备失去作战能力,达到制服敌方的目的。因此,把主要通过利用新概念武器,将一定的光学、声学和电子学或化学能量转化,使目标丧失原有功能和失去战斗力,从而达到战争目的所进行的高技术作战方式称为失效(或失能)火力战,或称为新概念火力战。失能火力战是人类战争史上既先进又文明的现代火力战作战样式,具有最广阔的发展前景,它必将在未来的"零伤亡战争"中占有重要的一席之地。

(7)无人火力战。20 世纪 70 年代以来,人类社会逐渐进入信息时代,以信息技术为核心的军事高技术迅猛发展,为无人作战平台和无人武器装备(如无人机、陆地机器人、无人潜水器、无人装甲车辆及智能化弹药等)的发展和应用奠定了坚实的理论基础。可以预料,未来作战将尽可能采用无人作战平台和无人武器系统甚至由机器人组成一体无人部队,以避免作战人员直接介入高风险火力战斗,无人火力战也终将成为未来高技术战场上的主要现代火力战样式。到那时,很多作战行动将会由无人系统去替代,智能火力打击将成为现代火力战的又一支新秀(刘兴堂等,2018d)。

6.6 现代特种战

6.6.1 概念及定义

特种战,就是为达到特定作战目的,由特种部队或临时赋予特殊作战任务的其他部队进行的非正规作战。

特种作战思想由来已久。它总是同特种作战部队联系在一起,而一提到特种作战部队人们就会联想到第二次世界大战时期的英国"哥曼德"、美国的"绿色贝雷帽"等。

特种部队最早起源于英国。第二次世界大战初期,英国由海军和海军陆战队的精锐部队组建成立了世界上第一支特种部队;接着,美国也在第二次世界大战期间组建了名为"绿色贝雷帽"的特种部队;苏联继英国、美国之后,在第二次世界大战期间组织了一支被西方称为"第三力量"的特种部队。目前,世界上许多国家都拥有特种部队,这些特殊部队组织都十分精干、训练有素、任务特殊多变、行动神出鬼没和实战能力极强,具有超常的机动能力和渗透能力,被西方分析家视为仅次于核力量和常规战略力量的"第三力量"。它们在第二次世界大战中屡建奇功;在冷战时期能直接完成特殊任务;在几次高技术局部战争中发挥了重大作用;在反恐怖、打击走私、缉毒和维和行动中大显身手,创造出许许多多的神话般的奇迹。

纵观现代战争和武装冲突,常规大兵团作战的宏大场面已越来越少,而非正规的特种作战在一些战场上悄然崛起,正以崭新的面貌出现在现代战争的舞台上(郭明,2013)。

6.6.2　特种作战特点、分类与任务

1. 特种作战特点

特种战争发展十分强劲，充分显示出它在信息化条件下军队作战中的一些新特点。

(1)特种作战规模已由战术、战役层次向战略层次扩展，特种作战已发展成关系全局，可直接达到战略目的，有时甚至能赢得一场战争，阿富汗战争就是最典型的战例。

(2)特种作战编组日趋合成化、立体化，可以实施陆、海、空全方位“多面”作战。

(3)特种作战能够集中掌控、力量精干、任务多样，且形式多种多样、不拘一格、软硬兼施、巧战智胜，可达成不同作战目的，效果极佳。

(4)特种作战通常环境复杂，保障困难。

(5)特种作战表现出明显的联合趋势，与常规部队一体，同多军兵种达成无缝连接。

因此，特种作战在现代战争中起着不可替代的作用，特种作战部队的建设是赢得未来战争胜利至关重要的保障。

2. 特种作战分类

特种作战有多种分类，按作战力量，可分为联合特种作战与军种特种作战。前者是在联合指挥机构的统一指挥下，由两个以上军种的作战力量共同实施的特种作战；后者通常是由单一军种组织实施的特种作战。按作战目的，其可分为战略特种作战、战役特种作战和战术特种作战。按作战样式及其他条件，其可分为热带山丘丛林地特种作战、严寒地区特种作战、荒漠草原地特种作战、山地特种作战、岛屿特种作战和城市特种作战等。按作战空间，其可分为陆上特种作战、海上特种作战和边境地区特种作战等。

3. 特种作战任务

特种作战任务，是指作战所要达成的基本目标，对于不同军队有着不同的作战任务。例如，美军的特种作战任务共有九项：①反大规模杀伤性武器；②反恐怖主义；③协助防御；④特别侦察；⑤直接行动；⑥心理战行动；⑦民间事务行动；⑧非常规作战；⑨信息作战。又如，俄军的特种作战任务主要有三项：①对敌方战略目标实施特别侦察；②占领和破坏敌方重要目标；③在敌后进行颠覆活动和实施心理战。此外，英国、法国、德国、意大利和以色列等国的特种作战部队都有自己所规定的特种作战任务，如英军特种部队除担任特种作战任务外，还将负责应付各种突发

事件和担负特种干预任务(包括国际维和行动、解救人质、反武器禁运、反毒品走私、反偷渡、反恐怖活动、反暴乱、抢险救灾,以及保证国家元首出访安全和重要国际会议安全等)。

总之,世界范围内的特种部队所担负的典型特种作战任务具有如下基本特点:①任务复杂多样;②任务性质特殊;③任务作用重要。

6.6.3 特种作战力量及行动

1. 特种作战力量

特种作战力量,是遂行特种作战的主体,通常由特种部队和临时赋予特殊任务的其他部队构成。其中,特种部队是专门担负敌后侦察、作战和其他特殊任务的部队,是战略、战役指挥员直接掌控和使用的特殊作战力量,具有独立作战能力强、反应速度快、查打一体化和以奇制胜等突出特点,尤其具备遂行特殊任务的能力。

实质上,特种作战力量就是一支由特种部队组成的特殊战斗力量,其特殊性主要表现在四个方面,即人员特殊、装备特殊、训练特殊和能力特殊。人员特殊是指他们都是各国军队中的精英,能够胜任常人所不能胜任的特殊任务。装备特殊是指特种部队的武器装备多数是专门研制和装配的,甚至是最现代化的智能武器。训练特殊主要体现在用特殊的训练方式和训练内容,使特种部队人人身怀绝技、信念坚定、意志顽强,表现出在担负特殊使命和特殊作战环境下很强的特战能力。能力特殊是指特种部队必须具备超强的作战能力,如美军认为特种部队应具备九种能力:①具有快速组织、快速调动和最恰当的反应能力;②能够进入敌方严密控制区;③能进行自我安全保护和受伤救护;④能使用独特装备进行世界通信联络;⑤能够独自在艰苦、恶劣环境下生活;⑥能收集、评估当地局势并迅速报告;⑦能与东道主国家的军队政府及群众保持密切联系;⑧能在当地建立组织并解决当地问题;⑨与常规部队相比,其行动费用低、代价少和影响小。

总之,特种部队的能力应包括特种渗透能力、特种生存能力、特种袭击能力、持续作战能力和特种机动能力等。

2. 特种作战行动

特种作战的典型作战行动有很多种,包括特种侦察、引导打击、破袭作战、夺控目标、营救行动、袭扰作战、搜捕围剿、网络破坏、心理攻击和反恐行动等。

特种侦察,就是特种部队使用先进侦察装备和手段,对敌实施侦察和监视,获取或查实敌方的能力、意图和行动等有关情报,以及特定地区的气象、水文或地理特征等资料。特种侦察实际是对用一般侦察手段和方法难以或无法获取的敌重要目标实施侦察,查明目标位置、数量和状况等,是对其他侦察力量侦察活动的补充。

其主要任务是为指挥决策、部队行动和特种作战行动提供军事情报。引导打击，是特种部队使用特种技术手段(如数据引导、激光引导和信号引导等)引导远程奔袭兵器、机动作战兵力和信息作战力量等，对敌重要目标实施精确打击。破袭作战，是特种部队以突然袭击方式对敌重要目标和要害部位实施破坏和摧毁。这些重要目标主要包括敌方的指挥控制系统、主战武器系统、交通运输系统、补给系统及其他重要目标(如军政要员住所、办公重地、隐蔽地和战场特殊目标等)。夺控目标，是特种部队夺取并控制有主要价值、对作战全局有重大影响的要害目标，包括敌军政目标、重要交通枢纽、战略战役要点和重要民生目标等。营救行动，是特种部队对身陷困境的我方重要人员和落入敌方的重要装备、文件和物资等特定对象所实施的救援行动。袭扰作战，是特种部队采用袭击、破坏、欺骗和佯动等方法，在敌后纵深或敌后方实施的扰乱作战行动，其主要任务是：消耗和疲惫敌人、牵制和迷惑敌人及调动和打击敌人，为其他作战行动提供条件。搜捕围剿，是特种部队对特定地区进行搜索，以期抓捕或剿灭溃散隐蔽之敌的作战行动。其搜捕围剿主要对象包括敌军政要员、恐怖分子、退却和遣散残敌等。网络破坏，是特种部队通过对敌网络系统实施破坏，干扰敌方网络系统的运行，进而影响其正常工作和作战应用等，支援和配合其他行动的一种作战行动。网络破坏的主要目标是：敌指挥系统、信息化武器系统和有战争潜力的民用信息系统等，其采取的主要破坏手段和方法为网络干扰、网络摧毁和网络欺骗。心理攻击，是指特种部队通过宣传、引诱、恐吓和欺骗等方法或手段，从精神和心理上打击和瓦解敌人的作战行动。心理攻击在现代战争中显得越来越重要，如在海湾战争中，美国陆军心理战特遣队和空军心理战营均发挥了骨干力量，他们的主要任务和作用有：①扰乱敌指挥员心智；②削弱敌方抵抗意志；③瓦解敌方民心士气等。反恐行动，是特种部队为防范、制止恐怖活动、打击恐怖组织和打击恐怖分子所实施的作战行动，包括解救人质、武力打击恐怖分子、平息叛乱、排险除暴和特种警卫等(郭明，2013)。

6.7 空间作战

6.7.1 概述

20 世纪 50 年代以来，航天技术的飞速发展将人类领入全新的太空时代，随之而来的是围绕“太空或空间”这个战略核心，争夺宇宙霸权的斗争。随着太空军事化脚步的不断加快，太空对抗日益激烈。早在 20 世纪 60 年代初，美国前总统肯尼迪就明确指出：“争夺宇宙霸权是未来 10 年的主要内容。哪一个国家能控制宇宙，它就能控制地球。”此后几十年间，世界发达国家尤其是军事强国展开了空间资源开发利用、军事航天技术及应用、太空军事理论及空间作战运用等大问题的研究、探索与实践。最近几次的高技术局部战争表明，谁是军事航天的强者，谁就是战场的王者；空间优势在谁手中，谁就握有战争主动权。因此，空间作战力量、空间武器装备、空间作战指挥和空间信息化系统等，正在成为信息化条件下高技术战争不可缺少的基本要素和信息化条件下作战的重要支撑。截至目前，空间作战已贯穿现代战争和各种作战样式的全过程，对战争胜负发挥着极其关键的作用。

6.7.2 相关概念

1. 空间

通常，人们把地球海平面 100km 以上的大气层之外的广阔宇宙空间，称为“空间”，又称“太空”“外空”，简称天。并将其分为三类：距地球表面 100～40000km 为近地空间；距地球表面 40000～384000km 为远地空间；距地球表面 384000km 以外为星际空间。在航空和航天领域内人们还将近地空间中距地表 20～100km 高度内的空间称为临近空间，又称近太空、近空间或空天过渡区等；地球大气层内的空间称为“空”，大气层外的空间称为“天”。除航天飞机和空天飞机外，一般飞机只能在大气层内飞行，故称为航空，而载人、不载人的航天器在地球大气层外的航天活动称为航天。

2. 空间作战

空间作战概念，最早出现于 1971 年美国空军颁布的 AFM1-1 号条令中。该条令认为，空间作战是指包括空间控制、力量加强和空间支援等在内的一系列作战行动。2000 年 1 月美军参谋长联席会议拟定的《联合条令——空间作战的战术、技术和程序(草案)》，定义空间作战为：包括空间战斗(含空间控制和力量运用)、战斗保障(主要指力量加强)、空间支援(包括航天器发射、在轨维护等)在内的一系列作战行动或军事活动。俄军将空间作战界定为：利用空间力量支援己方武装部队顺利遂行作战任务，以及与敌方在外层空间进行攻防对抗等一系列军事行动。我军则认为：空间作战就是太空战，亦称为天战或外层空间战，以军事航天力量为主，在外层空间进行对抗的活动，包括外层空间的攻防行动，以及外层空间与空中、地面、海上之间的攻防行动。

综上所述，空间作战是敌对双方主要在空间进行的军事对抗活动。其实质是，敌对双方以空间力量为主要作战力量，以空间为主要战场，为争夺、保持和利用制天权而进行的一系列作战行动。

3. 空间作战学

随着空间作战实践的快速发展以及研究成果的日益丰富，空间作战理论已逐步形成体系,并催生出空间作战学,成为研究空间作战规律和指导空间作战准备与实施的学科。它主要包括空间作战的基本概念、基本规律、基本原理和基本法则等理论基础,用于揭示空间作战规律、探索空间作战指导规律和预测空间作战发展趋势。空间作战学是一门独立而综合的学科,其理论体系包括基础理论、技术理论和应用理论,涉及动力学、系统学、航空航天学、控制论、信息论、新材料技术、信息技术、人工智能技术和生物技术等诸多现代先进理论、技术及应用。该学科同战略学、战役学、战术学、联合作战学、作战指导学、作战环境学、军事信息学、军事航天学、军队建设学和武器装备学等均有着极其密切的关系。在空间作战研究中,常采用的主要方法有系统研究法、战例研究法、比较研究法、理论借鉴法、模拟实验法及演习检验法等(刘兴堂等,2018d)。

6.7.3　作战力量与任务

1. 作战力量

空间作战力量是以航天部队(天军或太空军)为主体,以军事航天系统为骨干,以其他空间力量为辅助,主要在外层空间从事各种军事行动的作战力量。空间作战力量主要由航天发射与回收部队、航天测控部队、空间飞行战斗部队、战略导弹部队、地面防天部队及空间勤务部队等构成。由空间作战力量的构成可清楚地看出,空间作战力量在现代战争和未来战争中的地位和作用将越来越重要。

(1)航天发射部队与航天回收部队。航天发射部队,是指执行航天器发射任务,运送航天员、武器装备和作战物资的部队。其主要任务包括技术阵地测试、转运与吊装、系统检查测试、燃料加注和实放发射等。航天发射部队必须具备一定的机动能力和应急发射能力。航天回收部队,是指执行搜寻、运送返回式航天器及保障航天员完成任务后返回地面基地任务的部队。

(2)航天测控部队。航天测控部队由航天控制中心和若干配置有跟踪测量、遥控和遥测设备的航天测控站(包括测量船和测量飞机)组成。航天控制中心通过测控通信网与各测控站构成综合一体,即航天测控网。航天测控网依据测控对象不同分为三类:卫星测控网、载人航天测控网和深空网。航天测控部队借助航天测控网完成的任务有:①跟踪、测量运载火箭、航天器的飞行轨迹,获取各分系统的工作状态和工作环境,对数据处理进行分析、判断,为改进航天器设计提供科学依据;②完成实时控制或程序控制,使航天器达到预定轨道和得到所需姿态,根据需要改变航天器轨道、飞行程序和工作状态;③接收航天器的部分探测数据、航天员生理状态遥测信息和电视图像录音信息等,航天控制中心记录、显示和处理这些信息,并与载人航天器成员通信联络,供实时和事后分析使用;④对应用卫星(如舰载、测地和侦察卫星)由测控网向用户提供准确的卫星位置、轨道数据和相应的时间数据，作为应用数据处理的基准信息。因此，航天测控部队必须具有多任务、实时测控的能力。

(3)空间飞行战斗部队。空间飞行战斗部队，是指在空间利用航天飞机、空天飞机和空间站等航天器，执行各种空间作战任务及相关支援保障任务的部队。空间飞行战斗部队，必须具有高度主观能动性和应变能力。其主要作战任务有空间侦察、空间作战、对地球表面攻击等。

(4)战略导弹部队。战略导弹部队，一般是指射程在中、远和洲际以上的战略导弹部队和战略巡航导弹部队。弹道导弹的主弹道通常在外层空间，其弹头经过太空再进入大气层攻击目标；战略巡航导弹一般为飞行高度在临近空间的超音速巡航导弹。弹道导弹部队使用火箭投送弹药对敌方战略目标实施远程打击，具有核打击和常规打击两种作战能力。

(5)地面防天部队。地面防天部队，主要由空间预警监视部队、地对天打击部队及勤务和技术保障部队组成。其主要作战职能为预警和打击。其攻击的主要目标是敌方低轨道上的航天器和来袭弹道导弹。其主要攻击方式有：①采用高速碰撞方式，利用地基、海基和空基反航天器导弹攻击敌方航天器；②采用激光照射直接摧毁方式，利用地基、海基和空基激光武器攻击敌方航天器；③采用欺骗和干扰等软杀伤手段，运用信息对抗手段攻击敌方航天器。

(6)空间勤务部队，主要由技术支援保障、后勤服务保障和安全保障等辅助机构和部队组成。技术支援保障部队，主要为航天系统提供气象、测绘、通信和信息应用管理等相关技术支援保障；后勤服务保障部队，主要对航天器的维修、管理、材料、燃料、作战人员衣食住行及有关工程建设负责；安全保障部队，主要负责航天系统地面基地安全，执行警卫、防护、机动、伪装和掩护等保障任务。

此外，空间作战力量的人员构成，主要包括指挥、参谋、专家、技术及服务人员等5种。

与其他作战力量相比，空间作战力量是一支典型的高技术力量，具有构成复杂、投资巨大、高风险和高效费比的突出特点。其具体表现为：①有六种部队、五种人员，构成了一个复杂结构体系；②人力、物力、财力和科技力的高水平，使其经济代价十分昂贵。

值得指出的是，虽然发展和建设空间作战力量耗费巨大，但效费比却很高。例如，虽然美国的“阿波罗”登月计划耗资达250亿美元，但却产生了2000亿美元的经济效益，带动了500多项高技术发明，并衍生出3000多项重大技术成果，为后来的美国军、民工业和科技优势奠定了坚实基础。

2. 作战任务

空间作战层次高，无论是战役行动或战术行动都将关乎战略问题，故总是以世界战略格局和军事发展形势为背景，以军事斗争全局为确定作战任务或类型的谋划重点，并采用"积极防御、全维一体、重点制天"的指导思想和基本方针。因此，空间作战任务通常可概括为进入空间、利用空间和控制空间三大部分。进入空间，是指为完成军事任务，实施的发射航天器到预定轨道、安全操控在轨航天器及服务和回收航天器等一系列航天活动。发展进入空间的能力主要通过以下三个方面来实现：①航天发射；②航天器在轨安全操控；③航天器在轨服务和回收。利用空间，是指发挥空间作战对于海、陆、空联合作战的支援和保障作用。这包括侦察监视、导弹预警、通信中继、导航定位、气象观测和大地测绘等信息支援与保障。例如，在科索沃战争中，美军70％以上的战场通信、80％以上的战场侦察监视、100％的气象保障、98％的精确打击武器制导定位信息和对战场通信信号的24小时侦听任务均是由空间作战力量完成的。目前，对于利用空间的任务可归结为以下六大方面：侦察监视、导弹预警、通信中继、导航定位、气象观测、大地测绘；控制空间是夺取制天权的重要保障。制天权，就是对一定空间区域的控制权。夺取制天权直接关系到现代战争的胜负。一般，控制空间有以下三项主要任务：①提高航天器在遇到干扰、破坏或摧毁攻击时的生存能力；②必要时对敌方存在威胁的在轨航天器或应用系统实施干扰、破坏或摧毁；③直接以天基武器支援地面作战，特别是攻击敌纵深战略性节点目标。完成上述控制空间的方法很多，但主要是空间封锁、空间攻击和空间防御等三种。

俄军规定了空间作战的14项基本任务，即打击（地面目标）、拦截（航天器）、侦察、通信、电子对抗、预警、测地、气象、搜索救援、控制、核爆炸探测、导航、辐射探测和运输等。我军认为，虽然空间作战任务颇多，但以夺取、保持和利用制天权为主要作战任务，且未来空间作战任务仍将主要体现在以下两大方面：①夺取和保持制天权；②利用制天权与其他军兵种密切配合，共同完成联合作战任务（刘兴堂等，2018d）。

6.7.4　作战类型及样式

1. 基本作战类型

美国国防部明确指出，空间作战有以下四种作战类型：①进攻性反空间作战，即对敌实施主动攻击，削弱、破坏和摧毁敌方的空间力量；②防御性反空间作战，即采用主动防御和被动防御确保美国空间力量免遭敌方攻击或干扰；③对地攻击作战，即使用航天装备对敌方空中或地面重要目标实施攻击；④力量加强作战，即以空间侦察、导弹预警、导弹定位和空间通信等系统增援陆、海、空等作战力量为目的的作战行动。

值得指出的是，上述空间作战类型充分反映了前述空间作战任务，并同当前的空间作战行动完全一致，即从太空为陆、海、空等作战力量提供侦察监视、导弹预警、通信中继、导航定位、气象观测和大地测绘等信息支援保障的作战行动，以及利用陆基、海基、空基武器平台对敌方航天器实施攻击行动等。

2. 主要作战样式

现阶段，空间作战主要有以下两种形态：①从太空为陆地、海上、空中作战提供军事支援；②从陆地、海上、空中对敌方航天器实施攻击行动。随着航天技术和信息技术的快速发展，航天器在太空展开直接对抗将成为可能。

目前，空间作战样式有多种分类：按交战空间，分为“天-天对抗”“天-地对抗”和“天地一体对抗”；按攻防性质，分为空间支援作战、空间进攻作战和空间防御作战；按使用兵器，分为导弹战、卫星战和航天器战；按运用层次，分为战略空间战、战役空间战和战术空间战；按任务和目的，分为空间威慑、空间封锁、空间突击、空间防御和空间信息支援等作战（刘兴堂等，2018d）。

1)空间威慑作战

空间威慑，是指以强大的空间力量为后盾，通过威胁使用或实施空间力量来震慑和遏制敌方的军事行动。空间威慑的主要行动是空间力量显示、空间军事演习、空间力量部署和空间震慑打击等。

2)空间封锁作战

空间封锁，是指空间力量单独或在其他军兵种支援配合下，为阻止敌方空间力量进入空间和轨道机动及与地面系统交换信息而实施的作战行动。在信息化条件下的高技术战争作战和未来作战中，空间封锁作战是夺取制天权的基本样式，将贯穿空间作战的全过程。空间封锁作战通常有四种主要行动，即航天基地封锁、轨道封锁、发射通道封锁和信息封锁。

3)空间突击作战

空间突击作战，是指运用空间力量在其他军兵种支援配合下，对敌海、陆、空和太空目标实施突击的作战行动。进攻性是空间突击作战的根本属性。随着航天技术和空间武器装备的发展及大量投入使用，空间突击作战将显得更加重要。空间突击作战的主要行动有多种分类，按层次，可分为战略、战役和战术突击作战；按参加力量，可分为独立、联合突击作战；按交战空间，可分为攻击敌航天器和太空对地面突击作战。

攻击敌航天器是空间突击作战的主要行动，也是夺取和保持制天权的重心，其可采用多种方法和手段：①使用定向能武器实施攻击；②运用动能武器实施攻击；③采用航天飞机、载人飞船或空间站来捕获敌航天器；④使用太空雷达或反卫星雷达实施攻击；⑤使用软杀伤致敌航天器失效等。太空对地面突击作战行动具有空间“制高点”优势，掌握了制天权就拥有了陆、海、空战场的行动自由权，即战争主动权。

太空对地面突击作战行动有“天-地”和“地-天-地”两种突击方式。其中，“天-地”式突击，是指使用天基武器从太空攻击敌地面目标的作战行动；“地-天-地”式突击，是指使用轨道轰炸武器、载人飞船、航天飞机和空天飞机等所载武器经过太空摧毁敌地面目标的作战行动，这种突击方式将是太空对地面突击的主要方式。

4)空间防御作战

空间防御作战，是指为防止敌空间力量的突击和弹道导弹的攻击，而采取的各种主动措施、被动措施和行动的统称。其目的在于保障己方空间力量的重要战略目标(包括政治、经济和军事等重要目标)的安全。空间防御作战是空间力量担负的主要任务，其主要行动是反导作战、航天器防卫作战和航天基地防卫作战三种。其中，反导作战就是使用陆基、海基、空基反导武器拦截并摧毁敌方来袭的战略、战役和战术弹道导弹，从而使己方重要目标免遭敌导弹攻击的作战行动。目前，美国、俄罗斯、日本和以色列等国均建立了不同规模的反导系统，特别是美国的 NMD 已进入实战部署阶段。为了提高拦截成功率，其实施了分段多层拦截，包括助推段拦截、中段拦截和再入段拦截。这三个拦截行动环环相扣，构成了一个有机的层层拦截态势，从而提高了反导作战效能。

航天器防卫作战可综合运用隐蔽伪装、多星组网、结构加固、机动规避和轨道抗击等多种方式。其中，隐蔽伪装，是运用先进的隐形和变形伪装技术，隐蔽航天器的性质和降低航天器的可探测性，从而提高其生存能力。多星组网，就是利用多个结构简单、功能单一和造价低廉的微小卫星实现组网，以代替单个结构复杂、功能多样和造价昂贵的大型卫星。这样一来，一是可提高卫星应用网络体系的整体功能；二是能够有效抗击敌方反卫星武器的攻击。结构加固，就是对航天器的外部结构和表面进行加固，以抵御定向能和动能反航天器武器的攻击。机动规避，就是及时、迅速地改变航天器运行轨道，以躲避敌方反航天器武器的攻击。轨道抗击，就是利用天基定向能武器、动能武器对威胁己方航天器安全的目标实施打击。

航天基地防卫作战，是一种包括对空、对天防御作战和地面、海上防卫作战在内的综合性作战行动。进行航天基地防卫作战是由于航天基地既是空间系统的基础部分，又是国家的重要战略目标，对空间作战至关重要。

5)空间信息支援作战

空间信息支援作战，是指利用空间信息保障力量，从太空为陆、海、空等作战力量提供侦察监视、导弹预警、通信中继、导航定位、气象观测和大地测绘等信息支援与保障的作战行动。最近几次高技术局部战争的实践证明，空间信息支援已成为提高作战效能的“倍增器”，是夺取战场主动权的重要依托和根本保证。根据任务不同，空间信息支援作战主要有以下六种作战行动。

(1)空间侦察监视。空间侦察监视，是指利用空间侦察卫星和目标监视系统，对战场上的各种目标进行侦察、监视和跟踪，以获取重要作战信息的作战行动。目前,世界军事强国的70%以上战略情报来自空间侦察监视。美军空间侦察监视提供的军事情报信息高达90%以上。空间侦察监视主要包括遥感侦察和电子侦察。前者利用卫星上装备的可见光、红外和微波等遥感器对地面和海上目标摄像或观测,以获取图像情报;后者利用卫星上装备的无线电接收机和无线电设备等,侦察和截获敌无线电信号,以获取电磁情报。

(2)空间导弹预警。空间导弹预警,是指利用空间导弹预警系统,从空间探测、发现和跟踪敌方导弹的发射与飞行,及早发出导弹来袭警报,预测其弹道和落点的作战行动。

(3)空间通信中继。空间通信中继,是指利用通信卫星作为通信“中继站”,为各种固定或移动通信终端进行信息传递和信息转发的作战行动。空间通信中继将成为信息化条件下作战平台最主要的通信中继方式。

(4)空间导航定位。空间导航定位,是指利用卫星导航定位系统,发布导航信号和导航电文,为各军兵种部队和武器系统,以及低运行于低地球轨道上的航天器提供全天候实时的精确导航定位与授时服务的作战行动。目前,世界上运行的空间导航定位系统主要有美国的GPS系统、俄罗斯的GLONASS系统、欧洲的“伽利略”系统和中国的北斗卫星导航系统。

(5)空间气象观测。空间气象观测,是指利用气象卫星观测与预测系统,以太空对地球表面进行气象观测的作战行动。空间气象观测系统按照其运行轨道,分为太阳同步轨道气象观测系统和地球静止轨道气象观测系统。

(6)空间大地测绘。空间大地测绘,是指利用卫星测绘系统,对地球重力分布、地球磁场分布、地球形状及地球表面的地理信息实施测绘的作战行动。空间大地测绘对于提高作战指挥精确度和远程弹道导弹的命中精度均至关重要。

6.7.5 作战实践

迄今,真正意义上的外层空间战或“天战”尚未出现,其仅作为陆、海、空联合作战的重要组成部分,发挥着空间信息支援、保障和太空直接攻击的关键作用。

空间作战的实践运用和它的发展历程是完全同步的,同样分为三个阶段:初期、中期和近期。

初期的空间作战处于美国和苏联对抗的冷战时期,是以空间信息支援与保障为特征的空间作战。其代表性的实践运用主要表现在古巴导弹危机、中东战争和马岛战争等。

中期的空间作战实践主要体现在1991年以来的海湾战争、波黑战争、科索沃战争等几场高技术局部战争中。

近期的空间作战主要包括在阿富汗战争和伊拉克战争中的实践。

第 7 章　现代战争的主要作战形式

本章将重点论述现代战争中的主要作战形式，包括联合作战、体系作战及精确作战等的概念、思想、作战特点、发展、指挥控制和保障等，还将从战略层面上研讨空天一体信息作战、空地一体战、空海一体战和基于效果作战等。

7.1　联合作战

7.1.1　联合作战概念及相关概念

1. 联合作战概念

联合作战概念由来已久，而且早有诸家之说。古代就有一定规模的联合作战行动，公元前 6 世纪波斯帝国对希腊的海、陆协同攻击、公元前 480 年希腊抗击入侵的波斯军队所实施的陆、海军联合作战，以及我国三国时期的吴蜀联合抗曹都是古代联合作战萌芽的例证；到了近代，18 世纪中叶西方工业革命所促成的陆战场与海战场的更紧密联合，使近代多军种联合作战成为可能；到了现代，第二次工业革命后出现了西方多国联合与俄国争夺巴尔干半岛控制权的战争，战争中各国首次运用了现代爆炸性炮弹、铁甲船和电报等最新工业革命的科技成果。更准确地说，现代说中的两个以上军种的联合作战开始运用于第一次世界大战期间。当然，理论上的现代联合作战概念要更早一些，美军 1920 年的首本联合作战条令《陆军和海军的联合行动》中，首次提出了现代联合作战概念。后来，理论研究和作战实践使人们对联合作战的认识不断发展和深化，并使其应用范畴大大扩展。

1985 年美军《作战术语与标号》明确说明，联合作战是美国武装部队的两个或两个以上军种实施的一次作战行动；1993 年又修改为美国军队两个或两个以上军种的统一军事行动；2011 年版《联合作战纲要》则指出，联合作战是对由联合部队或按照指挥关系进行运用的军种部队实施的军事行动的统称。这是对现代联合作战最简洁的定义。

俄军认为，联合作战是由作战中起主导作用的军种军团指挥员统一指挥，由两个以上军种部队共同实施的战役。

我军对现代联合作战概念的明确界定为，两个以上军兵种或两支以上军队的作战力量，在联合指挥机构统一指挥下共同实施的作战。

2. 几个重要相关概念

(1)联合战役。两个以上军种(含火箭军)作战力量共同组成的战役军团,在联合战役指挥机构的统一指挥下进行的战役称为联合战役。按类型,其分为联合进攻战役和联合防御战役;按规模,其分为战区(大型)联合战役、战区(中型)方向联合战役、集团军级(小型)联合战役。

(2)联合战斗。联合战斗是指两个以上军种的战术兵团、部队和分队在联合指挥机构的统一指挥下共同进行的战斗。

(3)联军作战。联军作战是指两个以上国家、地区和政治集团的军队共同实施的作战。

(4)信息化条件下联合作战。在信息化条件下,联合作战已发展成一种具有普遍意义的作战理念和诸军兵种部队的基本作战形式。这就是依托信息系统,使用具有一定信息化水平的武器装备及相应的作战方法进行的作战,是与信息化条件下局部战争相适应的作战形式,即现代战争作战的基本形式。其主要特征是:作战力量具有一定的信息化水平,信息化武器装备还未占主导地位;作战体系有一定的信息系统作支撑,信息系统功能还不够全面、完善;临时协同作战能力显著增强,按计划协同作战仍占主导地位;发展趋势是一体化联合作战。

(5)一体化联合作战。一体化联合作战是指依托网络化信息系统,使用信息化武器装备及相应的作战方法,在陆、海、空、天、电、网等空间域及认知领域进行整体联动的作战,是与信息化战争相适应的基本作战形式。其主要特征是:①联合作战力量结构的一体化,即军兵种作战力量之间实现一体化、军兵种内部实现一体化和作战部队联合化;②联合作战力量模块化,其基本模块包括情报信息单元、指挥控制单元、火力打击单元和综合保障单元等;③联合作战力量多能高效。其主要呈现的是一支具有不同使用范围和不同功能的多样化部队;是一支具有既能遂行作战任务,又可遂行非战争军事任务、既能打核生化战争,又能打常规战争并既能进行高、中、低强度战争,又能处置其他突发事件的部队(谭亚东,2013)。

7.1.2　联合作战思想

联合作战思想,是关于联合作战基本问题的理性认识。如联合作战的组织与实施的指导思想和基本原则等。其中,联合作战指导思想是指导联合作战行动的基本观点;联合作战基本原则是组织与实施联合作战必须遵循的基本准则,也是联合作战指导思想的具体化。

可见,联合作战思想、联合作战指导思想和联合作战基本原则,是联合作战理论中处于不同层次和包含不同内容的三个概念,也是联合作战理论体系的核心。

联合作战思想随着国家战略方针转变、战争实践需要和武器装备发展,在以信息技术为核心的军事高技术进步的推动下，从萌芽到成型再到成熟。历史上的“海权论”“制空权”“闪击战”“空地一体战”“空海一体战”和“快速决定性作战”等理论与实践都对联合作战思想的发展起到了重要的促进作用。“歼灭战”“整体作战”和“体系破击战”等理论与实践，是形成我军联合作战指导思想的基础。新时期，战略任务重心转移，战略方针发生了变化——把军事斗争准备基点放在打赢现代高技术条件下的局部战争上，这种变化以及作战力量的强化与调整，对具有我军特色的联合作战指导思想的提出和确立起到了决定性的作用。在这种联合作战思想的指导下，我军提出，优化军种比例，重点裁减陆军，发展其他军种，并特别注重发展各军兵种的“撒手锏”装备。陆军重点提高空地一体、远程机动、快速突击和特种作战能力；海军重点提高第一岛链内、近海综合作战能力，增强核威慑、常威慑和反击能力，并逐步发展远海防卫作战能力；空军重点提高空中进攻、信息作战、防空反导、战略投送能力；火箭军加快新一代武器装备的换型建设，着重提高战略核导弹的突防能力，提高常规导弹部队的远程精确打击、综合毁伤能力，增强部队的生存、防护能力。

联合作战基本原则是联合作战行动基本规律和指导规律的反映和联合作战指导思想的具体体现。美军传统“九大”军事原则即目标明确、强调进攻、集中兵力、节省兵力、实施机动、统一指挥、保障安全、出敌不意和简明扼要。我军从战役和战斗两个层面上综合考虑，提出了现代联合作战的十条原则，即知彼知己，科学预见；统筹全局，充分准备；集中精锐，打敌要害；隐蔽突然，出敌不意；力争主动，控制战场；积极进攻，攻防结合；打好首战，连续作战；统一指挥，密切协同；整体重点，精确保障；加强政治工作，发挥政治优势。

7.1.3　联合作战的内涵、特点及特征

1. 联合作战的内涵

这里的联合作战是指现代联合作战。综合美国、俄罗斯、中国等国家军队对联合作战的共识和现代战争的实践，可进一步深入认识到现代联合作战的本质内涵：①联合作战由两个以上军兵种或两支以上军队的力量参加，在联合指挥机构的统一下实施；②联合作战可分为战略、战役和战斗三个层次，通常为战役以上层次；③实施联合作战的主体是两个以上军兵种或两支以上军队作战力量，以及战略支援保障力量；④联合作战基于快速、准确信息流制胜，通过发挥整体优势，以较小代价获得最佳战果；⑤以发展的眼光看，联合作战的现实方位是信息化条件下的联合作战，而一体化联合作战是未来信息化战争的基本作战形式；⑥信息化条件下的联合作战和一体化联合作战是体系与体系的对抗，它们的本质特点是基于信息系统的体系作战。

2. 联合作战的特点

联合作战思想经历了萌芽、发展和完善等发展阶段，目前已具有以下三个方面的显著特点。①具有基础理论体系和超前性。这有待在战争实践中继续验证。如美军在伊拉克战争中，汲取了传统闪击战的理论精华，在保留“快”特点的同时，又加入了“准”的元素，从而在精确联合作战中，创新出“精确闪击战”，丰富发展了传统闪击战理论。②具有强有力的牵引性。联合作战思想刺激了美国海军的大力发展。在发展海军时，美国以“海权论”为理论根据和基本指导，在建设本国联合作战力量和对外扩张的牵引下，使美国海军成为有史以来世界上最庞大的武装力量。③具有可变性。随着人们对联合作战思想和战争实践的认识越来越深入，联合作战思想也在不断发生变化，从而促使人们不断探索和发展联合作战新的规律和特点，联合作战思想也将随着时间的推移，在信息化条件下不断充实和完善，更好地适应未来信息化战争的新需要。

3. 联合作战的基本特征

联合作战除具有上述三个显著特点外，通常还呈现出如下基本特征。①力量构成呈现多元一体化特征。联合作战力量一般由陆军、海军、空军和火箭军（或天军）等各军兵种力量，以及武装力量、太空力量战略层级的信息化作战力量和特种作战力量等组成。总体上讲，各参战力量的地位为平等关系，呈现出多元一体化特征。②作战空间更具多维性。各军兵种参战力量在总体上地位是平等的，所以联合作战不仅依赖陆、海、空和天有形作战空间的相互融合，同时对网、电、信息及认知等无形作战空间的依赖更大，从而呈现出作战空间更具多维性特征。③作战行动更具多样性。联合作战是在多维空间和复杂战场环境下实施的各军兵种共同作战，所以其作战类型和作战样式必然是多样的，且各种作战类型和作战样式是紧密结合的。它包括陆战、海战、空战、太空战、空袭反空袭、封锁反封锁、登陆反登陆、机动反机动、空降反空降、信息火力战、电子战、网络战、特种战及心理战等。④指挥与协同更具复杂性。联合作战中的作战力量多元性、战场空间多维性和作战行动多样性，以及作战体系复杂性，决定了它的指挥与协调更具复杂性。因此，联合作战的指挥和控制从技术角度讲，既复杂又关键。⑤保障任务更具艰巨性。联合作战力量多元、空间多维、行动多样、指挥复杂，再加之武器装备技术含量高，因此使战场保障技术要求更高、保障内容繁多且保障任务异常艰巨。⑥作战更加融合一体，具有实现网络化与内聚式或一体化联合作战的明显趋势。网络化的综合信息系统可将作战体系内的所有作战要素、作战单元和作战系统有效地联通并共享，使原来联系不够紧密的各军兵力量融合成一个控制严密、反应灵敏和释能精确的有机整体；体系内部又通过完善的机制和规则，大幅提高侦察预警、指挥控制、综合保障等系统的集成化和一体化程度，使体系对体系对抗能力呈指数增长。联合作战编成内的各种力量依托网络形成全方位互补，从而实现高效、精确释放体系作战效能。⑦作战空间领域更加趋于多维立体。随着联合作战力量和对抗手段的不断发展，新型网电和认知空间迅速拓展，且这些空间领域的作用权重不断增大，联合作战的制胜将更加依赖于夺取和保持新型无形空间领域的控制权，对抗双方的交战区域既呈现出如多维立体的特征，又存在于无形与传统物理（有形）空间之间的更密切关联，从而使联合作战的对抗范围越加多维广泛。⑧作战行动更趋于有序联动，以真正实现以“行动为中心”取代“以计划为中心”。信息化条件下的现代战争是基于战略效果的联合作战，故使得战前危机处置和主要行动后的稳定恢复越来越重要。以网络化的信息系统融合的高效作战体系，使部队对态势感知、情况判断、决策优化和作战行动形成近乎实时的快速循环，且行动范围将向开战前延伸并向主要行动结束后拓展，从而实现全维度有序联动作战（马平等，2013）。

7.1.4　联合作战的形成与发展

1. 联合作战的形成

联合作战是在由机械化战争向信息化战争过渡中出现的一种新的作战方式，是从合同作战发展演变而来的，其形成是以下因素共同作用的结果。

（1）军事技术的发展及运用是联合作战形成的重要基础。军事技术特别是信息技术的发展及运用，一方面推动了武器装备的进步，使新型高科技武器装备不断大量涌现；另一方面使军队作战能力大幅提高，包括陆、海、空，甚至太空作战能力。

（2）军队装备长足进步，军队作战力量及其结构的变化是联合作战形成的重要条件。军队装备的不断改进和快速发展，使陆军由步兵和伞兵发展为装甲兵、坦克兵、工程兵、通信兵、空降兵和炮兵等；海军由帆船兵扩大为装甲舰队、输送舰队、海岸炮兵甚至后来的潜艇部队、巡洋舰队、航空母舰战斗群和陆战队等；空军发展得更快，有航空兵、雷达兵、通信兵、电子对抗兵和地空导弹兵等。陆、海、空三军的独立作战能力和协同作战能力不断攀升，为联合作战创造了重要条件。

（3）军事变革构成了联合作战必不可少的重要因素。军事变革直接影响着战争形态的演变，从而促进作战形式的转变，海、陆、空作战力量的增强和相互支援，为联合作战提供了充分条件和必不可少的三军联合作战因素，使联合作战的需求和规模越来越大。

（4）联合作战理论和实践的长足发展，使联合作战成为可能。创新的联合作战理论包括空地一体作战理论、空天一体作战理论、海空一体作战理论及一体化联合作战理论等。在这些理论的指导下，美军率先进行的多次战争实践，使联合作战的可能变成了现实。

(5)信息化作战反映了各军兵种联合作战的需求和规律性。信息化战争形态的出现，使高技术兵器尤其是信息化武器装备在战场上得到广泛应用，现代战场范围也由陆、海、空三维立体空间迅速扩展至外层空间、电磁空间、网络空间和认知空间等领域，从而带来了作战方式、作战指挥、作战保障和作战效果等方面的深刻需求和规律性变化：在复杂信息化战场上，作战方式为多维一体化联合作战；作战指挥为各军兵种高度融合的自动化指挥控制；作战保障呈现出集中式综合保障；武器装备的运用呈现出远程投送、快速机动、精确打击和实时高效的作战效果。

2. 联合作战的发展

联合作战的发展是军事科学技术不断进步和战争形态长期演进的必然结果，经历了逐渐变化、日趋完善，由协同性联合作战向一体化联合作战转变的过程。这种发展大体可划分为三个阶段，即现代联合作战的“三部曲”：过渡(或萌芽)阶段——外联式联合作战；初级阶段——内联式联合作战；成熟阶段——内融式联合作战。

(1)外联式联合作战，就是不同军兵种之间通过外在信息网络进行联系的联合作战。20世纪80年代以来，信息技术的发展速度明显加快，信息在军事领域的运用日益广泛，极大地冲击着传统的合同作战的思想和方式，其中，最显著的是信息网络技术的应用，战场日趋“透明”，从而为各军兵种实施联合作战创造了重要条件，加之武器装备的信息化程度不断提升，互联与互通能力增强，使精确作战成为可能。随着军事网络化信息系统的快速发展，作战力量开始使用信息技术改造各军兵种武器装备和作战单元，使构成联合作战体系成为可能。此外，联合作战理论和实战经验的指挥，为军队实现联合作战奠定了一些物质基础，具备了外联式联合作战的能力与条件。海湾战争是美国进行外联式联合作战的探索和尝试，基本上实现了“联得上、合得成”，其实质是一种“形联力合”的力量结构，其作战能量的释放是各个局部能量的叠加，仍然体现着合同性联合作战的本质。这时，三军指挥自动化系统不能互联互通，空中和地面部队之间的有关部队位置和行动的战术通信能力不足等问题，使地面和空中部队之间的协调一直受到影响；系统综合较差，不能提供准确的情报和作战毁伤的评估数据。探测预警、指挥控制和情报处理速度太慢；综合识别能力不够，空中和地面都存在敌我识别能力不足等问题。即使如此，美军在海湾战争中仍获得了外联式联合作战的高效指挥和统一行动的优势，从而取得了战争的胜利。

(2)内联式联合作战，就是不同军兵种之间通过自身信息网进行联系的联合作战。其显著特点是在各层、各级和各军兵种都建立了指挥控制系统，但未改变当前的作战体制，而仅将信息化的指挥机制嵌入现有的指挥体制中。即信息链路将各作战单元连接起来，形成了各部队、各兵种和各类装备综合功能的局部网络系统，在一定范围内提高了部队联合作战的一体化水平，基本摆脱了协同性联合作战的阻碍。20 世纪 90 年代中期以来，空间技术特别是卫星技术的发展，尤其是美军 C^4ISR 系统的长足进步与应用，从根本上改变了现有的作战方式。在伊拉克战争中，美军借助综合电子信息化、C^4ISR 系统和全球信息栅格，通过联合的计划网、数据网和跟踪网，形成了三层一体化的指挥控制网络体系。这种体系在战场发挥了如下突出作用：①为作战提供了联合情报的保障能力；②提供了一体化的战场信息实时传输能力；③提供了一定战场态势的共享能力；④提供了一定的同步作战的能力。但是，这时各种专用网和局域网的网络信息系统，集成速度还不够高，无法完全弥补各军兵种之间的“缝隙”。因此，尚需进一步强化“形联”，以达成“力聚”。同时，必须在建立 C^4ISR 系统的基础上，通过如下技术措施真正实现综合电子信息系统的全方位、全天候和全时空的一体化指挥控制功能：①转变观念，用信息管理观念来指导、指挥自动化系统建设；②对信息系统提出准确无误、及时完善、安全灵活、可靠廉价和互操作要求；③明确指挥自动化系统发展的目标是，能在任何时间、任何地点接收融合的影像和真实战场空间图像，并在纵向与横向发布命令，做出响应和协同，满足指战员在战场空间的任何需求；④完善“软环境”，即完善电子信息系统的体系结构、统一标准及框架等。

(3)内融式联合作战是基于信息网络系统及将各军兵种作战力量融为一体的联合作战，是信息化条件下真正意义上的联合作战。这时，众多的作战系统实现了综合集成，从传感器到射手之间，各武器系统之间、各军兵种作战部队之间和各类战场之间均实现了无缝连接，形成了网络化的联合作战大系统。

联合作战的发展常以“一个碗里的三个鸡蛋”来形象地比喻。第一阶段，是将三个完整的鸡蛋放在一个盘子里联合，这是一种表面上的联合，实际上是多军兵种之间各自为战的松散联合作战，缺乏相互融合；第二阶段，是将三个打开的鸡蛋放在一个盘子里的联合，这时参战各兵种已相互有一定的融合，但融合程度远远不够，其核心部分仍然是相互独立、各自为战的；第三阶段，是将三个打开的鸡蛋放在一个盘子里，并将搅拌后的鸡蛋联合，这时各参战力量相互间已经完全融合为一体，你中有我，我中有你，达到一体化程度，真正实现了一体化联合作战，所以真正意义上的联合作战是一体化联合作战。一体化联合作战已成为当前和未来战争的主要作战形式(马平等，2013)。

7.1.5　联合作战力量及战场形态

1. 联合作战力量

作战力量是任何战争的主体。它主宰着战场，决定着作战方式、方法，行动样式，武器装备的发展以及军队体系的变革，是联合作战产生与发展的根本动因。联合作战力量是联合作战的物质基础，在一定程度上反映了联合作战水平的高低，对于夺取联合作战的胜利，起决定性的作用。

联合作战力量的构成，是指遂行联合作战所需的总体力量在来源、性质、结构和功能等方面的基本要素组成。对于联合作战力量的构成，可以从如下不同角度去认识。①从各军兵种和相关力量看，联合作战力量包括陆军作战力量、海军作战力量、空军作战力量和火箭军作战力量、武装警察部队作战力量和民兵作战力量等。前四种是联合作战的骨干力量，后两种是联合作战的必要补充力量。这些力量紧密联系，统一计划、统一部署、统一指挥和统一行动，构成了联合作战力量的整体。②从各参战力量的关系看，联合作战力量分为陆、海、空、天硬作战有形物理力量和网电、信息、认知和心理软作战无形虚拟力量。这些力量既各自独立平行行动，又相互配合和相互依存，共同平等地构成统一的作战整体。③从构成力量的能动作用看，联合作战力量可简洁地由人和武器装备构成。人是作战力量的首要因素，也是最具能动作用的决定性因素；而武器装备是作战力量的重要因素，人若离开武器装备，就不能称为武装力量。现代战场上的对抗实质上是敌对双方的人和武器的整体对抗，即人一机对抗。④从作战力量的系统构成看，联合作战力量是一个复杂的综合系统，主要由作战要素、作战单元和作战系统三部分构成。该系统具有情报侦察、预警探测、指挥控制、联合打击、全维防护及综合保障等作战效能，是一个基于信息系统的整体联合作战力量。在战场上由联合指挥机构实施统一指挥，可保障联合作战系统进行实时、精确地控制，实现整个作战体系高效运转和作战行动高度一致，并最终赢得战争。

综上所述，联合作战力量是指参战的军队及其武器装备。各军兵种及其配备的武器装备是联合作战力量的基础。通常，军种分为陆军、海军、空军和火箭军部队，有些国家军队还编制有太空军，又称“天军”；兵种较多，主要包括步兵、装甲兵、坦克兵、炮兵、工程兵、通信兵、防化兵（或生化兵）、侦察兵、航空兵、空降兵、陆战兵、雷达兵、舰艇部队、潜艇部队、铁道兵、岸防兵及特种部队和电子对抗兵等。

2. 联合作战战场形态

战场形态，是指交战双方作战涉及的空间领域表现出来的战场构成状态。联合作战战场形态可由陆、海、空、天、电、网、认知及心理等多维域战场构成，但在实际作战中，受作战目的或其他原因的限制往往只涉及几维域战场而不是全维域战场，这样便造成了联合作战有不同的战场形态。最近几次的高技术战争表明，实际的联合作战战场形态通常由基本战场和可能战场共同构成。基本战场是指在任何一次联合作战中必不可少的战场；可能战场是指一次联合作战中按照作战目的、作战任务所可能涉及的战场。通常，空、天、电、网战场被认为是联合作战的基本战场,而陆、海战场为可能战场。其原因为以下三方面:①现代战场和未来战场都离不开电磁网络战场,如侦察反侦察、干扰反干扰、通信对抗、雷达对抗和网络攻防等一系列信息作战行动主要是在网、电战场展开的,这些电磁、网络行动不仅渗透于其他战场空间领域,而且贯穿作战全过程,直接影响和决定着战局;②现代战场和未来战场的作战都必须有空中战场,它不仅是现代战争的主战场,而且将成为未来战争的重要支撑;③太空战场既是现代战场的制高点,又是未来战场不可缺少的重要部分,同时凭借太空优势可实施有效的不对称联合作战,快速达到作战目的。当然,也有人认为陆、空、电、网战场为现代联合作战的基本战场,而海、天战场为可能战场。其主要理由为以下两方面:①联合作战已成为现代作战的基本形式,并广泛用于信息化条件下的高技术局部战争,鉴于多数国家目前或在一个较长时期内很难开发太空,更缺乏太空武器装备,因此不可能涉及太空战场;②目前陆战场仍然是其他战场的依托,并与空战场、海战场紧密相连,故陆战场是可以作为基本战场的。

此外,从对抗角度看,联合作战战场形态主要由联合前方交战战场、联合信息对抗战场、联合纵深突击战场和联合后方战场等四部分呈现出来。

综上所述,现代联合作战战场是海、陆、空、天、电、网和认知为一体的多维立体、全方位、全天时的体系对抗战场。其中,陆、海、空、天战场属有形战场,通常称为物理战场,是联合作战战场的重要组成部分和关键所在;电、网和认知战场属无形战场,或称虚拟战场,既是联合作战战场的重要支撑,又是其灵魂所在,对现代信息化战争的进程和结局的影响越来越大。随着战争形态的发展和变化,战场环境越来越复杂,其复杂性主要来自复杂的电磁环境、网络环境和认知环境,它们对于战争制胜的影响越来越大,已渗透并作用于联合作战的各个阶段,甚至战前、战后和整个时空领域,成为夺取战场主动权的关键所在,并在一定程度上决定着战争的进程与结局(刘兴堂等,2018d)。

7.1.6　联合作战样式

20 世纪 70 年代以来,军事高技术特别是信息技术的迅猛发展及应用,极大地推动了武器装备更新换代和军队信息化转型,从而强烈地冲击着人类战争形态和作战方式由机械化向信息化加速演进,越来越浓厚的信息化战争色彩和各种新型作战样式不断涌现,如电子战、网络战、指挥控制战、网络中心战、现代火力战和现代特种战,特别是信息化条件下的联合作战已展现在人们面前。

目前,信息化条件下的联合作战已由协同式走向多维一体的信息化联合作战。其主要样式有岛屿封锁与反封锁作战、岛屿进攻作战、登陆与反登陆作战、空袭与反空袭作战及联合特种作战等。

7.1.7 联合作战指挥、协同、保障与后勤保障

1. 联合作战指挥

联合作战指挥，是联合作战指挥员及其指挥机关为达到联合作战目的，依托网络化指挥信息系统，对编成内的作战力量实施的组织领导活动。这种指挥是联合作战的中枢，起着在作战力量上“合”和作战行动上“联”的重要作用。

在信息化条件下，联合作战指挥既不同于传统的合同作战指挥，又区别于未来一体化联合作战指挥，有着独特的鲜明时代特色。①指挥决策的政治性和政策性更加突出。在其指挥上必须服从战略决策层面的战略指导、符合作战政治目的及满足政策规定。②指挥关系的静态建立和动态维系更加复杂。复杂性主要是由指挥主体和对象的活动空间立体、多维和战场环境复杂、多变引起的。③指挥活动更加依赖指挥信息系统。随着信息技术的快速发展及其在指挥领域的广泛应用，信息系统对复杂信息的采集、处理和传输已远超出人脑，从而为联合作战指挥提供了最有力的支持。④指挥对抗更加激烈。重瘫敌方指挥系统已成联合作战中软、硬杀伤的重中之重，故作战双方指挥系统的生存与运行的对抗空前的严重及激烈。

上述信息化条件下的联合作战指挥的鲜明时代特色，对指挥提出了新的要求，这就是所谓的“五个必须”，即必须集智谋划指挥、必须缩短指挥周期、必须把握指挥重点、必须实施精确指挥和必须加强指挥保障。

上述对联合作战指挥的新要求是依托联合作战指挥系统实现的。这里主要包括建立联合作战指挥机构和科学编成及研发和运用联合作战指挥信息系统。通常，联合作战指挥机构构建为三级模式，即战略级、战区联合级和战区方向级联合作战指挥机构。目前，不少军事强国还创立了联合战略、联合战役和联合战斗三级联合作战指挥机构。对于联合作战指挥机构进行科学合理的编成编组，是顺利实施指挥的重要保障。编成编组没有固定的模式，以适应信息化作战中扁平、精干和有效、快捷指挥为原则。联合作战指挥信息系统，是指以计算机网络为核心，融指挥控制、侦察情报、预警探测、通信、信息对抗、机要、信息保障及战效评估系统为一体，并连接信息化主战武器系统的军事信息系统。其已经成为联合作战的中枢、各参战部分的“黏合剂”和战斗力的“倍增器”。

2. 联合作战协同

联合作战协同，是指参加联合作战的各种力量按照统一计划进行的协调配合。其目的是实现各类参战力量的优势互补、战场空间上相互照应、作战时间上紧密衔接、作战行动上密切配合和作战效果的充分利用。因此，在某种意义上讲，没有协同就没有联合作战。实际上，联合作战重在协同、难在协同，尤其是对于信息化条

件下的联合作战的协同要求更高、难度更大。

对于信息化条件下的联合作战协同的要求，主要有如下几个方面。①整体协同。整体协同是指联合作战指挥员及其指挥机关着眼全局，依据作战总任务，对参战的各种力量、作战样式及各个战场和方向上的行动，实施全过程的宏观调控，使作战力量形成整体合力。②重点协同。重点协同是指联合作战指挥员及其指挥机关，重点搞好起主导作用的军兵种、主要战场和方向、关键作战行动、重要阶段及关键时节的协同。③主动协同。主动协同是指参加联合作战的各种力量，无论在何种情况下，均应围绕统一的作战目的和总的作战任务积极配合、密切协同。④精确协同。精确协同是指联合作战的指挥员及其指挥机关，应精确、细致地组织各种参战力量的作战协同。⑤灵活协同。灵活协同是指联合作战指挥员及其指挥机关，在战场情况发生意想不到的变化时，应审时度势、灵活变通，保持协同的稳定性和连续性。⑥发扬民主。发扬民主是指联合作战指挥员及其指挥机关在组织协同时，只要时间允许，就必须征求和听取各部门和各军兵种的意见和建议，充分考虑各参战力量的作战特点和要求，反复协商，力求达成一致。

在联合作战中，需要协同的内容是很多的，但主要是联合作战力量间的协同、联合作战战场（方向）间的协同、联合作战阶段间的协同和作战与保障间的协同等，且各种力量在行动上的协调配合是联合作战协同的核心内容。

除上述协同要求和内容外，联合作战协同的方式和方法也是相当重要的。其中，协同方式主要包括计划协同和随机协同。计划协同，是指依据预先制订的协同计划组织实施的协同；随机协同是针对作战过程中各种突发性、意外的战场情况，对军兵种部队的作战行动随机地进行调整。在联合作战中，通常以计划协同为主，辅之以随机协同。随着信息化的发展，随机协同将越来越重要。因此，必须高度重视随机协同。通常，联合作战的协同方法有四种，即按作战任务协同、按作战阶段协同、按作战时间协同和按作战区域（空域）协同。从学术技术角度讲，联合作战协同的方法有五种，即计划协同法、随机协同法、目标协同法、自主协同法和互动协同法。此外，还有人认为联合作战协同方法只有两种，即报告法和批示法。

3. 联合作战保障和后勤保障

自有战争以来，作战就离不开综合保障。中国古代兵书上早有“军无辎重则亡，无粮食则亡，无委积则亡”之说。现代作战更是呈现出“主要打保障”“打政治军事仗”的特点。随着战争形态的演进，在信息化条件下的高技术局部战争中，综合保障的内容越来越多、要求越来越高、地位越来越重要和作用越来越重大。

1）联合作战保障

联合作战保障具有不同于传统作战保障的时代特点。①作战保障广、内容多，这主要是由联合作战参战力量的多元和作战战场的多维所导致的。尤其是联合作战的作战内容十分庞杂，包括侦察情报、通信、目标、机要、电磁频谱、工程伪装、交通、核生化防护、气象水文、测绘和战场管理等多个领域。②作战保障与作战行动彼此渗透、高度融合。在联合作战中，作战保障既是作战的条件和前提，又是作战行动的重要组成部分，使作战保障与作战行动趋向融合，且在联合作战中不少作战保障的新装备已具有保障和作战双重功能。③作战保障的技术性、时效性强，精确性要求高。这是由信息化条件下的联合作战在主战力量上呈现出明显高技术特征所决定的。④作战保障能力对抗异常激烈。精打要害和破击体系是联合作战的重要思想，作战保障贯穿实现这一重要思想的“侦、控、打、评”各个环节，故精确、高效的作战保障已成为联合作战的重要支撑，是联合作战体系中不可缺少的重要组成部分，作战保障能力对抗越来越严峻，甚至异常激烈。

如上所述，联合作战保障内容非常庞杂，但主要包括通用作战保障和专项作战保障两大类。其中，通用作战保障大体有 11 项，即侦察情报保障、目标保障、通信保障、机要保障、电磁频谱保障、气象水文保障、测绘导航保障、工程保障、伪装核生化防护、交通保障和战场管理等；专项作战保障分为海军、空军和火箭军。对于海军主要有航海保障、防险救生保障和防御保障；对于空军主要有领航保障、航行管理制、机场安全保障；对于火箭军主要有导弹旅作战阵地保障和诸元计算保障等。

2)联合作战后勤保障

联合作战后勤保障是联合作战的重要支撑，同样是联合作战行动的重要组成部分。

联合作战后勤保障的基本任务是统一组织使用联合作战编成内、上级强加和地方动员的后勤力量，实施经费、物资、卫勤、交通运输和基建营房保障，通过为参战人员、机构和装备的作战行动提供物质与技术支持，保持和提高各军兵种作战力量的作战能力，保障联合作战的顺利实施，所以联合作战后勤保障内容可表现为两种不同形式，即按组织实施联合作战后勤保障和按联合作战各专业实施联合作战后勤保障。

联合作战后勤保障是区别于传统作战后勤保障更重要的新理念，联合作战后勤保障包括一体后勤理念、精确后勤理念、速度后勤理念、聚焦后勤理念及感知与响应后勤理念。一体后勤理念就是整体保障，即“三军一体合力保障”的思想。这主要体现在：①各军兵后勤整体化；②军地后勤整体化；③后勤与作战整体化；④陆、海、空、天保障整体化；⑤后勤组织指挥整体化。精确后勤理念实质上是 20 世纪 80 年代美军提出的“精确保障”概念，其核心思想是充分运用以信息技术为核心的军事高技术手段，在最大限度地节约后勤资源的情况下，精细、准确地提供联合作战物质技术保障。速度后勤理念，即突出提高后勤保障效率，核心是以速度换时间、以速度换数量，构建精干、高效的速度型后勤。聚焦后勤理念是美军在《2010 年联合构想》中提出的联合作战四项原则之一。后来在《2020 年联合构想》中，聚焦后勤理念被上升为作战思想，是指将信息、后勤和运输技术融为一体，以便对危机做出迅速反应，跟踪并转移甚至包括在途中的人员与物资，为战略、战役和战术级军事行动提供特编的后勤部队和直接保障。感知与响应后勤理念是在“聚焦后勤”理论基础上提出的，其核心内容是：后勤是网络中心战的一部分，后勤要与作战实现一体化、网络化和信息化。

此外，还有联合作战后勤保障方式，或称后勤保障法。当前的主要后勤保障方式包括：①按建制保障和区域保障；②固定保障与机动保障；③集中保障与分散保障；④逐级保障与越级保障；⑤定点保障与伴随保障。从发展的眼光看，未来的联合作战后勤保障方式可能如下几种：①一体化保障；②网络式保障；③配送式保障；④分离式保障；⑤直达式保障等(刘兴堂等，2018d)。

7.2　体系作战

7.2.1　体系作战的概念、内涵及特点

1. 体系作战的概念

近年来，一向主导战争的机械化战争形态随着信息与信息技术与日俱增地影响，在悄然地改变，一个概念新颖、外貌独特、以信息为主导、以信息技术系统为支撑和以体系对抗为主要特征的信息化条件下的体系作战登上了高技术战争的舞台。

体系作战是指信息化条件下的体系作战，是作战体系发展到高级阶段的产物，只有在信息化战争条件下，才可能出现真正意义上的体系作战。作战体系是一个庞大、复杂、多层次的自适应系统，属复杂巨系统范畴，是由相互联系、相互作用和交叉影响的若干作战要素、作战单元和作战系统，按照一定的结构综合集成，并按照相应的制胜机理实施运作的有机整体。其中，作战要素主要包括战场感知、指挥控制、战场机动，火力打击、信息对抗、综合保障、综合防护和“三战”(心理战、舆论战和法律战)等；作战单元是由多个作战要素构成、能独立遂行作战任务和便于进行模块化编组的基本作战单位，主要包括突击单元、指挥单元、火力单元和保障单元四大类；作战系统本质上是一个相当庞大而复杂的技术系统，由多种元素或组分组成，其元素或组分是海量和超大规模的，其元素或组分的系统结构和关系乂异常复杂，且系统的整体性在多维时空中不断演化。现代作战系统是一个开放的复杂巨系统，在军事领域内涌现出许多特有的复杂性，即整体性、层次性、目的性、开放性、突变性、不确定性、不重复性、不可逆性、自相似性、自组织性、非线性、涌现性及混沌性等。战争实践证明，这些复杂性已显著地反映在冷兵器战争、热兵器战争和

机械化战争中，更适应于信息化条件下的高技术局部战争形态。而体系作战只能是信息化条件下作战体系发展到高级阶段的产物。

2. 体系作战内涵

体系作战包括如下四方面的深刻内涵：①以信息化战争条件为背景；②制胜机理基于信息系统；③整体联动是核心；④总体效能是目标。

体系作战、联合作战与整体作战之间有共同之处，但也存在不少差异。

联合作战是信息化条件下局部战争的基本作战形态或形式，而体系作战则是信息化条件下联合作战的基本方式，即信息化条件下的联合作战是体系与体系的对抗，体系作战反映了联合作战的这种特点和本质要求。两者区别再于以下三点。①是从不同角度提出的。联合作战是从军种、政治集团及国家军队角度提出的，而体系作战是从系统学出发，从结构角度提出的。②产生的时期有所不同。联合作战产生于18世纪，而体系作战是信息技术发展到一定阶段的产物。③适应战争形态不同。联合作战适应于不同战争形态，既适应于冷兵器战争、热兵器战争和机械化战争，又适应于信息化条件下的高技术局部战争形态，而体系作战只有在形成信息化条件的作战体系时才能实现，或者说，体系作战是作战体系发展到高级阶段的产物。

整体作战是由整体战衍生出来的。整体战是国家之间为达到争取和平、寻求实现不战而胜或和平制胜的政治目的，发展和依靠国家综合实力及一切可以利用的力量，运用政治、经济、文化、外交及其他手段，对威胁或侵犯本国利益的一方进行各种程度和各种模式的攻防对抗，是一种有限控制的整体战略行动，也是科学的对策思维行动及高超指导艺术的竞争。二者的本质区别有以下三方面。①产生背景不同。整体作战出现在机械化战争初期，而体系作战发生在信息化条件下。②提出角度各异。整体作战是以整体角度提出的一个概念，包括作战力量、作战手段、作战方法、作战系统和作战结构等方面的整体运用，而体系作战只是从作战体系和作战结构角度提出来的。③依托不同。整体作战依托的是“火力＋机动”，物质和能量是作战的基本前提，而体系作战依托的是信息系统，以“信息”和“决策”为主导。

3. 体系作战特点

体系作战是在信息系统支撑下实现的整体对抗作战，是信息化条件下联合作战的根本要求。它以信息为主导，以网络为纽带，通过灵敏感知战场、网状分布指挥控制、快速精确打击、全维一体防护和动态综合保障，从而实现作战能力的高度融合、作战效能的最大化和作战进程的最短化，最终确保打赢信息化条件下的高技术局部战争。国防大学董连山将基于信息系统的体系作战的主要特点，高度概括为以下六个方面：①在情报信息上，强调同步感知、信息共享；②在力量使用上，强调三军融合、高效作战；③在作战行动上，强调协作同步、整体联动；④在战法运用上，强调体系破击、多能互补；⑤在作战指挥上，强调分布交互、集中统一；⑥在作战保障上，强调集约保障、精确保障。

7.2.2　体系作战的产生和发展

1. 体系作战的产生条件和动因

体系作战是科学技术尤其是军事信息技术迅猛发展的必然结果，有如下三个主要条件和动因。①军事科学技术特别是信息技术的飞速发展是体系作战产生的根本原因一是信息技术推动军队体制编制发生变革；二是信息技术推动军事训练发生变革；三是信息技术推动军队信息化素质的提高。②战争形态的演进是体系战争产生的内在动因。战争形态决定着不同的作战方式或形式。当今战争正在向信息化战争时代迈进，信息技术在战争中所起的基础作用和主导作用，不仅改变着战争的制胜机理和途径，而且强劲地推动着作战方式的革命性变化，促使体系作战方式的最终形成和发展，可以预料，体系作战是未来信息化条件下高技术局部战争的必然选择。③信息化武器装备的大量涌现和运用是体系作战产生的必然要求。武器装备是进行作战的物质基础和主要手段，在一定程度上决定着作战方式的确立及变化。20 世纪 80 年代以来，以信息技术和计算机技术为核心的高新技术广泛用于军事领域，使武器装备的精度和自动化水平大幅提高，并形成了软、硬要素有机结合的武器装备体系，信息化武器装备体系只有在信息系统的支撑下，实施体系作战才能充分发挥作战效能，这就要求必须实现基于信息系统的体系作战。

2. 体系作战的产生与发展

体系作战的产生和发展可分为三个阶段，即萌芽阶段、产生阶段和成型阶段。

萌芽阶段出现在 20 世纪 60～70 年代中期，这一时期正好是世界各国尤其是美国和苏联两个军事强国建设军事信息系统的起步阶段，而且双方当时主要是在战略层面上建设，对于整个作战体系，特别是战役层面和战术层面的作战体系连接及融合还十分有限，故这时还不能形成真正意义上的体系作战。

产生阶段处于 20 世纪 70 年代末～90 年代初。20 世纪 70 年代后期，以信息技术为核心的高新技术发展并广泛用于军事领域，使军队信息化建设和信息化武器装备的发展进一步加快。在空天技术上，美军开始使用在信息化战场的体系对抗上。也就是说，战争双方的作战系统均具有这些复杂特征，作战体系及其体系对抗已成为现代军事作战系统的最主要、最基本特征。由此出发，体系作战就是以综合电子信息系统为支撑，各种作战要素、作战单元和作战系统相互融合为一个综合整体，以信息为先导，以网络为纽带，将实时灵敏感知战场态势、分布高效指挥控制、信息火力精确打击、全维立体防护和动态综合保障等融为一体，所进行的具有倍增效应的体系化联动作战。在海湾战争中，美军运用 C^3I 系统将多国部队主要作战单位、作战要素、作战系统及其作战行为初步联为一体，形成了局部体系作战能力，并最终取得了满意的作战效果，开创了多维力量在多维空间共同实施体系联合作战的成功先例。但是，这个阶段的军事信息系统仍以各兵种自树“烟囱”为主，作战体系联系得不够紧密，故体系作战还存在较大的局限性。

成型阶段处于 20 世纪 90 年代中期～21 世纪初。海湾战争结束后，美军针对体系作战的局限性，加大对军事信息系统的改造力度，在 C^4I 系统的基础上，融入监视与侦察功能，形成了 C^4ISR 系统。紧接着美军在科索沃战争、阿富汗战争和伊拉克战争中进一步成功验证了基于 C^4ISR 系统的体系作战，使一体化联合作战开始进入军兵种能力融合的全新时代。

7.2.3 作战能力构成

基于信息系统的体系作战能力是最典型的现代作战能力，主要由任务能力、要素能力和信息基础支撑能力等三大层次的能力构成一个多层次、动态开放的能力体系，如图 7-1 所示。

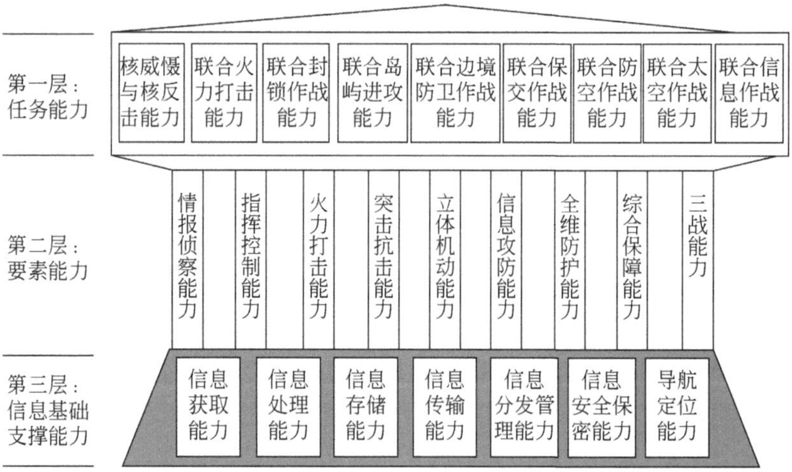

图 7-1 基于信息系统的体系作战能力构成示意图

图 7-1 中，任务能力，是依据军队使用任务，从作战样式和作战行动上对作战能力的分解，即体系作战中遂行各种联合作战样式和作战行动的能力。其通常包括如下九种作战能力，即核威慑与核反击能力、联合火力打击能力、联合封锁作战能力、联合岛屿进攻能力、联合边境防卫作战能力、联合保交作战能力、联合防空作战能力、联合太空作战能力及联合信息作战能力等。要素能力，是指在信息基础支

撑能力的支持下，各种作战力量和功能要素在不同侧面上必须具备的军队完成多种任务所需要的共性基本能力，也包括如下九种能力；即情报侦察能力（陆、海、空和天）、指挥控制能力（筹划、组织、控制、协调和指挥对抗）、火力打击能力（对陆、对海和对空等）、突击抗击能力、立体机动能力（地面、海上和空中）、信息攻防能力、全维防护能力（防侦察监视、防空反导和核生化防护等）、综合保障能力（作战、后勤和装备等保障）及三战能力（综合运用舆论战、心理战和法律战）。信息基础支撑能力，是指依托全军共用信息基础设施，保障各种作战能力实现功能耦合和作战体系整体联动的能力。其主要包括七种能力，即信息获取能力、信息处理能力、信息存储能力、信息传输能力、信息分发管理能力、信息安全保密能力及导航定位能力等。

7.2.4　体系作战制胜机理

基于信息系统的体系作战制胜机理，是指在综合电子信息系统的支撑下，体系作战各作战单元、各作战要素和各作战系统之间，在形成和发展体系作战能力过程中的相互影响、相互作用的原理和运行规律。这些制胜机理主要包括信息主导、综合制权、集成联动、精确可控、破击体系、制敌在先、基于效果、自组织协同、非对称作战及谋略制胜等。

7.2.5　体系作战样式

体系作战是信息化条件下联合作战的基本作战方式，其主要特征为：作战力量联合化；作战空间一体化；武器装备信息化；信息传输网络化；信息处理智能化；侦、控、打、平流程化；指挥控制实时化；综合保障集约化。

体系作战的基本形式是体系结构破击，其关键在于利用体系作战能力的整体优势"毁网破链""攻心夺气"，使敌方作战体系瘫痪失效。

体系作战自身有多种样式，其基本样式主要包括信息火力打击、多维立体突击、网电综合对抗、心理认知攻击及特种作战行动等。

7.2.6　体系作战指挥控制

体系作战，强调以信息技术为支撑、信息为主导，通过效果化战略形式、一体化组织形式、自动化指挥形式、网络化结构形式和精确化打击形式，在陆、海、空、天、电、网及认知等多维战场上进行体系对抗斗争，现代指挥控制手段和军队指挥自动化等发挥着极其重要的作用，被喻为多维一体化体系作战战场上的"神经中枢"。

1. 指挥控制内容及手段

1）指挥控制内容

通常，指挥控制的内容主要包括组织指挥、战场协调和行动控制等，其核心是建立一体化指挥控制系统，实施多种任务范围一体化顺畅和高效指挥控制。其任务范围为：战略指挥控制、战役指挥控制和战术指挥控制；陆军指挥控制、海军指挥控制、空军指挥控制、天军指挥控制及其他的联合作战指挥控制；地面指挥控制、海上（水下）指挥控制、空中指挥控制、太空指挥控制、网络指挥控制及电磁谱指挥控制；火力打击指挥控制、海空封锁指挥控制、空中突击指挥控制、陆上反击指挥控制和联合特战指挥控制等。

2)指挥控制手段

指挥控制手段主要由指挥机构、一体化指挥信息平台、指挥控制系统和设施组成。综合电子信息系统是迄今最先进、最完善的军队指挥自动化系统，是以 C^3I 系统为基础，以计算机为核心的一体化 C^4KISR 系统。这里，C^3I 系统已经称得上较完善的现代军队指挥自动化系统，为了发挥监视与侦察对军事指挥控制的重要作用，而形成了 C^4ISR 系统；又为了进一步增强军事指挥控制对于信息化战场态势特别是毁伤效果的实时评估，研发和运用了迄今最完善的 C^4KISR 系统。该系统是集指挥、控制、通信、计算机、杀伤、情报、侦察及监视于一体的分布式综合军事作战大系统，我军称其为综合电子信息系统，而俄军称其为一体化指挥自动系统。综合电子信息系统是一个既能实现纵向指挥控制，又能实现横向相互协同的军队作战指挥控制网络体系，可分为战略、战役和战术级。

2. 体系作战指挥控制体制与方式

1)体系作战指挥控制体制

体系作战的指挥控制体制，是指体系作战的组织体系、指挥机构、指挥关系确立和指挥控制方式等方面的统称。

(1)组织体系。组织体系是指按照一定的目的、任务和形式，将作战指挥系统的各个组成部分进行排列组合，体现作战指挥系统结构模式和要素的组成结构。这种组织体系通常按照扁平、精干和模块化要求构建。扁平，即依托一体化指挥信息平台，构建平行结构网络化指挥体系结构。这样的结构主要特点是“横向到边、纵向到底、交叉一体、相互融合”。扁平的组织体系可以保证指挥信息实现多路由、多节点地顺畅流向，当其中一个节点遭受破坏时，整个网络体系的作战网络不断线，使作战指挥仍连续、可靠。精干，即构造精确、高效的指挥机构。模块化，即构建灵活、动态重组的指挥系统，做到“即插即用”。因此，适应体系作战的模块应是优化组合后的小型化、合成化和多能化的联合作战模块，可实现体系作战效能的最大化。作战指挥组织体系通常可按照三种基本模式构建，即①按建制关系构建；②按任务职能构建；③按分区＋集团构建。这三种作战指挥系统体系结构模式各有优缺点，可视具体国情和军情选用。

(2)指挥机构。指挥机构的设置以最大限度地生成和发挥体系作战的指挥效能为依据,并根据信息化战场实际情况,按照一体化作战要求重组体系作战指挥机构,主要考虑以下几点:①根据作战任务需求设置部门;②机构内部信息纵横交错;③机构外部信息交互顺畅。

(3)指挥关系。体系作战指挥关系,是指在明确作战指挥组织体系和机构权限与责任的基础上,体系内各作战单元、作战要素和作战系统之间相互联系和协调形式,主要包括隶属、配属、支援和协调四种关系。其中,隶属关系即传统的上下级关系;配属关系为临时的上下级关系。支援关系,即相互帮助关系;协调关系,即对等的横向关系。

2)指挥控制方式

在信息化条件下体系作战中,集中指挥和分散指挥称为重要的指挥方式。但无论是哪一种指挥方式都强调“统一指挥”的本质和准则,即下属只接受一个领导人的命令,体系作战指挥员只能根据战场实际情况,从中优化指挥方式,在集中指挥和分散指挥中求得平衡。

(1)统一指挥,灵活运用分权指挥方式控制残局。①集权于体系作战最高指挥员;②分权于本级指挥机构和下级指挥员;③把握集权与分权尺度。

(2)分布指挥,灵活运用适应方式指挥部队行动。①事先设置失调后应遵循的规则;②利用自适应网络,加强各作战单元之间的相互沟通;③保持作战节奏的同步性。

(3)开放协调,灵活运用网络化方式指挥作战。①利用网络分配各军种作战任务;②利用网络广泛进行跨机构、跨部门协调;③利用网络迅速实现协同主体和客体的转换;④利用网络促进作战要素的异质同步协调。

以上指挥控制方式可以简述为分权指挥控制战局、自适应指挥部队行动和网络化指挥作战。

7.2.7　体系作战保障

体系作战保障,是指为顺利遂行体系作战任务而采取的一系列保证性措施和相关行动的统称,主要包括作战保障、后勤保障、装备保障和政治工作。

1. 作战保障

作战保障主要有侦察情报保障、通信保障、工程保障、伪装保障、特殊保障、气象水文保障、测绘导航保障及战场管制等。

在信息化条件下体系作战中,作战保障有如下特点:①保障任务重,与作战行动结合紧密;②技术含量高,保障节奏变换快;③保障对抗激烈,保障难度大。

2. 后勤保障

后勤保障，包括统一计划使用军队后勤力量和地方支前力量，实施财务、物资、卫勤和运输等保障，保持和提高作战部队后勤保障能力和作战能力。

后勤保障主要包括财务保障、物资保障、卫勤保障和运输保障等。

信息化条件下体系作战的后勤保障有如下特点：①保障方式立体快速；②组织指挥关系复杂；③后勤体系稳定性差。

3. 装备保障

装备保障，是指统一计划和使用编制内的装备保障力量和地方支前力量，实施装备补充、装备使用管理、装备修理和弹药保障，保持和提高体系作战能力，保障体系作战的顺利实施，主要包括装备的调配供应、修理、管理、装备保障指挥和防卫等。

信息化条件下体系作战的装备保障有如下特点：①保障手段综合化；②保障方式多样化；③保障指挥信息化；④保障力量社会化。

4. 政治工作

政治工作，是指为保证体系作战胜利而提供的政治保障、人才支持、精神动力及摧毁敌方作战意志而采取的行动的总称。

政治工作是我军的生命线，也是我军特有的优势和优良传统。

信息化条件下体系作战的政治工作呈现出一系列新时代的特征：①信息化和智能化特征明显；②“三战”已融入作战体系，成为“软实力”；③提高参战人员心理素质成为突出任务；④人才培养成为重中之重。

7.2.8 体系作战评估

体系作战评估主要包括预先评估和效果评估。预先评估又包括目标评估、威胁建模、能力评估和决策评估；效果评估主要包括物理毁伤效果评估、体系瘫痪效果评估和心理震慑效果评估，如图 7-2 所示。

预先评估，又称预测性评估，是体系作战的主要方法之一，它贯穿体系作战全过程，主要包括目标评估、能力评估和决策评估（刘兴堂等，2018d）。

(1)目标评估。目标评估，是指决策者对所选打击目标的战略、战役和战术价值进行综合分析，以确定对该目标实时打击的优先等级排序。体系作战主要着眼于结构破坏、体系瘫痪，所以目标评估是体系作战目标选择与精确打击的核心和支柱，通常采用定性与定量相结合的分析方法。定性分析方法包括直观判断法、专家会议法和德尔菲法等；定量分析法包括指数法、网络分析法、层次分析法、灰色关联

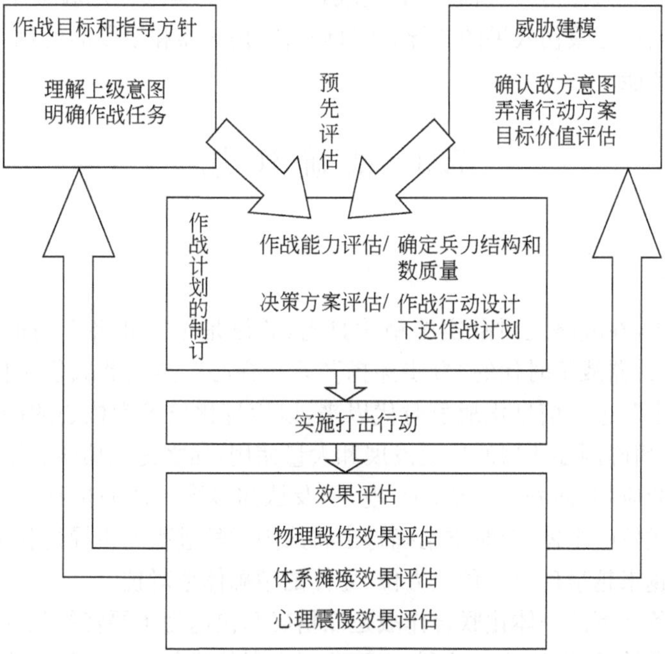

图 7-2　体系作战评估示意图

分析法、模糊综合评价法、神经智能分析法等。目标评估是一个综合性概念，需要综合考虑多方面因素。一般评估如下几个方面：目标的重要程度；目标对双方的影响力；目标防护能力；目标易损度；目标攻击限制时间。目标评估的根本目的是做出对目标优化的选择，目标优化也有多种方法，无论采用哪种方法都会经过以下共同步骤：确定优化目标，选择优化指标和建立数学模型并进行仿真。

(2)威胁建模。威胁建模是在明确己方作战目标和作战任务的前提下，审时度势、知己知彼，对敌方意图和行动方案进行预先性研究评估和威胁性判断。

(3)能力评估。能力评估，是对部队作战能力的分析与评估，将作为指挥员进行作战指挥和决策的基本依据。如前所述，体系作战能力主要包括侦察预警、指挥控制、精确打击、兵力机动、信息攻防、全程防护、综合保障及“三战”等八种要素能力。在评估中，除信息攻防和“三战”外的其他六种能力作为衡量体系作战能力的指标，应着重予以分析和研究，并有指标确定方式。

(4)决策评估。决策评估，即决策方案评估，是对作战决策的正确程度和预选决策方案优劣的评估，最终目的是从中挑选出一个最优方案作为作战行动的基本方案。它包括决策评估指标的确定和决策方案的优化。决策评估指标为目标满意度(S)、付出代价(R)和风险度(D)；决策方案优化方法与步骤包括目标建模、结构建模、不确定建模、偏好建模、决策选择分析和灵敏度分析等。

体系作战效果评估，是指通过对实战毁伤效果的实战判定验证不同军兵种打击兵器对不同目标毁伤效果的差异，适时调遣毁伤兵器和手段的使用，进而确保获得最佳打击效能。

7.3 精确作战

7.3.1 概述

古往今来，在战略上对敌实施精确打击，始终是军队和将士们追求的重要目标。例如，冷兵器战争时代的“百步穿杨”“万箭穿心”；热兵器战争时代的“弹无虚发”“百发百中”；进入信息化战争时代以来，以信息化技术为核心的高新技术迅速发展，促进了精确制导武器的快速发展和大量使用，加之先进侦察、监视、预警和指挥控制系统的应用，使海、陆、空、天、电、网及认知多维一体的精确打击力量，逐渐成为信息化战争的主体，全时空精确打击将成为战争进程的主导性作战行动，信息化联合作战越来越呈现出一种全方位、立体的精确体系对抗。

信息化条件下的一体化联合作战是以精确和快速为主要特征的作战行动。它强调以精确求效益，以快速求胜利，进而达到有限的战争目的。精确作战是信息化条件下的基本作战方式，是为适应一体化联合作战发展趋势和新特点而生的。首先，一体化联合作战的目的有限、时间短促、争取主动和速战速决，只有依赖精确快速作战，才能有效控制战争规模、防止战争升级，以最小代价赢得战争。其次，现代高技术战场环境复杂和态势多变，要想能够抓住“稍纵即逝”的最好战机也得依赖精确快速作战。再次，一体化联合作战是在多维、广阔战场上的体系作战，各种作战力量和综合保障等的协调十分复杂与困难，只有通过精确快速作战，才能实时应对复杂、广阔的战场变化，协调一致地行动。最后，信息技术、信息化武器装备及信息化军队的发展为精确作战奠定了物质基础和技术基础，使精确快速打击成为现实。

精确作战是一个完整的体系，贯穿一体化联合作战的全过程。它要求精确选择和确定目标、精确掌握各种作战力量、精确运用各种作战手段、精确指挥控制作战行动、精确掌握作战强度与进程、精确评估战效及精确实施综合保障等。

7.3.2 精确作战的产生及发展

从本质上讲，精确作战就是在战略作战、战役作战和战术作战的各个方面及整个进程中，侦察、监视战场态势，获取和处理战场信息，确定敌我部队、武器装备和来袭武器的位置与运动状态，运用各种作战力量实时地实施指挥控制，及时评估作战效果，进行勤务和装备保障等全部达到精确化。简而言之，精确作战，是指在精确作战理论的指导下，在获得制信息权的条件下，通过综合电子信息系统运用精确制导武器或新概念武器对敌方实施精确打击的一种新作战方式。

精确作战是军事科学技术，特别是信息技术、先进制导控制技术和武器装备高度发展的必然结果，也是未来作战发展的重要趋势。

1. 精确作战的产生

精确作战的产生主要动因有如下几个方面(彭呈仓，2011)。

(1)现代战争的有限目的催生了现代精确作战。现代战争与传统战争特别是机械化战争相比，战争目的更加有限，已不再追求攻城略地，占土灭生，而是注重战略效果，且大国之间发生大规模毁灭性战争的可能性微乎其微，但多种矛盾冲突都会导致局部战争，有限的战争目的必然催生出一种新的精确作战模式。另外，人类社会文明的进步，在信息时代一致要求战争必须带来最小的附带伤亡或破坏，只有实施精确作战，进行精确信息火力打击，才能以较小代价快速实现预先的作战目的，而不致引起国际社会的普遍反对。

(2)高效情报支援使精确作战成为可能。精确、可靠的侦察与定位是实施精确作战的前提，因为没有对目标的精确侦察与定位，就不可能有效打击和摧毁敌之重心和要害。相反，所有精确打击都是通过高效、准确的侦察与定位来保障的。

(3)精确指挥与控制是实施精确作战的手段与关键。精确指挥与控制，是指联合作战指挥员及其指挥机关，依托指挥信息系统，对参战的各军兵种的联合作战进行精细、准确地掌握与制约。指挥自动化系统是实现精确指挥与控制的重要手段。以美军为例，指挥自动化系统经历了 C^2、C^3I、C^4I、C^4ISR、C^4KISR 系统直至正在发展的全球信息栅格。在联合作战中，各种参与精确作战的热兵器和兵力，只有通过精确指挥与控制才能综合集成一个有机整体，否则，任何武器装备系统和作战力量既不能发挥个体作战效能，也不可能发挥整体作战效能。通常，精确指挥与控制包括八大方面，即精确控制作战力量、精确控制作战时间、精确控制作战空间、精确控制作战信息、精确控制作战目标、精确控制作战进程、精确计算和精密筹划己方交战兵力的数量和种类及精确控制作战时机和控制作战强度。

(4)精确火力打击是实施精确作战的必要条件。精确作战目标最终要依靠精确火力打击来实现，故它是精确作战的核心，大量应用精确制导武器和新概念武器是至关重要的。

(5)作战效能评估是实现精确作战的推动力量。精确作战是基于效果作战的新的作战方式，必须进行精确地作战技能评估，通过精确地评估作战效果来保障。作战效能评估通常包括两大方面：①持续地对作战态势和作战进程实施精确监控；②依据各种指标对作战效能进行评估。

(6)综合保障是实现精确作战的重要保证。综合保障包括作战保障、后勤保障和装备保障。对于精确作战，精确作战保障尤其重要，它主要包括情报保障、气象保障、水文保障、勤务保障和武器装备保障等。

(7)创新的军事作战理论是精确作战的基础和依据，是新军事变革中军事理论创新的核心。围绕着精确作战有一系列创新的军事作战理论作为重要基础和根本依据，如“外科手术式”作战理论、非接触作战理论、“零伤亡”作战理论、五环目标理论、“斩首”攻击理论、“震慑与畏惧”作战理论及防空反导理论等。

2. 精确作战的发展

精确作战方式是适应信息化战争需求应运而生的，伴随着作战理论创新和科学技术特别是信息技术与制导控制技术的进步而不断发展。其发展历程通常可划分为三个阶段，即早期萌芽阶段、初步发展阶段和迅速发展阶段(彭呈仓，2011)。

1)早期萌芽阶段

早在冷兵器战争时代，精确作战思想就已经出现萌芽，成语“百步穿杨”就是最典型的精确打击思想。古代军事家的名言“擒贼先擒王”就是指当今精确作战中的攻击重要目标和打击敌重心。但由于受当时技术水平、作战理论及武器装备发展的影响，精确作战思想未获得充分发展，难以通过精确信息火力打击达成精确致命毁伤的目标，而只能通过较高谋略或诡诈用兵，出其不意地达到攻击敌方重要目标的目的。

2)初步发展阶段

20 世纪 40～70 年代是精确作战发展的初步阶段。在这一阶段里，微电子、光电子、计算机和自动控制技术的迅猛发展，促进了制导武器技术的飞速发展，从而使武器打击由概略向精确发展，初步产生了精确打击手段，并广泛应用于实战中，为精确作战奠定了基础。这时，现代意义上的精确作战重要地位与作用主要呈现在以下方面：①防空导弹发挥攻防作战的重要作用；②反坦克导弹在陆战中大显身手；③舰对舰导弹称霸海上。

总之，现代战争中大量使用各类战术导弹，并在海、陆、空战场上取得了全方位极佳的作战效果，初步显示了精确作战的巨大威力，这是在以前战争中罕见的。

3)迅速发展阶段

进入 20 世纪 80 年代后，信息技术飞速发展，现代制导与控制技术广泛应用于军事领域，极大地提高了武器装备的打击精度；同时，侦察监视系统、通信系统、指挥系统、武器系统及效能评估系统，在信息技术的支撑下有机地结合起来，从而使精确作战进入迅速发展阶段，这主要体现在如下方面：①能够精确实施侦察和定位；②能够精确实施监控和预警；③能够精确实施战略和战役优化决策；④能够精确实施快速和远程兵力投送；⑤能够精确实施作战指挥与控制；⑥能够精确实施一体化作战行动；⑦能够精确实施综合保障；⑧能够精确实施作战效果与效能评估等。

7.3.3　精确作战的特点

从20世纪90年代以来发生的几场高技术局部战争可见，精确作战凸显出如下主要特点（彭呈仓，2011）。

（1）精确作战以信息与火力的融合为出发点。在信息化条件下的一体化联合作战中，信息是主导，火力是基础，只有信息与火力高度地融合，才能在夺取信息优势的前提下，使火力打击效能大大提高。因此，从信息与火力融合出发，采用信息火力战已成为精确作战的必然途径和根本作战方式。

（2）精确作战以摧毁敌方重心为着眼点。从战略上讲，在信息系统的支撑下，运用精确制导武器实施精确作战，直接打击敌方重心，迅速取得胜利，是一种损失小、代价低和战争效果明显的作战方式。因此，在信息化条件下，一旦并发现确认战场中敌方重要目标、中心目标或重心目标，就意味着其被摧毁。

（3）作战环境对精确作战的影响是可控的。在信息化条件下的一体化联合作战中，实施精确作战主要依托综合电子信息系统的支撑和保障，因此，虽然战场环境包括自然环境和人工环境对作战行动和作战过程会产生各种影响，但是这些影响是可以补偿与控制的，这就是精确作战与传统作战的最大区别。

（4）劣势一方的战场生存问题变得至关重要。精确作战的战场既无前方与后方之分，也没有前沿和纵深的区别，战场优势完全倾向于透明一方，而处于劣势一方的战场生存岌岌可危，所以目标尤其是重要目标均处在精确信息火力打击的范围内，任何目标一旦被发现，就必然遭受命中或摧毁。

7.3.4　精确作战的构成因素及手段

构成精确作战与精确打击的因素及手段是多方面的，但主要包括侦察监视、定位预警、指挥控制、精确打击和精确保障五个方面（刘兴堂等，2018）。

1. 侦察监视与定位预警

最先进的侦察手段和最出色的情报工作，加上全方位、全天候和全频谱的目标定位是实现精确作战的必要条件。《美国陆军情报分析手册》中明确指出，情报工作作为战争的首要任务，贯穿作战过程的始终。侦察监视与定位预警为达成战争的快速精确作战提供了强有力的情报信息保证。

精确作战中的高技术侦察手段多种多样，通常应采用地面侦察，海上侦察、航空侦察和航天侦察等方式来实施。其中，地面侦察主要是运用装甲侦察车、战场雷达、地面传感侦察系统和无人地面侦察车等装备对精确作战目标进行侦察与定位。海上侦察主要包括水面舰艇侦察和潜艇侦察两种方式。前者主要任务是查明敌方舰艇、潜艇和空袭兵器的位置及运动情况。其主要侦察手段有雷达侦察、声呐侦察和电子侦察。后者主要对对方海岸、基地和防御纵深海区实施侦察和监视。航空侦察是精确作战中应用最广泛的一种侦察方式。航空侦察手段主要包括有人驾驶侦察机、无人侦察机、侦察直升机和预警机等。各种依靠平台的机载侦察设备通常包括照相侦察设备、红外侦察设备和侦察雷达等。航天侦察，是指利用航天器的光电遥感器和无线电接收机等侦察设备侦察与定位来获取情报的侦察手段。航天侦察是现代战略侦察的主要手段，航天侦察是从空间获取信息的强有力的手段，是任何其他侦察手段不可替代的，其主要侦察手段是各种侦察卫星（包括电子侦察卫星、军事成像卫星、导弹预警卫星、海洋监视卫星和核爆炸探测卫星等）。精确作战除采用上述海、陆、空、天（太空）侦察与定位手段外，还需重视人力侦察的作用。人力情报侦察，是通过派遣地面侦察部队（一般为小分队）深入精确作战地区内的侦察，可获得其他技术手段难以得到的第一手资料，是最后决策的可靠情报。特种小分队人员渗透到预定目标区实施侦察与监视主要有三种方式：①渗透搜查；②定点监视；③跟踪监控。

2. 指挥控制

作战指挥控制是指挥员及其指挥机关谋划作战行动并调控所属作战力量达到预定作战目的的活动，是将作战计划和决策付诸实践的关键，也是对部队作战行动掌握和驾驭的至关重要的环节。通常，指挥控制涉及指挥员、指挥机构和指挥系统。指挥系统，是由作战指挥主体和作战指挥手段等要素构成的有机整体，主要包括指挥机构和指挥信息系统。

指挥控制是作战成败的决定性因素。在精确作战中，指挥控制更加重要，且越来越重要，必须牢牢地把握住如下几个方面。

(1)必须组建一个结构合理、精干高效的指挥机构来实施指挥控制。这种精确作战指挥机构应采用“扁平”式。其明显优点在于：①减少了指挥层次，提高了快速反应能力；②增强了横向沟通，提高了抗毁能力。

(2)确定灵活运用的精确作战指挥方式。这种作战指挥方式的确立主要考虑发挥参战部队的整体能力、最大限度地发挥各种制导武器的性能并大幅度提高指挥效能。综合来看，精确作战宜采用集中式指挥方式。

(3)运用简便、恰当的指挥手段。指挥手段，是指指挥员及其指挥机关对参与精确作战的部队的作战行动实施指挥所使用的工具器材、方法和措施。精确作战对指挥手段的应用主要考虑如下方面：①能指挥到各个方面；②能高效处理多方面信息；③能有效地实施联通；④能有一定的抗毁能力。因此，精确作战的指挥手段多种多样，但最合理的基本手段是自动化指挥手段。该手段一般包括三个系统，即战场监视系统、智能决策系统和网络指挥系统。

(4)实施灵活、有效的指挥与控制。要夺取并保持战场的主动权,必须实施灵活、有效的指挥与控制,因此必须着重考虑现代指挥与控制的突出特点:指挥与控制的跨度明显增大;指挥与控制的空间更加广阔;指挥与控制的时效性突出;指挥与控制的对抗十分激烈。要把握住三个最安全的环节:精确、及时和简洁的作战指挥理念;提高集中协调和分散指挥的能力;应用现代作战的指挥工具。

(5)构建要素齐全、结构合理和运行稳定高效的精确作战指挥系统。这种精确作战指挥系统主要由指挥机构和指挥信息系统构成。为适应信息化联合作战,指挥机构被编制成一种“扁平”“联合”“精干”的结构,形成横宽、纵短的外部结构和四大中心的内部结构。这四大中心包括指挥中心、信息中心、控制中心和管理中心。指挥中心是指挥机构的核心和大脑;信息中心是战场指挥与控制信息的采集、处理、加工和分发部门;控制中心是战场动态控制的部门,负责指挥与控制指令的实施;管理中心用以维护信息系统的正常运转,确保取得战场信息优势。

应指出的是,作战数据传输系统和指挥信息系统是精确作战指挥控制的重要手段和关键工具。前者通常称为数据链,堪称是信息化作战武器的生命线,整合军队作战力量的黏合剂和提高战斗力的倍增器。后者是综合应用现代通信技术和计算机技术,实现情报信息收集、传递和处理自动化及决策方法科学化,保障指挥员对指挥对象实施指挥与控制的人—机系统,通常称为军队指挥自动化系统或综合电子信息系统。该系统是集指挥、控制、通信、情报、决策和管理等功能于一体的多功能系统。按作战信息流程,可将指挥信息系统划分为信息采集系统、信息传输系统和指挥决策系统三大部分。信息采集系统是情报、监视和侦察的综合体,称为指挥信息系统的“耳目”;信息传输系统包括通信和计算机网络,是指挥信息系统的“神经”;指挥决策系统是指挥员实施决策和控制的场所,称为指挥信息系统的“龙头”。

3. 精确打击

精确作战要求以最低风险和最低代价,达成最佳战果,其全过程涉及精确侦察、精确指挥、精确打击、精确评估及精确保障众多方面。精确打击是关键与核心,也是达成作战目的的最终环节,其他方面都是为其服务的。在精确作战中,实施精确打击是信息技术和信息化武器迅猛发展和大量应用的必然结果,精确制导武器是信息化武器中的佼佼者,只有应用精确制导武器对敌方目标实施精确打击,才可称得上是精确作战。

精确制导武器主要包括导弹、精确制导弹药和水下精确制导武器三大类,至今已研制和应用了四代,正在朝信息化、智能化、系统化和更精确化的方向发展;精确制导弹药是制导炮弹、制导炸弹、制导导弹、制导火箭、反坦克导弹和末敏弹等制导武器的总称,与常规弹药相比,其最大特点是具有精确打击功能,作战效能放大几十倍甚至是数百倍。

新概念精确制导武器是近年来出现或正在研制的精确制导武器，其毁伤机理一般与常规精确制导武器不同，主要包括动能拦截弹、新概念制导弹药（如智能炸弹、燃料空气航空炸弹、石墨炸弹和碳纤维弹）、制导高功率微波弹、临近空间武器（如高超声速巡航导弹、空天轰炸机等）等。自第二次世界大战中 V-1、V-2 导弹出世距今 70 余年，精确制导武器已发展至第四代。第四代精确制导武器又称“聪明或灵巧制导武器”，其本身可完成探测、识别、跟踪及击毁目标的整个过程。精确制导武器具有命中精度高、自主制导能力强、总体作战效能好等特点，并具有全天候作战能力、抗干扰能力、高机动能力、隐身能力、突防能力和效费比高等突出优点，适应于现代联合作战中的精确作战，故被世界军事强国作为首选兵器，大量应用于现代高技术战场。在几次高技术局部战争中，精确制导武器总是“首当其用，首当其冲”，扮演着现代战场上武器的主角，直接影响甚至决定着战争的进程和结局，成为衡量一个国家军事实力的主要标志。

与已往作战样式相比，精确作战更加注重通过精确、高效的打击，毁坏敌方高价值的军事目标或战争潜力目标，破击对方作战体系，快速达到战争目的。为实施精确打击，经多次实战，美军形成了一整套完整、灵活的目标选择理论，其中，最有名的为“五环目标理论”。根据这一理论，依次确定了如下精确打击顺序：第一环为国家指挥控制中心，包括军政领导中心、指挥控制中心和预警系统等；第二环为关键经济目标，包括国家骨干企业、军工、石油、电力和化工等具有战争潜力价值的目标；第三环为交通基础设施目标，包括道路、桥梁和机场等具有机动战争物资运输价值的目标；第四环为国民精神、心理，即打击、收买民心；第五环为作战部队。五环目标理论示意图如图 7-3 所示。

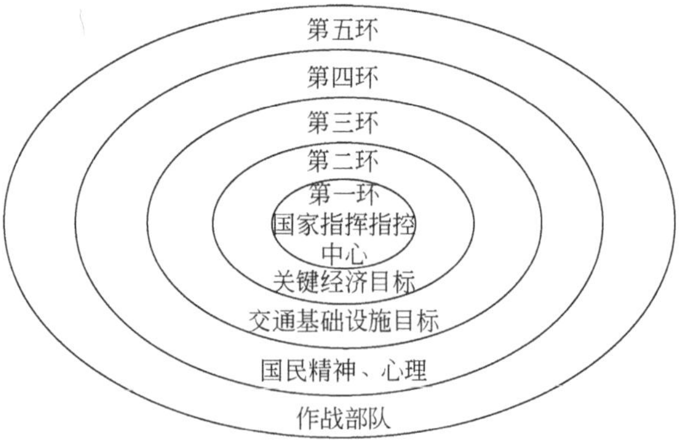

图 7-3　五环目标理论示意图

据此理论，精确打击样式主要如下。①斩首打击。一是电子斩首，即“致盲”敌方指挥控制系统；二是实体摧毁，即应用精确制导武器对敌方国家首脑、政府机关和军队指挥机构予以火力杀伤和摧毁；三是特种追杀，即应用特种部队潜入敌占区，通过暗杀、爆炸和特种攻击等手段，对其领导人或部队指挥机构完成“斩首”打击。②“节点”破击。破击敌方作战体系中既关键又脆弱的“节点”，达到“点其要穴，瘫痪全身”的目的。③特种突袭。主要是应用特种部队潜入敌占区，对其具有重大价值的目标实施突然袭击，以收到意想不到的效果。这是精确作战的一种重要的精确打击样式，通常具有以下特点：一是力量集中、反应迅速；二是目标明确、编组灵活；三是行动突然、隐蔽迅速，最终不露声色地取得最佳作战效果。④逐点剿灭。逐点剿灭是一种从暗杀行动演变而来的精确打击手段，因此，有两个环节是极其关键的：一是精确锁定目标，二是精确剿灭目标。

4. 精确保障

精确作战的保障是一种综合保障，主要包括情报保障、气象保障、后勤保障和装备保障。

(1)情报保障。情报保障是为保障指挥与作战行动而搜集敌方情报，使己方指挥机关和指挥员能够准确判断战场情报，并确定打击目标，从而为决策者提供作战决策、决策支持。精确作战情报保障包括计划与组织，情报的获取、整理、比较与综合，分配与分发，分析与判断，以及评估与反馈。此外，还包括情报对抗活动。情报对抗活动是多方面的，除防奸、防特和保密外，还包括各种反技术侦察。如反可见光侦察、反无线电信号侦察、反红外侦察、反渗透侦察、反人力侦察和反计算机侦察等。

(2)气象保障。气象保障应用大气气象科学与技术，把握作战期间气象活动的特点和规律，为精确作战提出利用气象条件保障活动的建议。其主要包括三个方面：①不间断地获取天气实况，保证指挥机构和部队随时掌握实时天气状况；②及时制作和提供各种天气预报、天气警报和气候背景资料，保证指挥机构和部队随时了解未来天气变化趋势；③辅助指挥员制定趋利避害和科学利用气象的作战决策。

(3)后勤保障。精确作战后勤保障，是充分运用后勤保障力量，采用各种先进的保障手段，确保在保障的时间、空间、数量和质量等方面尽可能达到精确程度的一种保障活动。精确作战后勤保障，主要指保障时间精确，保障地点精确，保障品种精确和保障数量精确。为实施上述精确作战后勤保障，必须通过如下途径：①构建高效的指挥体系；②建立后勤资源和需求可视化系统；③打造强大的后勤投送力量；④编组模块化的后勤力量。这样一来，便可实现保障行动精确化、保障平台网络化、保障力量模块化、保障方式直达化和保障装备智能化。

(4)装备保障。精确作战装备保障，是指使精确作战的装备处于较好状态并能持续完成作战任务所做的保障工作。精确作战装备保障的主要任务是：在精确作战联合指挥机构和指挥员的统一指挥下，充分发挥装备保障力量的作用，如有效的手段，确保各种高技术武器装备随时处于完好的技术状态，能够持续地进行作战，保证弹药、器材等各种装备适时、适量的供应，从而保证部队作战任务顺利完成。精确作战中的装备保障具有如下特点：保障方式精确化；保障装备智能化；保障单位小型化、综合化；保障行动一体化；保障技术信息化；保障投送直达、远程遥控化。同时采用先进的保障方式，如机动伴随式、越级直达式、物流配送式和“三透明”式等。这里，三透明是指装备资源、装备需求和装备过程的“透明”。

7.4　空天一体信息作战

这里“空”是指地球大气层内的空间，而“天”是指地球大气层外的宇宙空间，又称为太空。通常我们把载人航天器和非载人航天器在地球的太空活动称为航天，而将仅在大气层内的飞行活动称为航空。航空与航天的有机结合则称为空天。

空天一体信息作战是信息火力一体战与空天一体作战的完美融合，是军事技术在空天领域、信息领域和军事力量领域高度发展的必然结果，也是现代战争形态发展的必然结果。信息火力一体战，是指将信息要素和各种火力要素高度融合，以精确火力机动和高效火力毁伤为基本形式，以“软硬结合，全维全程综合打击”为基本手段，直接达到作战目的的一种作战行动。信息主导和火力主战两者客观结合、相互支持产生了“发现即摧毁”和“1＋1＞2”的作战效果，是信息火力一体战的基本特征。空天一体战，是指军事航空力量和航天力量相结合，综合运用航空航天各种作战方法和手段，在不同空间共同实施的作战。战场空间广阔无限、高新武器力量超常、侦察探测居高临下和作战效能大幅跃升等是这种作战方式的突出优势。

空天一体信息作战，是指在空天战场上，敌对双方利用航空技术、航天技术和信息技术，使众多信息系统同空天武器系统有机融合，形成以航空、航天力量为主，在其他有关力量(陆、海、电、网和认识等)配合下的一体化作战的综合军事实力，通过先进的网络化指挥控制手段，为夺取并保持空天战场上的制空天权，进而达成战略效果所开展的一系列一体化联合作战行动，包括空天进攻、空天防御、空天支援和空天威慑等。从本质上讲，空天一体信息作战是空基、天基信息系统技术与空天高技术武器平台相融合的网络化作战，也是空中作战力量、太空作战力量、海上作战力量、地上作战力量、信息作战力量及网络作战力量的体系对抗与斗争。

总之，空天一体信息作战，就是在信息化条件下，围绕夺取空天信息优势而开展的空天战场上的军事对抗活动。这种新型作战形式反映出以信息和信息技术为主导，利用基于信息系统和电磁技术的综合电子信息系统，通过航空力量和航天力量相融合，共同实施当今一体化联合作战和未来精确作战的发展趋势。这实质上是一体化联合作战理论在信息化战争中的最新体现(刘兴堂等，2018d)。

7.4.1　体系结构

一体化联合作战是高技术密集的军事力量，在多维复杂战场上的体系对抗与较量，其组织结构和作战行动所构成的军事作战系统是一个开放的复杂巨系统。目前，最先进而复杂的军事作战系统莫过于一体化联合作战系统，而空天一体信息作战系统是其最典型的形式。该系统是一个相当庞大复杂的技术系统，由多个分系统构成。其主要包括空天侦察预警系统、空天一体信息系统、空天指挥控制系统、空天信息传递系统、空天信息对抗系统，以及各种空天军事力量、武器装备和综合保障等。

7.4.2　主要特点

空天一体信息作战是一体化联合作战最重要的作战行动之一。它导致战争面貌发生了重大变化、出现了新的特点。①疆场广阔，多维一体。这是对传统战场空间的极大扩展和延伸，呈现出“高不见顶，宽不见边”无处不在的多维一体状态，所有作战行动都将在智能、无缝的全球网络世界发生。在虚拟又客观的信息世界进行。②武器高新，力量超常。武器高新、精度高、威力大、反应快，使作战效能成倍增长甚至按几何级数增长；力量超常，已接近或超过战术核武器的功能和作用。③居高临下，效能跃升。由于“站得高，看得远”，战场透明化、武器作战效率显著提高，为地、海等战场提供了强有力的支援。

7.4.3　作战行动

空天一体信息作战主要体现在如下行动上。

(1)空天信息支援。空天信息支援，是指利用天基和空中平台，为保障陆地、海上、空中和太空部队作战行动的顺利实施，为“地面”和“海上(水下)”作战力量提供情报、气象、通信和导航等服务的支援行动。支援方式主要有：①对敌方侦察监视，提供战场态势数据；②为己方快速提供气象、通信、导航和测地等服务。

(2)空天物理攻击。空天物理攻击，是指天基作战部队使用天基武器系统，对敌方太空、地面、海上和空中目标进行的攻击行动。其主要特点有：①摧毁卫星；②捕获卫星；③对地攻击。

(3)空天封锁。空天封锁，是指使用天基武器系统，对进入太空战场的敌方航天器进行封锁打击，阻止其继续向太空战场增援，孤立其太空部队的作战行动。其主要方式有：①设障封锁；②拦截封锁。

(4)空天电子对抗。空天电子对抗，是指利用太空电子战武器装备，查明、削弱、干扰和阻止敌方使用电磁频谱及保护己方使用电磁频谱的电子对抗活动。其主要方式有：①使用无线电干扰手段，干扰敌方航天器和太空武器的无线电接收，使其出错或故障;②针对敌方航天器和太空武器系统发布误导指令使其脱轨、失航或远离攻击目标;③利用微波武器和激光武器攻击敌方卫星或其他航电设备,完成目标的结构性破坏等。

(5)空天威慑。空天威慑,是指利用完善的天基武器系统,形成强大的“制太空”优势,对敌方心理和行为进行慑止约束的军事行动。其主要方式有:①先机造势;②以技压人。

7.5 空地一体战

空地一体战的思想和概念,是美国陆军在1982年颁发的《作战纲要》中第一次正式提出的,作为陆军的基本作战思想。《作战纲要》指出,空地一体战理论概述了一种旨在充分发挥美军潜力的基本作战方法。这就使在未来作战中,战场范围将明显扩大,故必须强调使用火力和机动打击敌人的全纵深,所有可以动用的军事力量必须协调一致地行动,以求达到统一的目的。空中和地面机动部队,常规武器、核武器和化学武器火力、非正规战,积极的侦察、监视和目标搜索活动,以及电子战,均将用于作战双方的前、后方地区。总之,空地一体战就是指联合军队指挥官在广阔战场上,利用各种观察或侦察器材观察敌方全纵深,并利用空军和地面部队的各种作战手段,综合运用各种作战方法,在全纵深打击敌军。

1986年版《作战纲要》进一步强调了空地一体战的重要性。它指出,空地一体战理论是向陆军各级指挥人员提供在更广阔的军事战略范畴内指挥战局和大规模战役,以及遂行交战和小规模战斗的理论指南。并进一步强调指出,一切大于最小战斗的地面作战行动,均将受到交战一方或双方支援性空中作战行动的强烈影响。可见,空地一体战理论主要适用于中、高强度战争,但也同样适用于低强度特点的军事行动。

空地一体战理论是美军用于联合作战的一种基本作战方法,较之以前的联合作战的技术含量和联合程度有明显的提高。这种联合作战思想主要体现在以下几点①作战力量的联合。当然主要是陆军与空军的联合。空军既可为陆军的地面作战行动提供侦察和监视等信息保障及空中火力支援,也可在地面行动配合下直接达到作战目的。②作战空间的联合。在认为空中战场和地面战场同样重要的前提下,当空中作战行动为支援性行动时,主战场是地面而非空中;而当空中作战行动为主要行动时,地面行动只起配合作用,主战场在空中而不是地面。③作战行动的联合。该理论要求以防御并挫败敌之进攻,为己方转入进攻创造条件与机会,以进攻夺取主动并击败敌军,取得决定性胜利。但该理论同样注重攻防的转化,将是否达到作战顶点视为这种转化的关键。美军在海湾战争中实践了空地一体战理论,取得了既定效果,从而为海湾战争后正式提出联合作战奠定了基础。

7.6　空海一体战

奥巴马上台后，美军开始推行新军事战略，并配套发展新的联合作战理论体系。空海一体战概念的拓展与实践就是其中之一。

2010 年 5 月，美国战略与预算评估中心发表了《空海一体战——战役构想的起点》研究报告，首次提出空海一体战作战思想；2011 年 11 月，美国国防部批准建立“空海一体战办公室”。随后，美国空军、海军签署机密备忘录，共同开发空海一体战新作战理念。

空海一体战新作战理念是针对特定威胁的重要联合作战，即直接针对西太平洋的潜在区域性对手、“反介入/区域拒止”威胁发展，服务于西太平洋地区的高端军事行动。因此，这一理论出台的真正目的是整合美国海、空军军力，联合亚太地区盟友。

空海一体战的重要特征是网络化、一体化和纵深打击，将对美军战斗力生成模式及其装备发展产生深远影响；联合作战样式和作战水平由“军种联合”向“全域和跨域协同”方向发展，主战武器装备向远、隐、高、快和久的方向发展，并持续提升美军介入西太平洋地区的军事能力。

空海一体战理论设想将空军和海军联合作战分成两个阶段。第一阶段为战争开始，由四部分行动组成：①顶住敌方首攻、疏散并转移驻日本冲绳县等地的美军部队和航母，以有效降低敌方首轮打击的毁伤效果；②对敌方侦察网、预警网实施“致盲”攻击，使其丧失态势感知能力和精确制导能力；③使用隐形打击力量对敌方陆基导弹发射装置发起压制性攻击；④夺取空中、海上、太空和网络空间的主动权。第二阶段由一系列行动和措施组成。其主要包括：①实施持久作战，维持和拓展在各领域的主动权；②实施“远程封锁”作战，封锁敌方海上交通线；③保持作战后勤的支援保障能力；④扩大精确制导武器工业生产和装备规模。

空海一体战理论无论在联合的广度上还是深度上，都具有较强的超前性。它不仅强调美国空军与海军的联合作战包括两大军种与侦察、预警、太空、电磁和网络等其他作战力量的联合，同时还强调美军与日本、韩国和澳大利亚等盟国军队之间的联军作战。这种作战理论集中反映了当前美军联合作战的新思想，堪称美军联合作战思想发展的新阶段。

总之，空海一体战是美国国家安全和国防军事战略体系的重要组成部分。该体系包括四层架构，由高至低为国家安全战略、国防战略、国家军事战略和联合作战概念。显然，空海一体战处于第四层，用以支持上三层战略。

空海一体战明确提出了应对挑战的战役作战构想，即以跨域作战方式，实现“网络化、一体化和纵深攻击——破坏、摧毁和挫败”，同时加强自身防御能力。其中,网络化将重点聚集实现互联、互通和互操作,能够跨全域实施一体化作战行动;一体化将在聚集实现“军种联合”作战的基础上,进一步实现系统集成和力量融合,并强调联合部队的跨域、全域和预先一体化作战;纵深攻击是空海一体战强调的一种作战方式,其关键是经由拒止区域投送力量,为后续作战行动提供条件。它与传统纵深攻击的最大区别在于战事一开始就并行实施全域纵深攻击行动,以同时达成“破坏、摧毁和挫败”的目的。

应指出,美军的空海一体战不仅在联合作战中提供了一种“网络化、一体化和纵深攻击——破坏、摧毁和挫败”能力,同时直接推动着新型武器装备与技术的发展和战斗力生成模式的变革。尤其是对武器装备与技术的发展涉及各个领域:①网络化协同作战;②网络攻防;③远程打击;④高生存力;⑤导弹防御;⑥反潜;⑦拒止环境作战等(刘兴堂等,2018d)。

7.7　基于效果作战

基于效果作战方法的中心原则是,以某种方法在一个复杂的安全环境中有目的地塑造参与者的交互作用。在和平、危机和战争时期,目的在于塑造朋友、敌人和中立者的一套协调的行动。其行动是指所有形式的军事行动和整个国家或整个联盟的所有外交、经济和其他行动等。因此,基于效果的作战方法本质是复杂的,这种复杂性不仅在于要塑造作战本质,而且需要塑造上述任何行动的评估、计划、制定及实施。然而,复杂适应系统理论和米勒的生物系统模式给出了人们解决世界复杂性包括战争复杂性问题的有力方法和技术手段。这种方法之一就是以一个生物系统来考虑和处理复杂性。即构建一个含八个层次的生物系统模式:细胞、器官、有机体、群组、组织、社团、社会和超国家的系统,如图 7-4 所示。该系统实际是一个典型的多层次、相互连接和相互交互的复杂适应系统。

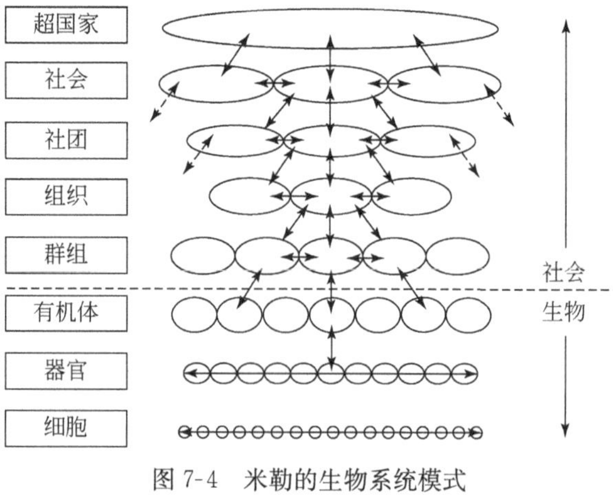

图 7-4　米勒的生物系统模式

图 7-4 中，虚线以下前三层——细胞、器官和有机体的系统之系统（又称体系），本质上是生物系统，达尔文首次描述了它们的竞争及对物理环境的调整和发展；虚线以上后五层的群组、组织、社团、社会和超国家的系统是社会演变的结果。人类社会系统正是依靠它们做出针对物理环境和社会环境的调整。这里，社会环境包括了其他人与人的组织。在这个模式中，人类位于生物和社会系统的顶端。这个生物系统模式描述了复杂的“人类”认知、竞争与冲突的社会环境。在这个环境中进行着军事行动、国家管理及其他基于效果的行动。约翰·霍兰德在他的著作里描述了自适应系统的七个基本属性，即复合性、多样性、流动性和非线性等四个特征，以及标记、建立分区和内部模型等三个机制。这些基本属性，给实施基于效果的作战提供了处理复杂性问题的理论基础。四个特征放在一起可以定义复杂系统的重要方面，三个机制提供了如何处理像战争与作战这样的复杂自适应系统的复杂性，包括对刺激进行自组织和调整，以及对基于效果的行动——反应循环的理解。图 7-5 给出了基于效果作战的行动—反应循环的基本过程示意图。

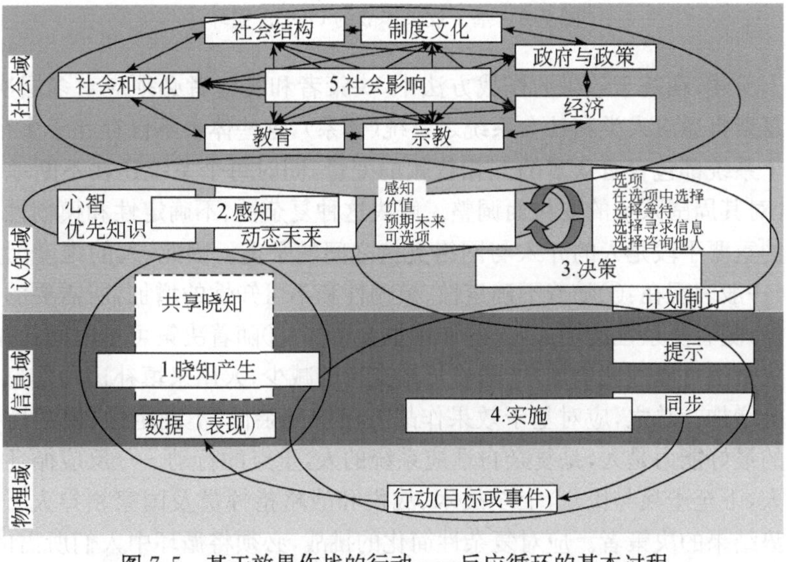

图 7-5　基于效果作战的行动——反应循环的基本过程

基于效果的作战方法是一个不断进行 OODA 循环的过程，如图 7-6 所示。这里包括了人的介入、网络支持、社会影响及作战评估等。

还应该指出，网络使能的基于效果的作战方法，选择适当的决策者，即选择经验丰富和教育背景宽广及更有能力和视野的人，使他们成为 OODA 循环中的人是最为重要的。这是由于人始终是战争胜负的决定性因素。虽然人们可以创造和提供多种新型的网络使能方法，但它始终不能替代优秀的指挥员和高素质的士兵。

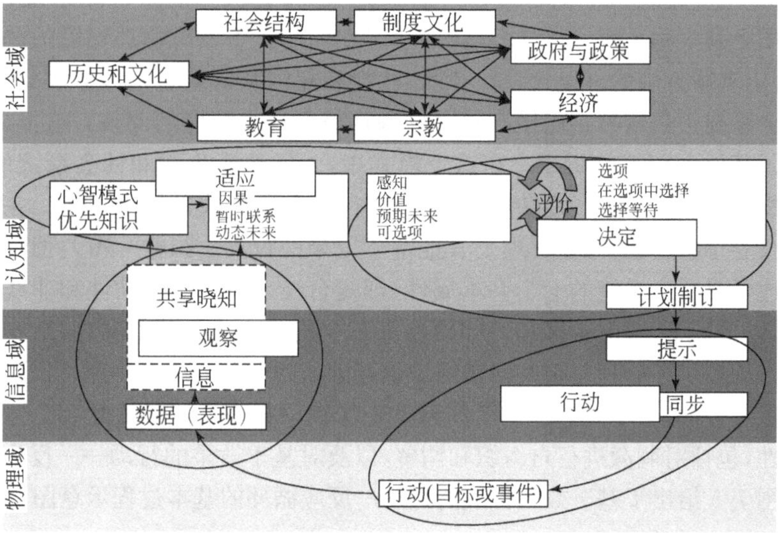

图 7-6　基于效果作战的 OODA 循环

综上所述，在基于效果的作战方法中，决策者和实施者必须应对多层次、交互作用的复杂自适应人类和社会系统之系统(体系)，这些体系不仅存在于多个系统，而且每个系统都包含着众多的互相依赖的变量，同时每个系统还在不断地发展变化，并针对其周围系统的变化而调整。解决这种复杂性、不确定性和模糊性甚至不可知性的重要手段是人的介入与网络支持之间的平衡。因此，人的维度因素是最重要的，一般表现在：①随着不确定性、模糊性和不可知性的增加，所需要的人的介入就增加，随着复杂性的增加，人的作用也会增加；②随着决策可用时间的减少，人员独立决策的可能性就增加；③随着可用支持的减少，人用来填补这种信息空白的频率就会增加。总之，应对基于效果作战方法中复杂性、不确定性、模糊性甚至不可知性的最好能力是人，是复杂自适应系统的人，重点的行动——反应循环中众多不同的人，下至士兵与民众，上至战术、战役和战略指挥员及国家领导人——战场即时态势结果的决策者。应对复杂性简化的挑战，必须将循环中人们所需的知识、信息和其他支持(如分析数据库、社会知识库和认知模拟工具等)融入作战背景、分析或者决策支持中的前瞻性感知和计划制订，这也是网络中心战发展的重要目标。

7.8　无人作战

随着以信息化和信息技术为核心的六大高新技术群的迅猛发展和广泛应用，在世界新军事变革浪潮的强力推动下，现代战争和作战形态正在朝着信息化、智能化和无人化方向加速前进。特别是近年来无人技术及无人平台技术的不断进步，使无人武器系统和作战平台不断涌现，并呈现出隐性化、精确化和一体化的发展趋势。目前，一些国家，特别是美国、俄罗斯、德国、英国和法国等军事强国都竞相研发和验证可广泛运用于信息化战场的无人驾驶作战平台和新技术遥控武器装备。有权威军事专家和无人作战系统研究专家认为，这种发展趋势必将导致一种全新的无人化战争与作战形态的出现。实际上，这种预测已经完全被最近发生的几次高技术局部战争所证实。

20 世纪末和 21 世纪初的海湾战争、科索沃战争、阿富汗战争、伊拉克战争和利比亚战争，呈现出以下场景。在空中，侦察卫星、通信卫星和高空无人侦察机，以及各式各样的空中不载人遥感器，不分昼夜地将高质量的实时图像传送到任意一个作战指挥环节之中；无人驾驶战斗机和轰炸机在卫星的导航下，呼啸着飞越战区；由激光控制的导弹以极高的制导精度扑向目标，“发现即摧毁”。在地面，无人侦察车和微型机器人地面传感器不停地获得战场信息；不载人移动计算中心迅速处理着最新战斗态势信息；由机器人驾驶的坦克、装甲车、自行火炮和智能弹药不断地对敌方实施精确攻击。在海底，装有先进传感器和攻防武器的潜水机器人越过暗藏杀机的水雷区，悄然跟踪敌艇，将其迅速、精确地击毁又返回母舰。就这样，在没有人类涉足的复杂战场上，进行着一场多维立体的“无人战争”。这里所说的“无人”，是指武器系统不载人，其实背后的指挥、控制和决策者仍然是人，是指挥中心的指挥员坐在远隔战场千里甚至万里之外的计算机屏幕前，实时、准确、详细地获得战场态势后，通过语音或双手操作计算机，像玩电视游戏似地指挥着“无人”部队作战。随着无人武器系统的日趋成熟和成功地广泛用于战场空间的各个领域，总有一天未来战争会出现“无人”的场景。

总之，进入 21 世纪以来，信息技术以其广泛应用和与其他高新技术的高度融合，成为引领高新技术群在军事领域的强大支撑，直接带动了侦察监视、预警探测、遥测遥控、精确制导、隐形技术、自动指挥、军事航天、新材料、新能源、电子信息和新概念技术等一系列军事科学技术的迅猛发展，不仅极大地加快了武器装备的研制和改造，而且使传感器系统和军事技术装备的发展呈现出无人化、信息化、隐形化、精确化和一体化的革命性趋势。随着一些关键技术，如信息融合、数字通信、自动控制、计算技术、任务规划、多媒体和虚拟现实技术等的大幅突破，自主式机器人、自主式无人潜水器和自主式无人作战飞机的发展势头日趋强劲，正在从单一的侦察型、保障型和警戒型发展为集成型、多用型和作战型齐头并进，使无人武器系统的发展日趋成熟和完善，并已渗透至战场空间的各个领域，为未来的“无人化战争”提供了强大的物质条件。高技术飞速发展所导致的武器系统无人化，最终必将影响未来的战争形态和作战样式，以致未来战场上极有可能出现“无人化战争”的新形态。作为“无人化战争”物质基础的无人作战平台，也必然得到进一步的发展。

7.8.1　无人化战争与作战概念

为了提高自己认识自然和改造自然的能力，人类一直探索着用智能机器代替人的脑力和劳动，这就是无人化技术。经过几次技术革命和工业革命，无人化技术已经取得了巨大进步，特别是计算机的出现，使无人化技术实现了向智能化方向发展的飞跃。不过，这种先进的智能技术同其他科学技术一样，首先被用于军事领域。智能武器就是把智能计算机应用于如坦克、火炮、导弹、雷达及各种电子系统等武器装备上，使它们不用人工直接操作而自行完成侦察、搜索、瞄准和攻击目标及情报搜集、整理、分析与综合等各种军事任务的武器装备。在无人化技术的推动下，无人作战平台，如无人机、无人潜水器、无人装甲车、智能机器人及机器士兵不断涌现，由“机器人战士”组成的集机械化、信息化、电子化、机动化和隐身化为一体的无人部队将成为未来战争的一支重要力量，并且渗透到现代战场的各个领域，由过去的战斗支援地位向作战主导地位的方向扩展。不难预料，这种扩展必将对未来战争形态产生深远影响，直至使双方交战或多方交战呈现出无人战场的发展趋势。显然，以多维空间非线式无人作战为特征的一体化作战日益成熟并展示出较有人作战的空前优越性，逐渐成为无人战争中的主导作战样式。

7.8.2　无人作战到来的必然性

不少军事专家认为无人作战的出现和快速发展有它的必然性。总体来讲，这是时代发展和科技进步的必然趋势，其主要形成因素有四点：①传统有人战场的“作战观”面临全新挑战；②无人武器及其作战平台将为无人作战提供强大的物质基础；③无人作战将导致战争形态全面变革；④无人作战有无可比拟的新优势（刘兴堂等，2018d）。

1. 有人战场的“作战观”面临全新挑战

(1)有人战场“空间观”将时过境迁。以往有人战场的传统作战“空间观”主要体现在：“两军(敌我)对峙、构成战线”模式下的“以空间换取时间”“近战歼敌、短兵相接”和“注重防空、立体作战”等观念上。而无人战场却是前所未有的大空间、多维度、全覆盖和一体化的崭新面貌。因此，空间远近、高低及障碍等对于无人作战的太空侦察探测、精确打击、远程奔袭、指挥控制和自主协同等作战行动的影响越来越小。显然，上述有人战场的传统“作战观”已时过境迁。

(2)有人战场“力量观”将难以为继。有人战场的传统“力量观”通常采用“集中绝对优势兵力打歼灭战”的作战原则，利用伪装、佯动、欺骗、夜暗和不良天气隐蔽等手段，以及战场上的机动、迂回、穿插、分割和佯动等战术。所有这些对于“高度透明”的无人战场，都将无济于事，因此有人战场的“力量观”也将难以为继。

(3)有人战场“程式观”将难合时宜。有人战场的传统“程式观”是基于“流水线”的,按照战前预订作战计划有序运行的作战模式。而在无人战场上的实际情况,则是由于作战空间大为拓展、作战时间大为压缩、作战节奏明显加快、对抗方式错综复杂和战场态势瞬息万变,无人战场充满着似然性、模糊性、多变性和不确定性等,因此必然要打破传统有人战场的作战模式。作战很可能在多维战场空间的任何空间发起,通过先进的 C^4KISR 系统指挥万里之外无人战场上的无人部队,所以有人战场传统的“程式观”作战模式是完全难以适应的。

(4)有人战场“指挥观”将难有所作为。传统机械化战争中的有人战场作战指挥体制是多层次纵式“树状指挥”体系结构,其指挥效率很低,根本不能实现无人战场上以最快速度指挥各参战力量的协调作战行动,特别是众多无人作战力量的联合作战行动。实践证明,有人战场的传统“指挥”效率与无人战场的信息化指挥效率有着数量级的差别,故难以有所作为,终将被扬弃。

2. 无人武器及其作战平台将为无人作战提供强大的物质基础

进入 21 世纪以来,信息技术的迅猛发展和广泛应用,直接带动了侦察监视、遥测遥控、精确制导、指挥控制、航空航天和能源材料等军事高技术的快速发展,使武器装备和军事作战的发展呈现出信息化、隐形化、精确化、一体化和无人化的革命性趋势,尤其是自主式机器人、自主式潜水器和自主式无人机的发展势头日趋强劲,使无人武器系统和无人作战平台更加成熟,并已经渗透到现代战场空间的各个领域,人作为战争中不变的主体,将从昔日的实际战场转向计算机终端,这一切都将为未来的“无人化战争”与“无人作战”提供强大的物质基础。

3. 无人作战将导致战争形态全面变革

(1)战争将转向“智能暴力”新形态。20 世纪 70 年代以来,信息技术的迅猛发展和广泛应用,使先进的信息化武器装备不断涌现,推动着战争的无人化、信息化和自动化趋势不断增强。由此使战争这一暴力行动发生了革命性变化,“智能暴力”应运而生。它较传统的战争暴力有着无比的优越性:①使无人作战平台的作战行动自主性大幅提升;②人与兵器相互作用的空间分离;③人的生理因素对无人作战平台性能发挥的影响越来越小。

(2)战争将重构力量体系,但始终无法取代人对战争胜负的决定性作用。随着“智能暴力”形态的不断发展,无人武器系统和无人作战平台将日趋成熟并越来越广泛运用于战场,这将是战争“智能暴力”形态变革重构的作战力量体系的主体。实际上,这种力量体系的技术含量越高,对人的素质要求也越来越高,这种素质不是体能,而是智能,即高度的文化知识和专业技能。

(3)战争与非战争将越加难以界定。战争、战场和作战的无人化发展,不仅使得政治对战争的控制更为灵活、有效，还会给战争伦理带来巨大的冲击和前所未有的挑战，如以自卫原则、区别原则、对等原则和实施人道主义援助等来构筑现代战争伦理的核心框架，可做到在无人战场上，使用具有自主功能的无人装备时，能够依据原先设定的程序，识别并自主攻击敌方人员，对其主动放下武器或被剥夺武器的敌方人员，应不继续枪杀等，这也是人类战争文明进步的重要表现。

(4)战争将更加追求“零伤亡”效果。近年来，由于军事大国追求“零伤亡”的作战理念，无人武器系统和无人作战平台得以快速发展，且主要由遥控、半自主式向全自主式、智能化及多功能的方向发展。近几次的高技术局部战争深刻表明，战争的目标实现，越来越依靠建立在信息化武器装备和无人武器系统基础上的综合作战能力上。这样，不仅使“零伤亡”效果明显提高，而且使各国军队数量逐渐减少、规模逐渐减小。

(5)战争消耗和损毁方式向资源节约型模式转化。战争的进一步小型化并向资源密集型消耗是战场无人和无人作战的重要结果，这导致了战争消耗和损毁方式向资源节约型模式转化，为将来控制资源为己所用奠定了基础。

4. 无人作战有无可比拟的新优势

基于无人武器和无人作战平台的无人作战带来了一场新军事革命，反过来这场新军事革命又将会为无人作战带来诸多新特点和无可比拟的优势。

(1)无人作战力量的“集成性”。作战力量集成，是指在未来广阔的无人战场上，围绕为实现同一作战目的而对所有无人武器和无人作战平台进行战场网络连接的力量整合、功能融合和行动结合，以达到协调一致的作战行动和“1＋1＞2”的作战效能。因此，美军曾做过无人作战平台集成化作战效益的专门模拟实验。实验结果充分说明，采用“集成化”的无人作战平台，作战效能可呈几何级数地提高，且抗毁能力也很高。可见，无人作战力量的集成性对于未来无人作战具有极大的创新意义和实用价值。

(2)无人作战目的的“全局性”。无人作战的全局性不仅是无人化战争的本质属性，也是实现无人化战争的前提条件。因此，构建以战场网络为支撑的全空域、全领域和全时域无人作战体系，是实现无人作战并制胜无人化战争的根本保障。它要较传统有人战争战场上的作战全局性重要得多。

(3)无人作战空间的“无限性”。以战场网络为支撑的无人战场作战空间显然是一个无处不包、无处不在和无处不有的全维域空间，是对传统作战空间理念的根本性变革和无限拓展。这种无人作战空间的“无限性”，使无人化武器系统和无人作战平台具有从太空到地面、海上、水下、空中的全空间、全时域和全频域部署的能力，其作战行动可渗透到无人战场各个角落，实现各种作战样式和作战方式的无人作战，将战争史上的作战效果提高到一个全新的水平。

(4)无人作战行动的“实时性”。要在广阔无垠的无人战场上实现作战的“实时性”其难度确实是难以想象的。但是有关试验表明，在现代网络技术的支撑下，战场网络化的连接及融合，可极大地扩展传感器、无人武器系统和无人作战平台的侦察预警空间、范围、速度及精确度，其延时甚至可以忽略不计，从而实现无人作战行动的实时性。

(5)无人作战方法的“灵活性”。作战方法的灵活性对于提高作战效能，制胜战争是至关重要的，尤其是对于无人作战。众所周知，在战争对抗上有一条基本规律，即战场空间越广阔，可供游弋的战线越长，运筹的机会也就越多，所能采取的战法便越多、越灵活。可见，无人作战具有这种“天生”的优势。因此，实施无人作战，可利用它的宽阔无垠空间，紧紧围绕争夺战场制权，对敌展开全空间、全时域、全频域、全方式和全方位的攻击，以夺取无人战场空间和网络空间交战的主动权，谋求战争胜利。

(6)无人作战手段的“整体性”，战争手段，是指为达到战争目的而使用的具体方法和措施，或是指通过战争实现政治和经济等目的的方法和途径。作战手段自然寓于战争手段之中。现代战争中的体系对抗决定了作战手段的多样性、多元化、综合性和整体性。对于无人作战将更加强调手段的整体性，主要表现在以下几点。①技术结构的整体性。即综合应用军事高技术，以增强无人作战武器与无人作战平台的全方位、全频域、全时空和全领域的作战能力和一体化特性。②战术应用的整体性。它包括电子侦察、干扰、搜索、识别、导航、定位、监视、指挥控制、攻击毁伤、综合保障和战损评估等，以凸显出日益增强和完善的无人作战手段的一体化特性。因此，21 世纪的无人化战争将是以战场网络为核心的无人化一体战，谁拥有这种一体化优势，谁将是未来无人战争的制胜者。

(7)无人作战结果的“高效性”。无人攻击手段与网络战的有机结合使无人作战无论是在作战应用还是作战效果上均显示出高效性的特点。一方面是一体化综合信息系统的作用；另一方面是一体化作战的综合整体效益。

7.8.3　无人作战体系

目前有人作战战场的基本特点是体系对抗，未来无人战场仍然离不开体系对抗。建立完善的无人作战体系，不仅是无人战场交战的需要，也是实现无人战争的必备条件和前提。无人作战体系实质是一个以战场网格为核心和作战资源高度融合的有机整体。在无人作战体系下，战场网格把分布在陆、海、空、天多维空间的无人作战平台的软、硬打击武器、传感器、通信设备和保障装备等无缝地连接成为一个大系统，各部分纵向和横向互联、互通和互操作。

1. 必须满足网格技术标准

战场网格专家认为，如果一个无人作战系统不能融入战场信息网格与其他的系统形成相互操作，那么它就是对整场信息网格的破坏。同时，也无法得到信息网格内信息共享的支持。因此，无论是战场探测平台还是作战平台，都必须满足战场网格的技术标准，才能形成战场网格，也才能以战场网格为中心实现整个无人战场体系作战。

2. 必须满足无人一体化联合作战的需要

一体化联合作战是当今信息化条件下高技术战争的基本和主要作战模式，其作战优势无疑将仍然成为未来无人战场的主要作战方式。因此，必须着眼于联合作战的需求，发展具有高度共用性、通用性、兼容性及嵌入式互操作能力的无人作战平台，使得各空间无人作战平台在战场网格环境下，能够有效地实施无人化与战场上的无缝联合作战。

3. 实现各无人作战平台的功能互补

要想达到高效的整体作战效果，必须进行以无人战场网格为核心的传感器、火力平台、通信装备和保障物资等作战资源的超大融合，并以此角度出发发展未来的无人作战平台，实现各无人作战平台的功能互补，使整个无人化战场在信息网格的支撑下，充分发挥各无人作战平台的作战功能和整体效能。

4. 协调发展无人作战平台性能

协调发展是指在发展无人作战平台性能上，不偏重追求单一无人作战平台作战功能的性能，而是全面考虑各个无人作战平台的战术性能，更需要考虑在战场网格的支撑下，所有无人作战平台的相互弥补、整体最优，以求达到多维空间的无人作战平台在作战距离、作战领域和作战效果等方面的最佳配合和整体作战效益。

7.9 空天防御作战

空天防御包括防空与防天。当前空天一体作战已成为军事强国在现代战争中的绝对优势和战争制胜法宝。可见，空天防御作战在国家安全战略中占有相当重要的地位，深入了解和研究空天作战理论和实践是十分必要的。

事实上，美军的空天防御作战理论已相当成熟，作为实战的重要指导思想。其中，美军空天防御作战的主要作战理论集中反映在《美空军的太空防御作战条令》中。

7.9.1　空天防御概念及内涵

1. 空天防御基本概念

从作战理论、组织及实施的复杂程度和作用与地位上讲，空天防御作战都远远超越了以往任何防御作战形式，更是其他单一作战样式无法比拟的。它是一种崭新的作战形式，与防空、反导、防天及国家安全战略有极其密切的关系，涉及国防建设与军队现代化建设特别是信息化建设的各个方面。空天防御作战，就是利用多维空间作战力量对各类空天威胁和来袭之敌实施的联合防御作战行动与军事措施。

空天防御作战是一种具有战略意义典型信息化条件下的体系作战，也是现代联合作战的重要形式之一。为了深入理解这些基本概念，必须着重把握以下各点(刘兴堂等，2018d)。

(1)空天防御作战是国家军事行为，是国家战略防空与军队战役、战术防空的统一，已成为现代国防的“主角”。

(2)空天防御作战不仅是防空反导和防天的统一体，而且是各种军事能力和军事任务的有机结合体，是一个国防与军队的整体概念。

(3)空天防御作战不单纯是防御作战，而是具有攻防兼备能力的主动、积极地对空天威胁和来袭之敌的战略进攻，当然也是一种极其有效的防御。

(4)空天防御作战能力和体系构建是两个不同的概念。能力生成以体系构建为基础，但体系完备并不代表能力健全；能力生成不完全依赖自身系统，信息指挥系统可生成新的能力，并无缝地连接作战体系。

(5)空天防御及其作战事关国家安全战略问题，而且是典型的多军兵种或多国部队联合体系作战。美国和俄罗斯等国当前均以空军为遂行空天防御作战的主体。

(6)空天防御作战能力的产生，在形式上是空中进攻和防空反导力量对各类潜在威胁或来袭目标的有效抗击能力；它在内容上包括作战理论、作战目标、任务分配、武器装备、指挥手段、战备训练和联勤保障等一系列综合能力，更是系统要素的聚合和有效整体的运行。

2. 空天防御深刻内涵

空天防御及其作战有着多元化的深刻内涵，除上述基本概念和定义外，还包括战略指导思想、理论体系、地位与作用和主要特点等。

1)战略指导思想

空天防御作战是信息化空天时代的主要作战样式，其作战与建设的战略指导思想应坚持以下观点。

(1)空天防御能力建设是国家安全战略的重要环节。现代空天防御作战主要包括空天进攻、空天防御和空天信息战(包括电子战与网络战)。

(2)空天防御能力不仅是威慑能力,更是实战能力。因此,军事强国必须有与之相称的空天防御力量。

(3)空天防御是典型的体系作战,因此必须坚持体系化建设。空天防御力量体系包括陆、海、空、天、电、网和信息多维力量要素,缺一不可,任何"缺块"都会造成整个防御体系的"功力全无"。

(4)在空天防御体系的战略使用上,应坚持攻防兼备,把"以攻制胜"与"以防抗攻"有机地结合起来。

2)理论体系

空天防御作战理论体系包括国家空天安全理论、空天防御战略理论、空天防御作战理论和空天防御体系建设理论等四大部分。

(1)国家空天安全理论是对空天防御整体建设的顶层理论支撑。其主要是国家空天安全战略及面临的威胁、维护安全的多样化需求与对策、空天安全的范畴和理论体系及未来国家空天安全拓展趋势的程度等。

(2)空天防御战略理论是解决国家空天安全环境与能力、战略层面空天防御作战规划和组织实施方法、国家空天防御指挥及力量体系结构及战略部署和武器装备与技术发展规划等重大问题的理论指导。

(3)空天防御作战理论是研究空天防御作战的战役指导、战术指导和防空反导与防天等作战行动的组织实施方法,以及作战实践的理论指导,并用以解决战役、战术形式及战法、指挥、控制和分系统使用问题等。

(4)空天防御体系建设理论侧重解决国家空天防御体系的力量建设和部队建设,以及信息技术在体系中的运用、人才培养和作战模拟训练等。

3)地位与作用

空天防御作战的重要地位与作用主要有以下三方面。

(1)国家安全的有力保障。回顾几场信息化条件下高技术局部战争,整个过程皆伴随有空天领域的攻防对决:①战争发动者都是依赖空天优势的超级大国及事集团;战争起因是对其他主权国家内政的干涉;在战争中被侵略国家空天安全的丧失,必然带来该国家主权和领土的丧失。②空军及空天军事力量成为战场的主角。当代军事强国的力量标志就是强大的空天力量,因此空天进攻已成为现代战争的最主要形式,空天安全也已成为军事安全的主要标志。③防空力量成为首当其冲的重要目标。因此,空天防御能力将直接决定国家空天安全状况。综上所述,空天安全已成为国家空天安全的首要内容,强大的空天防御能力无论平时或战时,都将是国家空天安全的重要保障。

(2)联合作战的关键条件。空天防御作战是典型的空天一体联合作战,对战争的巨大影响集中体现在:①初期战略掩护;②持续保卫和支持,特别是高技术局部战争。由于以信息技术为核心的军事高技术应用于战争,空天进攻和空天防御作战已构成现代战争的重要甚至是决定性内容,战争主动权的争夺实质上是夺取制空权、制天权、制信息权和制电磁权,故空天防御作战已成为联合作战的关键条件。

(3)国防建设的重要内容。现代战争实践表明,空天已成为国家安全的第一道防线,使空天防御力量成为国家武装力量的第一梯队。因此,在国防建设中,国家空防转型建设尤为重要,堪称当务之急。这是由于只有通过空防转型走"空天一体"的发展道路,提升空天防御能力,才能有效地兼顾国家空防中的防空、反导和防天的综合军事需求,从而满足国家利益拓展、国家权益保护和综合国力的提升。可见,空天防御是国防建设的主要内容,也是兴军强国之道。

4)主要特点

从发展和长远观点看,未来空天防御作战将有以下特点。

(1)空天防御作战地位与作用将明显增强,真正成为未来信息化战争的一个重要作战形式,直接关系甚至决定着战争的进程和结局。

(2)空天防御作战将突出全方位、多层次、高频率和全过程。

(3)空天防御作战将伴随着抗"软杀伤"的激烈斗争。电子战与网络战从一开始就是高科技法宝,在历次现代战争中都首当其冲,同时,它逐渐成为现代空天防御作战的重要手段和战场支柱。因此,未来空天防御作战必然伴随着以电子战与网络战为主要形式的激烈、复杂的抗敌"软杀伤"斗争。

(4)多样力量参加,组织协调复杂。现代空天防御作战既包括各军兵种作战力量,又包括各种"软""硬"武器,其间的协同非常关键,难度也必然很大。

(5)作战体系的高度一体化。这主要呈现为体系结构的一体化和作战能力的一体化。前者为预警探测、指挥控制、拦截打击等作战功能的一体化和反气动力目标、反弹道导弹和反轨道作战对象的一体化;而后者是各种资源力量和手段集成优势的一体化。信息技术、网络技术及计算机的发展为上述一体化的实现提供了条件、增强了最大可行性。防空、反导和防天在力量上使用的高度兼容性既是空天防御体系的基本特征,又是体系结构一体化的本质体现。作战体系的高度一体化还体现在体系配置的高度全维化。这是由于空天防御作战本质上是一种典型的陆、海、空、天、电、网、信息及认知一体化的全维联合作战,缺一不可。

(6)作战手段的高度多元化。这主要是指拦截手段多元化,包括作战目标、作战空间、作战机理和作战平台等方面的不同拦截工具、方式和方法等。

(7)指挥与控制的高度联合化和统一性。空天防御作战力量的构成分布导致对指挥与控制的联合和集中统一要求极高。这包括情报获取、作战信息共享、决策运筹和战场控制等诸多方面。因此,空天防御的指挥与控制代表了现代作战的最高层次。

(8)空天防御作战具有客观性、渐进性、集成性和可移植性，以及对军事理论的依赖性等。客观性，是指空天防御作战的产生和发展不以人的主观意志为转移，而是攻防武器发展和客观空天威胁所催生的；渐进性，是指空天防御作战在传统防空作战的基础上拓展和衍生而成，非一朝一夕之事，有逐渐发展不断完善的过程；集成性，是空天防御作战及其系统的最典型特性，空天防御作战是典型的信息化条件下联合作战和一体化体系作战，其核心就是各类作战要素(包括作战单元、武器装备和作战系统等)的综合集成，也是现代军事理论技术和战术的集大成者，故具有突出而鲜明的集成性；可移植性，可理解为空天防御作战是对传统空防能力的一种移植，这是由于空天防御作战力量主要是在传统防空力量的基础上随着对抗新空天威胁而拓展和升级的，例如，对地空导弹升级使其具备反导能力，就是将地空导弹反航空器能力移植到反导作战中的典型案例，当然它还可以进一步移植到防天作战，如下一代超高声速地空导弹将具备防天作战能力；对军事理论的依赖性是空天防御作战的又一个相当主要的特点，空天防御作战已跳出了战术和战役运用范畴，关系到国家安全大局和国防战略顶层，因此必须有一个完整的战略理论体系和作战理论体系作支撑。事实上，现代空天防御体系及其作战是完全建立在上述空天防御四大理论基础上的，这也充分说明了空天防御作战对军事理论有着重要的依赖性。

7.9.2 空天防御作战理论

1. 空天防御作战理论组成

经过几十年的研究和实践，空天防御战术理论已取得一系列的共识和成果，主要包括兵种战术理论和合同战术理论。其中，空天防御兵种战术理论主要研究空天防御作战兵团、部队和分队准备与实施战斗的规律、特点、内容和方法。它涵盖地空导弹兵、歼击航空兵、高射炮兵、雷达兵、电子对抗兵和其他专业兵种的战术理论。空天防御合同战术理论，是统一指挥下的空天防御作战兵种部队准备与实施空天防御合同战斗的理论，用以研究各空天防御兵种进行合同战斗的组织指挥、战斗部署、任务区分、战斗行动及其协同等方面的原则和方法。在现代空天防御战术理论中，低空作战、远距截击、机动作战和电子对抗越来越重要，已成为现代空天防御战术理论的主要内容。

值得特别指出的是，美国和俄罗斯是当今世界上空天防御作战理论与实践最成熟的国家，其理论研究处于前沿，军事实践具有重要的参考价值。

2. 美军空天防御作战理论综述

1)几个发展阶段

美国空天防御作战理论集中反映在《美军空军太空防御作战条令》中，其主要发展过程有以下 4 个阶段。

(1)20 世纪 50 年代末至 60 年代末。该阶段主要为探索空间军事运用的途径和手段,积极发展并争夺空间技术优势,奠定了空天的军事一体化理论基础。

(2)20 世纪 70 年代初至 80 年代初。该阶段正式确立美国空军空天防御理论,明确空军在空天防御的作用与地位,并将空军的空天防御任务定位在"航天保障、战斗力增强和空天防御"上,但这时该理论并未与传统的作战理论、作战体系和作战装备"对接"。

(3)20 世纪 80 年代初至海湾战争。20 世纪 80 年代初,美国和苏联冷战进入战略核相持阶段,自美国提出"星球大战"计划后,双方军备竞赛呈现白热化程度。随着美国和苏联相继提出"空地一体化作战"和"大纵深立体作战"理论。

(4)海湾战争至今。美国对空天防御战略进行了重大调整。美国空军正式实现由空军向空天军转型及航空航天一元化的建军思想,这反映出冷战结束后,美国已进入空天防御全面争霸阶段。随后,美国的空天防御理论也进入完善时期。

2)核心思想

美国空天防御作战理论和核心思想有如下几个方面。

(1)在基本认识上,坚持"空天无缝连接"论。这是由于在当今军事冲突的所有范围内,空天和信息平台总是相互支撑的。若不能控制空间,再先进的空中武器都将失去作用;当信息受阻时,空天防御设备也将无用武之地。制空权、制天权和制信息权三者是相辅相成、互为依存的关系。

(2)在作战理论上,坚持应用"并行作战"与"基于效果作战"的理论指导空天防御作战。并行作战,是指同时攻击精心选择的重要目标以取得特殊作战效果,而不是以常见的传统顺序攻击去破坏或摧毁任务表上的所有目标;基于效果作战的中心思想则是基于预期国家安全结果去筹划军事行动,而不是仅为了攻击目标消耗敌军兵力。美军认为,以空天和信息协同手段产生的效果,对于空军在军事行动中所能发挥的能力是至关重要的。

(3)在力量运用上,应该坚持空天力量一体化,并突出空军的地位和作用。美军认为,空天力量是空天防御的主体力量。美军对于空天力量给出的定义是:是一种利用飞机、空间飞行器以及信息产生政治和军事效果的能力。或者说,是协同应用航空、航天和信息系统投送战略军事力量的能力。因此,美军空天力量的主要作战任务是弹道导弹预警、导航、通信、空天防御运输、空天防御对抗和操控卫星等。美国空军认为,在国防部内部,空军处于空天防御作战行动的首位。其主要作战任务包括空天防御对抗、空天防御运输、信息对抗、指挥控制、情报侦察监视、导航授时、气象服务、战场搜救、制空作战、制地作战、制海作战、特种作战、战略打击、空运及空中加油等。因此,美国空军必须具备以下六种能力:空天优势能力、精确作战能力、信息优势能力、全球打击能力、快速全球机动能力和敏捷作战支援能力。其中，空天优势能力，主要包括突破敌方防空并为后续部队扫清道路的能力；在不利气象条件下，在敌方防区外进行有效而持续航空、航天和信息作战的能力；保护己方关键太空资源的能力；阻止敌方进入己方空间的能力；探测弹道导弹和巡航导弹的发射，摧毁飞行中来袭导弹的能力等。

(4)在作战行动上，坚持统一指挥原则并着眼联合作战需要制订、执行作战计划。空天防御力量的效用和能力都是全球性的，所以运用必须坚持集中控制和分散实施的原则。美国空军认为，空天防御作战的战役计划需纳入联合作战通盘考虑。空天和信息集成是空天防御作战的关键，故将作战计划分为全球性和区域性两类，且它们不能互相替代。有两点值得我们思考。

(1)强调“空天防御控制”作战思想带有明显控制论特征。因此，美国把“控制空天防御”作为21世纪美国国家安全和军事战略的重点，加速推进空天防御军事化进程。

(2)美国空军积极推进“空天一体化”进程，未来将继续引领美国空天防御作战理论的发展，尤其反映在加紧临近空间研究的技术突破。这里，空天一体化就是航空航天地理空间及作战空间的一体化，它既包括作战力量的一体化，也包括战场空间和力量运用的一体化。具体到空防领域，就是综合运用航空航天力量形成一体化合力，对抗来自航空和航天空间的各类威胁。

3. 俄军空天防御作战理论综述

1)简要空天防御历史进程

俄罗斯是空天防御理论研究历史悠久、成果丰硕的国家。早在20世纪70年代，俄罗斯空天防御军事学院就出版了空天防御理论的著作，首次提出空天防御概念；2006年，俄罗斯出台《国家空天防御构想》，正式确立空天防御在国防建设中的核心地位；2008年，地面防空兵和雷达兵正式被纳入空军编制，标志俄军空天防御理论开始转入军事实践。

2)空天防御理论核心要点

俄罗斯空天防御作战理论的核心要点可归纳为以下八个方面。

(1)在现代战争中，作战重心已转向空天，使空天领域融合为一体，没有明确的界限，空中—太空斗争能力不断提高。谁能在首次交战中夺取空天优势，谁就能在很大程度上取胜于地面或海上军事行动。

(2)俄军在21世纪军事行动中的基本任务，就是抗击首次突然的空天袭击，且将以抗击敌方空天袭击的战略性战役与北约的空天袭击相抗衡。因此，成功地实施抗击空天袭击的战略性战役是俄军空天防御作战力量建设的首要目标。空天防御战略性战役具有极其重要的战略目的，为达到这一目的，俄军必须遂行一系列任务。其中，首要任务就是在空中、太空、地面和海上毁伤(破坏)敌方空天进攻兵力兵器结构的基本组成部分，掩护最重要的国家设施和武装力量集团免遭空天侦察与突击。

(3)俄军认为，抗击敌空天袭击的战略性战役的特点是规模巨大、情况复杂且属联合战役，故参加战役的应是空军基本兵力和太空兵力，还将动用海空航空兵部分兵力，以及总参直属侦察和无线电电子对抗、盟军空军和防空兵等，并由总参统一组织和指挥。

(4)俄军空天防御作战所担负的主要任务如下：①确保国家军政领导层及时获取敌方使用空天袭击兵器的预警信息，以选择合适的作战方案，给予报复性回击行动；②运用俄罗斯联邦武装力量实现既定的空天作战行动计划，包括摧毁为敌空天袭击兵器作战使用提供保障的设备与系统，在配置地摧毁空天袭击兵器；③摧毁飞行中的敌空天袭击兵器。

(5)俄军认为，对抗空天袭击兵器已成为任何武装斗争的主要内容，必须全力构建空天防御作战体系，使空天防御作战战场成为一体化高技术战场。俄罗斯联邦在构建空天防御作战体系中，确立了以下基本原则：①空天防御作战行动在整体上已成为俄联邦武装力量作战行动的组成部分；②根据设备系统本身及所采用工艺方面科技储备的现实情况，在相互协调的基础上，改进、改装、发展和研制具有空天防御作战潜力的未来设备与系统，发展并改进武器装备中的已有控制系统；③发展并完善导弹和空间防御设备与系统，包括导弹攻击预警系统、航天空间监视系统和防天战略与非战略反导防御系统；④大规模开发俄罗斯联邦领空侦察与监视系统，并与独联体各国的领空侦察系统进行衔接；⑤改进现有的武器装备并研发新型(未来型)武器与技术装备，提高对敌空天袭击兵器的摧毁(压制)能力；⑥制订应用新式武器和技术装备分阶段装备武装力量的工作计划，确保有效完成空天防御任务，完善订货体系，保证设计、研制和装备空天武器与技术装备时军事技术与政策的统一性；⑦建立并持续开发空天防御体系长远发展所必需的储备。

(6)俄军认为，抗击空天袭击的战略性战役应在发现敌航空兵起飞和导弹发射后即刻开始实施。整个作战过程应主要包括以下作战行动：①实施侦察预警；②反卫星作战；③反导作战；④反巡航导弹作战；⑤实施空中战役；⑥实施战略机动。

(7)空天防御作战的信息保障是十分重要的，其主要任务是监视俄罗斯武装力量导弹与空间防御系统及防空系统中的天基、空基与地基兵器，根据未来改进与发展情况，对其进行整合。因此，对信息保障的基本要求有：①在空天兵器对俄罗斯领土内目标实施打击时，能可靠地监视其所有可能的来袭方向；②在虚警基本排除的情况下，确认预警信息的高度实时与可靠；③对空天袭击兵器毁伤兵器控制站的目标指示要高度有效与准确。空天防御作战信息保障分系统实际上是一种高度自动化和梯次配置的结构，能够对各类空天袭击兵器，包括各飞行弹道上的弹道导弹，从其发射之刻起实施严格监控。

(8)俄罗斯空天防御理论确立了“国家空天防御系统”在未来战争中的重要地位,并为空天防御理论注入了新内涵。①在观念和认识上,不断提升“国家空天防御系统”的地位和作用。俄军认为,由战略核遏制力量、高精度武器装备和可靠的“国家空天防御系统”构建新的“三位一体”军事力量结构,将成为保证俄罗斯“现实遏制”军事战略稳定的重要组成部分。②在作战对象上,将以美国为首的北约视为主要作战对象。俄军认为,在抗击敌大规模洲际弹道导弹和空基巡航导弹的空天一体进攻作战中,来自西北和西南方向的陆基洲际弹道导弹、海基洲际弹道导弹和空基巡航导弹将是俄军“国家空天防御系统”的首要对象。③在作战使用上,将采用“层层设防”和“补充拦截”的方式。俄军“国家空天防御系统”的主要作战对象仍将是洲际弹道导弹、巡航导弹、各种军用飞行器械及军用卫星。其中,战略、战役和战术反导将成为“国家空天防御系统”的重点。④在指挥体制上,俄军认为,合理、高效的指挥体制应是俄军防空组织指挥控制,实现集中统一指挥。⑤在武器装备发展上,俄军认为,应加紧新型空天防御武器装备的论证与研制,一方面是研发和装备新型空天防御武器装备,提升拦截敌空天进攻性武器的作战效能;另一方面是研制和装备新型陆基超视距预警雷达,提高对敌洲际弹道导弹探测和预测能力。⑥在作战样式上,俄军认为,应反复演练、不断探索和认真检验战区防空联合集群抗击空天进攻作战多样性,以适应空天防御作战要求。

4. 对空天防御作战理论分析的启示

通过对空天防御作战理论的论述和对美国和俄罗斯空天防御作战理论与实践的分析,可得到如下重要启示。

(1)俄罗斯和美国的空天防御作战理论都将空天威胁确立为国家军事安全的最主要威胁,从而把空天防御作战作为首位国家防御作战样式。

(2)美国和俄罗斯的空天防御作战理论都是空天一体的战略思想。空天一体就是航空航天地理空间及作战空间的一体化,既包括作战力量一体化,也包括战场空间和力量运用的一体化,还包括抗击和防御对象上的一体化。其本质是实现空天力量的一体化运用和空天一体联合作战。

(3)美国和俄罗斯的空天防御作战理论均强调以攻为主。两军明确指出,进攻型防御作战行动是防空反导和防天的首选方式;在面对强大空天威胁时,对于敌空天威胁源的有效进攻反制是取得空天防御作战胜利的最重要手段。

(4)美国和俄罗斯的空天防御作战理论都是各军兵种联合实施的。现代空天防御作战是一个极其复杂的体系作战,必须运用包括陆、海、空、天、电、网、信息及认知全维空间和力量,实现各类力量在战场空间的一体化联合作战。

(5)美国和俄罗斯实施空天防御作战和力量建设时,都以空军作为作战主导和力量主体。以俄军为例,在战略性空天防御战役中,俄空军司令将对空军、航空兵、陆军、海军和空降兵组成的空天防御系统实施集中统一指挥”。其含义为：①确立了空天防御的战略地位；②确定了空军作为空天防御作战的主导军种地位；③确立了其他军兵种参与空天联合防御任务；④明确了空天防御作战必须实施联合集中统一指挥。

7.9.3　现代空天防御作战的共同点和发展趋势

现代空天防御作战的共同点和发展趋势为以下几个方面。

(1)注重进攻、攻防兼备是现代空天防御作战取胜的关键。

(2)注重先机打击，夺取初战优势和战场控制权十分重要。

(3)只有加强平时空天防御作战力量的建设，在战争中才能争取主动。相反，只能“吃亏、挨打”。

(4)实事求是地开展空天防御作战理论和战法创新，是现代空天防御作战的必然选择。

(5)战场环境对空天防御作战的影响极大，如何趋利避害、扬长避短，将人与武器、环境与武器、人与环境有机地结合起来是未来空天防御作战的重要研究课题。

(6)空天进攻与空天防御是一对矛盾统一体。几十年间的攻防对抗，经历了几十个竞相发展变化：通常空天袭击起主导作用，而空天防御具有巨大的反作用，即空天防御一般是追踪空天袭击方式与手段的变化而变化，空天防御方式与手段的进步反过来又对空天袭击方式与手段产生积极影响。这就是空天袭击与空天防御的相关律。

(7)“保存自己，消灭敌人”是战争中的普遍法则，也是任何战争在军事上的根本目的。空天防御作战也毫不例外。空天防御作战的目的，一方面是有效地歼灭(或摧毁)来袭的空天袭击兵器(或目标)，另一方面是保证己方目标安全。只有直接达到“歼灭敌方空天力量”，才能保证己方国家安全。这就是空天防御目的的层次律。

(8)空天防御作战目的的实现，有赖于空天防御系统效能的发挥，并取决于系统结构和内部特性及联系。在一定条件下，存在使空天防御系统发挥最大效能的最佳结构和系统联系(如 C^4ISR 系统)，这就是系统综合的整体效能律。

(9)实施空天防御作战最有效的方法应该是在坚持“全维联合、整体抗击、积极主动、严密防护”的基本指导思想下，牢牢掌握如下基本原则：①常备不懈，快速反应；②统一指挥，整体用兵；③突出重点，信息为要；④机动灵活，攻防一体；⑤统筹全局，充分准备；⑥集中精锐，攻敌要害；⑦整体支援，精确保障。

参考文献

郭剑 . 2007. 电子战行动 60 例 . 北京:解放军出版社 .

郭明 . 2013. 特种作战学教程 . 第 2 版 . 北京:军事科学出版社 .

克劳塞维茨 . 2005. 战争论 . 中国人民解放军军事科学院 译 . 北京:解放军出版社 .

刘力,仵浩,王健,等 . 2014. 美国导弹防御系统分析研究 . 飞航导弹,12:19-21.

刘兴堂,李威,刘力,等 . 2011. 信息化作战与高技术战场 . 北京:国防工业出版社 .

刘兴堂,刘力 . 2018a. 现代武器装备和作战平台 . 西安:西北工业大学出版社 .

刘兴堂,刘力 . 2018b. 现代战场空间与环境 . 西安:西北工业大学出版社 .

刘兴堂,刘力 . 2018c. 现代战争概论 . 西安:西北工业大学出版社 .

刘兴堂,刘力 . 2018d. 现代作战样式与形式 . 西安:西北工业大学出版社 .

刘兴堂,刘力,于作水,等 . 2009. 信息化战争与高技术兵器 . 北京:国防工业出版社 .

马平,杨功坤 . 2013. 联合作战研究 . 北京:国防大学出版社 .

彭呈仓 . 2011. 精确作战 . 北京:国防大学出版社 .

孙连山,杨晋辉 . 2005. 导弹防御系统 . 北京:航空工业出版社 .

谭亚东 . 2013. 联合作战教程 . 北京:军事科学出版社 .

魏瑞轩,李学仁 . 2009. 无人机系统与作战使用 . 北京:国防工业出版社 .

赵一兵,高红霓,刘力,等 . 2013. 新概念武器及主要关键技术综述 . 飞航导弹,8:32-38.

朱晓行,李铁虎,李昂 . 2013. 信息化战争中的非致命性武器 . 北京:国防工业出版社 .